D 36368 (3)

Paris
1854

Goerres, J.

La Mystique divine, naturelle et diabolique

Seconde partie : La mystique naturelle

Tome 3

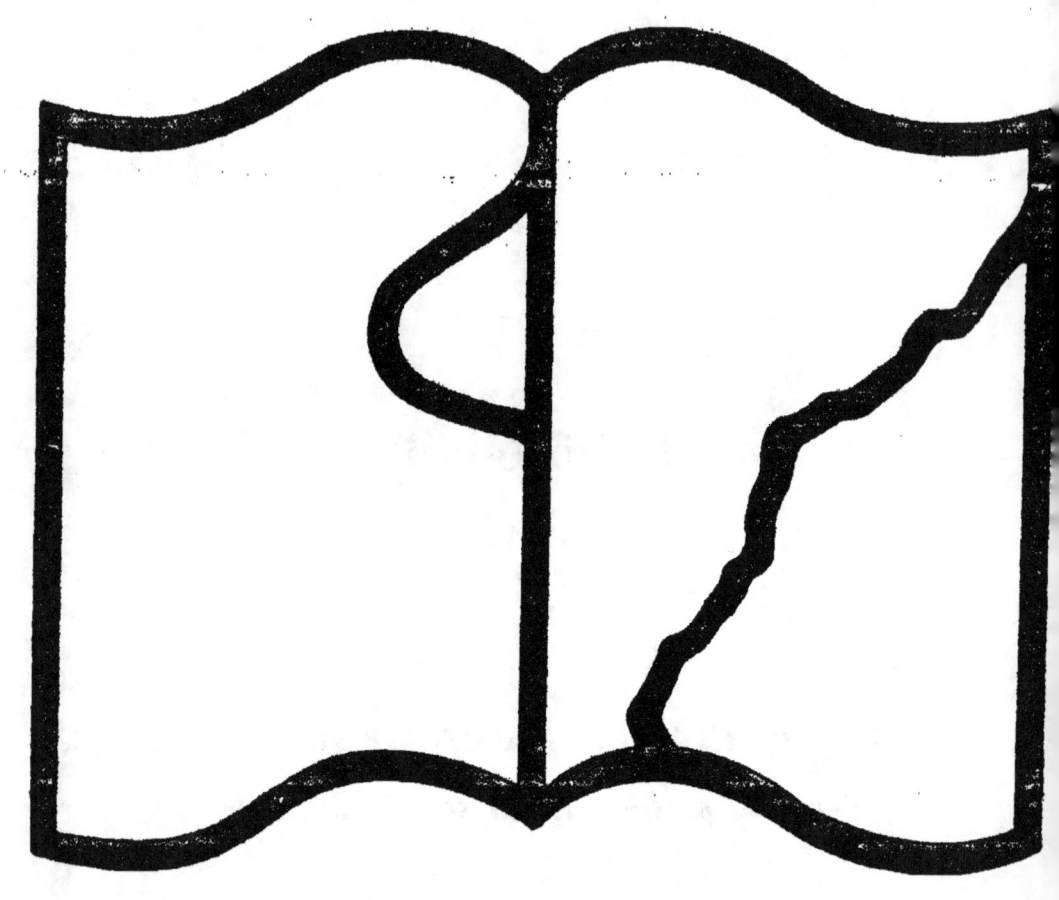

**Symbole applicable
pour tout, ou partie
des documents microfilmés**

Texte détérioré — reliure défectueuse

NF Z 43-120-11

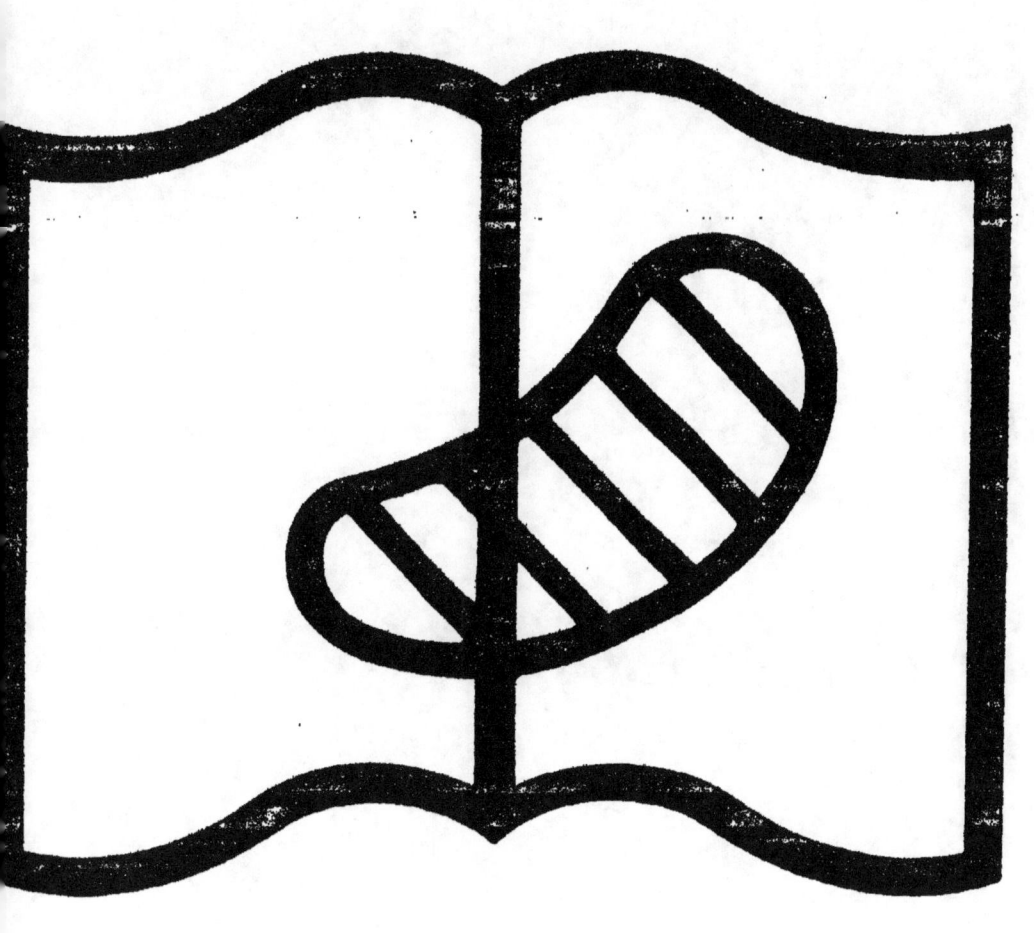

Symbole applicable
pour tout, ou partie
des documents microfilmés

Original illisible

NF Z 43-120-10

LA
MYSTIQUE
DIVINE, NATURELLE ET DIABOLIQUE.

TOME TROISIÈME.

Tout exemplaire de cet ouvrage, non revêtu de ma signature, sera réputé contrefait.

LA
MYSTIQUE

DIVINE, NATURELLE ET DIABOLIQUE,

PAR GÖRRES,

OUVRAGE TRADUIT DE L'ALLEMAND

PAR

M. CHARLES SAINTE-FOI.

SECONDE PARTIE.

LA MYSTIQUE NATURELLE.

TOME TROISIÈME.

PARIS,
Mme Vve POUSSIELGUE-RUSAND, LIBRAIRE,
RUE SAINT-SULPICE, 23.

MDCCCLIV.

LA MYSTIQUE NATURELLE.

LIVRE CINQUIÈME.

Du fondement historique, légendaire, physique et psychique de la mystique infernale.

CHAPITRE PREMIER.

De l'origine du mal. Satan et son royaume. Le déluge. Le peuple juif et le paganisme. La venue du Sauveur. Puissance de l'Église.

Nous avons jusqu'ici étudié la mystique qui monte vers Dieu ; et, après en avoir parcouru les différents degrés, nous l'avons conduite jusqu'à ce point où elle entre pour ainsi dire dans le Saint des saints. Il nous faut maintenant retourner à notre point de départ, et suivre dans ses phases la mystique qui descend vers l'abîme, jusqu'à ce point où elle s'enfonce dans la nuit du mal radical. La mystique divine traverse d'abord un chemin douloureux, car il faut que l'âme soit purifiée par le feu de la souffrance ; mais bientôt elle s'élance dans les régions sublimes de la lumière. Nous l'avons vue monter toujours plus haut par des sentiers où il est doux pour elle de marcher. Toujours plus pure à mesure qu'elle montait davantage, elle a déployé sous nos yeux toute sa magnificence et sa gloire. Nous allons entrer désormais dans des voies bien différentes : à la place de ces merveilles ravissantes, nous allons rencontrer tout ce qu'il y a de plus laid et de plus difforme. Dès que nous mettons le pied dans ces voies ténébreuses, nous éprouvons déjà au dedans de nous un sentiment de répulsion, parce que nous y trouvons dès l'entrée toutes les misères de la vie ordinaire, tous les instincts brutaux, avec ce qu'ils ont de vulgaire et de déréglé. Mais c'est bien autre chose encore lorsque nous allons plus avant ; car à mesure que nous descendons plus bas dans ces sombres domaines, et que nous perdons de vue davantage les puissances miséricordieuses du céleste séjour, nous rencontrons des ténèbres plus épaisses, et nous nous sentons saisis d'un frémissement involontaire et d'une sorte de vertige qui déconcerte notre esprit. Lorsque nous suivons dans ces voies ténébreuses les âmes qui s'y sont engagées, nous sommes douloureusement frappés par le contraste qui existe entre elles et celles qui s'élèvent vers Dieu par les voies lumineuses de la mystique surnaturelle. Ici nous avons vu s'épanouir toutes les vertus avec tous leurs charmes ; là nous allons voir s'étaler sous nos regards stupéfaits toute la malice du cœur humain, tous ces germes empoisonnés qu'il renferme en son sein ; nous allons voir fermenter tous les vices de ce gouffre infect ; nous allons en voir sortir, sous les formes les plus hideuses, tous ces monstres devant lesquels l'imagination recule d'horreur. Et encore, après avoir vu tout cela, il nous faudra convenir que le regard de l'homme, si avant qu'il ait pénétré dans ces abîmes, est bien loin d'en avoir atteint les dernières profondeurs. Aussi le cœur à cette pensée se sent-il glacé d'épouvante. Mais celui qui veut gravir les sommets déserts des Alpes, afin de jouir de la beauté du point de vue qu'ils offrent à nos regards, doit payer par bien des dangers et des frayeurs la magnificence du spectacle qu'il cherche. De même aussi, en descendant des régions de la vie ordinaire dans ces abîmes ténébreux, nous devons nous attendre à recevoir des impressions bien pénibles et bien douloureuses.

La première chose que nous ayons à faire avant d'y mettre le pied, c'est de chercher quel est le fondement sur lequel s'appuie cette mystique infernale, et d'où elle se développe avec ses phases et ses degrés divers. Nous étudierons d'abord la base historique de ce développement. Lorsqu'un objet s'empare de l'homme tout entier, non-seulement il met en action les facultés spirituelles qui ont pour but de percevoir, de contempler les choses et de les combiner scientifiquement, mais il éveille encore l'activité poétique de l'imagination. Nous aurons donc à étudier en second lieu le fondement poétique de la mystique infernale dans les légendes auxquelles elle a donné naissance. De plus, tous les phénomènes qui vont nous apparaître en ce domaine ont une base organique et physique, puisqu'ils s'accomplissent dans l'organisme humain, ou dans la nature qui nous entoure. Cette base sera pour nous l'objet d'une troisième étude. Enfin, ces phénomènes ne se bornent pas au corps seulement; mais ils montent jusqu'à l'âme, et de là jusqu'au sommet de l'intelligence : nous aurons donc à en considérer aussi le fondement psychique et spirituel à la fois.

La mystique infernale consiste en des pratiques criminelles. Si donc nous voulons en étudier le fondement historique, nous devons remonter jusqu'à la première racine de tout mal. L'homme est composé de deux substances; papillon de jour et papillon de nuit à la fois, le jour et la nuit vont également à sa nature. Si les ailes lui poussent, il peut s'élancer jusqu'aux sommets les plus élevés : comme

De l'origine du mal.

aussi, lorsque les pieds du serpent lui viennent, il peut s'enfoncer jusqu'au plus profond de l'abîme ; mais dans l'un comme dans l'autre cas il s'éloigne également des régions de la vie ordinaire. La nature humaine ayant été créée à l'image de Dieu, nous devrions retrouver en elle les traces de cette admirable unité qui fait que Dieu est partout et toujours le même. Mais, hélas ! il s'en faut bien que la chose soit ainsi : l'expérience nous montre partout au contraire une division profonde. Nous devons donc chercher d'abord le principe de cette division, et la suivre à travers les siècles sous ses formes diverses.

Les hommes, dans tous les temps, se sont efforcés de résoudre d'une manière satisfaisante la grande question de l'origine du mal. Les Panthéistes ont cru le faire en niant la réalité du mal, et en présentant comme apparente seulement son opposition avec le bien. D'autres, par un excès opposé, ont admis deux principes également absolus et éternels se partageant la Divinité ; de sorte que l'opposition entre le bien et le mal serait absolue et éternelle comme ces deux principes eux-mêmes. Entre ces deux extrêmes se place la doctrine véritable, révélée dès l'origine au genre humain, et qui doit durer jusqu'à la fin des siècles. Pour elle, l'opposition entre le bien et le mal n'est pas apparente seulement, comme dans le premier système ; elle n'est pas absolue non plus, comme dans le second ; mais elle a son principe dans l'abus que la créature a fait de sa liberté, de même que le bon usage de cette même liberté la fait disparaître. Cette doctrine est la seule qui ait su placer Dieu et la créature dans leurs véritables rapports, et résoudre ainsi d'une manière satisfaisante pour la raison cette question qui a tourmenté si longtemps l'esprit humain. D'après elle, le bien seul est éternel. Si le mal l'était, comme le prétendent les Manichéens, l'opposition qui existe entre lui et le bien ne pourrait être détruite que par un être supérieur aux deux principes qu'ils regardent cependant comme éternels et absolus, ce qui supposerait aussi une éternité antérieure à leur éternité. Le mal s'est donc produit dans le temps : ce n'est point Dieu qui l'a créé, parce que rien de mauvais ne peut sortir d'un être infiniment bon. Il n'a donc pu venir que d'un être personnel, libre, ayant en soi le principe de ses actes et de ses déterminations. Cet être, bon en tant que créé de Dieu, est devenu mauvais précisément en sortant des conditions où Dieu l'avait créé. C'est donc dans l'abus que cet être a fait de sa liberté que le mal a pris son origine. L'acte qui l'a produit n'est point un acte créateur et positif; mais c'est un acte négatif au contraire, en ce sens qu'il a détruit et nié l'ordre que Dieu avait établi. Le diable n'est donc point en Dieu, mais dans le monde; et c'est parce que son royaume est du monde qu'il participe à l'être et aux formes de celui-ci. Son royaume est un royaume spirituel; et comme l'esprit suppose la personnalité, ce royaume du mal est composé et construit en quelque sorte d'êtres personnels et libres.

De même que l'ordre établi de Dieu dans le monde physique forme pour celui-ci le centre où convergent toutes ses forces, de même aussi cette association des esprits dégénérés est gouvernée et liée par un centre et un chef, sous lequel le mal se partage comme en des groupes et des formes diverses. Si donc le principe du mal s'est individualisé en Satan, si c'est en lui qu'il faut chercher la première racine de tous les vices, chacun de ceux-ci, pris en détail, a ses racines particulières dans un être personnel comme Satan lui-même, et subordonné à ce dernier; de sorte que ce prince des ténèbres tient sous sa dépendance un grand nombre de démons, dont chacun fait sentir et exerce son pouvoir dans un vice qui lui est comme spécialement dévolu. Telle est la doctrine que saint Antoine enseignait à ses disciples. Et de même que dans l'univers on monte d'une extrémité à l'autre par une multitude de degrés intermédiaires, ainsi en est-il dans ce royaume des ténèbres, qui cherche à imiter en tout le royaume de la lumière, d'où il est tombé,

Satan et son royaume.

selon la doctrine de cet ancien Père, qui nous enseigne que dans la malice des mauvais esprits il y a des degrés innombrables, de sorte que l'un l'emporte sur l'autre en perversité. Ce royaume reste donc dans une irréconciliable opposition à l'égard du royaume de la lumière; mais malgré lui il sert à le glorifier toujours davantage, de même que le dernier fournit au premier une occasion toujours renaissante de négation et de lutte. C'est pour cela que l'un et l'autre est immortel, parce que Dieu respecte l'être qu'il a créé, non-seulement tant qu'il garde sa beauté primitive, mais jusque dans sa difformité; et qu'il ménage la liberté de ses créatures jusque dans l'abus qu'elles en font.

Si nous consultons la tradition, voici ce qu'elle nous raconte sur la séparation des deux royaumes. A l'origine le monde était bon; car Dieu, après l'avoir créé, vit que tout ce qu'il avait fait était bien. Il devait être la demeure et la propriété de tous les bons esprits indistinctement. Lumineux jusque dans ses plus profonds abîmes, il ne connaissait point l'obscurcissement du mal, et rien n'avait encore troublé l'ordre parfait où Dieu l'avait créé. Tous ses habitants avaient reçu de Dieu des dispositions et une beauté semblables, chacun selon la place et le degré où il avait été créé, et tous aussi étaient appelés à la même gloire. L'être privé du franc arbitre, qui, ne connaissant pas sa fin, ne peut y tendre par une action libre et déterminée, ne peut être soumis non plus à aucune épreuve : il sert de prime abord le maître qui l'a créé. Mais il n'en est pas ainsi de l'être libre, en qui brille le flambeau de l'intelligence, et qui possède en soi le principe de ses actes; il a besoin d'une épreuve qui l'établisse définitivement dans l'ordre. Or, voici en quoi consistait l'épreuve que Dieu exigea des intelligences qu'il avait créées. Le premier acte libre de leur volonté devait être dirigé par la lumière supérieure de la Divinité; ils devaient dans cet acte subordonner leur liberté à la volonté divine, se remettre entre les mains de Dieu, comme des instruments dociles des desseins qu'il avait sur eux, et atteindre ainsi en lui une vie nouvelle et supérieure. Une partie d'entre eux, fidèles à leur vocation, confessèrent la souveraine autorité de Dieu sur eux, et méritèrent ainsi que Dieu à son tour les confirmât dans la condition où il les avait placés. Mais les autres, en refusant de se soumettre à Dieu, attirèrent sur eux de sa part une réprobation éternelle. Ne recevant plus la lumière divine, leur être, lumineux auparavant, s'obscurcit pour toujours, et il ne leur resta plus que la lumière naturelle, tandis que les autres, éclairés par une lumière surnaturelle, furent affermis pour toujours dans la grâce. Les premiers, ayant refusé de boire à la source de la vie divine, n'ont gardé que la vie naturelle; les autres sont toujours rafraîchis et renouvelés par les flots de vie qui s'échappent du sein de Dieu lui-même. La liberté des uns s'est changée dans une nécessité affreuse, dont le joug pèse éternellement sur eux. Leur amour-propre blessé se débat et se consume dans une angoisse et une fureur éternelles : leur fausse sagesse est condamnée pour toujours à l'erreur et au mensonge, pendant que les autres marchent en paix dans les voies que Dieu leur avait assignées. La division produite par le péché dans les rangs de la milice spirituelle s'est communiquée à l'univers ; et celui-ci s'est trouvé partagé en deux royaumes, l'un supérieur et lumineux, l'autre inférieur, où habitent un feu dévorant et des ténèbres sans fin ; et pendant que les esprits rebelles gémissent dans les abîmes de l'enfer, le ciel est devenu pour toujours la possession de ceux qui sont restés fidèles. Ceux-ci brillent au-dessus du monde comme des étoiles bienfaisantes, tandis que ceux-là, semblables à des astres malfaisants, percent comme d'une lueur funeste la nuit sombre où ils habitent.

La terre et l'homme, que Dieu y avait placé, appartenaient aussi au royaume de la lumière et de la vie. Comme pour tout le reste, Dieu, après les avoir créés, s'était applaudi de son œuvre, et l'avait trouvée bonne. Il n'avait point donné à l'homme le ciel pour séjour; mais il l'avait placé sur la terre dans un lieu de délices qui pouvait en être considéré comme le ciel; et s'il était sorti triomphant de l'épreuve qu'il devait subir, il serait resté toujours dans le paradis, et y aurait exercé une autorité souveraine. Il devait, au nom et dans la puissance du Dieu qui l'avait créé, gouverner la terre, dont il était le roi, et protéger contre la puissance des ténèbres le paradis, qu'il était chargé de cultiver. Son être n'était encore partagé qu'en deux régions, l'une supérieure, tournée vers le ciel, où habitaient les pures intelligences; l'autre inférieure et terrestre, tournée vers la terre. Il ne sentait point encore en lui cette double loi dont le joug le fatigue aujourd'hui; l'empire de l'esprit sur le corps n'avait rien perdu de sa force. Mais au lieu de faire ce qu'il devait, il fit ce qui lui plaisait. Les puissances de l'abîme le séduisirent en lui présentant le fruit de la terre que Dieu lui avait interdit; et, au lieu de manger de l'arbre de vie qui appartenait à un monde supérieur, il mangea de cet autre arbre dont les racines étaient enfoncées dans la terre, et il introduisit ainsi la mort dans son être, en transgressant le précepte du Seigneur. Il tomba dans cette région basse et terrestre dont il s'était incorporé les fruits.

Cependant sa faute était moins grande que celle des anges rebelles, car il n'était pas le premier auteur du mal, et son péché avait été l'effet d'une séduction. Aussi ne fut-il pas précipité dans l'abîme de l'enfer; mais Dieu se contenta de le chasser du paradis sur la terre. Celle-ci, privée d'une lumière qui lui soit propre, et passant alternativement de la lumière aux ténèbres, et du jour à la nuit, répondait parfaitement à la division profonde que le péché avait introduite dans la nature humaine. L'homme, n'ayant plus de centre pour ainsi dire et comme perdu dans la périphérie, n'est plus, comme auparavant, placé entre le ciel et la terre; mais, séparé de celui-là par celle-ci, au lieu d'embrasser le monde extérieur, il y est renfermé et comme captif ; au lieu de dominer, il se sent lié, et sa liberté lutte avec acharnement contre les liens qui la retiennent. Il est devenu terrestre, et le cercle qui l'enserre est d'autant plus étroit qu'il est plus esclave de son corps. Les forces de son être, rétrécies, liées dans une sorte d'indifférence, et attachées à la terre, ne regardent plus le monde supérieur comme l'aiguille aimantée regarde le pôle. Le ciel s'est caché à ses regards ; mais, par une disposition miséricordieuse de la Providence, l'enfer aussi est voilé pour lui ; de sorte que, livré à sa propre faiblesse, son esprit oscille péniblement entre la vérité et l'erreur, de même que sa vie matérielle oscille entre le jour et la nuit. Son action est renfermée aussi en des limites plus étroites. Ne recevant plus d'une manière immédiate les influences des puissances supérieures, soit bonnes, soit mauvaises, il paraît soumis uniquement aux influences terrestres. Partagé entre le devoir et le plaisir, entre la nécessité morale et la nécessité physique, il flotte encore ici entre le bien et le mal. D'un autre côté, il a renoncé à cette vie éternelle dont la source est en Dieu, sans toutefois acquérir le triste privilége de l'immortalité des esprits ténébreux. Ici donc encore il faut, pour soutenir sa chétive et mobile existence, qu'il aille demander à la terre l'aliment dont il a besoin. La mort a pénétré dans son être doué d'immortalité, et son existence ici-bas s'écoule entre la mort et la vie pour ainsi dire, entre la maladie et la santé. Semblable à la lune, qui, toujours mobile, traverse sans cesse les phases qui partagent son cours, il ne peut trouver nulle part ni la fixité ni le repos.

C'est en cet état que l'homme est entré dans l'histoire, et qu'il a commencé à se développer, soit pour le bien, soit pour le mal. Mais les voies qui mènent en bas lui ont paru plus commodes que celles qui montent, et l'histoire des premiers siècles de l'humanité ne nous offre à peu près que le développement du mal sous toutes ses formes. Le

Le déluge.

mal se propageant de génération en génération, en se fortifiant toujours davantage, dut prendre à la fin des proportions gigantesques, tandis que, le bien au contraire devenant toujours plus faible, les sentiers qui conduisent vers les régions supérieures devinrent par là même toujours plus déserts et plus abandonnés. Le monde moral, ayant perdu son équilibre, chancelait autour de son centre de gravité. On eût dit que l'économie tout entière de la divine Providence pour le salut des hommes allait être anéantie, et que tous les éléments du bien allaient disparaître. Le monde entier était plongé dans la corruption la plus profonde : toute chair, à l'exception d'une famille seulement, avait perverti ses voies, et toutes les pensées étaient inclinées vers le mal. Dans cette extrémité, Dieu fit appel aux forces conservatrices qu'il a déposées en ce monde, et qu'il tient en réserve pour les jours de danger. Il détruisit dans un déluge universel la race humaine tout entière, à l'exception d'une seule famille ; et le souvenir de cette épouvantable catastrophe resta profondément empreint dans la mémoire du genre humain régénéré. C'était le second acte de restauration exercé à l'égard de celui-ci. Le premier avait eu lieu immédiatement après la chute, lorsque Dieu promit à nos premiers parents un rédempteur, et qu'après avoir maudit celui qui les avait séduits il établit une inimitié irréconciliable entre la race de la femme et celle du serpent. Cette inimitié, nous la trouvons exprimée dès les premiers temps de l'histoire dans l'opposition de la race de Seth et de celle de Caïn, des enfants de Dieu et des enfants de ce monde et du prince de ce monde. Puis, les deux races s'étant mêlées, nous voyons sortir de cette union criminelle la race impure des Nephilim. Le déluge fut le second acte de cette restauration accomplie par la Providence. Livrant à l'enfer par la mort ce qui appartenait à l'enfer, il purifia la terre souillée par tant de crimes, de sorte qu'elle put servir de séjour à une race meilleure.

Une nouvelle période historique commence donc après

le déluge. Le genre humain, quoique délivré de ces ténèbres sataniques qui menaçaient d'obscurcir entièrement la nature humaine, gardait toujours néanmoins cette souillure primitive du péché originel qui avait enfanté tous ces désordres. Le mal était brisé, il est vrai, mais la racine existait toujours. Lors donc que plus tard trois familles sortirent des trois fils de Noé, et donnèrent naissance à des peuples divers, le bien et le mal qui sont dans la nature humaine se développèrent de nouveau d'une manière parallèle d'abord. Mais bientôt les familles venant à se croiser et les peuples à s'unir, il en résulta un mélange de bien et de mal que nous retrouvons dans toute l'histoire ancienne. Dieu, il est vrai, avait fait alliance avec les hommes dans la personne de Noé ; mais Cham, père de Canaan, avait, dit une ancienne légende, trouvé les caractères runiques qu'avait taillés Caïn, le père des enfants du monde et l'inventeur de ses arts mauvais, et que ses descendants avaient enfouis dans la terre à l'approche du déluge. Ainsi, la tradition des arts magiques, qui avait exercé une influence si désastreuse sur le genre humain avant le déluge, avait passé dans l'époque qui le suivit immédiatement ; et les puissances infernales s'efforcèrent de la développer et de la répandre. L'opposition qui avait séparé les enfants du monde et les enfants de Dieu sépara de nouveau Canaan avec ceux qui marchaient dans ses voies, et le peuple élu avec tous ceux qui partageaient de près ou de loin sa foi: Il y avait de nouveau deux cultes sur la terre, celui des esprits de ténèbres et celui des esprits lumineux, et par-dessus tout de Dieu, qui manifeste en eux sa puissance. Pendant que les nouveaux Egrégores honoraient le vrai Dieu sur la sainte montagne, en bas, dans la vallée, les fils des hommes exerçaient leurs perfides enchantements. Le culte de Baal était-il autre chose que le sabbat des sorciers et des sorcières de ce temps-là, sabbat tenu non pas en secret, dans le silence de la nuit, mais publiquement et au grand jour ? Qu'y voyons-nous en effet ? un dieu adoré sous la forme d'un bouc, des prêtres dansant en chœur autour de lui en poussant des cris sauvages; des prêtres inspirés et possédés par les démons, s'ouvrant les veines, se livrant aux orgies les plus infâmes; ou bien encore un dieu honoré sous la forme d'un taureau, recevant entre ses mains embrasées les enfants qu'on lui immole, et dévorant ses victimes, dont les cris sont étouffés par les sons des instruments les plus bruyants et par les acclamations féroces d'une multitude insensée, tandis que d'autres se jettent par troupes volontairement dans les flammes. Et ce culte de Baal ne se bornait pas à la terre de Canaan; mais nous le retrouvons partout, quoiqu'à des degrés divers. C'est Baal que l'Égypte adore dans les animaux; c'est lui auquel l'Inde rend hommage dans la personne de Siva, qui préside à la génération et à la mort. La Chaldée, l'Assyrie et la Syrie reconnaissent son empire: c'est ce culte que l'on retrouve au fond des mystères d'Atys, de la mère des dieux et de Dionysos en Grèce, et des Bacchanales à Rome. Le Nord lui-même n'a pu échapper à ses horreurs. Déjà le dualisme entre le bien et le mal, qui du fond de la Perse avait pénétré dans ces contrées, y avait frayé la route à ce culte abominable, dont le côté sanglant et cruel surtout y avait été accueilli favorablement. Au milieu de cette inondation des fureurs de l'enfer, le peuple choisi de Dieu s'efforçait de conserver la dignité morale de l'homme, et d'entretenir la flamme éternelle de la lumière divine. Jéhovah lui avait adressé cette menace : « Celui qui incline vers les magiciens et fornique avec eux, je tournerai ma face contre lui, et le ferai disparaître du milieu de mon peuple. » Le don de faire de vrais miracles avait lutté en la personne de Moïse, en présence de Pharaon, contre les faux miracles du démon. Dans la personne de Daniel, la véritable prophétie avait triomphé de la fausse devant le roi des Chaldéens. Et dans Élie, sur le Carmel, le culte de Jéhovah avait confondu le culte de Baal. La bonne doctrine s'était ainsi conservée dans le monde et y avait préparé les voies faites dès l'origine au genre humain. Mais une fois encore le monde, perverti, d'un côté par l'orgueil des Stoïciens, et de l'autre par la corruption des Épicuriens, parut sur le point de s'abîmer dans une dissolution universelle ; et c'est alors que, l'excès du mal appelant un remède héroïque, Dieu descendit lui-même sur la terre, et accomplit ainsi les promesses.

L'étoile prophétique qui annonça aux mages ce grand événement dirigea leurs pas non du côté de Rome, puissante par les armes et enivrée du sang des peuples, mais vers la crèche où reposait le salut du monde. L'enfant qu'ils trouvèrent faible et dénué de tout secours humain avait pour mission de s'avancer seul contre l'ennemi du genre humain, de briser le pacte que celui-ci avait contracté avec le démon, et qu'il avait comme signé de son sang, et de le lui arracher après l'avoir vaincu. Lors donc que les temps furent venus, celui qui ne craint personne et dont la puissance est sans égale sur la terre se présenta devant le Christ, que l'esprit avait conduit au désert afin qu'il y fût tenté, et que par sa tentation il méritât pour les hommes la force de résister aux suggestions du démon. Trois fois le tentateur renouvelle ses attaques, choisissant à chaque fois un nouveau terrain, et le circonvenant ainsi de tous les côtés ; mais aux trois fois il est honteusement repoussé. Chassé ainsi des trois régions de l'homme où il avait établi son empire, il s'enfuit avec ignominie ; et les anges, qui s'étaient séparés de notre premier père, lorsqu'il fut vaincu dans une épreuve semblable, viennent maintenant offrir leurs services au second Adam, qui doit réparer la faute du premier. Le vainqueur s'avance dans la force de l'esprit d'en haut, pour annoncer l'Évangile aux pauvres, pour guérir les cœurs brisés, pour annoncer aux captifs qu'ils seront délivrés, aux aveugles qu'ils recouvreront la vue, à ceux qui sont abattus qu'ils vont être désormais libres de toute inquiétude, et à tous en général la venue du royaume de Dieu. Plus fort que le fort armé, qu'il a vu tomber du ciel comme un éclair, il entre dans sa maison ; il l'enchaîne, lui

La venue du Sauveur.

prend les armes en qui il avait mis sa confiance, et distribue à ses élus le butin qu'il a fait. Car le troisième jugement du monde approche. Le prince de ce monde va être chassé : son peuple va tomber sous le tranchant du glaive, et Jérusalem va être foulée sous les pieds des païens, jusqu'à ce que le temps de ceux-ci soit accompli. On amène au Christ les possédés, et d'une parole il chasse d'eux les démons et les délivre. Ce Gadarénen que le diable possède depuis si longtemps, qui, toujours nu, n'a pour demeure que les sépulcres, qui dans sa fureur brise les chaînes dont on le lie, et qui, poussé par le démon dans le désert, voit tous les hommes fuir devant lui ; ce Gadarénen le rencontre. Le Christ lui demande qui il est : « Je m'appelle Légion, répond-il, car nous sommes beaucoup. Êtes-vous venu nous tourmenter avant qu'il soit temps ? » Puis, reconnaissant sa puissance, il le conjure de ne pas les plonger dans l'abîme, et le Christ leur permet de rentrer dans une troupe de porcs. Les esprits impurs se prosternent devant lui, et lui crient : « Vous êtes le fils de Dieu. » Mais lui leur défend de le faire connaître, car il ne veut pas du témoignage du père du mensonge ! Quelques-uns sont guéris par la vivacité de leur foi : la fille de la Syrophénicienne est sauvée par l'humilité de sa mère. Il donne à ses disciples le pouvoir de chasser aussi les démons ; mais, faibles encore dans la foi, ils ne réussissent pas toujours ; ils ne peuvent rien sur cet esprit muet qui, lorsqu'il emporte celui qu'il possède, le rend sourd et muet, le jette tantôt dans le feu, tantôt dans l'eau, tantôt par terre, où il le force de se rouler en écumant et grinçant des dents. Notre-Seigneur donc, après avoir chassé ce démon, tend la main au possédé gisant à terre, pour le relever, et reproche à ses disciples leur peu de foi ; puis il leur apprend que ce genre de démons ne peut être chassé que par le jeûne et la prière. Enfin, après avoir achevé l'œuvre pour laquelle il était venu dans le monde, après avoir vaincu le démon et l'enfer ; avant de monter au ciel, il laisse à son Église le pouvoir de chasser en son nom le démon qu'il a vaincu.

La mythologie raconte que Jupiter, après avoir foudroyé Typhon, roula sur lui l'île de Sicile; que depuis ce temps il gît haletant et gémissant sous ce fardeau, qui l'accable; que les flammes de l'Etna sont le souffle qui s'échappe péniblement de sa poitrine oppressée, et que toutes les fois qu'il se remue pour chercher quelque soulagement en changeant de position le sol tremble dans toute la contrée. Ainsi le Christ, après avoir dompté Satan, l'a précipité au fond de l'abîme, et a roulé sur lui ce rocher inébranlable sur lequel il a bâti son Église. Là cet ange apostat se tord dans les convulsions d'une fureur impuissante, et, soulevant parfois le poids sous lequel il gémit, il produit ces secousses violentes qui agitent le monde des esprits. Mais il a beau faire, il a perdu son droit, et avec lui la puissance formidable qu'il possédait jadis. La voie du ciel n'est plus fermée à ceux qui la cherchent: le Christ y a marché le premier, et tous peuvent y marcher à sa suite. Chacun peut, s'il le veut, rentrer en possession des biens éternels que le péché nous a ravis. Cependant ni l'homme ni le démon n'ont perdu depuis la rédemption la liberté qu'ils avaient auparavant: le Christ a seulement brisé les liens qui attachaient le premier à celui-ci; de sorte que le démon ne peut plus exercer sur nous aucun empire sans le concours de notre volonté. Si Dieu lui permet quelquefois de nous visiter et de nous faire sentir son pouvoir, c'est toujours pour notre bien; et il ne saurait jamais nous nuire contre notre gré. La lutte des deux principes n'a donc point cessé depuis le christianisme. La rédemption n'a fait au contraire que la rendre plus acharnée en la rendant plus spirituelle; mais du moins les armes sont égales des deux côtés, et la victoire, si nous le voulons, est assurée. Depuis que le judaïsme est tombé sous les coups du paganisme, et que celui-ci s'est affaissé de soi-même et écrasé par la religion du Christ, le fil impur des traditions diaboliques n'a point été coupé pour cela; à travers les ruines des anciens systèmes, il s'est prolongé jusqu'à nos jours, grâce à la corruption et à la perversité du cœur humain. Cependant il y a, sous ce rapport, entre l'époque qui a précédé Jésus-Christ et celle qui l'a suivi cette différence que dans le tissu de l'histoire l'action du démon formait en quelque sorte la chaîne autrefois, tandis qu'aujourd'hui elle n'en est plus que la trame. Les temps sont changés. L'humanité est encore, il est vrai, exposée aux attaques des puissances de l'enfer; mais l'issue de la lutte n'est plus incertaine : et si la main de l'homme ne rompt elle-même le sceau qui ferme l'abîme, le démon n'a plus d'empire sur lui, et son salut est assuré.

Puissance de l'Église. La possession n'a donc point cessé dans l'Église; mais celle-ci a reçu de Dieu par les apôtres les secours nécessaires pour en contre-balancer les effets. *Vous chasserez les démons en mon nom*, a dit Notre-Seigneur. Les Actes des Apôtres nous racontent que ce nom n'était pas invoqué en vain par ceux-là même qui n'appartenaient pas à Jésus-Christ. Déjà, dès l'origine, comme nous l'apprenons par le témoignage de saint Cyprien et de Prudence, pour conjurer la puissance du diable, l'Église avait admis dans sa hiérarchie les exorcistes. Saint Ignace lui-même, dans son épître aux habitants d'Antioche, et le pape saint Corneille, dans sa lettre à Fabien, font déjà mention des exorcismes. Les démons sont conjurés au nom de celui qui viendra juger les vivants et les morts. Les exorcismes ne se pratiquaient ni dans les maisons, parce qu'on avait peur, ni dans les églises, à cause de la sainteté du lieu, mais en plein air. Là on leur demandait leurs noms, et on les forçait à manifester leur départ par quelque signe extérieur. « Car, nous dit saint Cyprien, parlant de l'impuissance des démons, conjurés par nous au nom du vrai Dieu, ils sont renversés aussitôt, forcés à confesser le nom du Seigneur et à sortir du corps des possédés. Vous les voyez à notre voix, et par l'action de la majesté divine cachée en nous, fouettés, jetés dans le feu, contraints par un accroissement de souffrances à nous demander grâce et à déclarer, en hurlant et en gémissant, d'où ils viennent et quand ils s'en iront. L'île de Chypre a été témoin de ces merveilles, quand saint Hilarion, qui y avait cherché le repos de la solitude, y ayant été découvert, délivra de cette manière près de deux cents possédés, hommes et femmes, comme le raconte saint Jérôme, dans sa vie. »

CHAPITRE II.

Développement du mauvais principe dans les hérésies anciennes et modernes. Des trois formes du panthéisme naturaliste dans le monde païen. Des trois formes du judaïsme dans son développement. Le paganisme et le judaïsme, plus tard le mahométisme armés contre la doctrine du Christ. Hérésie des Gnostiques et des Judaïsants. Elles se confondent à la fin avec le Manichéisme, et, partant de l'Orient, inondent l'Occident tout entier. L'émancipation de la chair. L'orgueil enfante le sensualisme d'un côté, et le rigorisme de l'autre. Les faux prophètes et les clairvoyants opposés aux voyants et aux prophètes véritables.

L'Église n'eut pas à souffrir seulement de la violence de ses persécuteurs; mais elle eut encore à lutter de tout temps contre les mauvaises doctrines qui étaient nées du paganisme et du judaïsme à la fois. Le premier, depuis qu'il s'était séparé du tronc de la religion primitive, avait dégénéré dans un panthéisme dont les formes varièrent chez les différents peuples, selon la différence du principe que l'on prenait pour base. Comme l'univers semble partagé en deux moitiés, le ciel et la terre, on supposa que tous les deux ils avaient produit l'ensemble des choses dont la diversité frappe nos regards; et dans les contrées de l'Occident on désigna l'époque où cette production eut lieu sous le nom d'époque d'Uranus et de Géa. Et c'est

Le panthéisme.

sous cette forme que le panthéisme se révéla pour la première fois. Mais comme cette production continuelle et surabondante s'opposait au développement des choses produites, il fallut y mettre des bornes et la faire rentrer dans de justes limites. C'est le temps qui fut chargé de cette opération; le temps, qui toujours finit et toujours recommence, oscillant perpétuellement entre la vie et la mort. Ici commence la seconde période du panthéisme, celle de Chronos et de Rhéa, après que les Titans eurent mutilé Uranus. Mais le temps, toujours mobile, ne pouvait conduire au but désiré. Dévorant tout, pour le reproduire ensuite sous une autre forme, enfantant les êtres sortis de son sein, pour les dévorer ensuite, il ne pouvait rien établir de stable et de permanent. Il fallut donc avoir recours à un troisième principe, qui, coordonnant tous les êtres avec nombre, poids et mesure, les assujettît à la loi d'une harmonie supérieure, et donnât à chacun l'ordre et la beauté qui lui conviennent. Ce principe fut représenté dans Zeus et Here; et avec eux commence la troisième période du panthéisme.

Le dualisme. Mais les forces sauvages de l'époque antique ne cédèrent pas sans combat à la nouvelle puissance qui se produisait dans le monde. Il fallut les soumettre et les dompter; et c'est à la suite de cette lutte terrible que les Titans de la fable furent précipités au fond de l'abîme. Comme ils avaient combattu pour la cause du désordre, de l'injustice et de la violence, contre l'ordre et l'harmonie, ils représentèrent le mauvais principe, tandis que les partisans de Chronos luttaient en faveur du bien. Et c'est alors que le panthéisme se produisit sous la forme du dualisme, ou d'une opinion irréconciliable entre le bien et le mal, entre la lumière et les ténèbres, entre la vie et la mort. La lutte de ces deux principes une fois commencée se continue dans l'histoire par des émanations, des générations et des incarnations interminables du bon principe, apparaissant ici dans Dionysus, là dans Mithra, ailleurs dans Chrishna, Osiris, etc. On en vint bientôt à regarder ces personnages comme n'ayant jamais commencé, et à considérer cette lutte comme éternelle. C'est ainsi que la doctrine du dualisme s'établit dans le monde, et que ses partisans en vinrent bientôt à adorer le mauvais principe.

Le judaïsme, de son côté, se trouva dès l'origine en opposition directe avec le panthéisme païen sous toutes ses formes. Jéhovah n'était point, aux yeux des Juifs, renfermé dans la nature; il n'avait rien de commun avec elle : effet de sa puissance infinie, elle était séparée de lui par un abîme. Comme il avait créé le ciel et la terre, Uranus et Géa étaient à son égard de pures idoles, et leurs adorateurs des rebelles. Comme c'était lui, d'un autre côté, qui avait créé la lumière et établi les ténèbres, ce dualisme qui séparait deux choses intimement unies dans leurs racines était une abomination à ses yeux. Le panthéisme sous toutes ses formes était donc pour le monothéisme un scandale; il avait pour base cette doctrine insinuée par le démon à nos premiers parents : *Vous serez comme des dieux*, et, comparé à lui, il était ce que le mal est au bien. Cependant on ne peut méconnaître non plus un certain progrès dans le culte du judaïsme et dans son rapport avec les fausses religions qui l'entouraient. Dieu, en effet, s'était manifesté d'abord comme créateur; et, lorsqu'il avait créé le monde, son action n'avait trouvé aucun obstacle au dehors, puisque le mal n'existait pas encore. Aussi, après chaque création, pouvait-il s'applaudir de son œuvre et la proclamer bonne. Mais lorsqu'une partie des anges, s'étant révoltés contre lui, eurent entraîné dans leur révolte l'homme lui-même, et que le mal se fut ainsi propagé, à travers tous les domaines de la création, jusqu'à la terre, qui en forme comme le dernier degré, une seconde époque commença dans l'histoire, époque de mobilité et de changements continuels. Dieu apparut dès lors comme conservateur et destructeur à la fois : conservateur à l'égard de ce qui s'était maintenu dans le bien, destructeur et ven-

Le judaïsme.

geur à l'égard du mal ; recueillant, protégeant, disciplinant le premier par des lois sages et fortes à la fois ; combattant, écartant le second, ou le faisant servir au triomphe du bien. C'est là l'époque de la loi et de l'ancienne alliance. Mais cette conduite de la Providence avait pour but de préparer l'avénement de la troisième époque. En effet, la plupart des hommes opposant leur volonté aux desseins de Dieu sur eux, et les rendant inutiles par l'abus coupable de leur liberté, il apparut enfin comme restaurateur et sauveur ; et avec l'accomplissement des promesses relatives au Messie commença la troisième époque dans l'histoire ; époque qui ne finira que lorsque Dieu, après avoir achevé la purification du genre humain par la séparation incessante du mal et le couronnement des élus, se manifestera au monde comme souverain juge, et conduira la création tout entière vers son but final.

Mais les promesses s'accomplirent d'une tout autre manière qu'on l'avait attendu ; Juifs, païens, tous furent également surpris et déconcertés par ce grand événement. Le paganisme reposait, il est vrai, sur ce principe, que la rédemption était déjà accomplie ; et chaque peuple païen pouvait citer dans son histoire un ou plusieurs sauveurs à qui il devait sa gloire et sa prospérité. Cependant l'insuffisance du salut qu'avaient apporté ces dieux et l'impuissance de ceux-ci avaient enfin donné aux païens une sorte d'attente d'un rédempteur, qui, quoique moins explicite que chez les Juifs, n'en est pas moins très-prononcée dans leur culte et dans toute leur histoire. Mais le Messie qu'ils attendaient, c'était un conquérant qui, après avoir soumis à l'empire de Rome tous les peuples de la terre, ne ferait du monde entier qu'un seul royaume. Les Juifs, de leur côté, espéraient un Messie qui les délivrerait de l'oppression et de l'humiliation sous laquelle ils gémissaient, et qui leur assujettirait toutes les nations. Or, les uns et les autres voyaient apparaître un Sauveur qui, plus pauvre que les oiseaux du ciel, n'avait pas un lieu où il pût reposer sa tête ; un Sauveur qui s'était entouré d'hommes sans considération, sans instruction ; qui enseignait une doctrine d'une grande profondeur, il est vrai, quand on se donne la peine de l'étudier attentivement, et confirmée par des miracles éclatants, mais dont néanmoins la simplicité choquait la sagesse fausse et orgueilleuse du monde. Il ne s'agissait ici ni des dons de l'esprit, ni du courage qui fait les héros, ni de conquêtes matérielles. C'était par l'humilité qu'il fallait conquérir la couronne que ce Sauveur promettait à ses élus, et le royaume qu'il leur annonçait était un royaume invisible. Quand on vit ce singulier Messie mourir sur une croix, et ses disciples entreprendre de vaincre les princes du monde non par les armes, mais par les souffrances, le paganisme se détourna avec mépris, et le judaïsme avec fureur. Le premier, s'affaissant toujours davantage, crut pouvoir se soutenir en reprenant son ancienne croyance, à savoir que la rédemption avait été accomplie déjà autrefois par les hauts faits de Zeus ou de Chronos ; il essaya de donner à cette doctrine une forme plus scientifique et plus séduisante pour l'esprit, et de la purifier des erreurs monstrueuses qui l'avaient dénaturée, afin de pouvoir l'opposer ensuite avec succès au christianisme. Le judaïsme, de son côté, nia que les promesses fussent accomplies, et en remit la réalisation à une époque plus éloignée. Puis, les Juifs ayant été sur ces entrefaites dispersés parmi tous les peuples de la terre, ils essayèrent aussi, comme les païens, par haine pour le christianisme, de donner à leur doctrine une forme qui la rendit plus accessible aux esprits de ce temps-là. Ce qui s'était passé dans le judaïsme lors de la captivité de Babylone se reproduisit en cette circonstance. Au retour de cette captivité, les Juifs, sentant le besoin de fortifier l'idée qui faisait la base de leur nationalité, avaient recueilli le canon de leurs Écritures, qui s'était augmenté de plusieurs livres. Dans cette dispersion générale et définitive, ils voulurent rassembler toutes les traditions orales qui expliquaient la doctrine et la loi, pour qu'elles ne se perdissent pas parmi eux. C'est ainsi que des commandements du Sinaï et des écrits légués par le passé naquit la Massorah, qui est comme la partie formelle de la doctrine du judaïsme, tandis que la Mischnah, avec ses Breiloth, en forme la partie matérielle. Puis plus tard la Mischnah, avec la Gemara, son commentaire, composa ce qu'on appelle le Talmud, c'est-à-dire la Doctrine. Enfin, à la Massorah et à la Mischnah vint s'ajouter encore la Cabale, qui, puisée à la même source que les deux premières, forme la doctrine mystique et secrète du judaïsme. La Cabale en particulier devait, dans ce qu'elle avait de vraiment indigène, restaurer et soutenir le mosaïsme, qui chancelait, tandis que, par ses emprunts au paganisme d'un côté et au christianisme de l'autre, elle devait acquérir un développement qui pût lui permettre de se poser en face de la doctrine de l'Église, et de la combattre, comme les nouveaux Platoniciens le faisaient avec leur philosophie éclectique.

L'ancienne doctrine judaïque avait présenté son Jéhovah comme le Dieu suprême, comme le Dieu de tous les dieux du paganisme. Dans la Cabale, c'est Ensoph, caché dans les plus profonds abîmes de l'être, qui est tout, et qui pourtant n'est rien de ce qui est ; c'est Ensoph qui a créé d'abord l'universalité des choses, par Menra ou le Verbe. Puis celui-ci produit les trois Sephiroth supérieurs, et de ces derniers sortent les sept inférieurs. C'est ainsi qu'Ensoph, se manifestant dans les dix sphères qui composent l'univers entier, a terminé l'arbre généalogique des émanations divines, lequel s'étend à travers les quatre mondes superposés l'un à l'autre, depuis les sommets du monde des esprits jusqu'aux derniers degrés de la matière. Mais, parallèlement à cette suite d'émanations divines, nous voyons se développer à travers ces quatre mondes une série de démons ou de substances spirituelles ; car les Juifs étaient persuadés que tous les domaines de la création, depuis le ciel jusqu'à la terre, les astres du firmament, les éléments de l'abîme, les montagnes, les plantes, les animaux, les hommes des soixante-dix peuples de la terre sont confiés à la garde d'esprits particuliers. Mais, de même que le monde est partagé en deux parties, l'une ténébreuse et l'autre lumineuse, présidées, celle-ci par Jezer Tob, l'être bon, et celle-là par Jezer Hara, l'être mauvais, ainsi le monde des démons forme deux royaumes, celui des bons et celui des mauvais esprits, toujours en lutte l'un contre l'autre, mais liés cependant par un certain rapport magique. A la tête des premiers étaient trois intelligences supérieures : Métatron, Sandalphon et Acatriel. Après eux venait la milice entière des bons esprits, partagée en dix chœurs, d'après le nombre des trois cieux et des sept planètes. Le chef des mauvais démons, c'était Samaël ou Satan, dont le serpent était comme le principe ou le côté féminin, tandis qu'Asmodée et Bédargon étaient comme ses lieutenants. Après eux venaient les puissances inférieures, les Satan, les Schedim, les Sayrim, les Malache Chabbalah, tous ministres de la colère de Samaël et composant sa cour. Ils remplissent les sept régions de l'enfer ou de la géhenne, de même que les bons esprits occupent l'Éden ou le paradis, et entre les deux sont placés les esprits de la nature. (*Histoire, doctrine et noms de toutes les sectes juives qui ont existé autrefois, ou qui existent encore aujourd'hui*, par Beer, tom. II ; Brunn, 1823.)

L'homme, étant ainsi placé entre les deux mondes de la lumière et des ténèbres, peut recevoir par là même les influences de l'un ou de l'autre, selon qu'il se tourne vers celui-ci ou vers celui-là. S'il se tourne vers la lumière, sa vie se développera dans la lumière, le bien et la sainteté ; si, au contraire, il cherche les ténèbres, il descendra jusqu'aux dernières profondeurs du vice et de la perversité. Il peut donc, en avançant toujours, soit dans le bien soit dans le mal, arriver à un état d'inspiration céleste ou satanique, et au bout de cette voie trouver la magie divine ou la magie infernale. Cette double magie de la Cabale juive nous représente, quoique dans un sens plus élevé, ce qu'étaient pour le paganisme la théurgie et la goétie. Outre cela, les païens, aussi bien que les Juifs, reconnaissaient une troisième sorte de magie, à savoir une magie naturelle, correspondant aux esprits de la nature. Nous retrouvons aussi ces trois genres de magie dans le mahométisme ; et il ne faut pas s'en étonner, puisqu'il n'est lui-même qu'une combinaison du judaïsme et du paganisme. Les musulmans distinguent encore à l'heure qu'il est une magie naturelle, Essimiah, et une magie spirituelle, Erruhani, laquelle se divise de nouveau en deux espèces, l'une divine, ayant Dieu pour principe immédiat ou indirect, selon qu'on invoque ou son nom ou celui des bons esprits ; et l'autre satanique, nommée Sufli, dans laquelle l'homme invoque l'assistance des esprits mauvais. Le christianisme, entouré de ces trois écoles, eut peine à se défendre de leurs influences ; et c'est à celles-ci que l'on doit attribuer l'origine de toutes les hérésies qui parurent dans les premiers siècles. L'influence du mahométisme ne se fit sentir que plus tard ; encore peut-on dire que ce fut principalement par l'intermédiaire des Juifs.

Hérésies judaïques. L'Église avait poussé ses premières racines au milieu du monde juif et païen, et c'est de là que lui étaient venus les premiers fidèles. Or, parmi ceux qu'elle avait convertis, plusieurs eurent la pensée de venir au secours de la nouvelle doctrine et d'en étayer la faiblesse apparente en l'appuyant sur les doctrines juives et païennes, afin qu'elle pût de cette manière lutter avec plus de succès contre celles-ci. C'est de cet effort que sont sorties successivement toutes les erreurs des judaïsants et des gnostiques, qui essayèrent de dessécher et de faire périr le tronc de la vraie doctrine, en l'étouffant sous une multitude de plantes parasites, tandis que, dans le sein de l'Église, d'autres hérésies, exagérant ou rétrécissant ses dogmes, lui préparaient des périls non moins grands. La Cabale avait surtout trouvé des adeptes en Égypte, parmi les Juifs hellénistes, parmi les Esséens ou piétistes, et les

Thérapeutes ou mystiques, comme on peut le voir dans les écrits de Philon. Les chrétiens venus du judaïsme s'appliquèrent donc à présenter la doctrine chrétienne sous un aspect qui ne fût pas de nature à repousser leurs anciens coreligionnaires. Comme il existait une certaine analogie entre les trois périodes des dieux du paganisme et les trois révélations successives faites au genre humain, à l'origine d'abord, puis au peuple hébreu, puis par Notre-Seigneur Jésus-Christ, on en vint à supposer aussi, toujours dans la vue d'obtenir le but désiré, que le Messie, roi du monde spirituel supérieur, par opposition à Satan, prince du monde inférieur; que le Messie avait paru dans la révélation de ces trois périodes de l'histoire. Ce premier pas fait, il était facile d'aller plus loin, et d'en venir à prétendre que les trois doctrines ne sont au fond qu'une même chose, et que la troisième, à savoir la doctrine chrétienne, n'avait eu pour but que de débarrasser la seconde des éléments étrangers qui l'avaient défigurée depuis Moïse, et de la rétablir dans sa dignité primitive. C'est sur ces fondements que se sont élevées les diverses sectes judaïsantes des premiers temps de l'Église, comme les Ebionites, les Nazaréens et les Elcésaïtes, chez qui l'on retrouve la magie, les conjurations d'esprits, les sibylles et les prophétesses.

Les chrétiens venus du paganisme firent la même chose de leur côté; ils cherchèrent premièrement à enrichir la doctrine chrétienne, qui leur paraissait méprisable à cause de sa simplicité, en y ajoutant les trésors que le paganisme possédait en ce genre. Puis ils cherchèrent à présenter le paganisme comme bien supérieur au judaïsme; et transportant à l'histoire de l'Église la division des périodes admises par les païens, comme nous l'avons vu plus haut, ils présentèrent le paganisme et le judaïsme comme deux choses entièrement opposées. Les doctrines gnostiques se distinguèrent selon les systèmes païens qu'elles prirent pour base, et qu'elles cherchèrent à introduire dans le

Hérésies païennes ou gnostiques.

christianisme ; et il semble que nous n'avons aucune règle plus sûre pour discerner leur origine que les systèmes des nombres qu'elles ont pris pour point de départ. On pourrait d'après cela retrouver la trace des doctrines égyptiennes dans celle de Basilide, où prédomine le nombre huit joint à celui de trois cent soixante-cinq, et qui est dans un rapport intime avec la métempsycose ; le nombre sept chez Saturnin indique la Perse comme berceau de ses erreurs ; le nombre trois, puis les nombres huit, dix et douze, joints au nombre trente, désignent la Chaldée chez Valentin.

Quant aux sectes de la seconde sorte, elles se distinguent par le degré d'abaissement où elles ont essayé de réduire le judaïsme et son Dieu, de même que par le degré d'opposition qu'elles ont prétendu établir entre lui et le Dieu des chrétiens. Chez Basilide, Jéhovah n'est que le premier ange de la dernière hiérarchie des Esprits, tandis que dans le Christ la plus haute énergie divine s'est unie à l'homme. Chez les Valentiniens, Jéhovah est le démiurge, le roi du monde des figures et des images ; il est engendré par Achamoth chassée du Pleroma dans l'obscur chaos, tandis que Jésus restaurateur de ce même monde est l'Éon que tous les autres Éons ont formé de ce qu'il y a de plus pur dans leur essence. Chez Marcion, le Créateur, ne connaissant que la justice, mais ignorant l'amour, flotte entre le bien et le mal. D'autres, poussant la chose encore plus loin, font du créateur un être mauvais, qui a introduit le péché dans le monde par la loi. Les Ophites semblent avoir poussé cette horrible doctrine jusqu'à ses dernières conséquences ; et bientôt les choses en vinrent à ce point que, par une réaction inévitable en ces sortes de cas, l'opposition entre le mahométisme et le judaïsme finit par disparaître tout à fait, tandis que d'un autre côté les Séthites et les Caïnites poussèrent cette opposition jusqu'à un dualisme formel. Les Ophites enseignaient que la Sophie, s'abaissant jusqu'à la matière, avait enfanté Jaldabaoth, le fils du Chaos ; que celui-ci, après avoir créé les sept esprits sidéraux, avait créé avec eux le monde et enfin l'homme ; que de son souffle il avait communiqué à celui-ci la lumière supérieure qui habitait en lui ; mais que, voulant l'empêcher d'acquérir une science plus élevée, il lui avait défendu de manger le fruit de l'arbre de la science; de sorte que l'esprit du serpent créé aussi par lui était devenu le bienfaiteur de l'humanité en le poussant à transgresser le précepte du Seigneur. Ces hérétiques en vinrent bientôt à prendre parti pour Caïn, pour Cham, pour les habitants de Sodome, etc., comme les Caïnites ; ou, comme les Séthites, à voir dans Seth et Sem le précurseur du Messie ou le Messie lui-même, et à chercher la vraie doctrine dans la ligue des enfants de Dieu, pendant que les Adamites, remontant plus haut, honoraient dans Adam la souche commune des enfants de Dieu et des enfants des hommes.

Tous ces systèmes, on le voit, entendaient dans un sens hérétique et exagéraient l'opposition qui existe entre les deux principes du bien et du mal. Aussi finirent-ils par se résoudre tous dans le Manichéisme, qui avait su trouver la formule la plus courte, la plus populaire, la plus favorable aux passions humaines, pour tous les adversaires du dogme chrétien et de la morale sévère de l'Évangile dans le monde. Deux royaumes éternels gouvernés par deux chefs, dont l'un cependant est supérieur à l'autre ; dans l'homme deux natures, l'une plus élevée, l'autre inférieure, dont la première, plus forte à l'origine, a perdu son empire dans la génération par la volupté : telle était cette formule, dont la simplicité apparente devait plaire aux esprits vulgaires et dont la facilité souriait d'ailleurs aux passions du cœur humain. Aussi fut-elle favorablement accueillie partout, mais surtout en Orient. Cette doctrine néanmoins, puisée du Zend-Avesta, était dans sa forme primitive trop opposée au christianisme pour pouvoir se défendre contre lui. Elle sut donc se plier aux circonstances, et prendre diverses formes selon les temps ; et c'est ainsi qu'elle a pu se soutenir à travers les siècles

Le Manichéisme.

jusqu'à nos jours. Vers la fin du quatrième siècle, elle pénètre sous la forme du Priscillianisme jusqu'au fond de l'occident en Espagne, et y jette des racines si profondes qu'on l'y retrouve encore à la fin du sixième. Vers le milieu du siècle suivant, les Pauliciens l'introduisent par le moyen de Constantin dans l'Arménie syrienne; puis dans le cours du huitième, elle se répand dans l'Asie Mineure, et se rajeunissant dans l'hérésie de Sergius, vers la fin du même siècle, elle gagne en partie la faveur des empereurs d'Orient. Mais au milieu du neuvième siècle, l'audace de la secte donne naissance à une guerre qui dure près de cent ans, et dans laquelle elle est complétement défaite. Les Manichéens, transportés en Thrace dans les vallées du mont Hémus, se liguent avec d'autres, bannis avant eux, et se répandent de nouveau sous le nom de Bogomiles. Vers le milieu du onzième siècle, Psellus les reconnaît sous le nom de Messaliens, d'Euchètes ou d'Enthousiastes, tandis qu'Alexis Comnène, vers la fin du même siècle, se vante d'avoir convaincu une partie de ces hérétiques de leur erreur, et fait divulguer par Euthymius leurs mystères. Cependant ils s'étaient répandus par des missions et par le commerce dans la Bosnie et la Dalmatie, et poussant toujours plus à l'ouest ils apparaissent avant l'an 1000 en Italie, et trouvent particulièrement à Milan un accueil favorable. Comme ils étaient étrangers, on leur donna le nom de Passagini, et celui de Bulgares parce qu'ils venaient de Bulgarie; mais eux, se regardant comme plus purs que les autres hommes, s'appelaient Catharins, Patasrins, Piphler, Bégard, Lollards, etc. Leur doctrine fit de rapides progrès, même dans l'État de l'Église, et pénétra jusqu'en France. Elle y avait germé longtemps en secret lorsque enfin elle se produisit tout à coup au grand jour dans le sein du clergé d'Orléans en 1017, et se répandit de là en diverses provinces, particulièrement dans le sud de l'Aquitaine, où elle fit de si rapides progrès que déjà en 1030 nous voyons un concile assemblé contre ses sectateurs à Toulouse, jusqu'à ce qu'enfin la guerre des Albigeois arrêta leurs progrès dans cette contrée sans les extirper entièrement. En effet, ils ne s'étaient pas bornés à la France; mais ils avaient fait seulement de ce pays leur centre d'opérations, et de là ils s'étaient jetés sur tous les peuples de l'occident. Nous les trouvons déjà en 1052 dans la contrée de Goslar, puis dans les pays du Bas-Rhin. Vers le milieu du douzième siècle, ils passent de Gascogne en Angleterre, couvrent l'Espagne de leurs associations secrètes, et font du royaume de Léon un des principaux siéges de leur puissance. Nous les voyons reparaître plus tard de temps en temps dans les guerres des paysans, chez les Anabaptistes. Puis passant dans le Nouveau-Monde, après la découverte de celui-ci, ils s'y implantent et s'y propagent. On les retrouve encore à l'heure qu'il est chez les Bogomiles des montagnes de l'Hémus; et il n'y a pas longtemps qu'ils ont essayé de se constituer dans la capitale même de la France sous le nom de Saint-Simoniens.

Ce réseau de sectes et d'hérésies, qui n'a cessé d'enlacer l'Église depuis son origine jusqu'à nos jours, a été en même temps pour la mystique diabolique un des auxiliaires les plus puissants; et c'est par les Manichéens surtout que celle-ci s'est répandue à travers le temps et l'espace. Comme la spéculation et la pratique se tiennent par des liens très-étroits, on peut toujours juger de l'une par l'autre. Une fois qu'on reconnaissait dans le mal un principe absolu et personnel, on devait l'honorer, le servir et lui rendre hommage; et lui, de son côté, devait récompenser à sa manière le culte qu'on lui rendait. Si dans les commencements, moitié par un reste de pudeur, moitié pour ne pas choquer trop ouvertement l'instinct religieux des populations, on donnait au bon principe la prééminence, le principe mauvais était regardé toutefois comme lui étant semblable en toutes choses, et les esprits conséquents devaient en conclure qu'ils étaient égaux tous les deux. De là il n'y avait qu'un pas pour arriver à reconnaître que le roi des régions inférieures, lesquelles sont plus proches de l'homme, est le plus puissant, et qu'on doit l'honorer plus que son rival; et c'est là ce qui a répandu le culte du démon dans toutes les contrées de l'Europe. Chacun de ses adorateurs croyait, d'après la doctrine qu'il avait embrassée et plus encore d'après sa propre expérience, qu'il portait en soi un élément en rapport avec le démon, une nature inférieure et ténébreuse, et jouissant en quelque sorte du droit de cité dans le royaume de Satan. Plus cette nature inférieure avait pris le dessus dans un homme, plus elle avait subjugué la nature supérieure, et fait prédominer ses instincts, ses appétits et ses passions, et plus cet homme devait se trouver disposé à entrer au service d'une puissance dont il sentait la force dans tous ses membres et dans tous ses organes; moins au contraire il devait se sentir d'attrait pour le principe du bien qui, malgré toutes ses perfections, ou plutôt à cause d'elles, lui paraissait quelque chose d'inaccessible et de trop étranger à sa nature. Une fois décidé dans son choix, il devait chercher à entrer dans un commerce plus intime avec le maître invisible qu'il s'était choisi, et il trouvait dans sa nature inférieure comme un point de contact avec lui. Une alliance formelle était donc facile, et les conditions en étaient pour ainsi dire trouvées d'avance. En effet, comme c'est principalement dans la chair que règne Satan, l'émancipation de la chair et tout ce qui s'ensuit était le résultat prochain de ce contrat tacite entre l'homme et le démon, et souvent même cette condition était posée d'une manière formelle.

L'émancipation de la chair.

Mais le mal sut arriver au cœur de l'homme par d'autres voies encore. L'Église avait toujours reconnu les obstacles que l'homme rencontre pour son salut dans les instincts de la nature inférieure; aussi avait-elle toujours cherché à tenir celle-ci sous une discipline sévère. Cependant la grandeur des périls qui nous menacent de ce côté ne lui avait pas fait perdre de vue ceux que l'orgueil nous prépare; et, poursuivant les racines du mal jusque dans les régions les plus hautes de l'homme, elle s'était efforcée de contenir celles-ci sous un joug salutaire. Elle trouvait partout sur sa route deux ennemis à combattre : en bas, la concupiscence et l'instinct animal qui dépriment l'homme; en haut, la superbe et l'orgueil qui veut toujours monter. Et comme sa doctrine se tient toujours dans ce milieu sage et juste, lequel n'est que l'unité vivante et supérieure où se joignent les extrêmes qui semblent le plus opposés, elle avait cherché ici encore à garder ce sage tempérament qui évite avec précaution tous les excès. Soumettant à Dieu également, et les instincts de la nature inférieure, et les élans de la nature supérieure, s'efforçant de rabattre l'orgueil et de relever les passions basses de l'homme, elle voulait ainsi établir en lui un juste équilibre, et lui rendre, autant que la chose est possible ici-bas, l'harmonie qui existait dans son être à l'origine. Mais de même que le bel accord des dogmes de l'Église avait été troublé par les diverses hérésies, et surtout par celle des deux principes, ainsi devait-il en être de la discipline morale fondée sur ces mêmes dogmes. Nous retrouvons donc encore ici deux doctrines extrêmes, l'une qui conduit au sensualisme, et l'autre qui mène par l'orgueil au rigorisme. Cette opposition avait existé déjà, et chez les païens dans les deux sectes des Épicuriens et des Stoïciens, et chez les Juifs dans les sectes des Saducéens et des Pharisiens. Chacune de ces doctrines était un mal en soi, parce que chacune développait à sa manière quelques-uns des mauvais instincts de la nature humaine. Mais lorsqu'elles se furent rencontrées, comme les extrêmes finissent toujours par se rencontrer; lorsque l'orgueil, approchant dans une présomptueuse assurance de la volupté qui l'épiait, se trouva pris dans ses pièges; ou lorsque celle-ci, arrivée au dernier degré de l'abrutissement, trouva sur ses pas l'orgueil, alors ces deux ennemis du bien se donnèrent la main, et hâtèrent les progrès du mal par leur funeste alliance. Aussi saint Augustin, dans son livre *des hérésies*, adressé à Quodvultdeus, nous apprend que les sectes gnos-

Le sensualisme et le rigorisme.

tiques étaient généralement si décriées que, tandis qu'elles s'appelaient de différents noms, beaucoup les désignaient toutes en masse sous le nom de Borborites, c'est-à-dire *sales*, à cause des abominations qu'elles pratiquaient dans leurs mystères. Le saint docteur nomme expressément comme se distinguant sous ce rapport les Simoniens, les Nicolaïtes, les Carpocratiens, les Manichéens, les Priscillianistes et les Paterniens. L'extrême opposé était représenté par les Montanistes et les Valésiens, qui se châtraient eux-mêmes, par les Patriciens et les Circumcellions, qui pratiquaient le meurtre contre les autres et contre eux-mêmes, par tous ceux en un mot qui s'appelaient Catharius ou purs. Or, cette contagion de l'orgueil était plus subtile et plus pénétrante encore que celle de la volupté.

Les faux prophètes.

Cette opposition passa bientôt de la vie dans la mystique, à l'aide du principe sur lequel les différentes sectes appuyaient leurs doctrines. Comme celles-ci, étant toutes en contradiction avec les dogmes de l'Église, avaient besoin pour se faire accepter d'une garantie supérieure, leurs auteurs l'avaient cherchée dans le prétendu Paraclet qu'ils promettaient à leurs adeptes. Tous les hérésiarques, depuis Simon le Magicien jusqu'à Manès, et plus tard jusqu'au moyen âge, s'étaient annoncés comme envoyés par l'Esprit, et avaient donné leur doctrine comme une nouvelle effusion de ce même esprit, ayant pour but de continuer et d'étendre l'œuvre de la rédemption. Comme cette effusion du Saint-Esprit se manifeste principalement dans le don de prophétie, ce don, et avec lui toute la mystique, n'avait pas tardé à pénétrer dans les sectes qu'ils avaient fondées; et comme, d'un autre côté, c'était dans leurs prophéties que la doctrine qu'ils enseignaient avait ses racines, celle-ci devait nécessairement manifester l'esprit qui l'avait inspirée. Déjà dans l'ancienne alliance nous rencontrons deux sortes de prophètes, ceux de Jéhovah et ceux de Baal; car il y a deux sortes d'esprit, l'un qui souffle d'en haut et l'autre d'en bas. Les annales des Hébreux nous apprennent ce qu'il faut penser des prophètes de Baal, et nous pouvons, en nous rappelant ce qu'étaient les bacchanales, suppléer ce qui manque à la description qu'elles nous en font. Quant à l'esprit d'en haut, nous ne pouvons mieux connaître la nature de ses opérations qu'en interrogeant à ce sujet ceux-là même qui les ont reçues. Il descend comme une flamme sur la langue de David. Il enivre Jérémie comme un feu dévorant, de sorte que tous ses os tremblent dès qu'il a touché sa bouche et qu'il y a mis ses paroles, le posant au-dessus des peuples et des royaumes, pour qu'il plante et arrache, édifie et détruise. (*Jérém.*, c. I, XXIII.) Le prophète inspiré par lui est obligé de dire ce qu'il ne veut pas ; et s'il s'y refuse, l'inspiration pèse sur lui comme un fardeau qui l'écrase, s'enflamme en son cœur, brûle ses os ; de sorte que, ne pouvant supporter les ardeurs qui le consument, il tombe en défaillance. (*Idem*, c. XX.) Ézéchiel sent clairement la main de Dieu se poser sur lui, son esprit entrer en lui et le placer sur ses pieds. (c. III.) Une main mystérieuse, sortant du milieu du feu, le saisit par les cheveux dans une vision, et l'élevant entre le ciel et la terre le transporte jusqu'à Jérusalem dans le temple. (c. VIII.) Lorsque nous considérons le langage symbolique des prophètes, nous voyons que toutes leurs actions portaient le même caractère ; de sorte que la multitude les comprenait mal bien souvent, et les regardait comme des insensés. Ainsi, lorsque le disciple des prophètes prit à part Jéhu pour lui donner l'onction prophétique, ceux qui accompagnaient ce dernier lui demandèrent, lorsqu'il revint, ce que ce fou lui avait fait. Nous ne pouvons méconnaître en tout cela les signes d'un état vraiment extatique. Mais entre ces deux inspirations, entre ces deux genres de prophètes, ceux de Dieu et ceux du démon, nous en trouvons d'autres qui sont comme les prophètes de la nature. Ce sont eux que désignait Ézéchiel sous les traits de ces hommes qui prophétisent d'après leur propre cœur, suivant leur propre esprit, et de fausses visions, lesquelles ne leur apprennent rien ; de ces hommes qui se mettent à proclamer leurs oracles trompeurs sans que le Seigneur les ait envoyés, et qui annoncent la paix là où la paix n'est point, qui trompent le peuple et confirment les méchants dans leur malice. (*Ibidem*, c. 13.) « Je ne leur ai point donné de mission, dit le Seigneur par la bouche de Jérémie ; mais ils se sont mis en avant eux-mêmes. Je ne parlais point en eux, et malgré cela ils prophétisaient et mentaient en mon nom, disant : J'ai rêvé, j'ai rêvé dans le sommeil, parlant ainsi, non de ma bouche, mais d'après les visions perfides de leur cœur. S'ils avaient assisté à mes conseils et annoncé mes paroles à mon peuple, je les aurais détournés de leurs voies mauvaises et des mauvaises pensées de leur cœur ; mais chacun volant la parole de son voisin, ils se sont mis à rêver des mensonges, et ont ainsi séduit mon peuple par leurs illusions et leurs faux miracles. N'écoutez donc point les paroles de ces prophètes ni de ces prophétesses, qui, pour une poignée d'orge et un morceau de pain, vous mettent un coussin sous le coude et un oreiller sous la tête, et ravissent ainsi les âmes de mon peuple. Ma colère tombera sur eux, et ne reviendra à moi qu'après avoir accompli les pensées de mon cœur. Que celui donc qui rêve dise ce qu'il a rêvé ; mais que celui qui a ma parole la redise avec sincérité. Qu'a de commun le froment avec la paille ? Ma parole n'est-elle pas comme le feu ou comme un marteau qui brise le rocher ? » (*Jérémie*, c. XXIII, et XXVIII ; *Ézéchiel*, c. XIII.) Cette troisième classe de prophètes appartient au genre des pythons et des devins, *qui strident in incantationibus suis*, comme le dit Isaïe, c. VIII. Ce sont les clairvoyants qui ont des visions, il est vrai, mais qui, entourés d'illusions, sont sujets à l'erreur, et se rendent coupables bien souvent d'imposture. Il y a parmi eux bien des degrés et bien des nuances, et ils forment comme le point de transition qui conduit à la première classe des voyants inspirés par l'enfer.

L'Esprit d'en haut ayant communiqué à l'Église de la nouvelle alliance le vrai don de prophétie, le démon, qui cherche toujours à contredire l'œuvre de Dieu, ne pouvait manquer non plus d'avoir ses prophètes. Car, comme le dit le prince des apôtres : « De même que les Juifs ont eu de faux prophètes, de même il s'élèvera parmi vous des docteurs de mensonge, qui inventeront des sectes pernicieuses, nieront le Seigneur, qui les a rachetés, et se prépareront ainsi une prompte ruine. » (Ep. II, c. 2.) La clairvoyance naturelle, quoiqu'elle ne fût pas peut-être parfaitement comprise des anciens, n'était pas néanmoins restée pour eux un mystère. Les premiers hérésiarques avaient su la mettre à profit, afin de donner à leurs erreurs la sanction dont elles avaient besoin. De ce côté donc l'esprit du mensonge trouvait une porte par où il pouvait entrer; et comme la constitution de la femme la rend plus accessible à ces sortes d'états, il leur fallait des femmes qui pussent leur servir d'instrument pour atteindre leur but. Nous ne devons donc pas être étonnés de voir celles-ci jouer un si grand rôle dans la plupart des hérésies. Nous pouvons suivre la série de ces fausses prophétesses jusqu'au temps des apôtres, où nous trouvons cette Hélène ou Sélène que Simon le Magicien appelait sa Minerve; puis Prisque et Maximille, les prophétesses de Montan; puis nous trouvons encore les visions et les faux miracles de la Philomène de Sergius. Chez les Pépuciens de la Phrygie, cette race de prophétesses prend tellement le dessus que la secte lui donne la prééminence dans le sacerdoce. Ce qui est naturel en soi ne peut être imputé ni à bien ni à mal, et est, sous le rapport moral, indifférent soit pour l'un, soit pour l'autre. Mais lorsque l'élément naturel est uni intimement avec l'esprit, comme il arrive dans l'homme, il ne peut rester longtemps dans cette indifférence : il suit l'impulsion de l'esprit qui habite en lui, et sert ainsi soit à édifier, soit à détruire. Or les sectes qui prennent pour point de départ la négation d'un dogme révélé sont éminemment destructrices. Et le Manichéisme présentant le mal comme une puissance légitime, qui a des droits aux hommages de tout ce qui a quelque rapport avec elle, le culte du mal se trouve par là justifié. Mais les hommes peuvent passer au culte du démon de deux manières, selon la différence de leur nature et des doctrines qu'ils professent. Ceux qui, par une disposition mauvaise de leur cœur, ou par l'effet d'une grande perversité, se sentent attirés vers le mal comme tel se livrent complétement à lui, et se mettent sous sa dépendance, afin de pouvoir à leur gré se servir en son nom de la nature pour satisfaire leurs convoitises. Nous devons donc trouver parmi eux un culte diabolique, une doctrine et une mystique diaboliques aussi. Que si, au lieu d'incliner vers la volupté, ils penchent, au contraire, du côté de l'orgueil, ils reconnaissent bien, il est vrai, l'empire des puissances supérieures; mais cette connaissance ne fait qu'éveiller en eux le désir de devenir comme les Élohim, ou même plus puissants encore. Il résulte de là un culte et des pratiques d'un genre différent. Ces hommes, méprisant les démons, cherchent à s'élancer jusque dans les régions les plus hautes et à s'assujettir les puissances qui y habitent, soit les unes par les autres, soit par Dieu lui-même, la plus haute de toutes. L'ancienne magie s'est produite sous toutes ces formes dans le christianisme, de même que dans le judaïsme et le paganisme, enfantant les hérésies et reproduite à son tour par celles-ci. Prenant son point de départ dans la magie naturelle, qui s'efforce de soumettre la nature par le moyen des forces qui résident en elle, elle a cherché à l'opposer à la mystique pure et sainte de l'Église.

La magie dans son opposition à l'Église.   C'est ainsi que s'est formé ce culte magique et secret que les sectes ont opposé au culte public de l'Église, et dans lequel elles ont cherché à imiter les sacrements, et particulièrement celui de l'eucharistie. Chez les Ophites, un serpent apprivoisé sortait d'une caverne sous l'autel, conjuré par les prêtres; et lorsqu'il avait touché de sa langue l'oblation qu'on lui présentait, celle-ci se trouvait par là même consacrée, et était distribuée comme eucharistie parmi les fidèles : c'est ce que nous apprend saint Augustin dans son catalogue des hérésies, 17. Ce symbole exprimait d'une manière frappante la nature du culte de ces hérétiques. Les Montanistes et les Pépuciens tiraient le sang d'un enfant d'un an, à l'aide de piqûres qu'ils pratiquaient sur tout son corps ; puis, le mêlant avec de la cendre, ils en faisaient un pain dont ils préparaient leur eucharistie. Si l'enfant mourait, ils l'honoraient comme martyr ; et s'il échappait, ils en faisaient leur grand prêtre. Nous voyons ici un retour aux sacrifices sanglants du paganisme, qui convenaient très-bien à cette secte dure et impitoyable. Les Manichéens, ou du moins ceux qui parmi ces hérétiques s'appelaient Cathares, mêlaient de la semence à leur eucharistie, comme le prouvent les enquêtes juridiques faites à Carthage d'abord, et plus tard à Rome, et les déclarations de ceux dont on avait abusé pour ces cérémonies abominables. Ici, c'est l'ancien culte de Moloch qui reparaît dans toute son horreur, et qui ose se donner comme le culte du Christ. Ces abominations étaient les conséquences des principes admis par ces hérétiques : elles devaient donc se produire toujours de nouveau dans le cours des siècles, quoique sous des formes diverses. C'est ce que témoigne, en effet, Psellus, dans ce qu'il nous rapporte des Euchites de son temps. Ils admettaient trois principes : l'un paternel, qui régnait seulement dans les régions situées au-dessus de ce monde ; puis deux autres issus de lui, le premier qui exerçait son pouvoir dans le monde, et l'autre plus jeune qui présidait aux choses célestes. Quelques-uns de la secte honoraient ensemble les deux derniers, parce que, quoiqu'ils fussent opposés l'un à l'autre, ils avaient néanmoins le même père et la même origine. D'autres adoraient, il est vrai, le plus jeune, comme ayant la meilleure part, mais sans refuser pour cela d'honorer l'autre, à cause du pouvoir qu'il avait de leur nuire. Les plus dépravés, renonçant tout à fait au culte du principe céleste, se consacraient exclusivement au Satanaki, qui avait créé les plantes et les animaux, et mis tout en ordre sur la terre, tandis que son frère, jaloux de lui, affligeait son royaume de tremblements de terre, de grêle, de famine, etc., et méritait ainsi la malédiction des hommes. Or ces hérétiques, pour se rendre Dieu favorable, goûtaient, au commencement de leurs cérémonies, des deux excréments humains, suivant ainsi leurs principes jusque dans ses dernières conséquences. Puis le soir, ils conduisaient les initiés, hommes et femmes, dans leurs lieux de réunions; et tous, après que les lumières avaient été éteintes, se mêlaient indistinctement dans d'infâmes orgies, après quoi ils se séparaient. Au bout de neuf mois, lorsque le temps était venu où les femmes devaient mettre au monde les fruits de ces unions monstrueuses, ils se rassemblaient tous au même lieu, et trois jours après l'enfantement ils prenaient les malheureux enfants qui venaient de naître, leur tiraient le sang du corps, les brûlaient respirant encore sur un bûcher, recevaient leur sang dans des vases, le mêlaient avec de la cendre, et en composaient un mélange horrible dont ils infectaient leurs aliments et leurs breuvages. C'était là leur communion : ils croyaient par là pouvoir effacer les symboles empreints dans notre âme, ce sceau qui met les démons en fuite, et se ménager les moyens de se rendre ceux-ci familiers. (Psellus, *de Operat. Dæmon.*, p. 11-37.) Lorsque les Bogomiles transportèrent en Occident la doctrine des Manichéens, ces abominations passèrent avec elle dans ces contrées. Le synode d'Orléans expose ainsi le résultat de l'enquête faite en cette ville sur cette secte : « Ils s'assemblaient de temps en temps la nuit dans une maison désignée d'avance, portant chacun un flambeau à la main. Là ils chantaient dans une espèce de litanie les noms des démons, jusqu'à ce qu'ils vissent descendre au milieu d'eux le démon lui-même sous la forme d'un petit animal. Dès qu'il avait apparu, on éteignait toutes les lumières, et chacun abusait de la femme qui lui tombait sous la main, sans aucune crainte du péché, sans se soucier que ce fût sa mère ou sa sœur ou une religieuse ; car ils tenaient ces unions pour saintes. L'enfant qui naissait de cet accouplement impur était brûlé à la manière des païens, huit jours après sa naissance, dans un grand feu sous leurs yeux. Ils recueillaient et gardaient ses cendres avec le même respect avec lequel la piété chrétienne conserve le corps du Seigneur, comme viatique pour les malades. La puissance du démon qui résidait dans ces cendres était telle que lorsqu'un homme en avait seulement goûté il était extrêmement difficile qu'il renonçât à cette hérésie pour retourner dans le chemin de la vérité. »

Les mêmes accusations se reproduisent plus tard à propos des Catharins ; et un bref du pape Grégoire IX à quelques évêques d'Allemagne indique les différentes formes d'animaux sous lesquelles le démon paraissait dans leurs assemblées : ce sont les mêmes que nous verrons plus tard dans le sabbat des sorcières, celle du crapaud ou du chat, par exemple. Les Fratricelles avaient des orgies semblables. Les femmes se rendaient par troupes à leurs assemblées ; une fois que les cérémonies étaient achevées et les lumières éteintes, le prêtre donnait, en invoquant l'esprit, le signal de ces unions monstrueuses. Les enfants qui en naissaient étaient ensuite jetés de main en main par ces sectaires placés en cercle, jusqu'à ce qu'il fût mort ; et celui entre les mains de qui il mourait était salué comme grand prêtre. Un de ces enfants était brûlé par les prêtres, qui, mêlant dans une coupe ses cendres avec du vin, se servaient de ce breuvage pour initier les adeptes. (Abr. Bzovius, *in annal.*, ann. 1303.) Les Templiers furent aussi, comme on le sait, accusés de brûler des enfants et d'honorer Satan. Un grand nombre de nobles du sud de la France étaient entrés dans cet ordre de chevalerie. Sortis d'une condition qui, à cette époque et dans ces contrées, savait cacher sous le manteau de la poésie une profonde corruption et dans laquelle le Manichéisme comptait à cause de cela un grand nombre de partisans, il ne serait pas étonnant qu'ils eussent ajouté aux vices de leur patrie ceux de l'Orient, et que, formant pour ainsi dire un ordre dans l'ordre dont ils étaient membres, ils eussent conservé en secret les pratiques et les cérémonies des Manichéens. Cette supposition est la seule qui puisse concilier les contradictions que l'on remarque dans le procès des Templiers, et sauver à la fois l'honneur des juges qui les ont condamnés et celui du grand maître et de ses compagnons, qui en mourant protestèrent de leur innocence.

CHAPITRE III.

Développement de la mystique diabolique. L'Église commence déjà à la combattre dans la personne de saint Pierre luttant contre Simon le magicien. Le célèbre canon *Caput episcopi*. Les Géludes au huitième siècle. Au neuvième siècle les magiciens qui changent le temps à leur gré. Aux dixième, onzième et douzième, décrets de l'Église contre la magie. Les enchantements et la vaudoisie. Les sorcières commencent à paraître au commencement du quatorzième siècle. Procès du Carme Adeline devant l'inquisition d'Évreux. Le *fortalitium fidei*. La bulle d'Innocent VIII. Législation des anciens empereurs et des anciens peuples germains contre la magie. Procès de magie à la cour des Mérovingiens. Des ordonnances faites plus tard par les empereurs et les rois au moyen âge. Manière de voir des Indiens de Malabar.

D'après tout ce que nous avons dit dans le chapitre précédent, nous ne devons pas être étonnés de voir la mystique diabolique apparaître déjà dès le commencement de l'Église, et se développer sans interruption à travers les siècles. L'Église a donc eu de tout temps à lutter contre elle, comme nous le voyons déjà par ce que fit saint Paul à Éphèse, par sa lettre aux Colossiens, et par la conduite de saint Pierre à l'égard de Simon le Magicien. Puis, pendant les trois premiers siècles, elle continue à lutter contre la magie, représentée par les hérésiarques de cette époque, qui essayent d'opposer aux traditions de l'Église celles de l'enfer. A Simon succède Ménandre, puis Saturnin, Basilide,

Carpocrate et Marc, jusqu'à ce qu'enfin, selon l'expression de saint Léon le Grand, tout ce qu'il y a d'impiété chez les païens, d'aveuglement chez les juifs charnels, de crimes dans les mystères de la magie, de blasphèmes et de sacriléges dans les hérésies vienne aboutir au Manichéisme comme en un gouffre impur. Bientôt l'Église procède contre la magie dans ses conciles. Celui d'Illibère, en Espagne, dirige son sixième canon contre les maléfices. Celui de Laodicée, en Phrygie, en 343, défend, par son trente-sixième canon, aux clercs, de pratiquer la magie et les conjurations et de faire des amulettes ; et il excommunie tous ceux qui en font usage. Le célèbre canon *Caput episcopi* expose déjà la doctrine et les pratiques de la sorcellerie. Ce canon est attribué tantôt au pape Damase, tantôt au concile tenu dans ce siècle en Galatie ; mais ni l'une ni l'autre de ces deux origines n'est certaine, car il n'apparaît qu'au commencement du dixième siècle dans le recueil de Réginon de Trèves, puis dans Burchard de Worms, et enfin dans Gratien. On y lit : « Les évêques et leurs assesseurs doivent s'efforcer de déraciner dans leurs diocèses la magie et les détestables enchantements inventés par le diable ; et s'ils trouvent un homme ou une femme adonnés à ce vice, qu'ils les chassent. — Il ne faut pas oublier non plus que certaines femmes abominables servent de succubes aux démons, et, séduites par ces tromperies et ces illusions, croient et déclarent qu'elles chevauchent la nuit sur certains animaux avec Diane, la déesse des païens, ou avec Hérodiade, au milieu d'une troupe innombrable d'autres femmes ; que vers minuit elles parcourent dans l'ombre et le silence d'immenses espaces, obéissant en tout à cette Diane comme à leur maîtresse, et qu'elle les appelle à son service en certaines nuits déterminées. » Le canon ajoute : « Beaucoup de gens se sont laissé tromper par cette fausse opinion, et ont été ainsi entraînés vers le culte des païens, comme si, à côté de Dieu, il y avait encore d'autres dieux. Mais c'est Satan lui-même qui, s'emparant de l'esprit des femmes et se transformant en ange de lumière, prend la forme de diverses personnes, et, troublant dans le sommeil les têtes où il s'est établi, leur présente tantôt des choses gaies, tantôt des choses tristes, et leur fait accroire que tout cela se passe non dans l'âme, mais dans le corps. » Nous voyons ici dans Hérodiade, fille d'Aristobule, un souvenir et un reflet du judaïsme, de même que nous trouvons un reflet du paganisme dans cette Diane ou Hécate, reine des enfers, la grande sorcière de l'antiquité païenne, qui, parcourant les montagnes avec des bruits terribles, suivie de ses chiens, entourée de serpents qui sifflent à ses côtés, traverse les carrefours, les champs, les villes et les bourgs.

Les Incubes et les Géludes.

Au cinquième siècle, Chrysostome et Philastre parlent de la croyance aux incubes, dont saint Augustin fait déjà mention. Mais le premier la rejette, d'après ce principe, qu'une nature spirituelle ne peut se mêler à une nature corporelle; et l'autre la met au nombre des fables des païens. Au commencement du sixième siècle, les conciles d'Agde et d'Orléans défendent aux prêtres et aux laïques de tirer des présages ou d'expliquer les signes d'après ce qu'on appelle le sort des saints. Le pape Martin défend en général d'admettre dans les maisons ceux qui s'adonnent à ces sortes de pratiques, afin de détourner quelque mal, comme aussi d'avoir recours aux lustrations païennes, ou d'imaginer d'autres méfaits de ce genre. (Gratien, I, can. 3.) Celui de Tolède, en 633, ordonne de dégrader et d'enfermer dans un cloître tout clerc qui se livre aux occupations de ce genre; et celui de Trulle, en 692, décerne la peine d'excommunication contre tous ceux qui font le métier de devins, qui pratiquent les évocations, qui font des amulettes ou dissipent les nuages, si toutefois ils persistent dans leur paganisme. Au huitième siècle, nous trouvons la magie répandue dans tout l'Orient; et saint Jean Damascène s'étend sur ce sujet, à propos des dragons qui, selon la légende des Sarrasins, se changent en hommes pour enlever les femmes et s'unir à elles. Il dit entre autres choses : « Quelques-uns plus ignorants racontent que les sorcières, nommées aussi Géludes, sont des femmes qui voyagent dans les airs, qui, n'étant retenues ni par les verroux ni par les serrures, pénètrent dans les maisons à travers les portes fermées, et y font mourir les enfants. D'autres disent qu'elles mangent le foie de ces enfants, et les font mourir en suçant tout leur sang. Plusieurs assurent avoir été témoins de ces faits; d'autres affirment qu'ils ont entendu dire à ces femmes elles-mêmes qu'elles étaient entrées dans les maisons, les portes fermées, en corps et en âme, ou en esprit seulement. Le Christ est bien entré les portes fermées dans la chambre où étaient les apôtres; mais si chaque sorcière pouvait en faire autant, il n'aurait rien de plus qu'elles. S'ils disent que l'âme entre seule, pendant que le corps reste au lit, qu'ils se rappellent cette parole de Notre-Seigneur : « J'ai pouvoir de livrer mon âme et de la reprendre. » Et ce pouvoir il ne l'a exercé qu'une fois lors de sa passion. Si la première femme venue peut en faire autant, il n'a donc rien encore de plus qu'elle sous ce rapport. Aussi toutes ces choses ne sont que des prétentions mises en avant par les hérétiques, afin de séduire les simples. » (Saint J. Damasc., t. I, p. 471; Paris, 1712.) Presque en même temps, saint Boniface dit aux catéchumènes d'Allemagne : « Vous venez de renoncer au démon, à ses pompes et à ses œuvres. Qu'est-ce que les œuvres du démon? C'est l'idolâtrie, les vénéfices; c'est d'interroger ceux qui jettent les sorts et font des évocations, de croire aux sorcières et aux loups-garous. »

Au commencement du neuvième siècle, nous voyons saint Agobard, évêque de Lyon, attaquer, dans son livre de *la Grêle et du Tonnerre*, la foi aux sorciers, qui prétendent faire le temps à leur gré. « Dans ces contrées, dit-il, presque tous les hommes, nobles ou vilains, citadins et villageois, jeunes et vieux, croient qu'il y a des gens qui peuvent produire la grêle et le tonnerre. Dès qu'ils entendent un coup de tonnerre ou qu'ils voient briller un éclair, ils

Des sorciers qui changent le temps.

s'écrient que c'est un temps artificiel (*aura levaticia*). Si on leur demande ce que c'est qu'un temps artificiel, les uns vous répondent avec embarras, et les autres avec cette assurance qui est le propre des ignorants que c'est un temps produit par les évocations des sorciers, et que c'est pour cela qu'en entendant un coup de tonnerre on dit : Maudite la langue qui a prononcé la formule! qu'elle se dessèche et soit arrachée du palais. Quelques-uns ajoutent qu'ils connaissent des sorciers, lesquels peuvent diriger toute la grêle qui tombe dans un pays sur un champ stérile ou sur une cuve sous laquelle est assis celui qui a évoqué l'orage. Nous avons souvent entendu dire à certaines personnes qu'elles savaient de science certaine que ces choses s'étaient passées en tel ou tel lieu; mais nous n'avons encore rencontré personne qui les ait vues de ses yeux. Une fois cependant on me parla d'un homme qui avait été témoin oculaire d'un cas de ce genre; je ne me donnai point de repos que je ne l'eusse trouvé. Je lui parlai de cette affaire, et comme il persévérait dans son dire, je le suppliai instamment, au nom de la conscience, de ne rien dire que la pure vérité. Il continua, il est vrai, d'affirmer que tout ce qu'il avait dit était vrai, nomma la personne, le temps et le lieu; mais il avoua en même temps qu'il n'avait pas été présent en ce moment. » Saint Agobard combat ensuite cette superstition par des raisons très-convaincantes, disant qu'elle ôte à Dieu, pour l'attribuer aux hommes, ce qui n'appartient qu'à lui. Dans un autre endroit du même ouvrage, il raconte que peu d'années auparavant, une épidémie s'étant déclarée parmi les bestiaux, le bruit se répandit que Grimoald, duc lombard de Bénévent, avait envoyé, par haine contre Charlemagne, des hommes chargés de jeter une certaine poudre dans les champs, dans les prairies et dans les sources, afin d'empoisonner ainsi le bétail; qu'il avait vu lui-même un grand nombre d'hommes pris sur cette accusation, quelques-uns mis à mort, et plusieurs jetés dans les rivières, attachés sur des planches. Et ce qu'il y avait de plus extraordinaire, c'est que les accusés portaient témoignage contre eux-mêmes, et déclaraient avoir eu réellement cette poudre en leur possession, et en avoir fait l'usage criminel qu'on leur reprochait. Il se prononce de la manière la plus formelle, et sur d'excellentes raisons, contre ces bruits, qui étaient crus de presque tout le monde. Enfin il rapporte aussi le bruit d'une barque merveilleuse qui était descendue de la Magonie à travers les nuages. Il avait été témoin lui-même comment on avait mis en prison et amené devant la commune, pour les lapider, trois hommes et une femme que l'on croyait être ainsi tombés du ciel ; et ce n'est qu'avec peine que la vérité parvint à se faire jour. Quelques années plus tard, en 829, le second canon du synode de Paris déclare que les magiciens et les sorcières sont des instruments de Satan, par lesquels il exerce ses arts pernicieux et qui troublent l'esprit des hommes à l'aide de certains breuvages qui éveillent en eux de mauvais désirs. Il ajoute ensuite qu'on les accusait de déchaîner les vents, de produire la grêle et les orages, de ravager les moissons, d'ôter à certains animaux leur lait pour le donner à d'autres, et il finit par conclure que l'on doit procéder contre eux avec toute la rigueur des lois, parce qu'ils ne craignaient pas de servir manifestement le démon par des moyens criminels et maudits.

Au dixième et au commencement du onzième siècle, Burchard de Worms, qui, à l'exemple de Réginon de Trèves, recueillit les Décrets, s'étend longuement sur cet objet. Il résulte de ce qu'il dit que déjà le pape Eutychien, vers la fin du troisième siècle, avait fait un décret où il est question de bergers et de chasseurs qui prononçaient des formules diaboliques sur le pain, les herbes ou sur certains ligaments qu'ils cachaient ensuite sur des arbres ou dans les carrefours, au profit de leur propre bétail et au détriment de celui des autres. (*Interrog.* 43) Le canon du synode d'Ancyre est plus étendu. « Si tu crois, y est-il dit,

Décrets de l'Église contre la magie.

que tu peux, étant au lit à côté de ton mari, sortir avec ton corps, les portes fermées ; faire mourir sans aucune arme visible des hommes baptisés et rachetés par le sang du Christ ; que tu peux manger de leur chair rôtie, et mettre à la place du cœur de la paille, du bois ou autre chose semblable, ou que tu peux ressusciter ceux que tu as ainsi dévorés, tu dois jeûner au pain et à l'eau, pendant sept ans, quarante jours chaque année. » (L. xix, *de Pœnitentia*.) On ordonne ensuite de rechercher les femmes qui se vantent de pouvoir par des conjurations changer les esprits des hommes, les faisant passer de la haine à l'amour, ou de pouvoir leur causer quelque dommage dans leur fortune. (*Interrog.* 44.) Un autre décret, 10, 8, du *Pénitentiel romain* condamne ceux qui croient aux hommes lesquels prétendent changer le temps ; un autre, 10, 31, défend les évocations nocturnes des démons et les sacrifices qu'on leur offre. Un troisième condamne l'opinion des femmes qui s'imaginent qu'elles peuvent par des conjurations mêler et embrouiller la chaîne et la trame sur le métier, et les débrouiller ensuite. Un quatrième enfin interdit de placer dans les greniers et les celliers des arcs et des habits pour les satyres ou les esprits familiers des maisons, afin qu'ils puissent s'en amuser, et procurer au maître de la maison le bien des autres. On condamne les femmes qui croient pouvoir par des conjurations faire passer chez elles le lait ou le miel de leurs voisins, ou ensorceler par les yeux ou par les oreilles les volailles, les petits des cochons ou des autres animaux. On défend de servir des tables pour les Parques, et d'y mettre des mets et trois couteaux. On proscrit l'opinion des femmes qui se croient forcées en certaines nuits de voyager avec Holda, ou de s'élever dans l'air jusqu'aux nuages, après être sorties de chez elles les portes fermées, dans le silence de la nuit, et de livrer ainsi contre d'autres des batailles où elles donnent et reçoivent des blessures tour à tour. (*Ibid., Poss.*, p. 193 à 200.)

Vers la fin du même siècle, Ives de Chartres fit un recueil semblable, où il traite du même objet, ne faisant le plus souvent que répéter ce qu'avait déjà dit Burchard. Après lui vint Gratien, au milieu du siècle suivant. En Angleterre, Jean de Saresbury, traitant de la magie dans sa *Polycratique*, après avoir compté les différentes sortes de magie, parle des sorciers et de leurs assemblées nocturnes; de la persuasion où ils étaient que ces réunions étaient convoquées par Hérodiade, reine de la nuit; qu'on y célébrait des festins somptueux; qu'elle y employait ses servantes à diverses occupations, punissant les unes, récompensant les autres d'après leurs mérites; qu'on y présentait des enfants aux lamies, qui les déchiraient en morceaux et les dévoraient; ou que d'autres fois, lorsqu'elle avait pitié d'eux, elle leur laissait la vie, et les faisait reporter dans leur berceau. Après avoir rapporté toutes ces choses, l'auteur conclut par ces paroles : « Quel est l'homme assez aveugle pour ne pas reconnaître ici la malice et la tromperie des démons, ce qui paraît déjà en ce que ce sont presque toujours des femmes dont il s'agit, et que parmi les hommes il n'y a que les esprits simples et d'une foi faible? Aussi le meilleur moyen de se défendre de cette peste, c'est de se tenir fortement à la foi, de fermer son esprit à ces opinions insensées et de le détourner de ces folies. » Gervais de Tilbery, qui vivait dans le même temps, donne comme une chose connue que les sorcières qui voyagent la nuit sous la forme de chats portent le jour sur leur corps les traces des blessures qu'elles ont reçues dans leurs excursions nocturnes. Et Alain des Iles fait dériver le nom de Catharins de *Catto*, parce que, dit-il, ils baisaient le derrière d'un chat, sous la forme duquel Satan leur apparaissait.

Au commencement du treizième siècle, ces hérétiques se partagèrent en plus de soixante-dix-sept sectes, obéissant à un chef suprême et secret qui résidait à Milan; ils inondèrent l'Occident tout entier, et menaçaient d'y anéantir la véritable Église. Ce fut alors que le pape Innocent III leur opposa les Frères Prêcheurs et l'inquisition. Celle-ci cependant fut obligée plus tard, par une bulle d'Alexandre IV, de remettre la décision des procès de magie aux juges séculiers, et de n'y prendre part que dans le cas d'hérésie manifeste. La nécessité de ces précautions nous apparaît déjà par l'exemple des Stadingues, sous le nom desquels cette secte se répandit dans la Frise, la Saxe inférieure et le pays de Brême. Le pape Grégoire IX, écrivant en 1233 aux évêques d'Allemagne et à l'inquisiteur Conrad de Marbourg, dit « qu'ils s'étaient choisi pour maître Satan, lequel leur apparaissait dans leurs assemblées sous diverses formes, et poussait aux infamies les plus abominables ceux qui étaient engagés à son service; que dans ces assemblées, après qu'on avait éteint les lumières, chacun se livrait à ses convoitises; que tous les ans ils allaient recevoir des mains du prêtre le corps du Seigneur, mais qu'au lieu d'avaler l'hostie ils la gardaient dans la bouche, et la jetaient ensuite de ce cloaque vivant dans les lieux les plus immondes. Ils poussaient le blasphème jusqu'à prétendre que le Seigneur du ciel avait précipité du ciel injustement et par ruse Lucifer; mais que celui-ci y retournerait après en avoir chassé à son tour celui qui l'avait injustement dépossédé, et qu'alors ils jouiraient tous de la béatitude; que l'on doit par conséquent s'abstenir de tout ce qui plait au tyran, et faire au contraire tout ce qui lui déplait. C'est pour cela qu'ils tourmentaient et mettaient à mort tous les prêtres et toutes les religieuses qui leur tombaient sous la main. » La secte comptait de nombreux adeptes, surtout parmi les paysans; ils se montrèrent rebelles à toutes les tentatives qu'on fit pour les convertir; il fallut prêcher contre eux une croisade; et on ne put parvenir à s'en rendre maître qu'après que six mille des leurs furent tombés dans leurs marais. Repoussés toujours plus loin, ils se cachèrent pour échapper aux recherches. Bientôt les soupçons les poursuivirent; les accusations se multiplièrent, les prélats les plus élevés ne furent pas épargnés; et nous voyons en 1303 l'évêque de Coventry, en Angleterre, accusé, entre autres crimes, d'avoir prêté hommage à Satan et de s'être entretenu souvent avec lui. Boniface VIII fit faire une enquête qui prouva l'innocence de l'accusé, et il fut acquitté. La magie s'attaque jusqu'au chef de l'Église à cette époque, et Jean XXII charge l'évêque de Fréjus, qui devint pape après lui, et Pierre Tissier, plus tard cardinal, de faire une enquête contre les empoisonneurs. « Car, dit-il, nous avons appris que Jean de Limoges, Jacques de Crabançon et Jean d'Amant, médecin, avec quelques autres, s'occupent par une damnable curiosité de magie noire et d'autres enchantements; qu'ils ont chez eux des livres de magie. Ils se servent pour leurs opérations de miroirs et d'images qu'ils consacrent à leur manière. Ils se placent en cercle, invoquent les mauvais esprits, et cherchent par leurs enchantements à tuer certaines personnes, ou à les faire mourir par des maladies lentes. Quelquefois ils enferment les mauvais esprits dans un miroir, un cercle ou un anneau, et les interrogent sur les choses secrètes ou futures. Ils prétendent avoir éprouvé souvent la puissance de ces arts pernicieux, et qu'ils pourraient, non-seulement par certains aliments ou breuvages, mais encore par de simples paroles, abréger, allonger ou ôter la vie des hommes, et guérir toutes les maladies. » Déjà auparavant, le 22 avril de la même année, le pape avait écrit dans le même but une lettre à l'évêque de Riè, où il lui dit, entre autres choses : « Afin de nous empoisonner, ils ont préparé certains breuvages; mais ne trouvant point l'occasion de nous les présenter, ils ont fait des images sous notre nom, et les ont percées avec des aiguilles en prononçant des formules magiques et en invoquant les mauvais esprits, afin de nous faire mourir ainsi. Mais Dieu nous a conservé, et a permis que trois de ces images nous soient tombées entre les mains. » Le 20 août 1320, Guillaume Godin, cardinal, écrit à l'inquisiteur de Carcassonne : « Le pape vous ordonne de faire une enquête juridique contre ceux qui sacrifient aux démons, ou qui les prient, qui s'engagent à eux, qui font alliance avec eux par écrit ; qui, afin de les évoquer, font certaines figures, ou pratiquent d'autres enchantements ; qui osent même profaner le sacrement de baptême ou les autres en baptisant ces images ou d'autres objets. Vous devez procéder contre ces scélérats avec l'assistance des évêques, comme on procède contre les hérétiques, et le pape vous y autorise. » Lorsqu'en 1066 l'archevêque Éberard de Trèves mourut subitement au milieu des fêtes de Pâques, on attribua sa mort aux juifs, qui, disait-on, avaient fait faire son image en cire, l'avaient fait consacrer par un prêtre apostat, à Saint-Paulin, puis y avaient mis le feu, pendant que l'évêque célébrait le service divin. Les histoires d'Écosse racontent la même chose de Duffo, roi du pays.

Les actes de l'inquisition du treizième siècle sont pleins de choses de ce genre, et les témoignages les plus positifs des inquisiteurs confirment le rapport qui existait entre la magie et les hérétiques de cette époque. Ainsi, on lit dans un de ces recueils, conservé à la Bibliothèque impériale de Paris, sous le n° 3416, ces paroles : « Il y a environ deux cent soixante-dix ans, les Vaudois ou les pauvres de Lyon étaient fort répandus dans le pays. Mais la première de ces sectes était bien différente de la seconde. Les premiers étaient proprement hérétiques, comme on le voit par le livre de Dodon ; mais les derniers sont bien pires encore, car ce sont des apostats cachés, des idolâtres et d'horribles sacriléges. Que les juges sachent bien que les magiciens et les magiciennes et ceux qui évoquent le diable, quand on les observe attentivement, sont pour la plupart des Vaudois appartenant à la seconde secte. Or, tous les Vaudois sont essentiellement par leur profession, et d'une manière formelle, par l'effet même de leur réception dans la société, des hommes qui évoquent les démons, quoique tous ceux qui évoquent les démons ne soient pas pour cela Vaudois ; mais bien souvent ces deux choses se trouvent réunies. » Aussi les procès de magie deviennent-ils toujours plus fréquents. Bernard de Côme, inquisiteur dans ce pays et mort en 1510, écrit que, d'après les protocoles des inquisiteurs qui l'avaient précédé, tels qu'ils sont conservés dans les archives de l'inquisition du lieu, il appert que la secte des sorcières a commencé il y a environ cent cinquante ans. (*Tract. de strig.*, c. IV.) Ces cent cinquante ans nous conduisent à la première moitié du quatorzième siècle, à l'époque où vivait Bartole, jurisconsulte très-célèbre en ce temps-là. J. de Pioti, évêque de Novarre, le consulta relativement à l'une de ces sorcières, et il en reçut cette décision, qu'ayant renoncé au Christ et au baptême, ayant foulé la croix aux pieds, adoré le démon à genoux, ensorcelé, d'après son aveu, des enfants qui en étaient morts, comme il appert des plaintes de leurs mères, elle devait être condamnée au feu, à moins qu'elle ne témoignât un repentir sincère. Il appuie cette décision sur la Bible, sur le droit canonique et romain, en remettant toutefois aux théologiens et à l'Église le soin de juger si l'on peut être ensorcelé par la simple vue ou par le contact. (*Consil. sel. in causis crim.*, 1577, t. II, p. 8.)

Nous trouvons, l'an 1438, les faits que mit en lumière le procès du Carme Guillaume Adeline devant l'inquisition d'Évreux. Celui-ci confessa de bon gré, sans y avoir été forcé par la torture, qu'il était allé souvent à pied aux assemblées maudites des Vaudois, qui se tenaient alors dans le mois d'août, près de Clairvaux, au diocèse de Besançon, en des lieux montagneux et sauvages, et le plus souvent la nuit. Il s'était fait recevoir dans la secte l'année précédente, d'abord pour l'étudier, et ensuite pour regagner l'affection d'un chevalier de Clairvaux qui le haïssait mortellement. Il n'eut de rapports avec elle, d'après sa déclaration, que pendant un mois environ, et sans autres motifs que ceux qu'il avait indiqués. Lorsqu'il parut dans l'assemblée, ce fut une grande joie; et le démon qui prési-

Le Carme Adeline.

4.

dait, dit à celui qui le conduisait : « Qu'il soit le bienvenu. »
Adeline dit encore que beaucoup de gens des deux sexes
étaient venus aussi de plus d'un mille à la ronde, les uns
à cause des voluptés charnelles et des désordres auxquels
on s'abandonnait dans ces réunions; d'autres pour y satisfaire leur gourmandise et leur ivrognerie; quelques-
uns pour se venger de leurs ennemis, ou pour obtenir
quelque chose du démon en se mettant à son service. Pour
lui, disait-il, il n'en avait reçu aucune faveur. En second
lieu, Adeline déclare qu'il avait dans l'assemblée des Vaudois proclamé et annoncé les commandements du diable
sur l'ordre du démon qui présidait, et que l'on appelait
Monseigneur; que, marchant devant celui-ci, il avait dit
à l'assemblée, au moment où il entrait : « Voici votre maître qui approche, recevez-le comme il convient. » Ce même
démon prenait quelquefois la forme d'un grand bouc, et
Adeline, après avoir inculqué ses commandements aux
assistants, lui baisa par trois fois différentes le derrière.
De plus, il lui prêta serment en ces termes : « Moi,
W. Adeline, prieur de Clairvaux, je renonce à la foi, à la
sainte Trinité, à la vierge Marie, à la croix, à l'eau et au
pain bénits, à honorer la croix dans les rues ou ailleurs. »
Cinquièmement, le même Adeline a souvent, du haut de
la chaire, à Arbois, au diocèse de Lisieux, comme il
conste par une lettre souscrite de sa main, enseigné et prêché que les femmes qui deviennent grosses par suite d'un
adultère ne peuvent recevoir l'absolution si avant de
mourir elles ne confessent leur faute à leur mari devant
témoin, pour ne pas frustrer les enfants de celui-ci de
leur héritage. Au reste, il se rapporte à l'enquête, d'où il
résulte qu'il est convaincu de simonie, de parjure et de
sacrilège, de fornication, d'adultère et d'inceste avec sa
propre nièce mariée, et de vol, comme aussi d'avoir omis
son bréviaire pendant plusieurs années.

Le Fortali- tium fidei. Vers cette même époque, en 1439, parut le *Fortalitium fidei*, composé par un Franciscain, probablement Al. de

Spina, qui répand un nouveau jour sur cette matière. Dans la dixième considération du cinquième livre, parlant des illusions que les démons communiquent aux femmes, il dit : « On trouve très-souvent dans le Dauphiné et la Gascogne de ces femmes appelées en espagnol *Brur* ou *Kurgon*, qui prétendent que la nuit elles se réunissent dans quelques campagnes désertes, et que là elles trouvent sur un rocher un bouc, qui dans la langue du pays s'appelle *El-boch de Bitne*, qu'elles l'entourent avec des flambeaux allumés, et qu'elles l'adorent en lui baisant le derrière; que beaucoup d'entre elles ont été brûlées à cause de cela, après avoir été prises et convaincues par les inquisiteurs de la foi. Les portraits, ajoute-t-il, de celles qui sont mortes de cette manière se trouvent sur un grand nombre de tapis dans la maison de l'inquisiteur de Toulouse, comme j'en ai été témoin moi-même. Elles y sont représentées entourant le bouc avec des flambeaux à la main, et l'adorant. » Vers la fin du quinzième siècle, nous retrouvons la même accusation relativement à l'adoration du démon sous la forme d'un homme dont on n'aperçoit jamais la figure; qui, après avoir reçu les hommages des assistants, leur distribue de l'argent et leur donne à boire et à manger; après quoi on éteint les lumières, et chacun s'empare de la femme qu'il trouve sous sa main et s'unit à elle. Puis tous se retrouvent tout à coup à la place où ils étaient auparavant. Le peuple était encore tellement persuadé alors que la magie et l'hérésie étaient intimement unies entre elles qu'on appelait la première *vaudoisie*, parce que l'on confondait à cette époque les Vaudois avec les Catharins.

Ce n'est qu'en 1484 qu'Innocent VIII publia sa fameuse bulle, sur la nouvelle qui lui était arrivée que dans quelques parties de la haute Allemagne et dans les évêchés situés sur les bords du Rhin un grand nombre de personnes des deux sexes, oubliant leur propre salut et renonçant à la foi catholique, avaient un commerce impur avec les démons, et se rendaient coupables de superstitions horribles

La bulle d'Innocent VIII.

et de pratiques de magie criminelles. Il nomme pour inquisiteur de l'hérésie dans ces contrées H. Institoris et J. Sprenger, et leur donne plein pouvoir d'instruire les procès de ce genre, et de punir ceux qu'ils trouveront coupables. C'est à partir de cette époque seulement que nous voyons apparaître ce nombre infini de procès de sorcellerie qui remplissent les annales de ces temps.

[Législation des empereurs.] Si l'Église ne cessa jamais de surveiller la magie, elle ne prêta pas une moindre attention à la législation relativement à cette matière. Constantin avait déjà commencé en 321 par défendre, sous les peines les plus sévères, toutes les pratiques de la magie, ne permettant d'y avoir recours que contre les maladies, la grêle et les pluies désastreuses pour les récoltes. Après lui, Constance avait décerné la peine de mort contre ceux qui consultent les astrologues, les augures, les Chaldéens ou les mages, afin de connaître l'avenir. Cette loi avait été ensuite adoucie par Valentinien et Valens; mais celui-ci l'avait rétablie ensuite dans toute sa rigueur. Théodose marcha dans la même voie; et après que Valentinien et Arcade eurent défendu, en 389, d'avoir recours aux maléfices, il déclara criminel en 392 quiconque oserait s'élever au-dessus des lois de la nature en cherchant à savoir ce qui n'est pas permis, à deviner ce qui est caché, à faire ce qui est défendu; qui essayerait de nuire aux autres, ou promettrait à un tiers de faire tort à son ennemi. Au commencement du cinquième siècle, Honorius ordonne de chasser de toutes les villes les mages, qu'il désigne sous le nom général de mathématiciens, et de brûler leurs livres. Vers la fin du même siècle, il défend de chercher à se procurer des trésors par certaines pratiques magiques. Enfin Justinien, au commencement du sixième siècle, punit de mort, conformément à la loi Cornélia, quiconque fait mourir un homme par le poison ou en murmurant quelques formules magiques.

[Législation des peuples germains.] Nous remarquons les mêmes efforts dans la législation des peuples germains dès qu'ils sont convertis au christia-

même. Nous trouvons chez les Anglo-Saxons les wiglers ou conjurateurs qui pratiquent des enchantements, et que les lois chrétiennes mettent sur la même ligne que les empoisonneurs, les meurtriers et les parjures. Puis les galdarkraftigan qui croient pouvoir lier ou délier par certains chants magiques, appelés *galdra*; les skinkraftigan, qui faisaient sous les yeux des chrétiens de faux miracles; d'autres enfin qui éveillaient ou étouffaient l'amour dans le cœur par le moyen de certains charmes, appelés *lyblak*. Les Francs avaient aussi des enchanteurs et des magiciennes, et ils appelaient celles-ci du nom de hibous, parce qu'ils croyaient qu'elles se transformaient en hibous et mangeaient les hommes. Quiconque était convaincu de ces crimes devait, d'après les lois saliques, payer une amende de 200 schellings. Mais quiconque accusait quelqu'un d'avoir porté des sorcières, ou seulement un chaudron dans leurs assemblées, sans pouvoir le prouver, devait payer une amende de 2,500 deniers, et de 7,500 s'il accusait une femme libre. Déjà à cette époque les bergers et les chasseurs paraissent initiés à tous les mystères de la magie. Ils prononcent certaines formules ou chantent certaines chansons sur du pain, des herbes ou d'autres objets, qu'ils cachent ensuite dans des arbres, qu'ils jettent sur les carrefours, pour préserver de tout dommage leur propre bétail et nuire à celui des autres. Ils conjurent aussi les maladies, et les guérissent à l'aide d'os ou d'herbes enveloppées dans des nœuds magiques. Ils retiennent par d'autres charmes ceux qu'ils veulent là où ils sont, ou les poussent en des lieux où ils ne veulent pas aller. Ils connaissent et les philtres amoureux, et ceux qui rendent impuissants, et l'art de troubler le ciel, de produire la grêle, de frapper les fruits des arbres ou des animaux, de conjecturer l'avenir par le vol des oiseaux ou en consultant le sort (*Pact. Leges salicæ*, t. I, p. 322.) La loi des Visigoths en Espagne condamne à deux cents coups de bâton ceux qui exercent des maléfices, emploient des ligatures ou des formules écrites pour nuire aux autres, soit dans leur personne, soit dans leur bétail, dans leurs biens meubles, dans leurs champs ou vignes, pour les tuer ou les rendre muets ; tous ceux qui produisent la grêle par leurs enchantements, qui troublent le sens des hommes par l'invocation des mauvais esprits, qui offrent à ceux-ci des sacrifices nocturnes, et les conjurent par des chants. La même loi veut de plus qu'on leur coupe les cheveux, et qu'on les conduise ignominieusement autour de la ville. (*Lex Wisigoth.*, l. VI, t. I, § 4 ; t. II.) La loi des Ostrogoths et de Théodoric est plus sévère encore ; car elle punit de mort tous ceux qui pratiquent la magie, qui expliquent les signes ou qui prophétisent d'après l'ombre ; et elle prive leurs complices de tous leurs biens. (*Edict. Theodor.*, § 108, 111, 154.) Les lois lombardes interdisent de tuer l'affranchie ou la servante d'un autre sous prétexte qu'elle est une de ces sorcières que l'on appelle *Masques*, parce que « c'est une opinion sans fondement de croire que les sorcières peuvent manger les hommes encore vivants. » (*Leges Longob.*, l. I, tit. 2, § IX.) Les anciens Bavarois connaissaient aussi les sorciers et les sorcières qui ensorcelaient ou empoisonnaient ; les kalstrara, qui savaient attirer à eux le bien d'autrui par leurs enchantements, ou ensorceler ceux qui devaient subir le jugement de Dieu. (*Lex Bajuvar.*)

Procès de Mummole. — Au sixième siècle, nous trouvons déjà à la cour des rois mérovingiens un procès de sorcellerie, avec application de la torture, dans l'affaire du préfet Mummole. Le fils de Frédégonde, femme de Chilpéric, meurt. On rapporte à sa mère qu'il a succombé à un charme, et que Mummole, qu'elle haïssait depuis longtemps, a été complice du crime. Elle fait mettre à la torture plusieurs femmes de Paris, qui, cédant à la violence du supplice, confessent qu'elles sont sorcières, qu'elles ont déjà fait mourir plusieurs personnes par leurs maléfices, et qu'elles ont sacrifié le fils de la reine pour racheter la vie du préfet. La reine fait redoubler la torture ; quelques-unes meurent au milieu du supplice; d'autres sont brûlées, d'autres encore mises sur la roue : puis Frédégonde se rend avec le roi à Compiègne, et là elle lui découvre toute la chose. Le roi fait saisir le préfet : il est étendu sur une poutre, les mains liées derrière le dos ; mais il confesse seulement qu'il a reçu plusieurs fois de ces femmes des breuvages et des onguents, afin de s'attirer la faveur du roi et de la reine. Rendu à la liberté, il se vante imprudemment de n'avoir ressenti aucune douleur pendant qu'on lui appliquait la question. On vit dans cette circonstance une preuve manifeste qu'il était adonné à la magie; de sorte qu'on le remit à la torture, jusqu'à ce que les bourreaux fussent fatigués de le tourmenter. Il devait être exécuté ensuite; mais la reine lui fit grâce, et il mourut bientôt après d'un coup de sang, par suite des mauvais traitements qu'il avait essuyés. (Gregor. Turon., *Hist.*, l. V, c. 40; l. VI, c. 35.)

Un des capitulaires de Charlemagne, de l'an 805, porte ce qui suit : « Quant aux conjurations, aux augures, aux prophéties et ceux qui troublent le temps ou font d'autres maléfices, il a plu au saint synode d'ordonner que, dès qu'on les aura pris, l'archiprêtre du diocèse les fasse interroger soigneusement pour les amener à avouer le mal qu'ils ont commis. On doit les traiter cependant de telle sorte qu'ils ne meurent pas, mais qu'ils restent renfermés en prison, jusqu'à ce que, Dieu aidant, ils promettent de se convertir. Les comtes ne doivent donc pour aucun prix les mettre en liberté » (Baluz., c. 25.) Ailleurs, il est expressément défendu, soit aux clercs, soit aux laïques, de préparer des amulettes, ou des ligatures, ou des formules écrites, auxquelles les gens simples attribuent une puissance curative dans les fièvres et les épidémies. On défend les évocations, et l'on condamne tous ceux qui prétendent qu'ils peuvent par leur moyen troubler l'air, produire la grêle, ôter à l'un ses fruits et son lait, pour les porter à un autre. Cependant aucune peine déterminée n'est prononcée contre eux. Ils doivent être remis entre les mains

Ordonnances des princes au moyen âge.

des prêtres. Et si quelqu'un, trompé par le démon, croit que telle ou telle femme est une sorcière, et la brûle sous ce prétexte, ou donne sa chair à manger, ou la mange lui-même, il doit être condamné à mort. (Baluz., t. I, p. 250.) Mais cette loi n'abolit point cette coutume barbare, et nous lisons dans les annales de Corbie, sous l'année 914, que beaucoup de sorcières furent brûlées dans le pays. Peut-être furent-elles les victimes de cette fureur populaire que nous avons vue se reproduire de nos jours à l'occasion du choléra. Les lois de Cadgar, en Angleterre, au milieu du dixième siècle, et les Canut, au commencement du onzième, cherchent à arrêter les progrès du mal par les mêmes moyens. En Norwége, la loi défend, sous peine de l'exil et de la confiscation des biens au profit du roi ou de l'évêque, le métier de devin, les conjurations, les maléfices, les enchantements et toutes les autres pratiques reconnues comme mauvaises. En Islande, la loi ordonne également de procéder avec rigueur contre les magiciens, contre ceux qui, par un art diabolique, voyagent à travers les airs, qui renoncent à Dieu et à la sainte Église, et qui pratiquent la magie en quelque manière que ce soit. Le *Sachsenspiegel*, ou recueil des lois et coutumes de l'Allemagne au moyen âge, plus sévère encore, décerne la peine du feu contre tous les chrétiens, hommes ou femmes, convaincus d'infidélité, de magie ou d'empoisonnement. Plus tard, cette loi si rigoureuse fut adoucie, en ce sens que la peine du feu fut réservée pour ceux-là seulement qui, par le moyen de la magie, avaient procuré aux autres quelque dommage. Quant aux autres, qui avaient pratiqué cet art diabolique sans détriment pour personne, ils devaient être punis conformément à la qualité du crime, selon que les juges le croiraient convenable. Vers le milieu du seizième siècle, la connaissance des crimes de magie passa du clergé aux juges laïques. En France, où un acte du parlement, de 1282, avait attribué à l'Église le jugement de ces sortes d'affaires, un autre acte de 1390 en chargea de nouveau les tribunaux séculiers. En Angleterre, l'acte du parlement, de 1541, contre la magie et la sorcellerie, après avoir été aboli en 1547 par les réformateurs, fut rétabli de nouveau en partie l'an 1562 par la reine Élisabeth, puis rendu plus sévère en 1603, et enfin aboli en 1736 par un acte de Georges II.

De tout ce que nous venons de dire, il résulte d'une manière évidente pour tout esprit impartial que l'Église a toujours agi sous ce rapport avec cette sagesse supérieure qui ne l'abandonne point, et que la loi civile, de son côté, malgré la sévérité dont elle porte l'empreinte, ne s'est jamais écartée cependant de la justice et de la modération chrétienne. L'Église considère la magie comme une hérésie, bien plus, comme une apostasie, et sous ce rapport comme le fondement et le dernier terme de toutes les hérésies. En effet, les magiciens, selon l'expression d'Adrien VI dans sa bulle, « oubliant leur propre salut, renonçant à la foi, foulant la croix aux pieds, abusant des sacrements, honorant le diable comme leur maître et leur roi, pratiquent à son service, et d'après ses inspirations, les crimes les plus abominables, au risque de leur damnation éternelle : ils bravent la majesté divine, et par leurs exemples pernicieux sont un scandale pour un grand nombre. » Les papes, considérant moins le fait extérieur que la volonté qui le produit, ordonnent aux inquisiteurs de procéder avec attention et sévérité, en évitant d'anticiper les résultats de l'enquête. Bien plus, ils déclarent expressément qu'ils ne doivent point donner suite à celle-ci, lorsqu'ils ont été trompés sur les faits, ou bien lorsqu'elle pourrait donner lieu à quelque scandale. Les coupables ne doivent être soumis à l'excommunication et aux autres peines canoniques qu'après avoir été bien et dûment convaincus. Et encore, si, revenant à l'unité, ils abjurent leurs erreurs, on doit les recevoir avec bienveillance, et les soumettre à une pénitence salutaire. Ils ne doivent être remis au bras séculier, pour subir la sentence portée contre eux, que lorsqu'ils se montrent tout à fait incorrigibles. Le Malleus propose en ce cas la prison perpétuelle. Le pouvoir séculier, de son côté, lorsqu'il était représenté par des hommes justes, était parfaitement d'accord avec l'Église sur le caractère impie de la magie ; mais ce qu'il punissait en elle, c'était moins le crime contre Dieu que l'outrage à la société civile ; c'était moins la volonté perverse du coupable que l'effet de son action. Ainsi, l'indulgence et la sévérité étaient unies dans la législation chrétienne de ce temps-là. Si plus tard, et pendant une grande partie du seizième siècle, il en fut autrement; si à cette législation sage et équitable succéda un effroyable terrorisme, il faut en chercher la cause dans cette disposition funeste des esprits à se laisser dominer par des principes abstraits, disposition qui, de nos jours et sous nos yeux, a produit des effets semblables. Il faut surtout l'attribuer à cette dégradation religieuse et morale qui précéda la réforme, à la barbarie qui en fut le résultat, à la rudesse et à la dureté que produisirent les guerres sanglantes auxquelles elle donna naissance. On peut consulter à ce sujet l'ouvrage de Florimond de Raimond, intitulé l'*Antechrist*; Lyon 1597, ch. VII. L'auteur avait été protestant, et s'était converti à l'Église. Membre du parlement, il a constaté dans cet ouvrage les résultats de sa longue expérience. La peinture qu'il y fait de la barbarie qui s'était introduite en France à cette époque fait dresser les cheveux sur la tête. L'Église et l'État, parfaitement d'accord sur la criminalité de la magie, ne se sont point prononcés d'une manière décisive sur la question principale, à savoir sur la puissance magique de la volonté humaine livrée au démon. L'une et l'autre attendaient, comme il était naturel, les éclaircissements que les enquêtes devaient donner sur ce point. L'Église a vu de tout temps dans la magie une séduction ou une illusion du démon, et les jurisconsultes, tant qu'ils sont restés chrétiens, ont partagé cette opinion avec elle. Mais y avait-il réellement séduction, ou bien tout n'était-il que le résultat d'une illusion? C'est sur quoi les sentiments se sont partagés dans le cours des débats; et malgré les enquêtes les plus exactes et les plus consciencieuses, on n'a jamais pu arriver à quelque chose de bien certain, à cause de l'obscurité de la matière; et c'est pour cela que l'esprit léger et frivole des temps modernes a dédaigné de continuer les recherches et les investigations des siècles précédents, et que l'affaire en est toujours restée au même point. Les médecins, consultés dans les procès de magie, n'ont fait que rendre plus obscur encore un sujet qui l'était déjà tant par lui-même en s'obstinant à ne voir dans les phénomènes de la magie que l'effet d'une maladie cachée. Et comme, d'un autre côté, le traitement appliqué au mal était à la fois maladroit, violent, et le plus souvent inefficace, on en vint à nier le mal lui-même; car il est de la nature de tout principe négatif de finir par se nier soi-même, après avoir nié tout le reste. Mais ce qui apparaît dans tous les temps, ce qui, malgré toutes les contradictions, se reproduit toujours de nouveau ne peut être une chimère. La crédulité, la superstition, l'ignorance et la barbarie peuvent bien l'avoir défiguré et altéré; mais pour qu'il ait pu résister à cette altération il a fallu nécessairement qu'il eût en soi un fond de vérité, qui, reparaissant toujours de nouveau, frappât le bon sens des hommes, qualité qu'on ne peut refuser à aucune époque. L'Église n'a pu se tromper en considérant la magie comme une apostasie et un retour à Satan; car c'est toujours à la suite des hérésies les plus monstrueuses que la magie s'est reproduite. La législation civile ne s'est pas trompée davantage en la punissant comme un crime contre la société; car elle n'a jamais manqué de reparaître aux époques de bouleversement, où la nature humaine, brisant tous les liens de l'ordre moral, ne recule plus devant aucun crime. Les médecins ne se sont pas trompés davantage en l'attribuant à une maladie; car elle en est une en effet. Épidémie et contagion, elle a commencé avec cette grande infection dont le péché originel a déposé le germe dans le genre humain, et qui, comme un mal héréditaire, se propage de génération en génération à travers tous les siècles. Comme les épidémies, elle a ses intermittences. Tantôt elle sévit avec plus de fureur, tantôt elle semble se ralentir au contraire. Mais elle n'est pas seulement épidémique; elle apparaît encore partout comme endémique, avec plus ou moins d'intensité, selon les lieux où elle règne. Nous avons eu déjà plus d'une occasion de constater en elle ce caractère : nous ajouterons seulement ici ce que les missionnaires modernes ont trouvé sous ce rapport dans les Indes.

Les Indiens du Malabar. Lorsque les missionnaires danois de Tranquebar demandèrent aux Indiens de la côte de Coromandel s'il y avait parmi eux des gens liés au démon par une alliance formelle, et exerçant la magie, ils leur répondirent qu'ils connaissaient en effet un art appelé magie ou sorcellerie, et ils leur nommèrent une multitude d'esprits protecteurs des campagnes ou des villes, qui étaient placés comme rois au-dessus des démons. Ils leur dirent que chacun de ces esprits avait une fonction particulière; qu'on leur offrait en sacrifice des boucs, des porcs, des coqs et des boissons fortes; qu'on se donnait à eux par certaines formules déterminées, et qu'on s'engageait à leur service par un serment solennel en leur disant. « Demeure chez moi, je demeurerai chez toi; » et qu'on leur offrait chaque année deux ou trois fois des sacrifices. Le magicien, ajoutaient-ils, une fois initié aux mystères de son art, prépare un onguent d'une couleur foncée, dont il se frotte la main, et il peut y voir alors comme en un miroir les dieux et les déesses, en les appelant par leurs noms. S'il leur demande ce qu'ils veulent, ils le lui font voir sous une forme sensible. Il garde auprès de lui ceux dont il a besoin, et leur confie telle ou telle fonction, puis il congédie les autres. Il peut avec leur secours amener les calamités, paralyser les membres, ôter aux hommes l'usage de leurs sens, produire en eux la manie, la folie et la fureur, les rendre difformes ou les faire mourir peu à peu. La nuit il fait toute sorte de mal par leur entremise, tourmente ceux qui dorment, comme si on leur arrachait les entrailles ou qu'on les étranglât, ou qu'on leur coupât le cou; ou bien encore comme si des serpents accouraient en grand nombre pour les mordre. Parmi ces sorciers, il en est de plus habiles que les autres, qui peuvent immédiatement et sans façon tuer un homme. Les démons font tout cela par crainte du serment que ces gens ont fait au nom de Dieu. C'est au moyen de cette crainte que plusieurs obtiennent d'eux aussi le pouvoir d'appeler par certaines formules les poissons dans la mer, ou de rendre au contraire la pêche nulle. Enfin, lorsque celui qui a appris tous ces maléfices est près de mourir, et qu'il refuse de vivre et d'agir conformément à la volonté des mauvais esprits, ils lui ôtent eux-mêmes la vie.

Interrogés s'il y avait aussi des fantômes parmi eux, ils répondirent qu'on en voyait en effet, mais qu'on les regardait comme des esprits mauvais; que tous ceux qui se tuaient ou qui mouraient d'une mort prématurée n'allaient ni dans le ciel ni dans l'enfer, mais que leurs âmes erraient sous la forme de fantômes; que de plus, lorsque ceux qui jouissaient avec Siva de la béatitude devenaient orgueilleux, désobéissants et rebelles, il les maudissait, et qu'ils devenaient alors des esprits mauvais; qu'ils ne pouvaient jamais se reposer, mais qu'ils voltigeaient sans cesse, surtout la nuit, séduisant les simples et les sots, et tentant les autres de mille manières; apparaissant en songe sous la forme de jeunes filles séduisantes, et éveillant la volupté; produisant des maladies et des fièvres, et faisant aux hommes tout le mal qu'ils peuvent. Si quelqu'un, à la vue de ces fantômes, est saisi de frayeur, ils s'emparent de lui et le possèdent, font entendre en lui des bruits singuliers, lui font tenir toute sorte de propos, le font courir nu, manger des poissons et de la viande crus, de l'herbe et tout ce qui lui tombe sous la main; de sorte qu'ils ne font rien de raisonnable ni d'humain. Ils ajoutèrent qu'il y avait parmi eux des possédés, et que les possessions étaient différentes selon la diversité des démons ; que le démon nommé *Catteri* possédait principalement les femmes et les filles bien faites ; qu'alors il les rendait difformes, et faisait qu'elles ne pensaient plus ni à leurs maris, ni à leurs enfants, ni au soin de leur maison, mais qu'elles couraient toujours comme des folles, chantant, tournant la tête, se jetant dans les buissons, passant la nuit dans les vieilles pagodes, injuriant, frappant quiconque approchait d'elles et leur parlait avec bienveillance, ou lui jetant des pierres. D'autres font que celui qu'ils possèdent ne peut prendre aucune nourriture, et est forcé de tourner la tête, tandis que les mauvais esprits qui résident dans les eaux épouvantent celui qui traverse une rivière, et le font mourir ensuite. Cependant tous ces démons peuvent être chassés de ceux qu'ils possèdent, à l'exception de trois seulement, qu'on est obligé de garder jusqu'à la mort. Pour les autres possédés, on les conduit dans les pagodes des dieux protecteurs ; là on immole à ceux-ci des boucs, des porcs, des coqs, en disant : « Mère, que voulez-vous de plus ? Je vous donnerai à manger tout ce que vous désirerez. » Puis, au milieu du bruit du tambour et des instruments à cordes, on frappe le possédé avec des verges, et l'on menace le démon jusqu'à ce qu'il soit sorti.

Ce n'est pas seulement aux Indes que les missionnaires ont constaté ces faits. Au Japon, lorsque quelqu'un était possédé, on disait que le renard avait sauté sur lui ; et un jour, dans la ville d'Ozacana, toutes les formules de conjuration ayant été épuisées, on tua tous les chiens, pour forcer par là le démon de sortir du corps des possédés. Le mal est donc, comme nous l'avons dit, un mal universel dans l'histoire. On le retrouve dans tous les temps et dans tous les lieux. C'est une maladie endémique par toute la terre, et en même temps une maladie épidémique se communiquant d'une génération à l'autre.

CHAPITRE IV.

De la légende diabolique. Comment elle est fondée sur la nature. Comment l'opposition de la lumière et des ténèbres ressort dans le poëme de l'Edda. La grotte des sibylles. Le pays des ombres situé sous la terre et habité par les nains. Le royaume des morts à Gottschée. Les Ases voyageant dans les airs. La fée Holda sur le mont Hœrsil; la fée Abundia. Hugon chez les Francs, et Héra ou Hertha. La double marche des Ases et des Asines dans les douze nuits qui précèdent la naissance de la nouvelle année. La dame blanche et la danse des sorcières. La légende du curé de Bonneval. Vodan et l'armée des Ases. Les volcans de la Sicile.

Ce qui, dans le domaine de l'esprit et de la volonté, se produit comme pensée et acte apparaît dans le domaine de l'imagination comme type et image. Nous devons donc retrouver ici une légende infernale, se développant d'une manière parallèle aux légendes pieuses de la mystique divine. L'esprit a pour but la vérité, c'est-à-dire la conformité de la pensée avec son objet. La volonté, de son côté, a pour but le bien, c'est-à-dire la conformité de ses actes avec la loi morale, tandis que l'imagination n'est soumise à aucune de ces conditions : la vérité et l'erreur n'ont de signification pour elle qu'autant qu'elles sont vraisemblables. Le vraisemblable est donc, à proprement parler, son objet, en tant qu'il produit ou une consonnance qui lui plaît, ou une dissonance qui la blesse. De même aussi, dans le domaine moral, le bien et le mal se réduisent pour elle à ce qui a l'apparence du bien. L'un et l'autre ne la frappent que par leurs rapports les moins élevés, en tant qu'ils produisent le plaisir ou la peine. La consonnance et la dissonance d'un côté, le plaisir et la peine de l'autre, voilà uniquement ce qui agit sur l'imagination, et ce qu'elle cherche elle-même à produire dans les autres; ce qu'elle veut, c'est de plaire ou de frapper. Elle est donc, à cause de cela, moins bien disposée en faveur de la vérité que de l'erreur; car la première, étant unique et absolue, lui laisse beaucoup moins de jeu pour ses créations fantastiques, tandis que la seconde, avec ses variétés infinies, lui donne toute liberté sous ce rapport. Elle préfère aussi pour la même raison le mal moral, mélangé du moins de quelque bien, au bien lui-même pur et simple, parce que celui-ci, se plaçant toujours entre deux extrêmes dont il fait disparaître l'opposition, produit dans la volonté je ne sais quelle disposition douce et tempérée qui nuit à l'effet poétique de l'action ; au lieu que l'autre, laissant les contrastes se produire dans toute leur force, permet ces effets grandioses quelquefois, mais toujours saisissants, qui frappent l'âme et la remuent. Aussi voyons-nous la légende diabolique travaillée avec plus de soin que la légende pieuse, et s'éloigner bien plus que celle-ci de la vérité. Quoique la dernière en effet ne soit tenue comme l'autre qu'au vraisemblable, il est toutefois dans sa nature de s'attacher le plus qu'elle peut au vrai et au bien. Elle est donc obligée davantage de se conformer aux objets dont elle traite. Elle évite par-dessus tout la moindre opposition à la doctrine de l'Église. Elle a en horreur le mensonge pur fait pour le plaisir de mentir ; et, se donnant pour ce qu'elle est, c'est-à-dire pour une amplification poétique de la vérité, elle se laisse toujours facilement reconnaître de tout homme qui a un peu de tact et d'expérience. L'autre légende, au contraire, ne cherchant qu'à procurer à l'esprit les satisfactions dont il est avide, n'est point arrêtée par toutes ces considérations, et se trouve ainsi plus libre dans ses mouvements. Comme dans le domaine du mensonge, le faux ne se laisse plus distinguer du vrai par la loi de la contradiction intime qui les sépare l'un de l'autre, et que dans le royaume du mal toute garantie manque pour discerner celui-ci du bien, et que d'ailleurs l'homme, une fois lancé dans ces voies ténébreuses, peut atteindre des limites incalculables, ce qu'il y a de plus affreux peut se présenter comme croyable ; de sorte que, le mensonge se mentant à lui-même, l'erreur et la vérité sont parfois tellement mêlés et comme entrelacés que l'œil le plus exercé a souvent bien de la peine à les distinguer.

Mais outre cette manière tout arbitraire de traiter les objets poétiques, il en existe une autre, même dans ce royaume du mensonge, laquelle n'invente point les faits, mais, les prenant tels qu'elle les trouve, les saisit avec l'imagination, et les travaille d'après les lois de celle-ci, pour en faire un tableau poétique et agréable. Il y a donc ici une vérité relative qui prend différentes formes, selon le domaine auquel appartiennent les faits dont il est question. Ce mélange de vérité donne à la composition poétique une certaine régularité. Les légendes de cette sorte, quoique produites par l'esprit de mensonge, quelque arbitraire que soit d'ailleurs la manière dont elles ont été travaillées, rendent donc à leur façon témoignage de la vérité ; et comme, d'un autre côté, elles se retrouvent dans tous les temps et dans tous les lieux, elles démontrent par leur universalité même celle de l'objet qui leur sert de fondement. C'est de ce point de vue que nous jetterons ici un regard sur cet ordre de faits, en considérant l'objet qui nous occupe d'après les différents domaines auxquels ces faits appartiennent, et en commençant par celui de la nature.

L'opposition la plus profonde que renferme en soi la nature est, sans contredit, celle de la lumière et des ténèbres. C'est à elle que se sont rattachés dans l'antiquité tous les mythes ; c'est d'elle encore que plus tard ont pris leur départ toutes les légendes. Partout nous trouvons la croyance à deux sortes d'êtres, les uns lumineux, habitant les régions supérieures, les autres ténébreux, ayant l'abîme pour demeure. C'est dans l'Edda que nous trouvons la formule mythologique la plus courte et la plus générale de cette opposition. Au commencement était la région ténébreuse et glacée appelée Niflheimr, et celle de la lumière, nommée Muspellzheimr. Mais une étincelle de lumière étant tombée de la seconde dans la première, une partie de la glace fondit et devint liquide. De cette goutte de la vie naquit un être

Le poëme de l'Edda.

de forme humaine nommé Imir. Avec lui naquit en même temps la génisse Audhumla, qui le nourrit de son lait, et qui léchant, c'est-à-dire formant les pierres de sel, en fit sortir un autre homme grand et fort, nommé Buri. Imir devient le père des géants de la glace, race méchante et perverse, et Buri la souche des Ases, race bonne et pure, parce qu'elle participe davantage à la racine de la lumière, de même que la race des géants participe plus de la nuit, au contraire. Une guerre éclate entre les deux maisons. Les fils de Bor tuent Imir et noient dans le sang du géant sa race tout entière, à l'exception d'un seul qui la propage de nouveau. Du corps d'Imir les Ases construisent l'univers; de sa chair et de ses os ils produisent les nains semblables aux hommes et doués d'intelligence. Ce sont des sylphes, mais des sylphes ténébreux, habitant les sombres domaines de la nuit. A côté d'eux sont les sylphes lumineux, plus éclatants que le soleil, qui habitent le troisième ciel avec les Ases. Le peuple d'Imir se partage en géants et en sylphes ténébreux, tandis qu'à la race des Ases se joignent les sylphes lumineux. Le peuple des géants est une race indocile, sauvage, énorme dans ses dimensions, dont beaucoup ont plusieurs bras et plusieurs têtes; audacieuse, colère, d'une grande vigueur, mais en même temps grossière et maladroite, ayant quelque chose de la nature du rocher, demeurant aussi parmi les rochers, et se servant d'armes de pierre. Cette race s'est établie aux derniers confins de la terre, dans les montagnes du Nord, où elle s'est retirée en fuyant le voisinage des hommes. A côté des sylphes gracieux des régions supérieures, le peuple des sylphes noirs, petits comme des nains, laids et obscurs comme la nuit à laquelle ils appartiennent, habite avec ses rois dans les cavernes et les fondrières. Forts la plupart plus que leur taille ne semble le comporter, ils se distinguent surtout par leur agilité et leur souplesse. Ils gardent les mines dans les profondeurs de la terre, séparent les métaux, filent les fibres des plantes, et en tissent les feuilles, les fleurs et le tronc. Ils aiment la danse et la musique, et c'est leur voix que l'on entend dans l'écho. Comme ils passent sans obstacle à travers les pierres, ils peuvent aussi se rendre visibles et disparaître à leur gré, et lire dans l'avenir par un esprit *prophétique*. Divisés dans leur être, ils peuvent se montrer bienfaisants, secourables, intimes et familiers à l'égard de l'homme; mais ils peuvent aussi s'enfuir devant lui, devenir ses ennemis, l'agacer, lui nuire par leur souffle et par leur regard, et le tromper par toutes sortes d'illusions. (*Mythologie allemande* de Grimm, p. 246.) Le son des cloches, la construction des églises, le mouvement et l'agitation des hommes occupés les mettent en fuite, de même que les géants de leur côté se retirent devant les progrès de la moralité parmi les hommes au milieu desquels ils vivent. Les géants et les nains, faits pour la nuit et les ténèbres, ne doivent jamais se laisser surprendre par le lever du soleil; car la lumière les changerait aussitôt en pierres.

Les Ases et les sylphes blancs représentent évidemment les puissances de la nature qui résident dans les astres du firmament, dont les uns, plus considérables et plus grands, étendent au loin leur action, tandis que les autres, moins considérables, agissent aussi à des distances plus rapprochées. Les géants, de leur côté, et les sylphes noirs expriment les puissances de la nature qui gisent dans les profondeurs de la terre, et dont les unes, aussi plus massives, agissent avec plus de force et d'énergie, mais dont les autres, renfermées dans un cercle plus étroit, ont une action plus subtile et plus pénétrante. Ces puissances opèrent en secret et dans l'obscurité; et c'est pour cela que la lumière les dérange, de même que l'approche de la nuit trouble les premières. Mais, outre ce côté naturel du mythe que nous étudions en ce moment, il en est un autre spirituel qui n'en ressort pas moins clairement. Il exprime en effet l'opposition des races et des tendances historiques, et le contraste qui existe toujours dans l'humanité entre ceux qui marchent en avant et ceux qui restent en arrière.

C'est le symbole de la lutte dont l'histoire tout entière porte l'empreinte. Comme le paganisme reposait sur cette double base, nous devons l'y retrouver partout. D'un côté les Dieux, de l'autre les Titans, les Géants et les Cabires ; les combats entre les Dieux et les Géants; de grandes catastrophes dans la nature et dans l'histoire : voilà ce qui nous apparaît dans les mythes de l'antiquité. Tel est le fond que la légende a trouvé partout, et sur lequel elle a bâti, continuant ainsi l'édifice déjà commencé. Elle nous représente partout, en effet, des histoires de géants et de nains se rattachant aux sommets des montagnes et aux rochers placés comme des portes à l'entrée des gorges et des cavernes où la nature déploie ses merveilles. Déjà l'antiquité, par un mythe ingénieux, avait placé aux portes de l'abîme les sibylles qui lisaient dans l'avenir, et dont les sentences, écrites sur des feuilles de palmier, étaient poussées au dehors par le souffle de l'inspiration qui montait des régions inférieures. C'est là aussi qu'elle avait placé ces prêtres cimmériens qui jamais ne voyaient la lumière, et qui interprétaient les prophéties obscures dont les entrailles de la terre leur renvoyaient l'écho.

La grotte des sibylles. La dame blanche reste toujours à son ancienne place. Il n'y a pas longtemps encore qu'un gentilhomme allemand, conduit par Pierre Nappi, religieux dans un couvent voisin de l'une des portes qui mènent à sa demeure, l'y a trouvée. Le moine lui recommanda d'abord, à lui et à ses compagnons, le silence et le courage, et leur défendit de rien toucher ou de rien prendre de ce qu'ils verraient. Puis tous ensemble, portant un flambeau à la main, parcourent un long sentier qui, d'une grotte haute et spacieuse, les conduit dans l'intérieur. A la fin une porte s'ouvre devant les conjurations de Nappi, et les voyageurs entrent dans une salle couverte d'or et d'argent, où les pierres les plus précieuses éblouissent les regards de leurs reflets étincelants. C'est là qu'ils trouvent la sibylle. C'était une femme d'une taille extraordinaire, vêtue d'une robe verte et bleue. Elle était diaphane, et brillait comme l'émeraude et le saphir. Elle fait entendre par signes plusieurs choses au guide ; elle se lève, et ils la suivent dans une seconde salle ; mais ils entendent autour d'eux en marchant un bruit terrible qui les épouvante. Ils trouvent cette seconde chambre brillant du même éclat que la première, mais avec des couleurs différentes ; puis ils entrent dans une troisième plus petite. Là ils aperçoivent des femmes qui s'inclinent avec grâce devant eux. Le sol sous leurs pieds est pavé de pierres précieuses ; et l'un d'eux, séduit par leur éclat, cède à la tentation et en ramasse une. Aussitôt, comme ils entraient dans la quatrième chambre, leurs lumières s'éteignent, et ils se trouvent plongés dans une nuit profonde ; de sorte que, saisis de frayeur, ils ne savent plus où ils doivent aller. Leur guide, conjecturant ce qui est arrivé, leur représente le péril auquel ils se sont exposés, et leur dit que si l'un d'eux a pris quelque chose il doit se hâter de le jeter loin de lui. Le coupable fait ce qu'on lui commande, et la pierre qu'il avait ramassée lui apparaît au moment où il la jette semblable à une pierre de touche. Ils s'avancent à la suite de leur guide, le cœur dans l'angoisse et l'effroi : il faut tantôt ramper dans des sentiers incommodes, tantôt se glisser dans des trous ou des fentes étroites ; jusqu'à ce qu'enfin, après avoir longtemps tâtonné, ils aperçoivent de loin une faible lumière qui les conduit vers une autre issue sur une montagne inconnue ; et ils reviennent enfin, après neuf jours d'absence, au couvent d'où ils étaient partis. (*Entretiens sur le royaume des esprits*, publiés en allemand à Leipsick en 1730.)

L'inutilité de cet essai n'empêche pas la légende de chercher de nouveau à connaître ces régions mystérieuses. Elle envoie deux arquebusiers qui étaient en prison à Inspruck visiter d'autres mines situées entre la ville et Milo, leur promettant la liberté s'ils réussissent dans leur entreprise. Pour plus de sûreté, on met des gardes à la

Le pays des ombres habité par les nains.

porte, et l'on attend pendant douze jours les voyageurs souterrains, qui reparaissent au bout de ce temps à la lumière du jour, près de Kitzbuhel, et racontent ce qu'ils ont vu dans leur excursion. Les deux premiers jours après leur entrée dans la mine, ils ne purent savoir s'il faisait jour ou nuit ; et comme l'humidité du lieu éteignait leurs lumières, ils étaient obligés à chaque instant de les rallumer, ce qui les mettait dans un grand embarras. Après avoir ainsi passé ces deux jours sans boire ni manger, ils arrivèrent après dans un immense espace, d'où ils aperçurent au loin un grand nombre de villages. Ils suivirent une route qu'ils trouvèrent devant eux ; et comme ils étaient éclairés par une sorte de crépuscule, ils éteignirent leurs flambeaux, comptant bien les rallumer plus tard, s'il était nécessaire. Après quelque temps ils s'assirent sur le bord d'un ruisseau : là, après avoir pris quelque chose et bu de l'eau de la source, ils remarquèrent que l'air s'assombrissait toujours davantage ; ils rallumèrent donc leurs flambeaux, et parvinrent bientôt à de nouveaux écueils et de nouveaux abîmes. Suivant toujours la route située au milieu, ils passèrent près d'un édifice où brillait une lumière, et d'où ils entendirent partir des gémissements. Ils s'approchent de la maison pour regarder un peu par la fenêtre, et voient un cadavre d'une petite stature, autour duquel se tenaient des pleureuses. Effrayés, ils avancent en tremblant, et rencontrent un petit nain bossu, dont la barbe grise tombait jusqu'au nombril, et qui portait à la main un bâton et une lanterne. Il les salue amicalement, et les avertit d'éviter la foule, sans quoi ils s'en trouveraient mal, parce qu'un jour de deuil avait été prescrit dans tout le pays pour la mort de leur maître défunt. Il s'offre à eux pour leur montrer le chemin qu'ils doivent prendre, afin d'échapper au danger, et marche devant eux avec sa lanterne. Ils s'aperçurent alors qu'il était bancroche et très-mal sur ses pieds. Pendant la route, l'un d'eux, plus hardi que l'autre, lui demande quel est le pays où ils se trouvent. Il leur répond : « Vous êtes chez un peuple souterrain qui n'a rien de commun avec ceux qui demeurent sur la surface de la terre. Ce que nous avons à faire sur la terre, nous le faisons la nuit : nous rendons volontiers service aux hommes quand ils le veulent; dans le cas contraire, nous nous tournons contre leur bétail lorsque nous ne pouvons décharger sur eux-mêmes notre mauvaise humeur. Ne me demandez plus rien, ajouta-t-il, mes affaires m'appellent. Prenez toujours à gauche, et vous arriverez au monde d'en haut. » Après avoir ainsi parlé, il tourne à droite, tandis qu'eux continuent leur route. Ils voient venir de tous les côtés une multitude d'autres petits nains portant chacun sa lanterne. Ils arrivent bientôt à des crevasses de roches très-profondes et à des lieux sombres où leurs flambeaux leur furent de nouveau très-utiles. Ils trouvent le chemin trop long; et si le nain ne leur avait dit qu'il les mènerait au monde d'en haut, ils auraient cru qu'il les conduisait, au contraire, aux plus profonds abîmes; car il leur fallait tantôt descendre des écueils escarpés, tantôt grimper des rochers. Ils ne savent combien de temps ils ont ainsi marché, n'ayant vu ni le soleil ni la lune. Ils arrivent enfin à une fente étroite du rocher, d'où ils voient briller quelques rayons de soleil à travers une haie de ronces. Ils rampent avec peine, et se retrouvent sur la terre, près d'une haute tour en ruine, entourée de murs et de voûtes tombées de vétusté. Ils voient au pied du rocher un village vers lequel ils se dirigent, et qu'on leur dit s'appeler Kitzbuhel, et être situé à sept milles d'Inspruck.

Une légende semblable se rattache au mont Loibler et à sa grotte dans la Carniole. On permet aux visiteurs de prendre pour leur nourriture les fruits qu'ils y trouvent, mais rien autre chose, s'ils veulent retourner au monde supérieur. Ils traversent des champs et des forêts, côtoient d'immenses étangs et des torrents impétueux sans pouvoir néanmoins rien distinguer de tout ce qui les entoure. Quand il leur semble qu'il est nuit, ils se reposent un peu, et continuent leur voyage quand ils croient qu'il est jour. Après quatorze jours de marche, ils tombent enfin dans une grande obscurité. Heureusement celle-ci ne dure que quelques heures, après lesquelles ils atteignent une ouverture et se trouvent, à leur grand étonnement, près de la célèbre grotte de Lueger, près de Stein. (*Ibid.*, 4° et 11° entretien.)

Le pays visité par ces voyageurs, c'est le pays des nains, habité par un peuple paisible, qui traverse les rochers et les murs aussi facilement que l'air; et comme ce pays s'étend sous toutes les régions de la terre, il n'est pas un peuple chez qui ne se trouve quelque légende y ayant rapport, qui n'ait été visité par quelqu'un de ces nains, ou qui n'ait eu quelque voyageur assez hardi pour descendre dans ces contrées mystérieuses. Ainsi, en Angleterre, c'est un homme sage, savant dans l'art de guérir, lequel frappe trois fois à la porte qui conduit à la colline. La reine des nains lui ouvre, et lui donne la poudre blanche avec laquelle il opère ensuite ses guérisons. C'est une femme mystérieuse qui sur l'Ofenberg, en 990, offre à boire au comte Othon d'Oldenbourg, égaré à la chasse dans la forêt de Bernefeuer, et la famille de ce dernier conserve encore la corne où il but en cette circonstance. Ainsi en est-il ailleurs et partout.

Le royaume des morts à Gottschée. Mais sous terre n'est pas seulement le pays des nains; on y trouve encore le royaume des ombres. C'est là qu'habitent les morts, ceux d'abord qui ont encore quelques fautes à expier. Des portes de pierre ouvrent les sentiers qui conduisent vers eux. Une de ces portes existait en Carniole, dans le château de Gottschée, environné d'écueils; et le chasseur qui l'habitait, il y a longtemps déjà, y a pénétré après que le rocher s'est ouvert sous ses pieds et qu'une lumière lui a apparu du fond de l'abîme. Au moment où il entre, un serpent darde sur lui ses regards enflammés; mais son guide le chasse, et, la clarté augmentant toujours, ils continuent de marcher jusqu'à ce qu'ils trouvent dans une grotte spacieuse sept vieillards à la tête chauve, assis autour d'une table dans une méditation profonde. Après s'être arrêté quelque temps, ils continuent leur route et passent devant une porte de fer. Son guide frappe, et une vierge voilée leur ouvre. Ils aperçoivent un petit cercueil, aux quatre coins duquel brillaient quatre lumières bleues. Dans une seconde salle, ils trouvent encore vingt-huit bières plus grandes, avec des cadavres d'hommes et de femmes, éclairés par une lampe. Un jeune homme d'une figure agréable et couronné de verdure leur ouvre une autre porte, et les introduit dans une vaste chambre, où sont réunies dans un profond silence trente-huit personnes, dont quatre femmes avec un visage blême. Le vieillard qui sert de guide au voyageur le conduit entre deux rangs de personnes des deux sexes qui se tiennent debout, portant un flambeau à la main, et le chasseur croit reconnaître en passant deux figures dont il a vu les portraits. Son guide donne un baiser à la première et à la dernière, sur quoi le chasseur, prenant courage, lui dit : « Puisque vous m'avez amené dans ces lieux souterrains, je vous adjure au nom de Dieu de me dire qui sont ceux dont vous venez de me montrer la forme, et si les vivants peuvent leur procurer quelque soulagement. » Le vieillard lui répondit d'une voix bien basse : « Tu viens de voir tous ceux qui ont habité le château de Gottschée depuis qu'il a été bâti ; mais je ne puis t'en dire davantage ni sur eux ni sur moi. Tu sauras bientôt ce qu'il en est ; sors par cette porte, et souviens-toi de ce que je te dis. » Au même instant, il ouvre une petite porte et la referme après lui. Le chasseur tâtonne dans l'obscurité, le long des murs humides, monte un escalier éclairé par une faible lueur qui tombe d'en haut, aperçoit bientôt par une ouverture qui part d'une profondeur immense les étoiles du firmament, et se trouve enfin, après avoir erré longtemps, au fond de la grande citerne située derrière le château. Son visage est devenu blême comme celui d'un mort, et ses cheveux blancs comme la neige ; de sorte que sa femme a peine à le reconnaître. Son enfant était mort pendant son voyage, et c'était là ce que lui annonçait le petit cercueil qu'il avait vu. Il raconte au maître du château, au prince Rodolphe d'Auersberg, ce qui lui était arrivé. On lui montre dans le château de Tschernembel les portraits de famille, et il reconnaît parmi eux plusieurs de ceux qu'il avait vus sous terre. Un curé de Gottschée, nommé Purcker, s'est donné beaucoup de peine pour expliquer la vision du chasseur ; et comme il était très-savant dans les antiquités, il avait entrepris l'histoire de tous les seigneurs du château depuis sa fondation ; mais la mort l'a interrompu au milieu de son travail, et l'a réuni lui-même à ce peuple souterrain. Au reste, ce n'est pas seulement en Carniole que l'on trouve cette légende. D'autres princes subissent sous d'autres montagnes le même sort, et y attendent le dernier jugement. Au château de Geroldseck, ce sont Siegfried, Wittich et d'autres héros ; sous l'Untersberg, c'est Barberousse ; sous l'Odenberg, c'est Charlemagne avec son armée ; ailleurs, d'autres encore, pour la plupart inconnus.

Les Ases. Ceci nous conduit des régions souterraines à celles de l'air, où les Ases voyagent accompagnés de leurs armées. La légende, en effet, raconte que sur un grand nombre de montagnes une armée se met en marche tous les ans, dans les douze nuits qui s'écoulent depuis Noël jusqu'aux Rois : et cet événement se reproduit chaque année avec une telle régularité qu'à cette époque le peuple l'attend pendant la nuit comme il attendrait un roi qui se serait annoncé avec sa suite. Devant cette armée marche le fidèle Eccard, vieillard respectable, agitant çà et là un bâton blanc dont il écarte la foule. Après lui viennent des troupes de fantômes sous les formes les plus horribles, les uns marchant à pied, les autres sur des chevaux n'ayant que deux jambes ; ceux-ci attachés à des roues qui courent d'elles-mêmes, ceux-là marchant sans tête et portant leurs jambes sur leurs épaules. Ils sont précédés de formes qui ressemblent à des lièvres, à des porcs et à des lions, dont on aperçoit le lendemain les vestiges sur le sable. Des bruits terribles se font entendre, comme dans la chasse la plus bruyante; les chiens aboient, les cors retentissent, et le convoi mystérieux court par monts et par vaux après le gibier qu'il poursuit. La chasse dure jusqu'à ce qu'un son semblable à celui d'une cloche donne le signal du retour; et aussitôt tous reprennent en bon ordre le chemin de leurs montagnes, et disparaissent. Ce qui apparaît ici sous la forme d'une chasse se produit ailleurs comme une bataille entre deux armées. Le chef, monté sur un cheval blanc, mène au combat les esprits guerriers. On entend dans les airs le cliquetis des armes, le hennissement des chevaux et le bruit de leurs pas. Les armées sont passées en revue; l'exercice commence; quelquefois une grande bataille est livrée, et quelquefois au contraire le temps se passe dans des danses accompagnées de sauts et de gestes singuliers, que les soldats exécutent tout armés. (Grimm, *Légendes allemandes*, I, p. 358.)

Sur le mont Hœrsil, en Thuringe, une procession d'un autre genre précède et termine l'apparition de cette armée bruyante. C'est la fée Holda, la déesse bonne et bienveillante, qui conduit la marche, montée sur un char. Quelquefois cependant le fidèle Warner marche à la tête du convoi. Des fantômes singuliers se pressent autour d'Holda, mais ce sont des femmes qui l'accompagnent. Elles traversent les airs et les grandes routes, semant l'abondance sur leur passage; aussi célèbre-t-on leur apparition par des repas et des fêtes. En Norwége, l'apparition de la déesse avec sa suite promet aux troupeaux et aux femmes la fécondité. Elle donne à celles-ci la santé, et du fond de la source où elle demeure elle leur envoie de nouveaux enfants. Elle donne le bonheur à ceux qui ont su lui plaire, et leur apporte de son jardin des fleurs et des fruits. Le Sud, habité par les peuples d'origine romane, la connaît aussi sous le nom de Phra ou de Phara-lldis, ou encore de dame Abundia ou d'Hérodiade; il l'honore comme la source

La fée Holda.

La fée Abundia.

des bénédictions de l'année et de tous les bienfaits. Elle visite, accompagnée de ses dames ou matrones, nommées aussi quelquefois *Maires*, les maisons et les celliers. On leur prépare des festins; et si elles trouvent la table bien servie, elles mangent et boivent sans rien retrancher des mets qu'elles touchent. Quelquefois, dans l'épaisseur des forêts, elles apparaissent sous la forme de jeunes filles ou de matrones vêtues de blanc et bien parées; elles ne dédaignent même pas de visiter les étables, portant à la main des cierges de cire, dont on aperçoit le lendemain les gouttes sur le bétail qu'elles ont soigné. (*Œuvres de Guillaume de Paris*, I, 1036 et 1066.) Elles entrent aussi dans les chambres où les femmes filent le lin, et lorsqu'elles trouvent la quenouille bien garnie, dame Holda se réjouit; comme aussi elle entre en colère lorsqu'au retour elle la retrouve non filée, car elle est elle-même la grande fileuse et la grande tisseuse de tout ce qui germe dans le sein de la terre.

Hugon chez les Francs. — A Tours, en France, au lieu du fidèle Eccard, c'est le roi Hugon qui conduit l'armée furieuse, frappant ceux qu'il rencontre, ou même les emportant. D'après une vieille légende des Francs, Hugon était un des chefs de leur armée vers la fin du dixième siècle, et c'est de lui que tous les autres chefs ont pris le nom de Hugon. Hug désigne l'esprit, le cœur, la valeur; de là viennent les Hugrimar, qui inspirent aux hommes le courage. Un écrivain qui vivait au milieu du quatorzième siècle, Gobelin, rapporte que, parmi les habitants d'Eresberg, plusieurs vieillards nés dans le pays disent avoir entendu raconter à leurs grands-pères qu'entre Noël et l'Épiphanie dame Hera traverse les airs et apporte l'abondance à la terre. Ici l'armée féminine est dirigée non plus par Holda, mais par Era, dont le nom n'est qu'un abrégé de celui de Hertha, laquelle en Poméranie fait croître l'herbe dans les prés et remplit les greniers. Hérodiade n'est peut-être qu'une transformation de ce nom. Er, prononcé avec force, devient Erre et Werre, ou bien encore Erke et Herche, qui joue en certains pays le même rôle que la fée Holda. Il en est de même du nom de Hertha, qui par des transformations successives devient Bertha, Hildebertha, Berchtha, laquelle conduit dans la haute Allemagne les chœurs des fées pendant les douze nuits. A la déesse Erre correspond le dieu Er, Ir, Tyr, Tis, Dis et Zis, le dieu de la guerre, qui a donné son nom au troisième jour de la semaine et à l'une des runes, et qui apparaît aussi à la tête de l'armée furieuse, tandis que la fée Here, qui donne l'abondance, est comme la Vénus du Nord, qui conduit les femmes à la montagne de Vénus. C'est du nom de Er que viennent un grand nombre d'autres noms que l'on rencontre dans la haute Allemagne, et qui tous désignent le même personnage.

Ainsi, on le voit, ce sont les Ases et les Asines qui marchent à la tête des armées à travers les airs ; et ce sont les fondateurs et les ancêtres des peuples qui les conduisent sur la terre. Dans le Nord scandinave, où les antiques traditions se sont mieux conservées, la procession des douze nuits s'appelle la *marche des Ases;* et comme là les Ases et les fondateurs de la nation se confondent dans la personne d'Athin ou Odin et de Frigge, ce sont eux aussi qui conduisent la marche dans cette contrée. Elle a lieu partout dans les douze nuits qui suivent le solstice d'hiver. Une procession moins considérable que la première se fait encore à chaque nouvelle lune. Dans ces douze jours a lieu la naissance et la première enfance de la nouvelle année ; de même que le premier jour de la nouvelle lune désigne la naissance de la nouvelle année lunaire qui commence. Ces jours sont donc marqués comme des jours caractéristiques, pendant lesquels l'année qui va se filer et se tisser est mise sur la quenouille et sur le métier. Ces jours sont caractéristiques, parce que c'est alors que se décide le sort de l'année, le temps qu'il y fera, et par conséquent son abondance ou sa disette ; comme aussi c'est la première nuit de la nouvelle lune qui détermine le temps qu'il fera pendant le mois. De même que dans le

Les Ases et les Asines.

domaine de la nature c'est le soleil et la lune qui en règlent toutes les variations, de même dans une région plus élevée ce sont les dieux Ases, correspondant à ces deux astres, qui décident et règlent le sort de la nouvelle année; et c'est pour cela qu'ils traversent les airs pendant ces douze nuits. Mais ils ne règlent pas seulement le sort des biens de la terre; ils décident encore des destinées de chaque homme en particulier et de tous les êtres vivants pendant le cours de l'année, et c'est d'eux que dépend le bonheur à la guerre ou à la chasse et le résultat de chacune de nos actions. Aussi voyons-nous partout deux chœurs pendant ces nuits, l'un d'hommes, l'autre de femmes, qui tantôt se séparent, tantôt se réunissent. L'homme doit s'efforcer alors de lire ses destinées dans les actions des dieux et des ancêtres. La fête de l'année tombe donc à cette époque, afin qu'il puisse considérer avec attention les signes qui lui sont donnés et s'attirer la faveur des dieux. Or il célèbre cette fête en répétant sur la terre ce que les dieux font dans le ciel, en portant leurs images dans des processions semblables à celles qu'ils exécutent dans les airs. Nous lisons en effet dans Burchard ou Bouchard de Worms les paroles suivantes, adressées au peuple par un concile : « Crois-tu qu'il y ait des femmes capables en certaines nuits, comme elles le prétendent, trompées par le diable, de suivre montées sur des animaux le chœur des démons déguisés en femmes, que le peuple dans sa folie appelle Holde? Car des chœurs parcourent les rues et les villages en chantant : des tables sont servies avec des pierres ou des mets, pendant que le maître de la maison, ceint d'une épée, monte sur son toit, ou s'assied sur une peau de vache dans un carrefour, afin d'apprendre ce qui doit lui arriver pendant l'année. » Ainsi ce sont des femmes qui, semblables aux Alrunes, suivent le chœur d'Holda, emportées par un attrait invincible, et qui, hors d'elles-mêmes, traversent les airs comme les Ménades de l'antiquité. Mais les hommes n'échappent point à l'inspiration du dieu : c'est par des chants héroïques et par des danses guerrières qu'il s'empare d'eux. Emportés aussi par une fureur mystérieuse, ils suivent l'armée furieuse dans les airs; et les femmes regardent avec curiosité leurs jeux guerriers, afin d'y lire ce que sera l'année qui commence.

Mais les Ases et tous les dieux du paganisme sont les créatures du Dieu suprême, et ont usurpé sa gloire; tous sont enveloppés dans la grande catastrophe qui a précipité du ciel les anges rebelles. Eux aussi ont entraîné leurs partisans dans leur ruine. Ce sont donc tous des esprits déchus, portant dans leur nature l'empreinte de la division profonde qu'y a introduite le péché. En effet, celui-ci n'a point détruit en eux la nature : et ils conservent encore une partie de leur ancien éclat et de leur énergie primitive; mais d'un autre côté le péché a obscurci leur esprit, et tourné vers le mal leur puissance. Holda est donc à la fois bonne et malveillante, gracieuse et laide, affable et terrible. Il en est ainsi de Berthe et de tous les autres personnages de ce genre. Fileuse et tisseuse, elle embrouille quelquefois et salit la quenouille, ou bien elle mêle la chaîne et la trame sur le métier. Si elle fait mûrir les moissons, elle sait les détruire aussi par le feu et la grêle; si elle augmente les troupeaux, elle sait aussi les faire périr; si elle donne des enfants aux mères, elle sait aussi les leur ravir, et en mettre à leur place d'autres, fruits d'un commerce infâme avec le démon; car elle représente la magie blanche et la magie noire en même temps. Le chœur qu'elle dirige porte aussi le salut et la ruine : c'est pour cela que toutes les femmes qui composent sa suite sont comme elle belles par devant et laides par derrière. Il en est ainsi de l'armée des Ases. Odin, son chef, n'a-t-il pas déjà, lorsqu'il a voulu boire à la source des géants la fausse sagesse, laissé comme gage un œil ? De lui viennent donc également et la victoire et la défaite; et d'après la légende norwégienne, celui sur qui ses guerriers laissent tomber une selle doit mourir dans l'année. Ils s'asseyent à la porte de celui qui doit recevoir dans l'année des coups ou la mort. Tant qu'aucun crime n'est commis, ils se tiennent tranquilles; mais dès qu'il est accompli, ils saluent le coupable par un grand éclat de rire. (Grimm, p. 531.) C'est pour cela que le peuple du pays de Reuss appelle l'armée furieuse la suite de la vierge qui donne la peste. Il se représente celle-ci sous la figure d'une grande femme, aux cheveux noirs comme un corbeau, parcourant la terre sur un chariot noir, et s'adjoignant sans cesse de nouvelles compagnes. Partout où elles passent en chantant tout se change en fantômes : les tisons se dressent et étendent deux bras terribles, pendant que les trous des arbres scintillent comme des yeux enflammés. Les arbres, les buissons, les chouettes, les hibous, tous deviennent des spectres qui se joignent aux autres, et chantent avec eux le chant des morts. La désolation marche à la suite de ces chœurs effrayants, et la vierge apporte la mort dans toutes les maisons à la porte ou à la fenêtre desquelles elle tend son drap rouge.

Partout ici nous voyons apparaître l'opposition dont le paganisme entier portait l'empreinte. Mais lorsque le christianisme eut prêché un Dieu unique qu'aucune division ne peut atteindre, tous ces mythes durent révéler leur véritable sens. Devant la lumière du vrai Dieu pâlit l'éclat trompeur de ces fausses divinités. Les puissances tournées vers le mal une fois vaincues par lui, on vit bien qu'au fond de toutes ces fables était cachée l'idée de la lutte, qui n'a jamais cessé depuis le commencement du monde, entre le bien et le mal, entre Dieu et le démon. Une légende du treizième siècle raconte de saint Germain qu'étant entré un jour dans une maison il trouva la table servie pour les bonnes fées qui devaient passer pendant la nuit. Lorsque l'heure fut arrivée, une foule d'hommes et de femmes accoururent en effet sous la forme des voisins et des voisines de la famille. Le saint leur ordonna de rester, et envoya dans la maison de ceux dont ils avaient pris la figure. Or, on les trouva tous dans leurs lits. Germain conjura la société, et tous confessèrent qu'ils étaient des démons, et que c'est ainsi qu'ils trompaient les hommes. (*A. S.*, 31 jul.) Nous voyons ici la transition de l'idée ancienne à l'idée nouvelle. Holda n'est plus pour le peuple chrétien que la reine des sorcières, qui voyage dans les airs à la tête de ses Drutes, ces fileuses agiles qui filent autour de leurs quenouilles le malheur des humains, et tirent de leurs fuseaux le fil qui enlace les âmes dans le péché. La montagne où elles célèbrent leur sabbat, où la tentation a établi son siége, renferme aussi le châtiment qui doit punir la faute; et le même feu qui allume les mauvais désirs dans le cœur doit purifier celui-ci et venger l'honneur de la Divinité outragée. C'est pour cela que le démon habite cette montagne où Vénus et sa suite ont fixé leur séjour: et de même que de la montagne des sylphes on entend retentir parfois des cris d'allégresse, des rires joyeux, le son des cloches et le bruit des instruments, ainsi d'autres fois il en sort des gémissements et des plaintes que l'on entend d'une lieue, et les dragons enflammés qui voltigent dans les airs y descendent pour y entretenir le feu de l'enfer. Remschweig, femme d'un roi d'Angleterre, apprend après la mort de son mari qu'il fait son purgatoire en Thuringe, sous le mont Horsil. Elle part aussitôt pour l'Allemagne, bâtit une chapelle au pied de la montagne, passe sa vie à prier pour la délivrance de l'âme du roi, malgré les tourments que les mauvais esprits lui suscitent; et bientôt s'élève autour d'elle un village qu'elle appelle Satansstadt, d'où s'est formé peu à peu le nom de Sattelstadt, sous lequel ce lieu est connu aujourd'hui.

Il en est de Vodan et de l'armée des Ases comme de Holda et des Asines: ce ne sont plus les héros de l'antiquité, ce sont tout simplement des esprits rebelles condamnés et punis. La légende rapporte qu'en 1091 un prêtre nommé Valchhelm, curé de Bonneval, dans l'évêché de

Le curé de Bonneval.

Lisieux en Normandie, était allé la nuit tombante et dans la pleine lune visiter un malade à l'extrémité de sa paroisse. Comme il s'en retournait seul, après lui avoir administré les sacrements, et qu'il était à moitié chemin environ, il entend dans le voisinage un grand bruit, comme si une armée approchait. C'était un homme jeune, fort et courageux. Cependant, comme il paraissait y avoir une grande multitude de gens, il craignit qu'il ne lui arrivât quelque mal. Ayant aperçu non loin du chemin quelques néfliers, il pensa à se cacher derrière l'un de ces arbres jusqu'à ce que la troupe fût passée. Comme il courait pour atteindre les néfliers, un homme d'une taille gigantesque court après lui, une massue à la main, l'atteint et lève son arme contre lui en lui criant d'une voix terrible : « Arrête, ou je te tue. » Le prêtre, saisi d'effroi, ne put lui répondre une seule parole, et resta comme cloué au sol devant lui. Cependant le bruit approchait toujours davantage. Il vit d'abord passer une grande foule de gens à pied, chargés de vêtements, d'ustensiles de ménage, de bétail gros et petit ; on eût dit des pillards revenant chargés de butin. Ils paraissaient tristes, et marchaient en gémissant sous leur fardeau. Le prêtre, reconnaissant parmi eux plusieurs de ses paroissiens qui étaient morts, les uns il y avait longtemps déjà, les autres tout dernièrement, fut rempli d'épouvante, et n'osa leur adresser la parole ; mais il comprit par leurs plaintes qu'ils pleuraient les vols et les injustices qu'ils avaient commis. Après eux venaient à cheval des femmes sans nombre qui criaient : « Malheur, malheur à nous ! Ah ! combien nous payons cher nos actions déshonnêtes ! Monsieur le curé, priez pour nous, afin que Dieu nous délivre de ce cruel supplice ! » Leurs plaintes excitent sa compassion ; car il voit que toutes les selles sur lesquelles elles étaient assises étaient garnies de pointes de fer brûlantes, et que ces pauvres femmes, soulevées sans cesse comme par un vent violent, retombaient toujours dessus.

Après elles venaient des évêques et des abbés avec leur crosse et des ornements noirs, des moines et des prêtres en chapes noires et en rochets. Eux aussi poussent des plaintes lamentables, et le curé reconnaît avec effroi parmi eux beaucoup de gens qu'il croyait depuis longtemps en paradis à cause de leur sainte vie. Mais un escadron de cavaliers enflammés, montés sur de grands chevaux, avec des bannières noires et des cuirasses brûlantes, augmenta encore son effroi. L'un d'eux, qui était mort dans l'année, s'avance vers lui, et d'une voix rauque lui donne une commission pour sa femme, qu'il avait laissée sur la terre. Le prêtre se dit à soi-même : « Ce sont là certainement les gens d'Herleih, dont j'ai souvent entendu parler. Je n'y croyais point et ne faisais qu'en rire ; mais il faut bien que je le croie maintenant, puisque je le vois de mes yeux. Cependant personne ne me croira si je dis ce que j'ai vu. Je vais donc m'emparer de l'un de ces chevaux qui n'ont point de cavaliers, et je m'en retournerai avec lui à mon presbytère ; ce sera une preuve incontestable pour ceux qui refuseront de me croire. » Comme le prêtre était un homme grand, fort et hardi, il met la main sur un énorme coursier ; mais celui-ci lui échappe bientôt. Il se place au milieu du chemin, et trouvant un cheval qui se tenait tranquille, attendant son cavalier, il le monte, quoiqu'il vît sortir de ses narines une fumée épaisse, et lui dit, saisissant la bride : « Que tu sois qui tu voudras, il faut que tu viennes avec moi. » Mais il sent sous son pied gauche une chaleur brûlante, comme s'il l'eût posé sur des charbons enflammés, tandis que la main dont il tenait le pommeau de la selle était transie par un froid pénétrant, qui lui glaçait non-seulement le bras, mais encore le cœur. Quatre cavaliers accourent à lui, et trois d'entre eux veulent l'emmener de force, parce qu'il a pris le bien d'autrui. Comme son cœur battait d'épouvante, le quatrième cavalier prend son parti, et lui donne une commission pour sa famille. Il refuse de s'en charger, de sorte que le cavalier le renverse à terre et veut l'étrangler, si bien que l'empreinte de ses doigts brûlants resta visible sur le cou du pauvre prêtre. Mais son frère défunt, Rodolphe, le délivre de la main de ce furieux, et lui donne de sages avis, lui conseillant d'amender sa vie s'il ne voulait pas faire partie bientôt lui-même de cette société. Le curé, épuisé et n'en pouvant plus, s'en retourne lentement chez lui, tombe dangereusement malade, et raconte, après sa guérison, à l'évêque Gisbert ce qu'il a vu. (Oderic Vital, lib. VIII.)

Les volcans de la Sicile. Après les montagnes des Ases, les volcans sont les lieux auxquels se rattachent de préférence ces sortes de légendes; comme le Stromboli dans les îles Éoniennes, déjà du temps d'Aristote, mais surtout l'Etna en Sicile. Les Sarrasins l'avaient appelé El-Gebel, c'est-à-dire la montagne : de là s'est formé le nom de Giber, sous lequel il joue un si grand rôle dans les légendes du moyen âge. « Dans le temps que l'empereur Henri conquit la Sicile, raconte Césaire au douzième livre de ses *Histoires*, le doyen de l'église de Palerme, ayant perdu son cheval, envoya son serviteur à sa recherche. Celui-ci rencontra un vieillard qui lui dit : Où vas-tu et que veux-tu ? — Je vais chercher le cheval de mon maître. — Je sais où il est. — Où est-il donc ? — Au mont Giber, qui vomit du feu : il est dans la possession de mon maître le roi Artus. Comme le serviteur était très-étonné de ce qu'il lui disait, il ajouta : Dis à ton maître qu'il est invité à venir dans quinze jours se présenter à la cour du roi. Si tu ne fais pas la commission, il t'en prendra mal. Le serviteur, de retour chez son maître, lui raconta ce qui lui était arrivé. Le doyen ne fit qu'en rire ; mais bientôt il tomba malade, et mourut au jour indiqué. »

Un jour quelques personnes se promenant dans le voisinage de cette même montagne entendirent une voix crier trois fois : « Allumez le feu. » A la troisième fois, une autre voix demanda : « Pour qui devons-nous allumer ? » On répondit : « Notre bon ami le duc de Zehringen, qui

nous a bien servis pendant sa vie, doit arriver bientôt ici. »
Ceux qui avaient entendu ces paroles notèrent le temps et
l'heure ; et il se trouva dans la suite, par les nouvelles qui
arrivèrent à la cour de Frédéric, qu'en ce moment-là même
était mort Bertolph de Zehringen, homme féroce, avare,
impie, et qui avait renoncé à la foi. Il avait fait fondre en
mourant tout son argent dans un bloc, dans l'espoir que
ses héritiers, ne pouvant s'accorder sur le partage, s'étran-
gleraient. Les croisés rapportèrent de leurs voyages plusieurs anecdotes semblables, dans lesquelles le peuple exerçait une sorte de justice populaire, et se vengeait ainsi de
ses oppresseurs.

CHAPITRE V.

Visions du ciel, du purgatoire et de l'enfer rapportées par la légende.
La grotte de Saint-Patrice en Irlande forme le point de départ de ces
légendes. La légende d'Œnus, celle de Tundal, celle de saint Fursée
d'Irlande. La *Divine Comédie* du Dante.

La légende ne s'est pas occupée seulement du monde
visible ; mais elle a encore pénétré jusqu'au monde invisible, et exprimé sous la forme de visions terribles ou
gracieuses, mais toujours édifiantes, le résultat de ses in-
ventions poétiques. C'est surtout à la grotte de Saint-
Patrice en Irlande que se rattachent ces sortes de légendes.
Le peuple de Naples croit que ce sentier long et obscur qui
conduit à la grotte de la Sibylle est la porte de l'enfer, par
laquelle le Christ est revenu sur la terre après sa descente
au séjour des ténèbres. Le peuple irlandais, de son côté,
raconte que saint Patrice, son apôtre, en 433, ne pouvant
vaincre l'opiniâtreté de leurs pères, qui voulaient voir de
leurs yeux ce qu'il prêchait, se mit en prière, et qu'alors
Notre-Seigneur lui apparut, le mena dans une contrée sauvage, et lui montra une grotte dont il traça les contours

*La grotte de Saint Pa-
trice.*

avec sa baguette. Puis il ajouta que quiconque y entrerait après s'être bien préparé par les sacrements, et y passerait une nuit, y ferait son purgatoire, et que tous ses péchés lui seraient pardonnés; mais que les impénitents y mourraient. La légende ajoute que plusieurs de ceux qui l'ont visitée ne sont point revenus, mais que ceux qui sont revenus sont restés toujours fidèles dans la foi. Que cependant on ne les a jamais vus rire, parce que les choses dont ils y avaient été témoins leur avaient rendu amers tous les plaisirs de ce monde. Géraud de Cambrai, Antonin, Denis le Chartreux, Malli, Paris et Bonaventure citent cette légende. La grotte de Saint-Patrice est située dans la province d'Ulton, dans une île au milieu d'un lac. L'île se divise en deux parties, dont l'une est agréable et fertile, et l'autre, au contraire, nue et sauvage. Dans la première est situé un couvent d'Augustins : c'est dans la seconde qu'est la grotte, ou plutôt l'ensemble des grottes de Saint-Patrice; car on en compte jusqu'à neuf qui se tiennent et communiquent les unes avec les autres. Un grand nombre de légendes se rattachent à cette grotte. Il s'y faisait autrefois un grand concours d'hommes; et l'on comptait souvent jusqu'à quinze cents pèlerins à la fois; mais depuis la réforme, on l'a en partie comblée pour empêcher ce concours. Probablement cette île était un sanctuaire païen avant la conversion des Irlandais au christianisme, de même que l'île de Mona pour les Bretons; et la grotte servait aux druides pour les initiations et les purifications. Le peuple ne fit donc que traduire en langage chrétien les traditions qu'il trouva déjà existantes, et remplacer les purifications païennes par le purgatoire.

Œnus. Parmi ceux qui visitèrent la grotte de Saint-Patrice était un certain personnage nommé Énus ou Gunem, qui, après avoir servi longtemps sous le roi Étienne, revint en Irlande, sa patrie. Réfléchissant alors sur sa vie criminelle, il fut touché de repentir, et se confessa à un évêque du pays. Celui-ci lui fit de grands reproches à cause des crimes qu'il avait commis. Après quoi le chevalier, troublé dans son cœur, se mit à chercher comment il pourrait les expier; puis, allant trouver l'évêque, il lui dit : « Puisque j'ai eu le malheur de tant offenser Dieu, je veux aussi faire une pénitence plus grande que tous les autres; pour obtenir mon pardon, je ferai le purgatoire de Saint-Patrice. » L'évêque chercha à le dissuader de ce projet périlleux; mais Énus persistant dans sa résolution, on le conduisit, en 1152, dans la grotte de Saint-Patrice, à la manière accoutumée, et on l'y enferma pour qu'il visitât successivement les dix lieux du supplice. Tout ce que l'imagination peut inventer de tourments et de martyres s'y trouve réuni. Quelques-uns sont enveloppés de serpents de feu; d'autres suspendus sur des flammes de soufre; d'autres encore plongés dans des bains de métal fondu; tandis qu'il en est qui, pâles comme s'ils attendaient la mort ou quelque chose de pis encore, grimpent le sommet d'un rocher, jusqu'à ce qu'un coup de vent les emporte dans un fleuve puant et glacé qui coule à leurs pieds; et notre chevalier y serait tombé lui-même s'il n'avait invoqué Notre-Seigneur. Il avait ainsi subi huit des supplices du purgatoire, et il lui fallait passer par le neuvième. C'était un abime de feu qui, toujours agité, et vomissant sans cesse des flammes, lançait en haut les malheureux qu'il contenait, puis les engloutissait en retombant, pour les vomir de nouveau. Énus tombe aussi dans ce gouffre, et il souffre de telles angoisses et de telles douleurs qu'il oublie d'invoquer le nom du Rédempteur. Mais enfin, revenant un peu à lui par sa grâce, il peut prononcer son divin nom, et se trouve aussitôt lancé en l'air et hors du gouffre par la force du feu. Il reste un peu de temps abasourdi, ne sachant où aller. Plusieurs démons d'une espèce toute nouvelle montent alors du fond de l'abime, et lui disent : « Que fais-tu ici? Nos camarades t'ont dit que c'était le fond de l'enfer; mais ils t'ont menti, car le mensonge est notre élément; ce n'est pas ici qu'est l'enfer;

nous allons t'y conduire. » Ils l'entraînent donc, en poussant des cris effroyables, jusqu'à un fleuve très-large qui roulait des flammes de soufre, et qui était tout plein de démons. « C'est sous ce fleuve qu'est l'enfer, lui disent-ils ; mais il faut que tu passes sur ce pont. » Or, celui-ci était placé si haut au-dessus du fleuve et il était si étroit avec cela qu'on ne pouvait regarder en bas sans être saisi de vertige. Il était de plus si glissant que, si même il avait été assez large, personne cependant n'aurait pu s'y tenir. « Lorsque tu seras sur le pont, disent les démons au chevalier, nous déchaînerons contre toi les vents et les tempêtes, de sorte que tu seras précipité dans le fleuve. Nos camarades te recevront en bas et t'enseveliront en enfer. » C'était là sa dernière épreuve : il en sortit victorieux ; après quoi les démons, se retirant, le laissèrent continuer tranquillement son chemin.

Il aperçoit alors un mur très-élevé, d'une beauté incomparable, et construit avec des matériaux d'un grand prix. Il n'avait qu'une entrée, fermée par une porte faite des métaux les plus précieux et étincelante de pierreries. Lorsqu'il fut à un demi-mille du mur, la porte s'ouvrit devant lui, et il lui arriva un parfum si délicieux que tous les aromes du monde réunis n'auraient pu l'égaler. Il se trouve tellement fortifié qu'il lui semble qu'il pourrait maintenant souffrir sans peine tous les supplices qu'il vient d'endurer. Il regarde à travers la porte, et ses yeux sont frappés d'un éclat plus brillant que celui du soleil. Bientôt il en voit sortir à sa rencontre une procession nombreuse, comme il n'en avait jamais vu sur la terre, avec des flambeaux et des branches de palmier d'or. C'étaient des hommes de toute condition, prêtres ou laïques, chacun à son rang, et portant les vêtements et les insignes avec lesquels ils avaient servi Dieu sur la terre. Tous le saluent avec respect, joie et bienveillance, et le conduisent par la porte au milieu d'une harmonie telle qu'il n'y en a point de comparable sur la terre. La procession disparaît, et il n'en reste que deux personnages pour montrer à l'étranger la magnificence et la beauté de la céleste patrie. Ils lui parlent, et louent Dieu de lui avoir donné assez de courage et de persévérance pour supporter toutes les épreuves par lesquelles il a passé.

Il parcourt toutes les délices de ce bienheureux séjour, et voit des choses que l'homme le plus éloquent ne saurait jamais exprimer. Ces espaces étaient inondés d'une telle lumière que le soleil en plein midi est moins brillant, comparé à elle, qu'un flambeau comparé au soleil. Le lieu tout entier était comme une belle prairie, plantée d'herbes et d'arbres de toute espèce et émaillée de fleurs dont les parfums auraient suffi, lui semblait-il, pour le faire vivre éternellement, si Dieu lui avait permis de rester là. Il y vit tant de personnes des deux sexes qu'il n'aurait jamais cru qu'il en eût vécu autant sur la terre. Ses regards ne pouvaient non plus embrasser les bornes du paradis où elles étaient. Tous marchaient divisés par groupes, les uns ici, les autres là; ils se visitaient réciproquement, et se joignaient tantôt à un groupe, tantôt à l'autre. Tous ces chœurs formaient un certain ordre et chantaient les louanges de Dieu dans de suaves harmonies. De même qu'une étoile se distingue de l'autre par sa clarté, de même aussi il y avait une certaine différence harmonieuse dans l'éclat qui jaillissait de leurs vêtements et de leurs visages. La forme de ces vêtements différait en chacun d'eux, selon la diversité de son état pendant qu'il avait été sur la terre. Chez les uns, ils étaient d'or, chez les autres de couleur hyacinthe, chez ceux-ci bleus, chez ceux-là blancs ou d'autres nuances. Il en était ainsi de l'éclat qu'ils répandaient autour d'eux. Tous, bénissant Dieu, jouissaient non-seulement de leur propre bonheur, mais encore de celui des autres. Tous aussi prenaient part à la joie du chevalier, et étaient heureux qu'il eût ainsi échappé à la fureur des démons; de sorte qu'il lui sembla que son arrivée en ce lieu leur avait procuré à tous un surcroît de bonheur.

La légende s'étend sur tous les détails de cette histoire : elle raconte tout ce qui est arrivé au chevalier, ce qu'on lui a dit, comment il a pris congé de ses hôtes et reçu leur bénédiction, et comment il est revenu sur la terre, conduit par son guide jusqu'à la porte du paradis. Une fois qu'il l'eut passée, et qu'il la vit refermée derrière lui, il fut saisi d'une grande tristesse en pensant qu'il lui fallait renoncer au bonheur dont il avait joui pour rentrer dans les misères de cette vie. Cependant il arrive à l'endroit où les démons l'avaient quitté : il les retrouve à la même place ; mais ils s'enfuient épouvantés par son regard. Il marche de nouveau au milieu des supplices, mais sans éprouver cette fois aucune douleur. Il parvient à une salle où, lors de son premier voyage, quinze hommes lui avaient apparu pour lui apprendre ce qui allait lui arriver. Il les retrouve encore louant et bénissant Dieu de lui avoir donné un tel courage. Ils le félicitent de la victoire qu'il vient de remporter, et lui disent : « Allons, mon frère, le jour commence à poindre sur la terre ; hâte-toi, car le prieur du couvent, après avoir dit la messe, va venir en procession à la porte de la grotte ; et s'il ne t'y trouvait pas, il désespérerait de ton retour, et s'en irait après l'avoir fermée. » Le chevalier suit leurs conseils, se trouve à la porte à l'heure où le prieur vient l'ouvrir, et est conduit en triomphe à l'église, au milieu du chant des cantiques. Il y reste quinze jours dans la prière, puis prend la croix, et visite pieusement la terre sainte. Jamais, à partir de ce moment, il ne put entendre parler du purgatoire sans éclater aussitôt en sanglots.

Légende de Tundal. Une autre légende se rattache au même lieu, vers l'an 1149 ; c'est celle de Tundal. La vision de Tundal se trouve dans le *Spicilegium Vaticanum*, de Greith, page 109 ; dans le *Miroir historique*, de Vincent de Beauvais, l. 11, et dans le *Livre des fins dernières*, de Denys le Chartreux. Tundal est un guerrier irlandais, qui a mené d'abord la vie de soldat, mais qui ensuite, rentré en lui-même, tombe malade un mercredi, et meurt en présence de ses camarades. Ceux-ci, remarquant en lui un reste de chaleur autour du cœur, gardent son corps jusqu'au samedi. Ce jour-là il revient à lui en poussant un cri épouvantable, et raconte aux siens son voyage aux enfers et au ciel, et tout ce qui lui est arrivé.

Il lui a fallu, comme à Énus, traverser un grand nombre d'épreuves. D'abord il gravit, accompagné de son ange, une montagne très-haute et très-large. D'un côté de la montagne est un feu sulfureux, obscur, puant et dont les ardeurs sont incomparables, tandis que l'autre versant est couvert de neige, bouleversé par des vents glacés et durci par un froid intolérable. Les malheureux suppliciés sont jetés sans cesse d'un côté à l'autre, ce qui leur cause un martyre inexprimable. Là son ange prend congé de lui, et il lui faut descendre avec eux dans la gueule du dragon de feu, de l'horrible bête nommée Achéron, dans le ventre de laquelle les démons, sous la forme de loups, d'ours, de lions, de serpents, de crapauds et d'autres monstres de cette sorte, déchirent, mordent, mettent en morceaux ceux que le dragon a avalés, et assouvissent sur eux leur haine diabolique. Ce qu'il a souffert là de douleurs et d'angoisses, personne ne le peut exprimer, et ce qu'il en peut dire lui-même ne serait pas cru. Il échappe néanmoins à ce lieu d'angoisses par une prière qu'il adresse à Dieu, et retrouve son ange, qui l'attendait. Ils arrivent à un pont suspendu au-dessus d'un gouffre effrayant. Ce pont étroit et haut est garni encore de couteaux tranchants et de pointes, et son compagnon lui dit : « Il faut que tu passes sur ce pont, et que tu y mènes avec toi une génisse jeune et vive, en punition de celle que tu as volée à tes parents. » Tundal se met à pleurer amèrement : « Malheureux que je suis, s'écrie-t-il, comment pourrai-je passer avec cette génisse sur un pont aussi haut et aussi étroit ? Je tomberai infailliblement, et je deviendrai la proie de ces démons qui sont là en bas. L'ange lui répond : « Il ne peut en être autrement ; il faut que tu fasses pénitence pour le vol que tu as commis. »

Le passage de ce pont si terrible est peint dans la légende avec cet esprit qui caractérise les Irlandais. La génisse, saisie par les cornes, se cabre et ne veut pas avancer : il en résulte un tiraillement de ci et de là, jusqu'à ce que Tundal chasse la bête devant lui. Il fait les premiers pas avec un effroi et une angoisse indicibles. Il est pris de vertige, son pied glisse, les démons jubilent ; mais par la bonté divine il parvient à s'élancer de nouveau sur le pont, en se tenant fortement à l'animal. Il continue de marcher en prenant toutes les précautions pour ne pas tomber. Mais voici que l'animal à son tour glisse du pont avec ses pieds de derrière ; il le retient de toutes ses forces, et l'attire si bien qu'il réussit enfin à le remonter. Ils continuent ainsi leur route de chute en chute, de sorte néanmoins qu'ils ne tombaient jamais tous les deux à la fois ; mais quand l'un bronchait, l'autre tenait ferme et aidait le premier à se relever. Chacun peut se représenter facilement de quel effroi dut être saisi le pauvre Tundal en traversant ce pont, dont les pointes lui entraient dans les pieds ; de sorte qu'il laissait partout les traces de son sang. Plus il allait, plus il avait peur. Mais voici qu'arrivé au milieu du pont il rencontre un autre malheureux portant sur ses épaules un paquet de gerbes qu'il avait volées, et qu'il devait porter aussi lui. Aucun des deux ne veut céder le pas à l'autre. L'un prie Tundal de reculer avec sa génisse, afin qu'il puisse passer. Tundal, de son côté, montre au premier ses pieds ensanglantés, et le prie de considérer qu'il est en plus grand danger que lui, et de lui laisser le chemin libre. Ils se prient ainsi réciproquement, et ne sachant que faire dans l'extrême nécessité où ils se trouvent. Tundal en frémit encore quand il pense à cet état et aux hurlements des démons, attendant leurs victimes dans le gouffre, sous le pont. Dieu enfin a pitié des deux étrangers, et ils passent l'un à côté de l'autre sans savoir comment. Tundal continue heureusement son chemin et arrive à l'autre bord.

Une fois sorti du lieu des supplices, il entre dans les vertes prairies des bienheureux, et trouve ceux-ci partagés en groupes, selon les degrés de béatitude dont ils jouissent, depuis ce jardin délicieux où jaillit la source des eaux vives jusqu'au lieu de la gloire suprême, qu'il ne put qu'entrevoir du haut des créneaux de ses murs, d'où il put voir aussi le monde entier sous ses pieds. Une fois là, il n'a plus besoin de se retourner; mais il voit en même temps tout ce qui se trouve devant et derrière lui, et à côté de lui. Il n'a pas besoin non plus de rien demander à qui que ce soit; mais il connaît parfaitement tout ce qu'il voit, et sait très-bien ce qu'est chaque chose et ce qu'elle signifie. Il reste ainsi quelque temps dans une grande jubilation intérieure. Mais, hélas! voici qu'on vient lui dire qu'il ne peut rester davantage, et qu'il lui faut retourner à son corps, afin d'aller annoncer aux autres ce qu'il a vu. Il a beau prier, il faut partir. Pendant qu'il s'entretient avec l'ange, il remarque que son âme reprend son corps comme un habit; il ouvre les yeux et se retrouve sur la terre.

Cette légende se retrouve chez tous les peuples, dès *S. Fursée.* l'antiquité la plus reculée. Une des plus anciennes sous ce rapport est la vision qu'eut vers 640 saint Fursée d'Irlande, issu d'une famille royale et alliée à saint Brandan. Le vénérable Bède avait déjà sous les yeux le récit de cette vision en langue écossaise. Tombé dans une léthargie profonde, il se voit entouré de ténèbres; mais quatre mains, soutenues par des ailes blanches comme la neige, le prennent et l'enlèvent. Peu à peu il voit se dessiner les formes, puis la figure de deux anges radieux : un troisième, armé d'un bouclier et d'une épée, marche devant eux. Il est introduit, au milieu des chants et des sons les plus délicieux, parmi des troupes innombrables d'anges, tellement abîmés dans la lumière qu'il ne peut distinguer leurs formes. De retour dans son corps, il a une seconde vision. Ce ne sont plus les anges, mais bien les démons qui lui apparaissent en troupes non moins nombreuses, et combattent contre les anges qui le protégent, afin d'avoir son âme. Il voit bien que leurs formes sont laides et repoussantes ; mais il ne peut distinguer les traits de leurs visages à cause des ténèbres qui les couvrent, de même que ceux des anges lui sont cachés par la lumière dont ils brillent. La lutte se termine à son avantage ; mais en punition d'une faute légère qu'il avait commise il rapporte au menton une brûlure dont il garda la trace tout le reste de sa vie (*A. S.*, 16 jan.)

S. Baronte.   A cette vision se rattache celle de saint Baronte, qui vivait vers 684 sous le roi Théoderic en Neustrie, dans l'abbaye de Lairay, aujourd'hui Saint-Cirau. (*A. S.*, 25 mart.) Un ange lui touche un soir la gorge, et il voit sortir de son corps son âme petite comme un oiseau qui sort de la coque, munie d'yeux et de tous les autres membres, douée de la faculté de sentir, de voir, d'entendre, de toucher les objets, mais incapable de parler jusqu'à ce qu'elle prenne un corps éthéré. Ici encore querelle avec les démons. Mais il arrive malgré tous les obstacles jusqu'à la première porte du paradis, où il rencontre beaucoup de frères défunts de son couvent, qui le saluent. Il arrive ensuite à la seconde porte où l'attendaient les âmes des enfants vêtues de blanc ; puis, à travers les chœurs des vierges, à la troisième porte, qui, étant diaphane, lui permet de plonger le regard dans la demeure des saints couronnés de lumière. Enfin, à travers les rangs pressés des martyrs, il arrive à la quatrième porte, dont l'éclat éblouit les yeux, et on lui défend d'aller plus loin. Au retour, il entreprend le voyage de l'enfer. Les ténèbres ne lui permettent pas de distinguer ce qui s'y passe : il voit cependant les orgueilleux, les voluptueux, les meurtriers réunis en groupes, et comme liés en faisceaux, et tourmentés par des démons sans nombre. Ceux qui ont fait du bien sur la terre en éprouvent quelque consolation et quelque soulagement; car toutes les six heures une sorte de manne qui leur tombe du paradis les rafraîchit. Bède rapporte encore avec cette vision celle de Wetinus de Reichenau, et celle qu'eut Drathelme de Northumbrie vers l'an 696. Ce dernier voit l'autre monde divisé en quatre parties, l'enfer et le purgatoire d'un côté, le ciel et l'avant-ciel de l'autre. Une vallée profonde, d'une longueur et d'une étendue immense, à gauche remplie de flammes épouvantables, à droite glacée et durcie par le froid, est le vestibule de l'enfer, ou le purgatoire, dans lequel les âmes, fuyant un supplice intolérable pour en rencontrer un autre plus intolérable encore, sont forcées d'aggraver ainsi leurs tourments en voulant les changer. Un lieu obscur, rempli d'horreur et de puanteur, traversé par des tourbillons de flammes et qui retentit sans cesse des cris de désespoir des damnés et des insultes de leurs bourreaux, forme l'enfer proprement dit. Vis-à-vis de ces demeures des pécheurs sont aussi celles des bienheureux. Une prairie tapissée de verdure, émaillée de fleurs qui répandent les plus doux parfums et éclairée par une lumière plus belle que celle du soleil contient une multitude innombrable d'hommes pieux, mais qui, avant d'arriver au terme de la glorification, ont besoin de se purifier davantage. Ce n'est qu'alors qu'ils peuvent monter au ciel le plus haut, situé au-dessus de celui-ci, mais que le voyageur ne peut voir que de loin. Cependant il est illuminé d'une telle clarté que la lumière du ciel inférieur ne paraît plus que comme une légère étincelle. Il entendit aussi sortir de ce bienheureux séjour des chants d'une suavité ineffable et des parfums délicieux.

Toutes ces légendes gardent encore l'empreinte de la simplicité antique, et il est probable qu'elles reposent en partie sur des visions réelles. Dans le même siècle où elles sont nées, Mahomet en Orient eut aussi de son côté une vision du même genre. Transporté à Jérusalem, il monte de là par des échelles lumineuses jusqu'au septième ciel ; puis, du sommet de l'arbre du Paradis, il s'élève à travers un océan de lumière sans rivages jusqu'au trône d'Allah. L'imagination orientale a trouvé dans cette vision l'occasion de déployer tout son jeu. En Occident, où elle est plus sobre et plus réglée, ce n'est que plus tard qu'elle s'est exercée sans contrainte sur ce sujet, et elle en a saisi particulièrement le côté terrible, s'attachant de préférence à peindre l'enfer. C'est de là que nous sont venues ces descriptions qui avaient pour but d'ébranler les hommes grossiers de ce temps-là, et de comprimer leurs passions sauvages par la crainte des supplices de l'autre vie. La poésie profane ne tarda pas à s'emparer de cet objet, et c'est ainsi que sont nées en France plusieurs légendes, comme le songe du monde inférieur et la descente de Spielman aux enfers. Enfin le Dante, s'appropriant ce sujet, a su le traiter avec cette dignité qui lui était propre, et l'étendre en y mêlant les idées de la science, de la mystique et de la scolastique de l'époque. C'est ainsi qu'il a composé son poëme immortel, dont il a pris, on le sait, les traits principaux d'une vision du frère Alberich du mont Cassin. Toutes ces compositions se donnent pour ce qu'elles sont réellement. Les plus anciennes, flottant entre la vérité et la poésie, se sont bien souvent présentées comme vraies de tout point, afin de produire plus d'effet ; mais il est très-facile à un esprit un peu exercé de distinguer le fond de vérité qu'elles renferment des ornements que la poésie y a ajoutés.

CHAPITRE VI.

De la légende magique. La tentation dans le désert. Simon le magicien. Saint Léon et le magicien Héliodore. Virgile et le fondateur de Naples. Sa légende donne naissance à celle d'Elingtor, puis à celle de la Table Ronde, puis enfin au combat de la Wartburg. L'enchanteur Merlin et Malagys chez les Gals. La légende magique s'attache aux objets de la nature et de l'art, et passe à la magie noire. Le docteur Faust.

Les opérations magiques présentent les effets extraordinaires qu'elles produisent comme une dérogation aux lois ordinaires de la nature. Et comme, d'un autre côté, ce n'est pas contre la nature et ses lois, mais en elle au contraire que ces effets se manifestent, ils cherchent dans l'ordre surnaturel un appui et une garantie. La nature organique a déjà, par la vie qui lui est inhérente, un certain empire sur la nature inorganique; et la vie dans l'homme, par son union avec l'esprit, exerce aussi de son côté un pouvoir incontestable sur la nature organique tout entière. Si donc l'esprit, qui est dans l'homme la source de ce pouvoir, parvient à se mettre en rapport avec des puissances plus élevées que lui, il acquiert par là une vertu et une énergie plus grande, et peut commander ainsi à la nature avec bien plus d'empire. Or il peut entrer en rapport soit avec les puissances célestes, soit avec celles de l'abîme, et leur demander ce surcroît d'énergie. Dans le premier cas, il fera pour le bien, et dans le second pour le mal, des choses merveilleuses. Dans l'un et l'autre, il exerce un véritable pouvoir sur la nature, et la manie en quelque sorte à son gré. Or, comme l'art et la poésie aiment en général à façonner librement les sujets qu'ils traitent, afin de donner à la vérité le reflet du beau, ils cherchent avec avidité tout ce qui tient au merveilleux; et par conséquent les miracles et les opérations de la magie vont très-bien à leur goût. Prenant comme vrais les faits que leur fournit la légende, ils

7.

s'en emparent, les travaillent d'après les lois qui leur sont propres, et en font ainsi une œuvre d'art.

C'est pour cela que la légende miraculeuse et la légende magique nous apparaissent, dès les premiers jours de l'Église, comme deux lianes couvertes de fleurs, qui embrassent le tronc jeune encore du dogme chrétien, et l'enveloppent jusque dans ses dernières ramifications. C'est dans les Apocryphes qu'est contenue la légende miraculeuse, et c'est dans les miracles de l'Évangile qu'elle a cherché son point de départ. C'est aussi dans l'Évangile que la légende magique enfonce ses racines, et c'est à la tentation de Notre-Seigneur dans le désert qu'elle attache en quelque sorte ses premiers fils. Cette tentation était en effet un essai de la part du démon pour détourner de la voie droite le fils de l'homme. Il voulait lui faire changer les pierres en pain, non par l'effet de cette puissance merveilleuse qui changea l'eau en vin ou qui le soutint sur les eaux, mais en vertu de ce pouvoir magique qui dérive de Satan lui-même. Il voulait que Notre-Seigneur se prosternât devant lui pour l'adorer, et qu'il régnât sur tous les royaumes de la terre en vertu d'un pacte formel avec lui. Mais de même que Pierre fut choisi pour être le fondement de l'Église, de même aussi il est devenu pour ainsi dire le premier objet de la légende miraculeuse. Quant à la légende magique, c'est dans Simon le Magicien de Samarie qu'elle a trouvé pour ainsi dire sa base; et elle a placé ce personnage, à l'égard de Simon Pierre, dans le même rapport où les mages de Pharaon étaient à l'égard de Moïse.

Simon le Magicien. Ce Simon, dont saint Justin martyr parle déjà comme d'un magicien, qui sut tellement s'emparer par ses artifices de l'esprit de ses contemporains que les Romains lui érigèrent une statue, tandis que les Samaritains lui prodiguèrent, comme à Sélène, sa compagne, les honneurs divins, ce Simon avait déjà passé dans la légende lorsque saint Clément écrivit ses *Recognitions*. Au dire de ses disciples Nicétas et Aquila, il se vantait, après avoir été reçu par

Dosithée parmi les trente premiers de sa secte et s'être épris d'amour pour Sélène, il se vantait de pouvoir produire les effets les plus extraordinaires. « Je puis, dit-il, si l'on me prend, me rendre invisible, et reparaître ensuite s'il me plaît. Si je veux fuir, les montagnes et les pierres cèdent devant moi, comme si elles étaient d'argile. Je puis m'élancer du sommet des montagnes et retomber doucement sans me faire de mal. Je puis briser les liens dont on me lie et enchaîner ceux qui m'ont attaché. Les prisons où l'on me renferme s'ouvrent devant moi. Je puis donner la vie à des images, et tromper les assistants jusqu'au point de les leur faire prendre pour des hommes. Sur un signe de ma part, le sol se couvre de buissons, et de nouveaux arbres s'élèvent de la terre. Si je me jette dans le feu, les flammes m'épargnent ; je puis changer mon visage et me rendre méconnaissable ; bien plus, je puis montrer aux hommes deux faces, prendre la forme d'un bouc ou d'une brebis, faire pousser la barbe sur le visage d'un enfant et m'envoler dans l'air. Je puis produire l'or en abondance, établir et déposer les rois à mon gré. Aussi on m'attribuera les honneurs divins, on m'érigera des statues, et l'on m'adorera comme un Dieu. Enfin, pour tout dire, je puis ce que je veux, et j'ai déjà fait l'essai de ma puissance. Un jour que Rachel, ma mère, voulut m'envoyer aux champs couper le blé, je commandai à ma faucille d'y aller à ma place; et, obéissant à ma voix, elle travailla dix fois plus que les autres. Plus d'une fois j'ai fait sortir en un clin d'œil de nouveaux arbustes de la terre, et deux fois j'ai traversé miraculeusement une montagne. »

Ceux qui entendaient ces vanteries de sa part, quoiqu'ils sussent bien que ce qu'il donnait comme quelque chose de tout nouveau dans sa personne était arrivé réellement bien des fois dans les temps antérieurs, se laissèrent néanmoins surprendre, et l'aidèrent à propager ses mensonges. Bientôt l'occasion se présenta de montrer son pouvoir. En effet, s'étant querellé avec Dosithée, celui-ci, qui se tenait pour le seul homme incorruptible et immortel, saisi de colère, voulut le faire battre de verges. Mais celles-ci, en tombant sur son corps, semblaient frapper une colonne de fumée. Confondu, il lui demande : « Es-tu l'incorruptible ? » Simon lui répond : « Je le suis. » Et Dosithée tombe à ses pieds et l'adore. C'est Simon désormais qui paraît à la tête de la secte avec sa Sélène ; et Aquila l'a vu lui-même, dit-il, montrer cette femme du haut d'une tour à la foule assemblée, et la faire voir en même temps à toutes les ouvertures de la tour. A ceux qui lui demandaient comment il avait fait pour devenir si puissant il répondait confidentiellement qu'il évoquait pour cela l'âme d'un enfant pur encore et mort de mort violente, et que c'était ainsi qu'il opérait toutes ses merveilles ; parce que l'âme, dépouillée des ténèbres du corps, prend place immédiatement après Dieu, devient contemplative, et répond à ceux qui l'évoquent dans la nécromancie. Pressé de nouvelles questions, il se vante d'avoir changé l'air en eau, l'eau en sang, celui-ci en chair, d'avoir ainsi créé un enfant, et de l'avoir ensuite dissous dans l'air après avoir tracé son image, qu'il gardait dans ce but.

Bientôt une nouvelle occasion se présente pour lui d'exercer son art. L'Apôtre saint Pierre le rencontre à Tripolis, et le confond dans une dispute publique, à la face du peuple entier. Simon, honteux, s'enfuit à Antioche, et là soulève le peuple contre l'Apôtre. Mais le centurion Corneille le chasse de la ville, sous prétexte que l'empereur l'a chargé de le mettre en prison. Dans un festin, il oint d'un certain onguent le visage de Faustinien ; après quoi celui-ci prend la forme et la figure de Simon, excepté pour les convives, dont il avait éclairci les yeux avec un autre suc végétal ; de sorte que ceux qui voulaient mettre la main sur Simon s'emparent de l'autre, le prenant pour lui. Mais Pierre sait tirer parti de cet artifice, et envoie Faustinien à Antioche, avec l'ordre de déclarer devant tout le peuple, sous la forme de Simon le Magicien, qu'il est un imposteur et un séducteur ; qu'il a menti en leur disant du mal de Pierre, mais que, puni à cause de cela par l'ange du Seigneur, il est devenu repentant. Le peuple change de sentiment, conspue le magicien, lorsque celui-ci, s'apercevant trop tard du tour défavorable qu'avait pris l'affaire, revient en hâte à Antioche pour regagner la faveur populaire. Pierre s'y rend de son côté sur son invitation, rend à Faustinien sa forme primitive, et fait un grand nombre de conversions. Anastase de Nicée et Glycas après lui, ajoutant plus tard de nouveaux ornements à cette légende, racontent que Simon prenait toutes les formes qu'il voulait, celle d'un serpent ou de tout autre animal, celle d'une colonne, ou même qu'il se métamorphosait en or ; qu'il changeait les pierres en pain, affligeait de maladies ceux qui le traitaient de magicien, ou les rendait possédés ; qu'il apparaissait accompagné d'ombres et de fantômes, qu'il donnait pour les âmes des défunts, et que les portes s'ouvraient devant lui ; que les ustensiles dont il avait besoin se présentaient à lui d'eux-mêmes, tandis qu'à sa porte un chien déchaîné déchirait tous ceux qui venaient sans être appelés, quoique cependant il saluât l'Apôtre lorsque celui-ci se présenta.

La légende, en avançant du côté du nord-ouest, changea de personnages en changeant de patrie, et substitua à Pierre et à Simon saint Léon le Thaumaturge et Héliodore le Magicien. Dans le temps, nous dit-elle, que saint Léon le Thaumaturge était évêque de Catane en Sicile, vivait aussi en ce lieu un magicien nommé Héliodore, fils de Barbe Patricia. Il était chrétien et d'une famille chrétienne ; mais son ambition en avait fait un suppôt du démon. Il s'était lié avec un Juif, magicien célèbre, et lui avait demandé comment il pourrait apprendre son art. « Si tu veux, lui dit celui-ci, voici un écrit ; prends-le, et va, pendant une nuit d'orage, au tombeau des héros ; là monte sur le haut de la colonne et déchire cette feuille en l'air. Si tu vois quelqu'un venir à toi, n'aie pas peur ; et

Saint Léon et Héliodore

s'il t'ordonne de descendre, ne le fais pas, et tu le trouveras ensuite docile à exécuter tous tes ordres. » Héliodore suit ce conseil, monte sur la colonne, déchire la feuille; et tout aussitôt il voit apparaître le démon, qui lui demande : « Que veux-tu, jeune homme? — Ton service. » Le démon, qui était assis sur un cerf, lui dit : « Si tu renonces de tout ton cœur au Christ, je te donnerai un de mes serviteurs, Gaspard, qui fera tout ce que tu voudras. » Le malheureux fait ce que le diable lui demande, descend de la colonne, baise la main du démon, qui, après lui avoir donné Gaspard, disparaît aussitôt.

Héliodore commence à pratiquer son art. Un jour qu'on célébrait les jeux du Cirque, comme c'est la coutume à Catane, il dit à Chrysis, proche parent de saint Léon : « Je puis, si tu le veux, te procurer un cheval qui dépassera tous les autres à la course. » Chrysis, ne soupçonnant point le danger, lui dit qu'il ne demandait pas mieux. Héliodore lui amène un cheval blanc; le jeune homme le monte, et dépasse bientôt tous les autres, au grand étonnement des spectateurs, et surtout du préfet Lucius, qui envoie deux de ses gardes pour l'amener, lui et son cheval. Mais celui-ci, le jeu une fois fini, avait disparu, et laissé le jeune homme seul et stupéfait. Chrysis fut donc conduit au préfet, qui lui dit en le voyant : « Écoute, je veux envoyer ton cheval à Leurs Majestés; car il ne te convient pas de garder pour toi un animal aussi parfait; il faut que les empereurs l'aient pour les jeux du Cirque. » Le jeune homme ne put rien répondre, et fut mis en prison. Léon, apprenant ce qui était arrivé, accourut vers le préfet et lui raconta que Chrysis n'avait jamais possédé de cheval noir ni blanc, et que tout venait d'Héliodore. Le préfet se fit amener celui-ci, et lui demanda si c'était lui qui avait trompé Chrysis. Ayant reconnu qu'il était adonné à la magie, il le fit jeter en prison à la place de l'autre. Mais pendant que la garde conduisait Héliodore, il proposa aux soldats trois livres d'or s'ils voulaient lui donner la liberté; et comme ils y consentirent, il dora par ses artifices une pierre qu'il avait ramassée dans la rue, et la leur donna au lieu d'or. Les soldats dirent au préfet qu'Héliodore leur avait échappé, emporté par un cheval magique. Le préfet le crut et ne les punit point pour cela. Mais en considérant de plus près l'or qu'ils avaient reçu, ils s'aperçurent que ce n'était qu'une pierre, qui, mise dans une balance, pesait bien trois livres en effet.

Héliodore troubla ainsi par ses enchantements non-seulement la ville de Catane, mais la Sicile tout entière; car sa puissance magique était si grande qu'il l'emportait sur Simon le Magicien lui-même. Il trompait les vendeurs et les acheteurs en leur donnant des pierres ou d'autres objets en guise d'or, de sorte que le commerce en souffrait grandement. Il ensorcelait les filles des personnages les plus considérables, de telle sorte qu'elles quittaient la maison paternelle pour courir çà et là comme des vagabondes. Le préfet, ayant reçu de nombreuses plaintes à son sujet, adressa un rapport aux empereurs Constantin Copronyme et Constantin Porphyrogénète. Ceux-ci, courroucés, envoyèrent aussitôt le protocurseur Héraclide, avec mission d'amener en trente jours Héliodore à Constantinople. « Acquitte-toi, lui disent-ils, avec zèle de ta commission, et ne manque sous aucun prétexte de nous le présenter ici au jour dit. » Héraclide part avec sa suite, aborde en Sicile, et trouve Héliodore se promenant sur le rivage. Celui-ci, voyant ces étrangers, leur dit : « Amis, soyez les bienvenus. Ne cherchez-vous pas un certain Héliodore? Ne vous donnez pas tant de peine; c'est moi. J'aurais pu facilement vous échapper, mais j'ai mieux aimé venir à votre rencontre. » Héraclide n'en revenait pas d'étonnement; mais, voyant qu'il se mettait ainsi entre leurs mains, il ne crut pas nécessaire de le faire arrêter, et lui permit, moyennant caution, d'aller en ville chercher du pain, du vin, de l'eau et les autres choses nécessaires pour le voyage. Héraclide cependant doutait encore si c'était bien là celui qu'il cherchait. Héliodore lui dit : « Donnez-moi votre parole et celle des deux empereurs, et je vous fais retourner à Byzance en un jour. — Comment? lui répondit Héraclide, les empereurs nous ont donné trente jours, en voilà déjà quinze d'écoulés. — Reposez-vous tout le temps, leur dit-il, et quand le dernier jour sera venu, nous partirons ensemble d'ici, et nous serons le même jour à Byzance. — Si tu manques à ta promesse, repartit Héraclide, je te jette à la mer. — Eh bien! répondit Héliodore, allons au bain. »

Dès qu'ils y furent, il les fit tous entrer dans une salle de bain, en leur défendant expressément de prononcer le nom du Christ. Puis il leur dit de plonger la tête dans l'eau, et ils se trouvèrent aussitôt transportés dans les bains de Byzance. Héraclide, regardant autour de lui, reconnut qu'il en était ainsi en effet. Les empereurs, instruits de cet événement, en furent tellement irrités que, sans plus de formalité, ils condamnèrent aussitôt Héliodore à être décapité. Celui-ci conjura au nom du Christ les Césars de lui faire donner au moins de l'eau; ils y consentirent, et on lui en apporta un seau, tant il paraissait altéré. Il se jeta dedans aussitôt et disparut en disant : « Adieu, César; viens me chercher à Catane. » Héraclide est envoyé après lui en Sicile, le rencontre de nouveau, et Héliodore lui propose encore de le conduire en un jour à Byzance. Il construit un navire avec une branche de laurier, le garnit de tous ses agrès, et tous se mettent en mer. « Où sommes-nous? — Devant Reghio. — Et ici? — Devant Crotone. — Et là? — Devant Hydronte. » Et ainsi du reste jusqu'à Byzance. Thalie, femme d'Héraclide, apercevant Héliodore, lui crache au visage en lui disant : « Voilà l'imposteur qui a amené deux fois mon mari en Sicile. » Héliodore, irrité, lui répond : Je ne suis pas ce que je suis si je ne te déshonore devant toute la ville. » Il éteint tous les feux de Byzance. Les empereurs veulent à cause de cela le faire mourir de faim. Mais comme la famine se répand dans la ville, on s'adresse au magicien, qui répond qu'on ne peut faire de feu qu'avec la femme qui l'a insulté. Un des satellites des empereurs va, sur leur ordre, le chercher l'épée à la main pour le faire mourir. Mais au moment où il allait le prendre, le toit de la maison s'ouvre, et Héliodore part en disant : « Salut, César; va me chercher à Catane. »

Ce jeu dura jusqu'à ce qu'enfin saint Léon y eût mis un terme. Celui-ci avait toujours évité d'employer les moyens extrêmes à l'égard d'Héliodore, dans l'espoir qu'il se convertirait. Mais bien loin de suivre ses conseils, le magicien osa s'attaquer à lui. Un jour que le saint célébrait les saints mystères, il parut dans l'église, au milieu de la foule, frappant autour de lui comme un mulet, portant ainsi les uns à rire et les autres à la colère. Il se vanta en même temps de faire danser publiquement le saint avec tous ses prêtres. Léon, sentant qu'il allait se mettre, en effet, à danser, eut recours à la prière, se dirigea vers le magicien, lui mit son étole au cou, le conduisit en un lieu nommé Achillée, en lui disant : « Les artifices magiques ne peuvent te servir à rien contre le Christ, mon maître. » Là il le livra aux flammes du bûcher, et ne retira sa main que lorsqu'il fut réduit en cendres. L'original de ce récit est écrit en grec. Le jésuite Blandice l'a traduit du grec en latin, à Catane, en 1626; et les compilateurs des *Acta Sanctorum* l'ont admis dans leur collection. Le récit se donne comme ayant été écrit par un contemporain avant l'année 787. Son caractère antique prouve du moins que la date en est très-ancienne. Mais il est impossible de ne pas s'apercevoir que c'est un apocryphe et une légende; et il y a lieu de s'étonner que les Bollandistes, d'une critique ordinairement si juste et si exacte, ne l'aient pas remarqué, et qu'ils aient admis cette histoire, qui méritait du reste d'être conservée, sans l'avoir accompagnée d'aucune note.

Le théâtre de cette légende, c'est Catane, dans le pays de Typhon, au pied de l'Etna, sur les flancs duquel croît un vin qui met le feu dans les veines; Catane, située à l'entrée de cette plaine à laquelle se rattachent dès la plus haute antiquité tant de mythes ayant le feu pour objet, en présence de cet autre volcan des îles Éoliennes qui était considéré aussi comme une porte de l'enfer. Les Ménées grecques, dans la vie de saint Léon, parlent d'Héliodore, qui troublait, par ses artifices magiques, l'esprit et les yeux de ses contemporains, et rapportent, de même que l'anthologie grecque, que le saint le conduisit au bûcher, lié avec son étole, et qu'il y entra avec lui jusqu'à ce qu'il fût réduit en cendres. Ce récit doit donc avoir pour base un fait historique, dont l'imagination des générations suivantes se sera emparée, et dont elle aura fait une légende, devenue bientôt populaire en Sicile. En effet, Thomas Fazellius (*De rebus siculis*, decas I, l. 3) dit de ce personnage : « Diodore, que le peuple appelle Liodore, était adonné à la magie, et fit des choses merveilleuses sous ce rapport à Catane. Il pouvait par ses conjurations métamorphoser les hommes et les bêtes et presque toutes choses, et attirer à lui les objets les plus éloignés. Condamné à être crucifié, il se transporta en très-peu de temps de Catane à Byzance, et de Byzance à Catane. Il devint ainsi un objet d'admiration pour le peuple, qui, croyant voir en lui un Dieu, commit l'impiété de lui attribuer les honneurs divins, jusqu'à ce qu'enfin Léon le prit sans qu'il s'y attendît, et le jeta dans le bûcher au milieu d'un concours immense de peuple. »

La légende ne s'arrêta pas en Sicile ; mais, traversant le canal, elle alla se planter près d'un autre volcan, le Vésuve, dans le voisinage de ces campagnes sulfureuses et de la grotte de Pouzzoles, après avoir choisi pour son héros Virgile, fondateur de Naples. Elle a emprunté beaucoup de choses à la légende précédente, comme, par exemple, l'histoire de la femme d'Héraclide ; mais elle y a ajouté beaucoup d'autres circonstances. Ainsi elle raconte, entre autres choses, que Virgile renferma sous une porte de fer tous les serpents autour de Naples, qu'il plaça en face du Vésuve un chasseur d'airain, tenant son arc bandé contre la montagne, et que celle-ci commença à vomir du feu après qu'un paysan eut décoché la flèche, qui tomba dans le volcan. Elle parle encore d'une mouche d'airain qui dévora toutes les autres; de haies et de ponts aériens autour de son jardin. Tous ces détails portent le même caractère que la légende primitive. Mais il en est d'autres où l'on aperçoit l'empreinte de l'esprit des peuples romains d'origine, par opposition à l'esprit byzantin. Telles sont, par exemple, ces images peintes sur les murs de Rome, qui, placées vers les différentes parties du monde, se mettent à sonner leurs cloches du côté où les Romains doivent porter la guerre.

Cet Héliodore et ce Virgile ont donné naissance à toute une famille de magiciens que l'on retrouve chez tous les peuples pendant le moyen âge, qui furent pour cette époque ce qu'avaient été pour l'antiquité les magiciens de la Colchide, et qui, comme ceux-ci, se sont répandus jusqu'en Perse et en Médie. D'après le poëme de Percival, v. 1965, Élingsor était neveu de Virgile de Naples, qui fit aussi beaucoup de miracles. Son pays était la Calabre : il demeurait à Chaps, c'est-à-dire Cava, et en était le roi. Il se prend d'amour pour Iblis, femme de Gibert, roi de Sicile. Celui-ci le surprend à Kélat Bobot, et le mutile pour se venger de lui. Il s'enfuit de dépit à Persida, berceau de la magie, et en rapporte le pouvoir de faire tout ce qu'il désire. La légende, on le voit, passe de Calabre en Sicile, où un Juif avait initié aussi Héliodore à la magie, et qui appartenait aux Sarrasins, comme l'indiquent les noms d'Iblis et de Kelat Bobot; et après s'être formée en Orient, elle se développe en Occident, tout à fait dans l'esprit romantique de l'époque. Un roi nommé Irot donne au magicien une montagne sur laquelle il bâtit son palais enchanté. Dans ce palais est une salle dont le pavé est tellement poli que le pied ne peut s'y tenir. On y voit aussi un lit qui fuit devant quiconque essaye d'y monter, et

Élingsor.

lance des flèches contre celui qui réussit. C'est dans ce palais encore qu'il élève la colonne du haut de laquelle on contemple tout ce qui se fait à huit milles à la ronde. Il plante autour du château la forêt d'Élingsor, enlève aux noces d'Artus quatre cents femmes, qu'il emmène et garde prisonnières, jusqu'à ce que Gavan les lui arrache après avoir rompu le charme. On voit ici que l'opposition, de religieuse qu'elle était auparavant, a passé dans le domaine de la chevalerie.

De cet Élingsor s'est formé plus tard, par le développement de la légende, celui de la Wartburg. Celui-ci, en effet, raconte dans le *Lohengrin*, p. 58, que son arrière-grand-père était secrétaire d'Élingsor l'Ancien ; qu'il avait été envoyé de Rome en présent au roi de Hongrie ; qu'on l'avait nommé Élingsor à cause de son maître, et que lui-même portait aussi ce nom. Ce nouveau magicien connaît à fond la nécromancie et l'astronomie, et il y a peu de docteurs qui en sachent autant que lui : on n'en connaît qu'un qui est en Grèce et un autre dans le royaume des Babyloniens. On lit bien encore qu'il y en a un troisième à Paris. — Babylone, la Grèce, Rome, la Hongrie et la France marquent le chemin qu'a fait cet enchanteur des temps modernes pour venir d'Orient en Occident, comme celui des temps anciens, suivant à peu près la même route, était venu de Médie en Italie, par la Colchide, la Thessalie et Corinthe, et avait ensuite pénétré jusque dans la péninsule Ibérique. L'Espagne, de même que la Sicile, autrefois le théâtre des guerres des Phéniciens et des Carthaginois, et plus tard le pays des Sarrasins et des Juifs, avait cultivé déjà anciennement la magie. Aussi la légende rapporte qu'il y avait anciennement une chaire de magie dans l'université de Salamanque, et que le diable lui-même y avait enseigné son art. C'est par les Juifs et les Sarrasins de cette ville que la plupart des livres de magie ont été répandus en Europe. Après Salamanque, Tolède était encore un point central pour les sciences magiques. C'est dans son voisinage qu'était, dès le temps des Sarrasins, la grotte célèbre à laquelle se rattachent les légendes et les mythes les plus anciens. Cette grotte était probablement le sanctuaire de la partie secrète de la doctrine. C'est là que fit son apprentissage dans la magie ce Gille dont nous avons parlé dans la mystique purgative. C'est là que les démons, revêtus de formes humaines, l'accueillirent avec joie, et après lui avoir fait jurer fidélité et secret, l'initièrent pendant sept ans à toutes leurs sciences ténébreuses; après quoi il se rendit à Paris, où il se fit un nom comme médecin. C'est donc là aussi qu'a pratiqué son art ce Nazare qu'Élingsor veut conjurer dans sa lutte, et celle-ci n'est au fond rien autre chose que la dispute des deux Simon, dont il est parlé dans les *Recognitions* de saint Clément, et qui a pris ici un caractère tout romantique. Deux écoles de poëtes entrent en lice, ayant pour champions Henri d'Ofterdingen et Wolfram d'Eschembach.

Le pays des Gals n'est point resté étranger à la magie; et dès les temps les plus anciens la légende s'y est développée comme dans les autres contrées. Merlin l'enchanteur est ici ce qu'Odin est au Nord; c'est lui qui est le héros de la magie druidique. Lorsque les Anglais et les Saxons entrèrent dans le pays, Wortiger, roi des Bretons, chassé jusqu'à l'extrême limite de son royaume, entreprit, d'après le conseil des druides, d'y bâtir une grande tour pour se défendre. Mais comme une puissance invisible détruisait toujours de nouveau pendant la nuit ce qui avait été fait dans le jour, on lui dit qu'il fallait arroser le fondement de l'édifice avec le sang d'un enfant dont la mère n'avait point connu d'homme. Merlin ayant été désigné comme remplissant cette condition, on le conduisit à la tour. L'enfant, qui avait le don de sentir la présence de l'eau partout où il y en avait, reconnut qu'il y avait sous la tour un marais qui en empêchait la construction. On creuse, on trouve un marais en effet, et on le dessèche. Mais l'enfant annonce qu'en creusant davantage on trouvera deux dragons endormis

Merlin.

dans deux pierres creuses. L'événement justifie ces prévisions ; on roule les deux pierres dans la fosse desséchée ; les dragons, dont l'un, rouge, était le symbole des Bretons, et l'autre, blanc, celui des Anglo-Saxons, se réveillent et commencent une lutte terrible, dans laquelle le rouge succombe. L'esprit s'empare de l'enfant, et il commence à déplorer le sort de sa nation, qui va bientôt tomber sous le joug des étrangers venus de l'est. Cependant le sanglier de Cornouailles, que les peuples célébreront un jour dans leurs chants, vient au secours, et les îles de la mer lui obéiront. Il continue de prédire ainsi l'avenir de la nation pendant de longs siècles. Telle est l'origine de la prétendue prophétie de Merlin, que Gaufried de Monmouth traduisit du breton en latin vers 1142, et qu'il ajouta à son histoire de la Bretagne. Traduite dans toutes les langues, elle a été continuée plus tard et s'est étendue jusqu'aux sept rois qui ont régné après la conquête des Normands. Cette continuation a été traduite aussi en latin vers 1160 par Jean de Cornouailles, et se trouve dans le Spicilége de Greith. De même que ce Merlin, que l'on retrouve mêlé à toutes les légendes du roi Artus et de la Table Ronde, se rattache à la lutte des Bretons et des Anglo-Saxons, de même aussi, plus tard, dans la branche belge de la race gaélique, l'enchanteur Malagis se rattache à la lutte des Carlovingiens, des Aquitains, de la Gascogne et des fils d'Aymon.

La légende, une fois qu'elle s'est répandue ainsi dans tout l'Occident, continue à se développer, et devient toujours plus riche et plus variée dans ses couleurs. Elle s'attache volontiers aux objets de la nature qui ont quelque chose de frappant et d'extraordinaire. Le rocher de Cossen, sur le Fichtelberg, est pour elle le sommet où le diable conduisit Notre-Seigneur pour lui montrer de là tous les royaumes du monde, et le mur du Diable sur le Harr désigne les limites de son empire. Elle voit son oreiller sur la pierre qui se trouve au pied du château de Bentheim ; la place où il danse, sur la plaine rocailleuse qui s'étend entre

Blankenburg et Quedlinburg, et sa chaire près de Baden. Les couches de granit, sur le sommet du Nanneberg, sont les restes du moulin qu'il bâtit pour ce meunier qui lui avait livré son âme, et les basaltes que l'on trouve près du Rhône sont les pierres qu'il a apportées aux habitants du pays lorsqu'ils ont voulu y construire une église. C'est lui qui a jeté à terre la pierre près d'Osnabruc, et qui, dans la forêt, près de Reichenbach, a réuni ingénieusement ensemble les fragments de rocher pour qu'ils puissent offrir un abri dans le danger aux habitants des environs.

C'est principalement autour des églises et des couvents, mais surtout autour des temples gothiques et de leurs tours que la légende diabolique s'établit de préférence. Ici c'est maître Gérard de Cologne qui parie avec le diable qu'il aura achevé le dôme avant qu'il ait terminé lui-même le grand aqueduc de Trèves à Cologne. Le diable gagne le pari, et Gérard se précipite du haut de sa tour, qui est restée inachevée. A Ratisbonne, le pari a lieu pour la cathédrale et le pont. A Prague, c'est un prêtre, Wazlaga Kralizzec, qui convient avec le diable, renfermé dans une possédée, que si, après être sorti du corps de cette femme, à l'Introït de la messe, il rapporte avant la fin une colonne de l'une des églises de Rome, lui, le prêtre, sera désormais sa propriété. Le diable accepte le pari; mais au moment où il entrait dans l'église le prêtre prononçait ces paroles du dernier Évangile : *Et Verbum caro factum est*. A ces mots il jette à terre la colonne, qui se brise en trois morceaux; la femme se trouve délivrée et le prêtre dégagé de son contrat. On voit encore devant l'église de Vischerad la colonne, longue de dix-sept pieds, et ayant cinq pieds de contour. Près d'elle, sur le mur de l'église, une vieille peinture représente toute l'histoire. Ce qu'il y a de singulier, c'est que dans l'église de Sainte-Marie, au delà du Tibre, à Rome, on voit d'un côté seize colonnes, et de l'autre quinze seulement; et à la place de celle qui manque est un autel derrière lequel est représentée l'histoire telle qu'on la raconte à Prague. On voit encore à Vérone, devant l'église de Saint-Zénon, une colonne semblable que le diable y a apportée du temple de Diane à Éphèse. D'autres fois, il aide à bâtir une église, parce qu'on lui a fait accroire que l'édifice devait servir à étendre son royaume; puis, quand il s'aperçoit qu'on l'a trompé, il jette sur l'église de grosses masses de pierres qui rendent témoignage de l'événement. Telle est la pierre qui se trouve sur la place du dôme à Halberstadt, la pierre du Diable à Cologne et ailleurs. D'autres fois encore il passe à travers les murs, et le trou qu'il y fait ne peut plus être bouché. Ou bien il se réserve l'âme de la première personne qui entrera; et pour le tromper on y fait entrer un animal, un loup par exemple, comme dans le dôme d'Aix; un coq, comme sur le pont de Francfort; un chien, un chat et un coq, comme sur le pont de Ratisbonne et ailleurs.

On le confond ainsi de mille manières. Une fois il se présente au confessionnal sous la forme d'un jeune homme fort et vigoureux, et confesse une masse de crimes, tous plus horribles les uns que les autres, comme le blasphème, le meurtre, l'adultère, etc.; de sorte que le prêtre finit par lui dire : « Mais quand tu aurais vécu mille ans, tu ne pourrais pas avoir commis de tels forfaits. » Le pénitent lui répond : « J'ai plus de mille ans. — Qui es-tu donc? — Je suis un de ceux qui sont tombés avec Lucifer, et je ne vous ai confessé que la plus petite partie de mes péchés : si vous vouliez m'écouter, je vous en raconterais bien davantage. » Le prêtre, sachant qu'il n'y a pour lui aucun espoir de pardon, lui demande pourquoi il est venu à confesse? Le diable lui répond : « J'étais là vis-à-vis; et voyant beaucoup de grands pécheurs venir à vous et recevoir leur pardon, j'ai pensé qu'il pouvait m'en arriver autant. — Eh bien! lui dit le prêtre, si tu veux suivre mon conseil, tes péchés te seront pardonnés comme aux autres. — Pourquoi pas? dit le diable. — Va donc, reprit le prêtre; prosterne-toi trois fois par jour, et dis avec un cœur humble et repentant : « Seigneur, qui m'avez créé, j'ai péché contre vous, pardonnez-moi mes crimes. » Le diable répond que ça lui est impossible. « Pourquoi donc, dit le prêtre, t'inquiéter tant d'une chose si facile? — Je ne puis, repart le diable, m'humilier ainsi devant Dieu; je ferai volontiers tout le reste. » Le prêtre, indigné, lui dit : « Si tu es tellement orgueilleux que tu ne puisses t'humilier devant ton Créateur, retire-toi de moi, car tu n'obtiendras miséricorde ni en ce monde ni en l'autre. »

Le diable cependant ne se montre pas toujours aussi accommodant. Le comte de Macon, en Bourgogne, a commis des crimes innombrables pendant sa vie. Enfin, un jour de fête, comme il était assis dans son palais, entouré de ses gens, un inconnu paraît devant lui à cheval, au grand étonnement de tous, et lui commande d'un ton de maître de se lever, parce qu'il veut lui parler. Le comte se lève comme lié par une main invisible, et le suit jusqu'à la porte. Là, sur l'invitation de l'étranger, il monte un cheval qui l'attendait : après quoi le diable, prenant la bride, l'emporte en l'air en présence de tout le monde. La ville entière accourt aux cris affreux que pousse le malheureux comte, le suit dans les airs et l'entend crier au secours jusqu'à ce qu'enfin il échappe aux regards. Pierre le Vénérable, l. 2, Mir., c. 1, raconte le fait tel qu'il courait dans le peuple, sans indiquer ni le temps ni la personne. Il était peint sur un mur au couvent de Cluny, et représenté d'ailleurs dans une multitude d'images. Il est donc probable qu'il y a au fond quelque chose de vrai. Peut-être un comte de Macon, peu édifiant dans sa conduite, aura-t-il disparu dans un orage et donné ainsi occasion à cette légende. — La même chose arriva en 1045 à une sorcière, en Angleterre, en plein jour; et Gervais Tilelsber parle d'un château dont la dame ne pouvait rester dans l'église pendant la messe, une fois que l'Évangile était lu, parce qu'elle ne pouvait supporter la consécration. Un jour enfin son mari essaya de la faire tenir par ses gens pour la forcer de rester. Elle opposa une résistance terrible; et après que la consécration fut faite, elle s'éleva et s'enfuit en l'air, emportant avec elle une partie du toit de la chapelle.

La magie, de même que le diable, son auteur, a fourni à la légende une multitude de traits dont elle a su faire usage. Elle a trouvé particulièrement dans les évocations et les conjurations une pâture abondante. Elle nous raconte comment, à la simple parole d'un magicien, des festins splendides ont été servis tout à coup, et comment, au milieu de l'hiver, les fleurs du printemps se sont épanouies pour faire honneur à un empereur; comment un autre a su lier les vents dans des cordons de cuir; de sorte qu'en défaisant un nœud on détachait un souffle doux et léger; puis, en déliant le second nœud, on produisait un vent plus fort, et en défaisant le troisième on déchaînait un ouragan impétueux. La légende parle encore d'un magicien de Salzburg qui avait osé conjurer tous les serpents à un mille à la ronde pour les faire venir dans une fosse, afin de les tuer tous ensemble. En effet, une multitude de serpents accourent et se jettent dans la fosse en présence de tout le peuple. Cependant il en vient un plus grand que les autres. Comme il refuse d'entrer, le magicien le laisse ramper librement çà et là pendant quelque temps. Mais enfin il se prépare à faire sérieusement usage de son art, et veut le forcer à entrer comme les autres. Le serpent se glisse jusqu'au bord; mais arrivé là il se dresse contre le magicien, se lance sur lui d'un bond, l'enveloppe de ses replis, l'entraîne malgré tous ses efforts dans la fosse, au milieu des autres serpents, qui l'étouffent aussitôt.

La légende se plaît aussi à raconter les métamorphoses opérées par la magie; elle nous parle d'un magicien allant à Tolède avec un autre sur deux coqs, et descendant dans une hôtellerie, où demeuraient quelques étudiants, instruits comme eux dans la magie. Le maître, fatigué, va se mettre au lit; mais son disciple se met à causer avec les étudiants, qui bientôt lui cherchent querelle. Il veut se défendre contre eux : mais voici qu'ils lui font pousser une paire d'oreilles d'âne sur la tête. Il va trouver son maître et se plaint du tour qu'on vient de lui jouer. Celui-ci le gronde d'avoir cherché l'occasion ; puis il a recours à son art, et change les étudiants en porcs. Ils courent çà et là dans la maison, se vautrent dans la boue, entrent dans la salle et salissent tout de leurs ordures ; de sorte que le maître d'hôtel, avec ses gens, les chasse de la maison à coups de bâton. Le lendemain matin, dès que les portes sont ouvertes, ils rentrent dans leurs appartements, toujours changés en porcs. L'heure du repas venue, personne ne se présente à table. Le maître d'hôtel monte pour voir s'ils ne sont pas malades ; et il aperçoit dans les chambres les porcs qu'il avait chassés la veille. Commençant à soupçonner ce que c'est, il envoie chercher un célèbre magicien de Tolède, qui leur rend leur forme primitive. C'était précisément leur maître. Ils lui racontent ce qui leur est arrivé. Le soir ils se réunissent. L'autre maître et son élève étaient assis avec eux, mais ne savaient pas que le magicien de Tolède fût si habile. Un de ceux qui avaient été changés en porcs, voulant se venger de celui qui leur avait joué ce tour, lui fait un grand bec d'autruche. Celui-ci se lève de table, et coupe avec un couteau un morceau de son bec. Au même instant le nez de l'autre tombe et saigne, comme si on l'avait coupé avec un couteau. Le maître, jouissant de la confusion des jeunes gens, se moque d'eux et leur fait compliment de leur habileté. Ces plaisanteries vont au cœur de leur maître, qui, pour se venger, perce avec une aiguille l'œil d'un petit homme en cire qu'il avait avec lui. L'autre, à l'instant même, perd cet œil. Furieux, il prend un couteau, fait un trou dans la table, et demande à l'autre s'il veut lui rendre son œil. Celui-ci lui répond qu'il ne le peut pas, quand même il le voudrait. Le premier enfonce dans la table un petit morceau de bois, qui devient une belle rose. Puis il lui demande une seconde fois s'il veut lui rendre son œil. Le magicien répond que non. L'autre prend son couteau, et détache la rose de sa tige; et voici qu'au même instant la tête de l'autre tombe sur la table, et le sang jaillit jusqu'au plafond.

Une lutte semblable a lieu à la cour d'une reine d'Angleterre. Les deux rivaux conviennent d'abord que chacun d'eux fera une chose qui lui aura été commandée par l'autre. Le premier dit à l'autre de regarder à la fenêtre. Il le fait; et aussitôt de grands bois de cerf lui poussent sur la tête, et le rendent un objet de dérision pour toute la cour. Celui-ci, irrité, trace avec un charbon l'image d'un homme sur la muraille, et commande à l'autre de marcher vers elle, en lui disant que le mur reculera à mesure qu'il avancera. Ce dernier, voyant la mort devant lui, s'effraye, et conjure l'autre d'avoir pitié de lui; mais celui-ci s'en tient aux conditions de la gageure. Le malheureux, contraint par sa parole, marche vers la muraille: celle-ci s'ouvre devant lui, et il disparaît. — C'est Zyto qui apparaît comme magicien à la cour du roi Venceslas. Il va en bateau sur la terre ou se fait traîner en chariot par des coqs. Vêtu de pourpre et de soie, il se montre tout à coup sous les haillons d'un mendiant. Son maître ayant épousé Sophie, fille du prince de Bavière, et lui ayant amené pour ses noces une pleine voiture de fous et de magiciens, Zyto avale le chef de ces derniers avec tout ce qu'il a sur lui, à l'exception de ses souliers couverts de boue, puis il le rend dans un vase plein d'eau.

La légende, s'enrichissant toujours davantage, cherche ainsi de temps en temps quelque nouveau personnage qui puisse lui servir de héros, et dans lequel elle puisse se rajeunir. Semblable aux nuages qui aiment à se poser sur le sommet des montagnes, elle s'est attachée à son origine, comme nous l'avons vu, aux masses imposantes de la nature ou aux œuvres grandioses de l'architecture. Elle s'est, par la même raison, sentie attirée vers les personnages qui ont joué un rôle important dans l'histoire de leur époque. C'est ainsi que nous la voyons, au moyen âge, jouer pour ainsi dire autour d'Albert le Grand, de Bacon, de Thomas d'Aquin et même autour de plusieurs papes, tels que Sylvestre et Grégoire. Enfin, sur son déclin, participant à l'esprit du temps, elle entre dans le domaine de la spéculation. Avec le doute elle prend aussi l'ironie et l'humeur de l'époque moderne. Elle essaye bien encore de se poser sur quelque personnage éminent; mais bientôt, le laissant de côté, elle s'attache à un aventurier vulgaire, et le choisit pour son favori, afin d'avoir quelqu'un qu'elle puisse enrichir de ses trésors augmentés par de longues épargnes. Né à Gundling, dans le Wurtemberg, cet homme avait été élevé à l'université de Cracovie. Il se donne le titre ambitieux de Georges Sabellicus, Faust le Jeune, source de tous les nécromanciens, astrologue, le second dans la magie, dans la chiromancie, l'aéromancie, la pyromancie et l'hydromancie. Il se vante de pouvoir de mémoire rétablir toutes les œuvres de Platon et d'Aristote, si elles venaient à se perdre, et de les rendre plus belles qu'elles n'étaient auparavant. Bien plus, il se vante de pouvoir faire les mêmes miracles que le Christ, de surpasser dans l'alchimie tous ceux qui l'ont précédé, de savoir et de pouvoir tout ce que l'homme peut désirer, et d'avoir procuré par son art aux armées de l'empereur toutes les victoires qu'il a gagnées en Italie. (*Epistol.* Trithemii, 1536, p. 312.) Ce fanfaron, que Mélanchton, qui l'avait connu personnellement, appelait la bête la plus immonde et le cloaque des diables d'enfer, qui était forcé d'errer continuellement par le monde, parce que les magistrats le chassaient de partout, à cause de ses vices et de ses friponneries, de Battenberg sur la Meuse, de Wittenberg, de Kreuznach et d'ailleurs; qui, à Venise, après avoir entrepris de voler, comme Simon le Magicien, faillit mourir écrasé en tombant; ce fanfaron, que l'on trouve un matin mort, le cou tordu, devant son lit, après que la maison où il était descendu pour la dernière fois eut été violemment ébranlée pendant la nuit; c'est celui que la légende cherchait depuis longtemps, et qu'elle choisit pour héros. Elle se posa donc sur sa tête, et commença son œuvre en lui, mais comme la nature commence la sienne quand elle veut couvrir une ruine de verdure et de fleurs. Ce qu'elle a fait de son héros, et ce que le poëte allemand a fait de son œuvre est trop connu pour que nous ayons besoin de nous y arrêter plus longtemps. La composition est un essai grandiose, par lequel l'auteur a voulu revêtir des couleurs de la poésie la croyance de tous les peuples à la magie, mais telle que l'époque présente la comprend. Or, toutes les fois que, pour apprécier une idée ou un fait de tous les temps et de tous les lieux, on se renferme dans le point de l'espace et du temps où l'on se trouve placé, l'idée que l'on s'en fait est toujours incomplète. Le poëme de Gœthe n'est donc qu'un chant détaché du grand poëme magique; c'est le chant de la poésie critique et spéculative du dix-huitième siècle.

Dans toutes ces légendes, l'esprit cherche à se récréer par les charmes de la poésie, et, les prenant pour ce qu'elles sont en effet, en amuse ses loisirs. Mais il ne vient à la pensée d'aucun homme intelligent d'y chercher la vérité historique, pas plus qu'on ne cherche à étudier la géologie ou la minéralogie dans une cathédrale gothique. Celle-ci peut bien, il est vrai, dans les pierres dont elle se compose, offrir des formations naturelles ou des pétrifications remarquables; le plan sur lequel elle a été construite peut avoir beaucoup de rapport avec celui que la nature suit dans ses formations basaltiques; l'architecte peut bien avoir cherché à imiter dans son œuvre les stalactites qui décorent certaines grottes; mais le génie de l'artiste, en s'emparant de son objet, lui a donné son empreinte; et comme il y a mis en quelque sorte plus du sien que cet objet n'avait reçu déjà de la nature, son œuvre n'appartient plus à celle-ci, mais au domaine de l'art. Cependant, pour que l'imagination puisse travailler ainsi un objet et en faire une œuvre poétique, il faut qu'elle trouve des matériaux existant déjà; il faut de plus que la nature lui fournisse les types des formes qu'elle doit leur donner, et la loi d'après laquelle elle doit les façonner. Le principe vital qui réside dans le corps ne pourrait ni construire celui-ci ni le maintenir s'il ne recevait de la nature l'aliment dont il a besoin et l'énergie des forces dont elle dispose; il ne fait donc que se les approprier et les féconder à son tour, après avoir été fécondé par elles. Ainsi chaque légende, quelque liberté que se soit donnée l'auteur en la travaillant, repose sur une vérité et l'indique; et les légendes inspirées par le même sujet rendent témoignage, dans leur ensemble et par leur accord, à une vérité générale. Lors donc que nous retrouvons la même légende dans tous les temps et dans tous les lieux, quoique sous des formes et avec des nuances diverses, nous devons en conclure qu'il y a là une vérité fondamentale, qui est née pour ainsi dire avec l'humanité, et qui s'est développée avec elle dans l'histoire.

CHAPITRE VII.

Comment l'univers a été créé. De la formation successive du feu et de la terre, de l'air et de l'eau, du monde végétal et animal, de l'homme. L'homme centre de la création. Formation dans l'homme et développement de la nature végétale et animale, du poisson, de l'oiseau, de l'animal terrestre, de l'homme enfin. Des quatre tempéraments: lymphatique et sanguin, cholérique et mélancolique. L'homme est dans un rapport réciproque avec l'univers entier. Ce rapport a été altéré par le péché. Il existe cependant encore d'une manière exceptionnelle en certains hommes. Possession de l'homme par la nature.

Dans tous les temps, depuis l'origine jusqu'à nos jours, la mystique lumineuse et divine s'est toujours attachée à la vraie doctrine, à la pure morale et à la vie pieuse et sainte. Par la même raison, la mystique infernale a trouvé en tout temps un fond propice à ses opérations dans l'hérésie, la corruption des mœurs et dans une vie déréglée; et de ce fond, se partageant en deux branches, la théurgie et la goétie, elle a altéré la vérité par un double mensonge, le bien par un double mal, et la séve puissante de la vie par une double contagion. Cette opposition s'est étendue jusque dans le domaine de l'imagination, et nous l'y retrouvons en effet dans tous les temps et dans tous les lieux, avec le même caractère d'universalité. Ceci doit nous faire juger qu'une opposition aussi profonde et aussi générale tient à la nature même de l'homme. Pour bien la comprendre il est important que nous connaissions bien la nature de celui-ci. Lorsque nous aurons saisi, en effet, sous leur véritable point de vue, les oppositions physiques et psychiques qui existent en nous et autour de nous, il nous sera plus facile d'apprécier les oppositions morales et intimes, dont les premières ne sont que la manifestation.

Si nous considérons la terre, que Dieu a donnée pour séjour à l'homme, nous pouvons apercevoir déjà dans sa composition les premiers rudiments de la nature organique. Tous les corps sont, en effet, composés de matières ignées (fluides impondérables), ainsi que de matières solides, liquides et gazeuses. En eux ces principes se sont pénétrés, et se saisissant, s'enchaînant l'un l'autre, ils se sont combinés dans les premiers êtres qui ont reçu un commencement d'organisation. Ils ont en réalité une efficacité plastique et créatrice lorsqu'ils s'unissent par leur mutuelle absorption et expansion : ainsi les fluides impondérables passent à l'état latent dans les solides qui s'épanouissent pour les recevoir sous une forme déterminée; les liquides entrent dans la combinaison sous forme d'eau de cristallisation; les gaz y prennent l'état solide, ainsi que nous voyons que cela a lieu dans toutes les oxydations. Comme d'ailleurs de telles combinaisons ne peuvent être effectuées que par des forces, et que toute force suppose une puissance active et une faculté passive inséparablement unies, l'une et l'autre devront se trouver ici, et par leur continuelle pénétration déterminer des productions que l'intelligence pourra saisir (1).

(1) Ces forces, qu'on peut concevoir dans leur pureté abstraite, sont moléculaires à l'état concret, forment le principe, la vie des particules, et sont en jeu dans leurs actions réciproques. Précisément parce qu'elles sont moléculaires, elles agissent dans tous les sens, mais seulement au con-

Elles donnent naissance aux affinités électives, et dans leurs termes les plus opposés se manifestent par les forces saturantes et par les propriétés basiques. Dans les êtres qui résultent de leur action et sont leur expression il y a partout duplicité et antagonisme. Mais, outre ces puissances et ces forces, dont nous apercevons les traces dans la composition de cet univers, il en est d'autres encore qui appartiennent à un autre ordre de choses, et dont l'action a produit, antérieurement à ce monde au milieu duquel nous vivons, d'autres combinaisons dont il existe encore des vestiges sur notre terre.

Qu'on suppose interrompu tout à coup le jeu des affinités chimiques qui retiennent liés ensemble, dans cet univers, la base et son principe de saturation, la forme qui résulte de leur combinaison se dissoudra, la base se déposera au fond sous la forme de fluide, indifférent à toutes les directions, tandis que le principe saturateur s'évaporera sous la forme de gaz, flottant au-dessus du premier. De là surgit une nouvelle opposition, et avec elle une nouvelle classe de mouvements, à savoir les mouvements mécaniques. Le gaz et le liquide, qui auparavant étaient l'un à l'égard de l'autre dans le rapport du principe saturant à sa base, se produisent maintenant, l'un comme moteur et l'autre comme mobile. Et comme le premier, représentant la force active, a le dessus sur le second, qui exprime la puissance passive, il résulte du jeu de ces deux principes, l'un actif et l'autre passif, ce qu'on appelle le mouvement. Celui-ci, étant communiqué d'en haut par l'unité à la multiplicité des éléments mobiles situés en bas et au loin, ne peut être produit que par des forces qui agissent à distance. La direction principale de celles-ci va de haut en bas, et les autres directions viennent s'ajouter ensuite à elle. Ces puissances ayant précédé, et dans leur origine et dans leur action, celles du premier ordre, on

tact, et ne cessent d'agir que lorsqu'elles ont atteint dans toutes les directions un état d'équilibre stable.

peut considérer la mer et l'atmosphère qui entoure la terre comme un reste de la première combinaison des éléments qui eut lieu alors, et comme une image de la forme sous laquelle elle se produisit.

Mais ce n'est pas tout. Au delà de ces formations, il en est d'autres qui se sont accomplies à une époque plus reculée encore, et qui, par conséquent, se reflètent sur toutes celles qui les ont suivies. L'atmosphère et la mer, ainsi que les puissances actives et passives qui produisent leurs mouvements, ne sont que le résultat d'une opposition plus élevée. Si donc, par une nouvelle hypothèse, semblable à celle que nous avons faite plus haut, l'on suppose interrompue pour un instant l'impulsion qui met en rapport les deux éléments fluide et gazeux, le composé qui résulte de leur union se dissoudra ; et de même que dans la première dissolution les forces et les puissances mécaniques se sont développées, ainsi nous verrons maintenant se dégager un troisième ordre de puissances et de forces plus intimes encore. Mais le rapport qui les lie n'ira plus, comme pour celles du second ordre, de haut en bas ; il ira du centre à la circonférence ; en d'autres termes, leur mouvement sera un mouvement de rayonnement. Des deux éléments gazeux et solide, où ils sont renfermés, vont sortir deux autres éléments : le feu lumineux rayonnant du centre à la circonférence, et l'élément terrestre primitif, susceptible de recevoir la lumière, la chaleur et le feu qui rayonnent du premier, mais bien différent néanmoins de ce que nous appelons terre aujourd'hui. C'est par le moyen de cet élément terrestre primitif que se produit la réaction de la puissance contre la force.

Nous venons d'assister par la pensée à la décomposition de cet univers, et nous pouvons maintenant, en le recomposant en esprit, par un procédé contraire, nous représenter jusqu'à un certain point comment il a acquis par des combinaisons et des transformations successives la forme et l'état qu'il a aujourd'hui.

Le monde n'a pas été créé tout d'un coup tel qu'il est ; mais il est arrivé à son état actuel par le développement successif des divers éléments qui le composent et par le jeu des forces qui président à ce développement. C'est ce que Moïse nous fait entendre quand il nous présente la création comme s'étant accomplie en six époques ou séries. Au commencement Dieu créa le ciel et la terre. Il faut entendre par là non le ciel et la terre tels qu'ils existent aujourd'hui, mais un ciel ou un feu et une terre élémentaires. Et c'est encore ce qu'insinue l'écrivain sacré quand il nous dit que la terre était nue, vide et informe. Deux forces, l'une active allant du centre à la circonférence, et l'autre passive allant de la circonférence au centre, se sont produites à ce premier moment de la création, ou plutôt de la formation de cet univers; et c'est leur action qui a donné à notre planète sa forme sphérique. La terre et le feu radical sont donc les deux éléments primordiaux et constitutifs de cet univers; de sorte que les autres n'en sont que le développement, et doivent par conséquent en porter l'empreinte. Aussi voyons-nous qu'encore aujourd'hui toute génération, toute formation quelconque suppose une combinaison de ces deux éléments primitifs, et est accompagnée d'un dégagement de calorique. Les météores qui brillent au-dessus de nos têtes sont encore un reflet de ce premier acte de la création.

Formation du feu et de la terre.

Au second acte, nous voyons apparaître de nouvelles forces, et par suite une formation nouvelle. Aux forces rayonnantes et dynamiques du premier acte succèdent les forces mécaniques qui, mêlant et combinant d'abord les deux éléments primitifs, les séparent ensuite par une opposition plus tranchée, et font surgir ainsi deux nouveaux éléments, l'air et l'eau radicaux. Ceux-ci ne sont déjà plus aussi simples que les deux premiers, et sous ce rapport ils se rapprochent davantage de ceux qui existent aujourd'hui. Nous avons encore une image de cette seconde formation dans les vents alizés, dans les autres courants

Formation de l'air et de l'eau.

qui traversent l'atmosphère, ou dans ceux qui leur correspondent au fond de l'Océan, et dans tous les météores aqueux qui se forment au-dessus de nos têtes. C'est l'eau en effet qui a donné naissance à toutes les formations de notre globe ; et encore aujourd'hui toute substance, même la plus solide et la plus compacte, commence par l'état liquide. Au premier acte de la création nous n'avions que deux éléments, le feu et la terre ; nous en avons deux de plus au second ; à savoir l'air et l'eau. Il y a entre eux cette différence que les forces dynamiques qui mettent en rapport le feu et la terre rayonnent du centre à la périphérie, tandis que les forces mécaniques qui mettent en rapport l'air et l'eau agissent de haut en bas. Nous avons donc maintenant d'un côté le feu et l'air, de l'autre la terre et l'eau. Au reste, Moïse confirme encore ici notre manière d'envisager la création, puisque, après nous avoir dit que Dieu créa le ciel et la terre, il nous le représente séparant les eaux supérieures des inférieures. Au troisième acte, de nouvelles forces surgissent et vont achever la formation de notre globe. Ce sont les forces chimiques, qui, éveillant dans la matière déjà existante une opposition nouvelle, à savoir celle de l'élément saturateur et de la base qui demande à être saturée, ont donné naissance aux variétés des éléments qui composent cet univers tel qu'il existe aujourd'hui, aux métaux, aux terres, aux alcalis, aux gaz, lesquels, se combinant d'après des lois et des proportions déterminées, ont produit toutes les formations de cette terre.

Formation du règne végétal. Le cercle des formations inorganiques est achevé. Les forces dynamiques, mécaniques et chimiques ont accompli leur œuvre. Des forces nouvelles doivent surgir pour donner naissance à un monde nouveau, au monde organique. Trois actes successifs, correspondant aux trois premiers que nous venons d'étudier, vont terminer la série des évolutions de cet univers, et compléter les six jours de la création. Au quatrième jour, qui est le premier de la création organique et qui correspond au premier jour de la création inorganique, les végétaux apparaissent sur la terre; ils forment l'extrême limite entre les deux règnes; ils sont encore si près de la matière et si loin de la vie, telle que nous la trouvons dans les animaux supérieurs, par exemple, que l'on ne sait lequel des deux domine en eux. Mais il y a entre la série des formations organiques et celle des autres cette différence qu'ici ce sont les forces dynamiques ou rayonnantes qui ont agi les premières, tandis que là au contraire ce sont les forces chimiques qui se produisent d'abord; et le règne végétal est surtout le résultat de leur action. L'opposition du principe de saturation et de la base paraît se rattacher dans la plante à deux fonctions très-différentes; à savoir la respiration et l'assimilation, lesquelles sont distribuées en deux organes principaux, les feuilles et les racines, tandis que la même opposition, dans ses rapports avec la propagation de l'espèce, se trouve réunie dans les organes sexuels de la fleur.

Ce premier pas une fois fait, les forces mécaniques s'éveillent à leur tour, et par leur action donnent naissance au règne animal, et d'abord aux oiseaux qui volent dans l'air et aux poissons qui nagent dans l'eau. Ce qui distingue l'animal du végétal, c'est que celui-ci tient à la terre par ses racines et en fait encore partie pour ainsi dire, tandis que le premier, doué de la faculté du mouvement, peut se détacher du sol et aller d'un lieu à un autre. Tous cependant n'ont pas cette faculté au même degré. Ainsi les oiseaux et les poissons, lorsqu'ils se meuvent, sont portés par l'élément dans lequel ils vivent, de sorte que tout leur corps est en contact avec lui. L'oiseau est pour ainsi dire tout souffle, à peu près comme l'air où il plane. Son corps tout entier semble se réduire au poumon, et toute sa vie à la fonction de respirer, tandis que chez les poissons c'est le foie qui domine. Portés de tout leur long et appuyés de tout leur poids sur l'eau, ils réagissent avec lenteur contre cet élément, et marchent péniblement vers leur but. Voler et

Création du règne animal.

nager forment donc les deux termes de cette nouvelle opposition du règne organique, comme la respiration et l'assimilation constituent ceux de la première. Au troisième jour de la création organique, de nouvelles forces sont en jeu et vont produire une nouvelle série d'êtres.

Un troisième degré reste encore à parcourir ; car un troisième ordre de forces actives et de facultés passives est renfermé dans les deux ordres précédents. Il faut maintenant que les unes et les autres se produisent au dehors, que par un dernier et suprême effort elles acquièrent le plus haut degré de leur énergie, et donnent ainsi naissance à deux nouvelles classes d'êtres, qui seront le complément et le chef-d'œuvre de la création. Ces êtres auront tout ce qu'ont déjà ceux qui les ont précédés. Ceux-ci leur fourniront à la fois et leur base et leur enveloppe matérielle. Mais ils auront de plus des choses que les premiers n'ont pas.

Création des animaux terrestres et de l'homme.

Deux nouveaux royaumes vont augmenter le domaine de la création : l'un inférieur, qui comprend les animaux vertébrés, et l'autre supérieur, réservé à l'homme. Chez les premiers, les fonctions sexuelles et celles de la respiration et de la nutrition ont atteint leur plein développement. La faculté de se mouvoir acquiert aussi autour de la colonne vertébrale un organe à l'aide duquel le corps peut se porter dans toutes les directions. Le corps de l'animal, quand il se meut, n'a plus besoin d'être porté tout entier par la terre, mais il se contente de poser ses pieds sur le sol, qui lui sert à la fois et de point d'appui et de point de départ. Le vol et la natation se trouvent maintenant réunis et partagés à la fois chez l'homme dans les bras et les pieds. En effet, chez les autres animaux, les bras se confondent avec les pieds et ne leur servent que pour la marche ; tandis que chez l'homme, les pieds ne sont pour ainsi dire que des bras inférieurs. Aussi, ce qui distingue ce roi des animaux, c'est la faculté d'agir avec les mains et de marcher la tête droite et en regardant le ciel. L'homme, sous le rapport psychique ou spirituel, réunit aussi dans sa personne les qualités qui distinguent les différentes classes d'animaux placés au-dessous de lui, la finesse de perception des uns et ce commencement de réflexion qui semble apparaître chez les autres. Il est à la fois le sommet, le dernier terme et le centre de la création tout entière, dont tous les rayons viennent aboutir à lui.

L'homme s'est donc épanoui au milieu et au sommet de la création terrestre, comme sa fleur et son plus bel ornement. Il est porté par tous les autres règnes de la nature, dont il est, dans sa partie corporelle, le produit le plus élevé et la plus haute expression. Or il est de la nature du centre de renfermer en soi l'unité des rayons dispersés à la périphérie : nous devons donc retrouver dans l'homme toute la série des formations antérieures. Il réunit donc en lui d'une manière éminente toute la suite des êtres qui composent l'ensemble de la création. Il y a dans l'homme quelque chose de végétal qui précède la formation de l'animal en lui, et qui, comme une sorte de placenta, l'attache au sein maternel de la terre et à ses éléments. Et il ne faut pas croire que l'espèce végétale qui domine en lui soit sans aucune influence sur le développement de sa constitution physique et morale, et qu'il importe peu que ce soit le palmier, comme dans les contrées tropicales, ou le pin, le chêne, le cyprès qui donne à sa végétation le caractère qui la distingue. Quelle qu'elle soit d'ailleurs, elle le soumet aux influences climatériques des pays où il est né, et cette influence se fait sentir jusque dans les fonctions les plus élevées de son être.

L'homme centre de la création.

Après le végétal, se développe l'oiseau, au moment où le sang commence à se former, et avec lui la circulation. L'oiseau a son siége principalement dans les poumons, tandis que le poisson a le sien dans les intestins inférieurs et le système lymphatique. A l'un se rapporte cette activité, cet élan, cette agilité dans les mouvements qui apparaît en certains hommes à un degré si éminent, tandis qu'à l'autre se rapporte au contraire cette force passive

Formation du poisson et de l'oiseau dans l'homme.

qui réagit avec une sage lenteur contre l'impétuosité d'un premier entraînement. Tous deux, l'oiseau et le poisson, indiquent que l'homme est à la fois l'habitant et le maître des hauteurs du ciel terrestre, aussi bien que des abîmes de la mer. Tous deux aussi marquent leur empreinte jusque dans les traits et l'expression de son visage. Mais il est en même temps le roi du continent, depuis le sommet des plus hautes montagnes jusqu'aux vallées les plus profondes. Il doit réunir aussi dans sa personne, comme en un centre, les propriétés des animaux qui vivent sur la terre. C'est pour cela que nous trouvons en lui cette énergie sauvage quelquefois, mais le plus souvent tempérée par un certain mélange de douceur, dont les divers degrés produisent dans l'espèce humaine une variété si agréable. Il n'est pas en effet un seul animal, depuis le plus féroce jusqu'au plus doux, dont on ne retrouve jusqu'à un certain point l'empreinte et les vestiges dans l'homme. C'est particulièrement dans le système qui préside aux mouvements et autour de la colonne vertébrale qu'est le siège de ce genre de propriétés.

Création de l'âme ou de la psyché.

Après la plante, le poisson, l'oiseau, l'animal terrestre, vient enfin l'homme dans l'homme, c'est-à-dire ce qu'il a de propre, ce qui le distingue de tous les autres animaux; ce qui fait que ce n'est pas le lion, par exemple, mais lui qui est le roi légitime de cet univers et mandataire de toutes les créatures qu'il renferme. Cet élément spécifique émane immédiatement de la source même du feu radical, aussi bien sous le rapport spirituel que sous le rapport physique. A cette force active s'est jointe une puissance passive, terrestre et centrale aussi, et c'est l'action commune de ces deux choses qui a produit pour ainsi dire cette couronne de la création terrestre tout entière. C'est principalement dans la tête que réside cette étincelle, rayon immédiat du feu lumineux que Dieu a créé dès le commencement. De la tête, elle se répand, par le moyen du système nerveux, jusque dans les régions les plus profondes, et c'est là ce qui fait que l'homme vit et végète autrement que les plantes et les arbres qui l'entourent ; qu'il se meut et qu'il agit autrement que les animaux chez qui le système moteur est le plus développé, et que les images qui mettent en mouvement les esprits animaux et produisent en certaines espèces du règne animal des impressions dont la vivacité nous étonne quelquefois produisent dans l'esprit de l'homme des effets d'une nature différente et bien plus élevée.

Cependant toutes les créatures à la formation desquelles nous venons en quelque sorte d'assister, sans en excepter l'homme lui-même, sont des êtres purement terrestres, et nous ne sommes point encore sortis de ce monde étroit et obscur qui frappe les sens. Toutes ces créatures sont le résultat d'une génération toute terrestre, et toutes aussi sont soumises à la mort et à la dissolution des parties qui les composent. L'âme de l'homme elle-même, quoique douée d'une puissance et d'une unité supérieures, n'a pas encore cette simplicité qui est le propre de la nature spirituelle, et que suit toujours l'immortalité ; car elle n'a pas jailli du ciel, où est la source de l'unité absolue ; mais elle est d'origine terrestre, comme tout ce qui est sur la terre, et sent en elle des divisions profondes. Aussi l'unité terrestre est quelque chose de chétif et d'incomplet ; elle n'existe que dans l'espèce et par elle. Ce n'est point encore la l'unité personnelle et concrète, la seule véritable, qui repose sur soi-même, et subsiste en soi avec une parfaite indépendance, qui est inaccessible à tout changement, indestructible et toujours la même, tandis que l'unité incomplète, considérée en soi et isolée, n'acquiert une subsistance vraiment individuelle que dans la génération, et perd par la mort ce qu'elle a gagné par cet acte. Se perdant de nouveau dans l'espèce d'où elle est venue, elle ne vit qu'en elle et par elle ; mais, considérée en soi, elle périt et disparaît pour se dissoudre jusque dans ses derniers éléments. Si donc l'étincelle de l'immortalité doit briller au front de la nature mortelle, il faut qu'elle y descende d'en haut; il faut qu'à l'élément terrestre vienne s'en ajouter un autre d'origine céleste et possédant en soi une unité véritable.

Création de l'âme supérieure. Or nous savons que les choses se sont passées de cette sorte; car il nous a été dit que Dieu forma l'homme de la poussière de la terre, qu'il souffla sur sa face le souffle de la vie, et que l'homme devint ainsi une âme vivante. Il le forma d'abord de la poussière de la terre, et en fit non un cadavre mort, mais un animal plein de vie, doué d'instincts énergiques et d'une activité qui le sollicite sans cesse. Le trouvant alors prêt à recevoir une âme immortelle, il la lui souffla sur le visage, et c'est ainsi que l'homme devint le double chef-d'œuvre de ses mains. C'est dans le centre même de la vie du premier homme que s'est accomplie cette insufflation mystérieuse; et là se sont unies par un lien indissoluble l'âme animale, issue de la terre, et l'esprit, émané du ciel. La première, ayant ainsi trouvé dans le second une unité complète et durable, participe à son immortalité, tandis que l'âme des animaux ordinaires ne dure que dans l'espèce. Cette union a donné naissance à une formation nouvelle. L'âme soufflée par Dieu dans le corps de l'homme a établi son siége dans la tête, et il s'est ainsi formé, vis-à-vis du centre de la vie animale qui réside dans le cœur, un nouveau centre pour une vie plus élevée. De là, descendant par degrés, elle pénètre de ses influences tous les systèmes et tous les organes, et se donne à eux à mesure qu'ils se donnent eux-mêmes à elle. Le jeu de la vie consiste donc dans un double mouvement, l'un par lequel l'âme descend vers le corps, et l'autre par lequel les puissances de la vie corporelle montent vers l'âme. Les deux hôtes qui logent dans cet édifice fragile qu'on appelle le corps humain, l'esprit ou l'âme supérieure, et l'âme inférieure ou la psyché, se prêtent un mutuel concours. Celle-ci, servante de la première, exécute les ordres qu'elle en reçoit; celle-là, maîtresse indulgente, se prête avec condescendance aux désirs et aux besoins légitimes de l'autre ; et toutes deux ensemble construisent en commun la maison qui doit les loger, et tiennent pour ainsi dire d'accord le ménage. Les puissances supérieures de l'âme sont comme entrelacées avec les forces et les esprits élémentaires, et leur action commune se manifeste dans un grand nombre de fonctions. L'esprit, libre de sa nature, sacrifie de sa liberté, et se laisse pour ainsi dire contenir et lier par le corps. Celui-ci, de son côté, naturellement esclave de la première, se trouve affranchi jusqu'à un certain point par cette union et ce commerce si honorables pour lui, et est élevé au-dessus de ses limites naturelles.

Mais il est impossible que ce commerce habituel et intime entre l'esprit et l'âme, principe de la vie corporelle, ne produise pas entre eux un échange de propriétés, et que chacun des deux ne reçoive pas quelque chose de l'autre, en même temps qu'il lui donne du sien ; et ces influences réciproques doivent produire des qualités spécifiques, qui distinguent chaque individu des autres hommes. Les instincts de la nature animale deviennent des dispositions de la nature humaine, et donnent naissance aux différents tempéraments. L'esprit, de son côté, sous l'influence de ces instincts, reçoit certaines qualités qui forment les différents caractères. Ces tempéraments et les caractères qui leur correspondent se divisent en quatre espèces diverses, car ils sont le résultat des influences que l'âme reçoit des diverses régions de la vie animale, laquelle repose elle-même sur les quatre éléments. Or, de même qu'en chaque animal les quatre éléments et leurs esprits élémentaires se trouvent mêlés selon certaines proportions, et que la place qu'il occupe dans le règne animal est déterminée par l'élément qui domine en lui, ainsi entrent-ils dans la composition de chaque tempérament, qui reçoit sa forme et son empreinte de celui qui l'emporte sur les autres. Nous avons vu plus haut qu'il y a dans l'homme une partie, et comme une vie végétale, qui sert de base et d'appui pour toutes les

Des tempéraments et des caractères.

autres. C'est dans la vie végétale surtout que ces quatre éléments se trouvent unis par une combinaison plus étroite; c'est donc elle aussi qui forme comme la racine du tempérament dans chaque individu, quoiqu'elle ne serve point à le classer. Nous avons vu de plus qu'à la vie végétale, à cause de ses rapports avec l'air et l'eau, se rattachent et le vol de l'oiseau et la natation du poisson. C'est par analogie que la base de tout tempérament se divise en deux espèces, à savoir le sanguin et le flegmatique. Dans le premier, c'est l'oiseau qui domine en l'homme, et qui lui donne cette vivacité et cette mobilité que rien ne peut fixer. Dans l'autre, au contraire, c'est la nature du poisson qui l'emporte, et qui donne aux hommes de ce tempérament cette lenteur dans les mouvements, ce calme dans l'action, ces facultés toutes passives contre l'inertie desquelles viennent souvent se briser la fougue et les efforts des caractères les plus impétueux. Tantôt le poisson repose commodément sur les flots, se laissant bercer par eux; tantôt, suivant le courant, il se laisse emporter par lui; ou bien, luttant patiemment et sans effort contre lui, il revient à son ancienne place. Parfois il plonge jusqu'au fond de l'eau, ou monte pour quelques instants à sa surface, pour s'y agiter et s'y recréer à sa manière. D'autres fois encore, mais rarement, certains individus privilégiés essayent de voler quelques instants dans l'air. Le tempérament lymphatique, en ce cas, se trouve mêlé dans une forte proportion avec le tempérament sanguin.

De même qu'à l'origine la terre était partagée en deux éléments, à savoir la terre et le feu radical, de même aussi, en continuant la division des tempéraments, nous trouvons une seconde opposition donnant naissance à deux autres tempéraments, le mélancolique et le cholérique, qui marquent la personnalité d'une empreinte plus profonde, et donnent à la vie quelque chose de plus large et de plus profond à la fois. Le premier semble être soumis surtout aux influences de la lune et de la nuit. Dans l'ordre des sentiments il a plus de flux que de reflux, et dans l'ordre des affections il préfère celles qui sont intimes à celles qui éclatent au dehors par de vifs transports. Dans l'action il a plus de patience et de constance que de promptitude et de vivacité. Il sert plutôt de poids que de ressort, plutôt d'enclume que de marteau, de même que dans l'ordre de l'intelligence il reçoit plutôt les choses qui se présentent à lui qu'il ne les cherche de lui-même. L'aspiration chez les hommes de cette trempe est lente et profonde, et la respiration courte et prompte. Si la force productrice leur manque, elle est souvent bien compensée chez eux par cette faculté précieuse laquelle, saisissant le fond des choses, les travaille dans le silence avec calme et lenteur, et les reproduit au dehors après les avoir revêtues d'une forme convenable. Le tempérament cholérique se distingue par des qualités opposées. Un feu dévorant circule dans les veines du cholérique, échauffe sa poitrine et anime son regard; de sorte que tout son être porte les traces de l'élément qui domine en lui. Semblable au feu, le plus puissant de tous les éléments, il pousse, il excite, il électrise : mais en même temps, toujours pressé, il précipite, il consume, il dévore, tandis que le mélancolique, plus impressionnable, plus inflammable, plus facile à émouvoir, mais en même temps plus recueilli, plus souple, plus concentré, se laisse volontiers dominer par le premier, et trouve en lui ce qui répond aux besoins de sa nature. Celui-là est donc dans l'homme la bête fauve, laquelle habite solitaire dans ce feu interne que chacun de nous porte en soi. Celui-ci, au contraire, participe davantage à la nature de ces animaux plus doux et plus paisibles, dont le sang a une chaleur plus tempérée, mais aussi plus féconde ; qui, à cause de cela, sont plus sociables, et vivent plus volontiers ensemble ou dans la compagnie de l'homme. C'est ainsi que les diverses natures dont se compose en quelque sorte la nature humaine exercent toutes, chacune à sa manière, une influence plus ou moins considérable sur l'âme, dans les régions inférieures. Mais la région la plus haute elle-même ne saurait échapper à leur action, quoiqu'elle y soit moins sensible ; et elles marquent leur empreinte sur ce qu'on appelle la physionomie spirituelle de l'homme, tandis que dans les régions moyennes elles contribuent pour une grande part à la formation du caractère. Et c'est ainsi que chaque homme se distingue des autres, sous le rapport moral, par un degré différent d'énergie et de mobilité, selon la nature de l'élément qui domine en son être.

Nous venons de voir comment l'âme, dans le premier homme, descendant par degrés dans tous les domaines de la vie, y a établi sa demeure. Mais ce n'est là que le premier acte du drame qui doit se continuer sur une échelle plus grande dans le cours de l'histoire. L'âme doit maintenant, par un procédé contraire, remonter là d'où elle est venue, et se dégager peu à peu des liens de ce corps mortel qui la retient captive. Or, le premier acte s'est accompli sans le concours de l'âme, par l'action d'une puissance supérieure ; c'est par l'action de cette même puissance qu'elle pourra s'affranchir des liens de la mortalité, et retourner à sa source. Dieu, qui au commencement a soufflé l'âme dans le premier homme, a voulu depuis la chute que cette même âme sortit du corps au moment marqué dans ses décrets éternels ; et, l'heure une fois arrivée, il la reprend et l'aspire de nouveau, comme il l'a respirée à l'origine. Et ce qui s'est accompli alors par un acte unique dans la souche de l'humanité, se répète et se continue sans cesse dans le cours de l'histoire ; car sans cesse Dieu, dont la fécondité est inépuisable, souffle de nouvelles âmes dans les corps que la génération a préparés à les recevoir, comme sans cesse aussi il reprend les âmes qu'il a créées. Ainsi la vie de l'homme s'écoule entre ces deux termes, la naissance et la mort. Issue d'un germe, elle commence par la vie végétale, puis elle s'élève à celle des animaux inférieurs, développant d'abord les forces vitales les plus intimes, et passant par degrés jusqu'à celles qui produisent les mouvements spontanés ;

et c'est après qu'elle a parcouru ainsi l'échelle du règne animal tout entier qu'on voit l'homme s'épanouir dans l'homme, et déployer toute la magnificence de son être. Ces degrés, au reste, sont visibles, et peuvent être constatés par l'observation. Mais à ce mouvement d'ascension et d'évolution de la vie humaine à son commencement correspond à son déclin un mouvement d'involution, par lequel elle se replie sur elle-même, jusqu'à ce qu'épuisée elle s'arrête, et laisse se dégager les divers éléments de la nature humaine.

C'est ainsi que l'homme s'élève sur cette terre où Dieu a fixé sa demeure, en parcourant des cercles qui deviennent toujours plus étroits à mesure qu'il monte davantage, entouré d'abord du monde des éléments, puis des natures organiques qui sont déjà dans un rapport plus intime avec lui, puis enfin des autres hommes, ses semblables. Faisant partie de l'ensemble de cet univers, il ne peut manquer d'être en rapport avec lui. De plus, placé à l'origine au centre de cet ensemble, au point où tous les rayons convergent, il participait aussi à la nature de ceux-ci, et était à leur égard comme un centre vivant. Ce rapport intime avec l'univers entier n'était pas toutefois le même à l'égard de tous les êtres qui le composent; mais il était plus ou moins étroit, selon que la nature de chacun d'eux correspondait plus parfaitement à la sienne. Or, l'univers se divise d'abord entre le ciel et la terre. L'homme lui-même, dans sa partie terrestre, a quelque chose du ciel : et la lumière organique qui gît au fond de son être n'est elle-même qu'un reflet de celle du soleil. Il se trouve donc en rapport et avec la terre et avec le ciel. D'un autre côté, son corps se compose de quatre éléments, correspondant aux quatre éléments dont la combinaison forme cette terre; il se trouve donc aussi en rapport par là avec le monde élémentaire. On peut dire la même chose des forces mécaniques et dynamiques, dont le jeu s'accomplit et dans son être et dans le monde extérieur ; de sorte qu'encore de ce côté il est dans un rapport continuel avec la nature. Le règne végétal au dehors rencontre

Rapports réciproques entre l'homme et la nature.

ce qu'il y a de végétal en lui; le monde animal répond également à la partie animale de son être; et enfin, dans le cercle plus étroit encore de la nature humaine, un lien plus intime aussi unit les individus appartenant à l'espèce. Ce commerce, partagé d'un côté d'après les règnes de la nature, se divise d'un autre côté d'après les régions de la nature humaine; et comme elle en compte trois principales, à savoir celles de la vie, celles de l'action et celles de la perception spirituelle, l'homme peut entrer en rapport avec la nature en trois manières différentes. Mais ce rapport est réciproque; car les rayons qui vont du centre à la circonférence retournent de celle-ci au premier. Par les rayons qui partent de lui, l'homme agit sur la nature extérieure; et comme centre au contraire il reçoit les impressions et les influences de la nature. Cependant la partie inférieure de l'âme se trouve seule engagée dans ces rapports avec le monde extérieur, et ils n'en affectent la partie haute que parce que celle-ci, toutes les fois qu'elle veut agir au dehors, est obligée d'avoir recours à la première, et de s'en servir comme d'un instrument.

Ces rapports ont été altérés par le péché.

L'homme supérieur, d'après sa destination primitive, devait, par le moyen de l'homme inférieur, pénétrer la nature de son regard clairvoyant, la dominer avec toute la puissance de sa liberté, et l'animer pour ainsi dire de sa propre vie; il devait être ainsi tout à la fois son architecte, son administrateur et son chef. Mais depuis que par le péché il est tombé du centre où Dieu l'avait placé, et que cet univers a perdu en lui son centre de gravité, il en est résulté un bouleversement général. Il est bien vrai que le monde a trouvé enfin un nouvel équilibre; mais en dehors de l'homme, qui, par conséquent, loin d'être affranchi par là de l'empire de la nature, lui est devenu assujetti par des liens plus intimes au contraire. Il ne peut se soustraire à ces liens que par de grands efforts et une lutte incessante; lutte d'autant plus pénible que son ennemi est à la fois et en lui et autour de lui. Mais, connaissant sa force, il a, dès le commencement, accepté courageusement le combat, et a lutté courageusement jusqu'à ce jour. De même qu'il a cultivé la terre à la sueur de son front, de même aussi il a travaillé avec une infatigable persévérance le champ de la science, non moins ingrat que celui qui lui fournit le pain matériel. Enfin, dans l'ordre moral, il a su mettre un frein aux instincts opposés qui divisent son être, et lui font vouloir une chose pendant qu'il en désire une autre. Il a accepté noblement le combat que lui offrait la nature; et, armant les puissances de cette dernière les unes contre les autres, il n'a point cessé de lutter jusqu'à ce qu'il l'ait assouplie et contrainte à accepter sa loi. Il s'est rendu maître jusqu'à un certain point de lui-même et de ses puissances inférieures; de sorte que, quoique affaiblies et dérangées par la mort qui a pénétré en elles, elles peuvent encore s'unir dans une harmonie passable; et quoique souvent cette harmonie soit troublée par la maladie, elles ont encore assez de force pour pouvoir, sous son influence, rejeter au dehors l'élément qui les trouble, et retrouver l'ordre et la paix. Au reste, ces efforts ne sont pas seulement louables, ils étaient encore nécessaires et commandés par Dieu, et c'est pour cela que Dieu les a bénis. L'esprit humain a fait des merveilles en ce genre, et jusqu'ici il a su résoudre avec bonheur ce qui pouvait être résolu dans le problème soumis à ses investigations; de sorte que, par un progrès sage et lent et par une attention soutenue, il a pu reconquérir en partie l'empire qu'il avait perdu.

Outre ces rapports généraux et ordinaires, il en est d'autres qui sont inaccoutumés et exceptionnels. Outre ces dispositions universelles, et que l'on retrouve partout dans l'homme et dans la nature, il en est d'autres qui sortent tout à fait des règles ordinaires, et qui donnent lieu dans la vie de l'homme, comme en celle de la nature, à des états singuliers. Et d'abord, pour ce qui concerne les dispositions, on trouve quelquefois, bien rarement il est vrai, des hommes qui, soit par un don de la nature, soit par la

Etats singuliers dans la nature

concentration des puissances formatrices sur un point unique, semblent avoir conservé dans quelques parties de leur être un reste de ce pouvoir que l'homme avait à l'origine; de sorte qu'ils apparaissent au milieu des autres comme une anomalie. Les rapports primitifs se trouvant conservés en partie, dans la direction du moins de cette faculté extraordinaire, l'homme qui en est doué entre, à l'égard des cercles et des puissances de la nature qui correspondent à ces rapports, dans des relations bien différentes de celles au milieu desquelles nous vivons. Son regard pénètre dans des régions fermées à tous les autres; ou bien encore il commande à certaines forces de la nature qui se montrent rebelles à quiconque n'a pas reçu le même don que lui. Dans tous les cas, il résulte de là des rapports tout à fait en dehors de la physique ordinaire, et que l'on peut considérer à cause de cela comme appartenant à la magie; magie naturelle, il est vrai, parce qu'elle a son fondement non dans la volonté, mais dans une disposition de la nature, et que sa tendance est toute naturelle. Or, comme la nature est indifférente en soi sous le rapport moral, il doit en être de même de la magie naturelle, quoiqu'elle puisse se partager en deux branches, l'une salutaire et l'autre nuisible, et qu'elle puisse, de ces deux côtés, conduire au mal ou se terminer par lui.

Pour ce qui concerne les états produits par ces dispositions, on en voit se manifester dans la nature et dans la vie, qui produisent dans l'une et dans l'autre comme une sorte d'inspiration passagère, ou bien au contraire certains liens qui arrêtent leurs mouvements; et ces états, sans être pour cela surnaturels, s'écartent néanmoins d'une manière sensible du cours ordinaire des choses. Nous citerons ici pour exemple le procédé de la fermentation. On sait que la matière saccharine, que le soleil développe dans tous les fruits verts, ou que la germination tire de l'amidon du blé, éprouve, sous l'influence de la chaleur et de l'humidité, la fermentation alcoolique. Les éléments renfermés dans le sucre sont dissous : une partie s'échappe sous la forme de gaz acide carbonique, tandis que l'autre forme un résidu qui se dépose au fond de la dissolution, et que l'alcool reste au milieu ; de sorte qu'au lieu du sucre il ne reste plus qu'une substance mobile, volatile, combustible et altérée pour ainsi dire d'oxygène. Or, le produit qui résulte de cette disposition, et en général tout autre produit organique, dès qu'il vieillit, et qu'il n'a plus la force de se défendre contre l'invasion des forces de la nature, passe à une troisième espèce de fermentation, à savoir la putréfaction. Ici les divers éléments du corps se séparent par une dissolution interne, suite de l'épuisement des forces vitales. La forme organique, que la vie maintenait auparavant dans une union harmonieuse, se décompose, et les résidus, sortant tout à fait du cercle de la vie, retombent dans la nature inorganique.

Cependant le produit de la fermentation spiritueuse organique continue d'être en rapport avec le corps qui lui servait autrefois de substratum. Lorsque la grappe refleurit à Madère, le vin qui en a été tiré l'année précédente se remue dans le tonneau qui le renferme jusque par delà les mers, et une nouvelle fermentation spiritueuse se développe. Il y a donc une espèce de sympathie mystérieuse entre ces deux actes ; et comme dans la végétation la plante parcourt en secret tous les degrés de la fermentation organique, on peut dire que la fermentation douce ou sucrée correspond à la germination, et la fermentation spiritueuse à la floraison ; de sorte que le mouvement du vin dans le tonneau en est comme une floraison, tandis que la floraison de la grappe est comme une fermentation spiritueuse qui s'accomplit dans les organes sexuels. Or, ce rapport continu entre les produits du règne végétal s'étend jusque dans le règne animal, auquel le premier se rattache d'ailleurs par un lien naturel. En vertu de ce rapport, les produits de la fermentation exercent une influence contagieuse sur l'organisme animal ; de sorte que, transportant en celui-ci l'analyse et la synthèse dont ils sont le résultat, ils les reproduisent en lui à sa manière, et l'entraînent ainsi hors de l'ornière de la vie ordinaire. Ainsi l'esprit du vin, communiquant pour ainsi dire sa nature au sang, et plus encore aux esprits nerveux, dans une ivresse passagère, excite et accélère le mouvement de la vie, et y produit une fermentation animale correspondant à celle du vin, laquelle, chez ceux qui abusent habituellement des liqueurs fortes, finit par pénétrer jusqu'aux parties solides de l'organisme, et les rend tellement combustibles que le contact léger d'une flamme suffit quelquefois pour les brûler. Cette combustion subite de la vie ne se borne pas aux régions inférieures du corps, mais elle s'étend aux régions supérieures, et même jusqu'aux fonctions de l'esprit, comme le sait quiconque a eu occasion d'observer un homme ivre, ou de contempler l'image que nous en a tracée saint Ambroise dans son livre d'*Élie et du Jeûne*, c. 16 : « De vains fantômes, nous dit ce grand évêque, flottent devant l'esprit de l'homme enivré par les fumées du vin ; sa vue est incertaine et ses pas chancelants. L'un saute par-dessus une ombre, la prenant pour un fossé ; l'autre incline la tête vers la terre, puis se redresse tout à coup et s'incline de nouveau. Quelques-uns tombent sur le visage, saisissant la terre avec leurs mains, parce qu'ils se croient entourés de montagnes. Des bruits semblables aux mugissements de la mer ou de l'incendie retentissent à leurs oreilles. Ils prennent des chiens pour des lions, et s'enfuient devant eux. Les uns poussent des éclats de rire continuels, les autres pleurent des chagrins imaginaires et sont inconsolables, tandis que d'autres encore ont des visions qui les épouvantent sans raison, rêvent éveillés, et se querellent en dormant. » La fermentation putride, de même que la spiritueuse, se communique à l'organisme par la contagion. Les miasmes que couve la putréfaction, lorsqu'ils pénètrent dans l'organisme, y développent, on le sait, dans les maladies contagieuses, un procédé animal analogue, d'où sort un nouveau miasme semblable à celui qui l'a produit d'abord.

Nous voyons donc surgir dans la vie deux états différents et inaccoutumés. Dans l'un, la vie, dégagée pour ainsi dire, au moins d'un côté, des liens qui la retiennent, acquiert une nouvelle énergie par une excitation passagère, tandis que dans l'autre au contraire, liée davantage, affaiblie et brisée, elle marche vers la décomposition. De là résulte une multitude de modifications et de phénomènes divers, selon que les produits et les miasmes de la nature, qui produisent ces deux effets opposés, attaquent tel ou tel système dans l'organisme. Comme d'ailleurs le corps est aussi une substance naturelle, soumise à diverses influences internes, ces deux états peuvent se développer en lui sans aucune contagion extérieure; et il peut arriver alors qu'il communique aux autres par la contagion les miasmes qui se sont produits en lui de cette manière. Dans l'un et l'autre cas il peut surgir des rapports où l'homme extérieur semble acquérir sur la nature une certaine énergie, nuisible ou salutaire. Mais au fond, quels que soient l'essence et le résultat de ce commerce intime avec la nature, l'homme intérieur et supérieur devient par là plus dépendant d'elle ou de son propre corps; car ce qu'il a reçu de la nature, il ne l'a qu'autant qu'il se laisse pénétrer par elle. Or, plus il se laisse pénétrer par la nature, plus aussi elle le possède. Quelquefois il lui arrache en quelque sorte ce qu'elle renferme en soi de vivant, et, remportant sur elle la victoire, il dispose à son gré du butin qu'il a conquis, et en enrichit pour ainsi dire sa propre vie. Mais s'il est vaincu dans la lutte, ou s'il a le malheur de céder aux influences de la nature, sans réagir contre elles, il en devient l'esclave; et, quoiqu'au dehors il semble enrichi par elle, il est au fond plus pauvre qu'il n'était auparavant. Dans cette excitation extraordinaire de la vie, le flux qui se manifeste dans un endroit suppose ailleurs un reflux qui lui correspond : de sorte qu'il perd d'un côté ce qu'il gagne de l'autre, et celui qu'atteint la contagion maladive doit payer d'une portion de sa vie le miasme qui s'est introduit dans son corps. Lors-

Possession de l'homme par la nature.

que la nature a vaincu l'homme dans cette lutte, elle s'enrichit des dépouilles qu'elle a conquises sur lui, et fait la maîtresse en son corps, qu'elle enlace dans ses filets si la vie n'est pas assez forte pour dominer par une crise salutaire cette étrangère orgueilleuse et pour la jeter dehors. Dans cette possession de la nature, le possédé s'échappe en quelque sorte à soi-même, et devient comme un membre et un organe de celle-ci. Cependant, lorsque ces excitations ou ces dépressions des forces vitales sont le résultat d'une disposition innée, et par conséquent des dons heureux ou funestes pour celui qui les possède, elles peuvent, nuisibles ou salutaires, se soustraire à cet esclavage ; mais elles passent dès lors dans un autre domaine.

On comprend que dans cette possession de la nature il doit se manifester des phénomènes non moins singuliers que les états d'où ils résultent, et dont la singularité augmente avec le degré de l'obsession. Les phénomènes de l'ivresse nous frappent moins, il est vrai, parce que nous les avons souvent sous les yeux ; mais il est d'autres substances dont l'action spécifique produit dans l'organisme d'étranges altérations, que la physique ordinaire ne saurait expliquer. Il en est de même des maladies qui se produisent souvent autour de nous : leur caractère anormal et excentrique nous échappe, à cause de l'habitude. Mais il en est d'autres, surtout parmi celles qui attaquent les systèmes supérieurs de la vie, ou qui pénètrent profondément dans l'organisme, où ce caractère excentrique se révèle d'une manière tellement sensible que l'esprit le plus obtus en est frappé et qu'elles semblent trahir l'influence de quelque puissance mystérieuse. Qui ne se rappelle encore les phénomènes extraordinaires qui ont accompagné le choléra lors de sa première apparition, et combien la médecine ordinaire s'est montrée impuissante contre lui ? Ce caractère mystérieux s'est manifesté à diverses époques sous une forme visible. C'est ainsi que Procope, dans son livre de la *Guerre de Perse*, parlant de cette peste fameuse qui éclata sous le règne de l'empereur Justinien, raconte que l'on vit apparaître alors sur les places publiques et en secret, sous des formes humaines, des fantômes qui frappaient les gens, et que ceux-ci étaient attaqués de la peste. Les uns étaient frappés la nuit en songe, d'autres en plein jour et parfaitement éveillés. — La même chose arriva lors de la grande peste qui eut lieu sous le règne de Constantin Copronyme. Théodore Studite, dans son discours sur la vie de Platon, rapporte qu'on apercevait sur les vêtements des malades certaines taches qui semblaient avoir été imprimées par une main invisible. C'était le signe d'une mort prochaine, et les pauvres patients se plaignaient d'une manière lamentable des misères qu'ils avaient à souffrir de la part de fantômes qui leur apparaissaient.

De quelque manière qu'on explique ces phénomènes, on voit que, dans ces grandes calamités qui affectent profondément la vie, celui qu'elles frappent, ébranlé jusqu'au fond de son être, entre dans des rapports qui ont un caractère mystérieux. Tous les phénomènes de ce genre, soit qu'ils viennent d'une disposition naturelle, soit que leur apparition ait été favorisée par certaines manipulations, soit qu'ils aient été produits par le jeu de certaines puissances inconnues de la nature, tous ces phénomènes ont leurs racines en celle-ci, quoiqu'ils semblent s'élever au-dessus d'elle, et appartiennent à la magie naturelle, laquelle tient, pour ainsi dire, le milieu entre la physique mathématique ordinaire et la mystique supérieure. C'est précisément à cause de sa base naturelle qu'elle est indifférente en soi sous le rapport moral. Mais comme d'un autre côté elle est placée sur la dernière limite de la nature, elle peut facilement perdre ce caractère d'indifférence, et devenir un instrument du mal, soit que la vie tendue d'un côté et surexcitée outre mesure se tourne d'elle-même, dans un excès d'orgueil, vers le mal, soit que la mort semée dans l'organisme prépare les voies à celui-ci par suite de cette affinité secrète qui existe entre le mal physique et le péché. Dans les deux cas, cette magie peut devenir la base de la mystique diabolique, et fournir à celle-ci le fondement physique sur lequel elle s'appuie. C'est donc ici le lieu d'en parler, parce que la mystique diabolique, bien différente de la divine, repose sur une base créée, et par conséquent psychique et physique à la fois. Nous l'étudierons donc dans ses éléments essentiels et dans les différents domaines de la nature où elle se produit.

CHAPITRE VIII.

Rapports mystiques de la vie avec le ciel et les astres. Influence des corps célestes sur les éléments par la pesanteur dans le flux et le reflux. Action du feu sur la production de la chaleur du jour et de l'année. Le magnétisme dans son mouvement quotidien, mensuel, annuel et séculaire. Comment la nature physique tout entière est dans un mouvement continuel; et comment la terre se trouve ainsi en rapport tantôt avec la lune, tantôt avec le soleil. Action de ces mouvements sur le règne végétal, sur le règne animal et sur l'homme. Influence des astres sur les fièvres. Comment les astres peuvent agir aussi sur la vie par un mouvement interne et un rapport spirituel, et donner ainsi naissance à la magie et aux visions.

La physique a reconnu depuis longtemps l'influence que les corps célestes, et principalement le soleil et la lune, exercent sur le monde terrestre. Cette influence s'exerce d'abord par la pesanteur, et dans un rapport tel que l'action du soleil étant exprimée par un celle de la lune est exprimée par trois. Mais elle s'exerce encore par le moyen de la lumière et de la chaleur; et ici l'action du soleil est de beaucoup supérieure à celle de la lune. Pour ce qui con-

Du flux et du reflux. cerne l'action de la pesanteur, c'est surtout dans l'élément de l'eau et par les phénomènes du flux et du reflux qu'elle se produit. La gravitation des deux corps célestes agit inégalement sur les eaux placées à la surface de la terre.

Ils sollicitent les parties du globe les plus voisines, et au zénith desquelles ils se trouvent, plus fortement, et les parties les plus éloignées, au nadir desquelles ils se trouvent, moins fortement que celles qui se trouvent à peu près à 90° soit au levant, soit au couchant. Par suite la mer montera aux lieux qui occupent les deux premières positions, et descendra dans ceux qui occupent les deux dernières. C'est là le mouvement diurne de l'élément, mouvement qui, dans le cours d'une rotation de la terre, le fait monter deux fois dans le flux et descendre deux fois dans le reflux. Comme d'un autre côté, à la pleine lune et à la nouvelle lune, les actions des deux corps célestes s'unissent dans la même direction, au lieu qu'elles se limitent réciproquement aux deux quartiers, il résulte de là pour la mer un second mouvement mensuel de flux dans les syzygies et de reflux dans les quadratures. Et ce mouvement, combiné avec le mouvement diurne, rend les flux plus hauts et les reflux plus bas dans la première période, et l'un et l'autre moins marqués dans la seconde. Et comme, d'un autre côté, dans la révolution de la terre avec la lune autour du soleil, l'action des corps célestes sur l'élément atteint son maximum au temps des équinoxes et son minimum au temps des solstices, un troisième mouvement annuel se rattache aux deux premiers, et dans les circonstances favorables amène au temps des équinoxes les hautes marées, et au temps des solstices les marées basses. Enfin, les lignes des apsides de l'orbite de la lune et de celle de la terre ont également leurs révolutions régulières. Comme l'action des astres atteint son maximum dans les périgées et les périhélies et son minimum dans les apogées et les aphélies, et que la combinaison des deux influences entre elles et avec les autres semble déterminée par cette révolution, aux trois mouvements de l'élément s'en ajoutera un quatrième, séculaire, lequel peut produire un accroissement ou une diminution selon les circonstances.

Mouvements cosmiques de l'atmosphère.

Après les mouvements cosmiques de l'eau, ceux de l'atmosphère ont été constatés avec le plus de précision, quoique la mobilité plus grande de ce dernier élément et le mélange des causes qui agissent sur lui ne permettent pas d'apprécier ses mouvements avec autant d'exactitude que ceux de l'eau. L'atmosphère a donc aussi ses mouvements ; et c'est dans les contrées tropicales, en pleine mer, qu'ils se produisent avec le plus de régularité. Tous les jours, en effet, elle monte en deux flux et redescend en deux reflux ; de sorte que c'est vers midi et minuit, tous les jours, que tombe la hauteur moyenne du baromètre indiquant ces mouvements. Puis, dans la plus grande oscillation de la journée, le mercure, pendant le flux, vers 9 heures 19' du matin, monte à environ 0,48 lignes plus haut, et redescend au contraire pendant le reflux, vers 3 heures 50', à 0,51 lignes plus bas que cette hauteur moyenne. De même aussi, dans le mouvement moins considérable de la nuit, vers 10 heures 6' du soir, le flux élève le mercure à 0,41 lignes, tandis que le reflux le fait descendre à 0,36 lignes vers 3 heures 40' du matin. Mais comme le calcul n'a fixé le maximum de l'action réunie de la pesanteur du soleil et de la lune qu'à près de 0,28 lignes, il résulte de là que dans les flux et reflux beaucoup plus forts de l'atmosphère concourent encore d'autres forces que celle de la pesanteur. Les observations faites relativement à l'électricité de l'air ont mis sur la trace de ces forces. En effet, on a constaté dans cette dernière deux flux et reflux quotidiens qui s'accordent assez bien avec ceux de la pesanteur. Le reflux atmosphérique est le plus fort quelques heures après le soleil levé, lorsqu'a lieu la chute de la rosée du matin. Puis il décroît à mesure que l'air devient plus serein, jusqu'à ce qu'il atteigne son minimum quelques heures avant le coucher du soleil. Puis encore quelques heures plus tard il recommence à croître avec la chute de la rosée du soir, et décroît de nouveau jusqu'à ce qu'il atteigne son second minimum, quelque temps avant le lever du soleil. Comme dans les contrées tropicales le lever et le coucher du soleil ont lieu presque toute l'année à 6 heures du matin et du soir, les deux flux électriques doivent s'y produire vers 8 heures du matin et du soir, et les deux reflux vers 4 heures de la matinée et de l'après-midi ; de sorte que leur force moyenne tombe à midi et à minuit, presque en même temps que les phases des mouvements indiqués par le baromètre. Aux mouvements produits dans l'atmosphère par la pesanteur des corps célestes viennent donc se joindre d'autres mouvements produits par la lumière de ces corps dans l'élément du feu qui est uni avec l'air. Ces mouvements opèrent de leur côté des séparations et des dissolutions dans l'élément de l'eau unie sous forme de vapeur avec l'air et le feu : or tout cela doit influer sur le baromètre. Cette perturbation plus forte étant produite par les corps célestes en tant qu'ils sont lumineux, tandis que les perturbations les plus faibles sont excitées par eux en tant qu'ils sont pesants, nous ne devons pas nous étonner que le mouvement mensuel de l'élément, dépendant des phases de la lune, et bien plus encore le mouvement séculaire qui se rattache à des révolutions plus élevées, n'ait pas été fixé jusqu'ici d'une manière très-précise. Or, c'est précisément parce qu'on n'a pu observer d'une manière exacte ces deux mouvements mensuel et séculaire qu'on s'est appliqué à bien constater le mouvement annuel ; et il est résulté des études faites à ce sujet que, tandis que dans le mouvement quotidien les reflux et les flux acquièrent plus de force au moment de la transition du jour à la nuit et de la nuit au jour, le flux annuel caractérisé par l'état moyen du baromètre le plus élevé est accompagné, vers le solstice d'été, par le *minimum*, et vers le solstice d'hiver par le *maximum* des oscillations autour de cette position moyenne, tandis qu'aux équinoxes, en même temps que les hauteurs ont une valeur moyenne, les oscillations sont peu différentes et tendent à se renfermer dans les mêmes limites.

Influence du calorique.

Si les mouvements produits dans l'atmosphère par la gravitation des corps célestes se mêlent et se confondent ainsi avec ceux que leur lumière et leur chaleur opèrent en elle et dans l'eau qui lui est unie, les mouvements du calorique, qui n'est pas soumis à la pesanteur, doivent aussi de leur côté éprouver certaines perturbations par la réaction des autres éléments de l'air, de l'eau et même de la terre. Il est difficile de reconnaître la loi qui préside à ces perturbations, et l'on ne peut la découvrir que par des calculs faits sur un grand nombre d'observations continuées pendant longtemps. Pour cela, après avoir observé le thermomètre aux diverses heures du jour, on a représenté les observations par une courbe composée de quatre arcs paraboliques, et à l'aide d'une quadrature on a déterminé la chaleur moyenne du jour et les heures où elle se produit. On a constaté de cette manière que, sous les hautes latitudes, cette chaleur moyenne tombe à 9 heures 13″ du matin; que de là elle monte plus vite d'abord, et plus lentement ensuite, jusqu'à ce qu'elle ait atteint son maximum vers 3 heures après midi; après quoi, descendant de nouveau, plus vite d'abord, plus lentement ensuite, elle atteint pour la seconde fois, vers 8 heures 26″, sa température moyenne. Enfin elle descend pendant la nuit, et atteint son minimum entre 4 et 5 heures du matin, pour remonter promptement ensuite à sa température moyenne, mettant ainsi 9 heures 40″ à monter et 14 heures 20″ à descendre. On ne s'est pas contenté de cela, mais on a cherché à constater par le même procédé les températures moyennes des différents mois de l'année, dans les divers lieux de la terre, avec leur déviations extrêmes, soit au-dessus, soit au-dessous de leur moyenne. Il est résulté de ces observations qu'ici encore, malgré les oscillations irrégulières en apparence, un mouvement annuel parfaitement régulier agite cet élément, et y produit des reflux et des flux comme dans l'air et l'eau; qu'entre les tropiques ce mouvement consiste en un double changement, tandis que sous les latitudes plus élevées on n'en remarque qu'un seul. On a remarqué en effet que, dans cette dernière forme de mouvement, la chaleur atteint la moyenne entre ses deux extrêmes, deux fois dans l'année, vers le 24 avril et le 21 octobre; que ces extrêmes eux-mêmes tombent entre le 18 juillet et le 4 août d'une part, entre le 3 et le 24 janvier de l'autre, c'est-à-dire, en moyenne, vers le 26 juillet et le 14 janvier. Après avoir comparé ces températures moyennes aux différents lieux de la terre dans les isothermes, on a constaté encore que ceux-ci se concentrent dans l'hémisphère septentrional autour de deux pôles de froid, dont le mouvement règle les équations séculaires pour la marche de la chaleur de la terre.

De même que les autres éléments, celui qui forme principalement la partie solide de la terre se trouve aussi mêlé à ces mouvements. Outre la pesanteur, qui est commune à tout ce qui est terrestre, le magnétisme, lequel est exclusivement propre aux corps solides, joue ici un très-grand rôle, et peut servir de cette manière à exprimer les modifications de cet élément. L'observation a donc constaté que la force magnétique de la terre subit aussi des changements quotidiens; que son intensité atteint le maximum à 8 heures du soir, et son minimum à 9 heures du matin, et qu'elle descend peu à peu pendant la nuit, de même qu'elle monte peu à peu aussi pendant le jour. On a observé encore qu'au temps du passage de la lune à ses nœuds l'intensité de la force magnétique diminue, ce qui indique dans ses mouvements un cours mensuel. D'autres observations ont appris que le maximum de son intensité tombe en hiver, et est accompagné d'oscillations plus grandes; tandis que son minimum, accompagné de variations diurnes moins considérables, tombe en été; ce qui prouve qu'il y a aussi en elle un mouvement annuel. Enfin, on a

Force magnétique de la terre.

remarqué une diminution annuelle dans cette force, et l'on a ainsi constaté en elle une variation séculaire. Les oscillations périodiques de l'aiguille d'inclinaison et de l'aiguille de déclinaison prouvent aussi que la force magnétique de la terre dépend du mouvement des corps célestes. Pour ce qui concerne la terre, on a constaté que le matin, à l'heure où cette force, étant dans son reflux, atteint le minimum de son intensité, l'inclinaison de l'aiguille atteint son maximum, tandis qu'elle atteint son minimum le soir. Quant à la déclinaison de l'aiguille, on a constaté dans des observations récentes que celle-ci, sur la terre et au-dessous d'elle, jusqu'à une profondeur où les variations de température de la surface ne peuvent pénétrer, atteint le maximum de sa déclinaison à l'est vers 8 heures 15' du matin; puis, que retournant à l'ouest, elle atteint sa déclinaison moyenne vers 10 heures 30', et que, continuant son mouvement de rétrocession, elle atteint le maximum de sa déclinaison à l'ouest vers 1 heure 45'. Elle se retourne ensuite vers l'est, atteint de nouveau sa déclinaison moyenne vers 6 heures 30' du soir; puis, après un court moment d'arrêt, continuant à marcher dans la même direction, elle atteint une seconde fois, vers 8 heures 15' du matin, le maximum de sa déclinaison à l'est. Si jusqu'ici l'observation n'a pu encore constater de mouvements mensuels dans l'aiguille, elle a pu en apprécier le mouvement annuel avec une grande exactitude, et constater que l'aiguille atteint le maximum de sa déclinaison à l'est, le matin en été, de meilleure heure qu'en hiver, et que la variation quotidienne de son mouvement va toujours croissant depuis le solstice d'hiver jusqu'à celui de l'été, où elle devient double. Les observations faites sur l'aiguille depuis trois siècles portent à croire que les quatre pôles magnétiques de la terre, qui coïncident avec les pôles du froid, éprouvent leurs variations périodiques en 2, 3, 4, 10 fois 430 ans.

Le monde matériel se trouve donc entraîné, avec toutes

ses forces et tous ses éléments, dans un mouvement continuel, en haut, en bas; à droite, à gauche; en avant et en arrière; et ces mouvements, réglés d'après certains retours périodiques déterminés, se croisent et se combinent d'après d'autres règles encore. Dans ce va-et-vient incessant, c'est la vie de la nature qui se révèle; c'est son pouls que l'on sent battre; c'est son souffle qu'elle nous envoie; c'est enfin comme la systole et la diastole de son cœur. Mais les forces qui produisent ce mouvement sont de deux sortes : l'une lie et l'autre délie; la première se produit comme force centripète, et la seconde comme force centrifuge dans la gravitation; dans le principe *calorique-lumière*, c'est au contraire la force expansive qui joue le premier rôle. Le magnétisme et l'électricité, dans des sphères moins étendues, viennent se rattacher à l'un ou à l'autre. De ces deux forces résultent donc, comme nous l'avons vu, dans les phénomènes causés par la pesanteur ou par la chaleur, deux flux, l'un qui se rattache principalement à la lune et l'autre au soleil. De plus, elles sont au fond la cause des vents irréguliers, des orages, des tempêtes qui sont périodiques dans les contrées tropicales et qu'on pourrait considérer en quelque sorte comme des maladies produites par le soleil et la lune.

<small>Rapport de la terre avec le soleil et la lune.</small>

S'il en est ainsi des règnes élémentaires de la nature, nous devons retrouver quelque chose d'analogue dans les règnes organiques. En tant qu'ils ont en eux une vie propre et indépendante, ils ont des mouvements indépendants, fondés sur les lois de leur vie même; et, d'un autre côté, en tant qu'ils sont en contact par une multitude de points avec la nature physique et qu'ils font ainsi partie d'un vaste ensemble, ces mouvements doivent se trouver liés et combinés avec ceux de cet univers. Ce lien se fait remarquer surtout dans le règne végétal, qui plonge bien plus avant que les autres dans la nature physique, et qui, par conséquent, est assujetti davantage à ses lois. Aussi, dès les temps les plus anciens, on a entrevu cette influence

<small>Influence de toutes ces causes sur les règnes végétal, animal et sur l'homme.</small>

mystérieuse des astres sur le monde végétal. Dès les temps les plus anciens, on a cru généralement que chaque jour le soleil produit dans la plante un état analogue à la veille, tandis que pendant la nuit elle semble sommeiller. On a constaté également que les phases de la lune ont une influence marquée sur la plante ; que certains changements se produisent dans l'économie de celle-ci avec les quartiers de la lune, et que les fluides montent et descendent dans ses vaisseaux, d'une manière parallèle au mouvement de cet astre, treize fois dans l'année, d'après certaines observations. Quant au mouvement annuel de la plante, il se manifeste de la manière la plus évidente dans la floraison, qui en détermine toutes les autres modifications, et dont l'époque se rattache à certaines positions déterminées de la terre, dans sa révolution autour du soleil. Ces observations ont été confirmées par celles que Dutrochet a faites dernièrement sur la chaleur des plantes, au moyen du thermomètre électromagnétique. Il a prouvé que la chaleur vitale des plantes, toujours plus élevée que la température du milieu ambiant, monte depuis dix heures du matin jusqu'à trois heures après-midi, après quoi elle descend probablement vers le soir jusqu'à son degré moyen, et continue de descendre pendant la nuit jusqu'à ce qu'elle atteigne son minimum. Il a observé cette loi de croissance et de décroissance même dans l'obscurité la plus profonde. Quoique ce mouvement soit indépendant dans la plante, il est néanmoins parallèle à celui de la chaleur atmosphérique, et réglé comme tous les autres par la loi du flux et du reflux. Cette loi se prolonge du règne végétal jusque dans le règne animal, où nous apercevons dans tous les domaines, jusqu'à l'homme inclusivement, ces mouvements périodiques de progrès et de retour, qui sont même en partie plus prononcés dans l'homme que dans les autres espèces. Chaque jour, la vie tourne, pour ainsi dire, autour de son axe, en présentant tantôt son côté lumineux et tantôt son côté obscur ; et son développement semble réglé et déterminé par le nombre 7, qui est le nombre de la lune. La grossesse de la femme dure dix mois lunaires, composés chacun de quatre semaines, qui forment aussi l'époque de la menstruation. La poule couve ses œufs pendant trois semaines, et le serin pendant deux semaines. L'échelle de la vie de l'homme est également déterminée par le nombre 7; de sorte que c'est lui qui règle tout son développement corporel, sa croissance et toutes les crises qui agitent sa vie, tandis que, d'un autre côté, tous les mouvements vitaux, particulièrement dans les systèmes inférieurs et surtout dans celui de la veine porte, semblent se rattacher à ce même nombre. Le règne animal tout entier est gouverné dans le cours de sa vie par la marche de l'année, et par les nombres 3 et 4, qui s'y manifestent d'une manière toute spéciale. De même que la plante atteint l'époque de sa floraison sous un signe céleste déterminé, et par conséquent sous un certain degré de force dans la lumière, fixé d'avance, depuis le solstice d'hiver jusqu'à celui de l'été, ainsi le temps du rut pour chaque animal est réglé par le cours des astres. L'homme lui-même, quoiqu'il soit moins sujet à cette loi, sent néanmoins la vie monter en lui à mesure que le soleil s'élève, tandis qu'elle semble descendre à mesure que descend ce dernier.

L'homme a en lui une vie propre et interne, qui le soustrait davantage encore à cette dépendance à laquelle sont assujettis les autres animaux. Mais la nature semble reprendre ses droits sur lui dans la maladie. Déjà l'antiquité, chez qui le sens de la nature était si développé, avait à ce sujet des notions très-exactes; et lorsque Gallien formula pour la première fois chez les Grecs la doctrine des jours critiques et de leurs rapports avec les phases de la lune, il ne fit que transporter en Grèce les résultats des observations faites bien avant lui par les prêtres-médecins de l'Égypte. Ici encore des observations faites dans les contrées tropicales, où le cours de tous les

Influence des astres sur les fièvres.

phénomènes naturels se produit d'une manière cosmique et réglée, ont ouvert la voie et donné une base assurée pour des investigations postérieures, jusqu'à ce que l'on puisse arriver à des résultats certains dans les zones plus élevées, où la nature a une marche beaucoup moins régulière. En Orient comme en Occident, partout, les médecins européens, Gillespin et Jackson dans la Jamaïque, Balfour dans les Indes orientales et d'autres ailleurs, ont trouvé établie chez les indigènes, dans toutes les professions, dans toutes les castes et dans le peuple lui-même, la doctrine de l'influence de la lune sur le corps humain. Cette seule circonstance, que chaque changement de la lune augmente le nombre des malades, dut convaincre de cette vérité. Les mouvements internes qui règlent les fonctions de l'organisme dans le cours ordinaire de la vie, laquelle possède en soi-même une force solaire et une force lunaire, suffisent pour contre-balancer par leurs réactions les influences extérieures. Mais lorsque la maladie a affaibli et brisé les forces vitales, elles ne peuvent plus réagir contre ces influences. La nature, plus forte que l'organisme, y fait, pour ainsi dire, invasion; et, s'emparant de quelque système particulier du corps humain, elle y dépose ses miasmes contagieux, y établit des centres faux et irréguliers, autour desquels s'accomplissent des mouvements faux et désordonnés aussi, réglés d'après le type des mouvements cosmiques, et qui agitent la vie dans un flux et un reflux fiévreux.

Balfour surtout a fait là-dessus dans le Bengale des observations très-profondes, dont il a consigné le résultat au commencement du huitième volume des *Recherches asiatiques*. Il distingue deux sortes de dispositions, l'une paroxysmale et l'autre critique. La première, provoquée par des causes extérieures, dispose à des accès de fièvre plus ou moins violents, selon le degré de son développement. La seconde, non moins variée dans son action, tend au contraire au dénoûment de la maladie, selon le degré de sa maturité. Or, il a constaté, après de nombreuses expériences, que, lorsque la première disposition est complète, l'action combinée du soleil et de la lune produit des paroxysmes qui, apparaissant de douze en douze heures, coïncident dans une analogie parfaite avec les mouvements de la mer, tandis que, lorsque cette même disposition est plus faible, cette analogie est moins parfaite, et les accès coïncident avec le second, le troisième, le quatrième ou même le cinquième soulèvement de cet élément. Les fièvres de toutes sortes, quotidiennes, intermittentes, tierces et quartes, appartiennent à ces deux types et se règlent d'après eux. Balfour a découvert de plus que les paroxysmes surviennent principalement pendant le flux, et augmentent d'intensité à mesure que celui-ci croît, tandis que les crises se rattachent surtout au reflux. Il résulte de là que les différentes espèces de fièvres se circonscrivent d'une manière diverse d'après leur durée; car elles sont produites par la force croissante des astres combinée avec la disposition maladive, tandis que le décroissement de cette même force combinée avec l'accroissement de la disposition critique les amène à leur terme. Il a constaté encore que la puissance d'un astre à produire des paroxysmes ou des crises est plus grande, d'une part au temps des équinoxes et de l'autre au temps du périgée de cet astre, que dans les solstices et les apogées; de sorte qu'encore ici les marées hautes et basses peuvent être considérées comme l'expression du maximum et du minimum de leur action sur l'organisme. Mais ces influences ne se bornent pas seulement aux fièvres; elles s'étendent également à toutes les maladies, qui, lors même qu'elles se développent dans les systèmes plus élevés, ont pourtant leur foyer dans le système gastrique. On a observé spécialement dans l'épilepsie qu'elle produit de nouveaux accès régulièrement tous les mois dans le même jour, et souvent à la même heure où la première attaque a eu lieu.

Parmi toutes ces influences, celle de la lune est la plus

considérable : c'est donc elle qui agit principalement dans toutes les maladies où la vie est liée et comme paralysée. Elle détruit l'équilibre de la vie en faisant prédominer en elle l'influence d'un milieu faux et anormal ; elle décompose pour ainsi dire le mouvement vital en deux directions contraires qui se succèdent tour à tour, et font passer le corps du froid à la chaleur et de la chaleur au froid. Mais il est d'autres maladies où la vie, loin d'être liée et paralysée, est surexcitée au contraire, et semble comme affranchie de ses liens. Ces dernières paraissent se rattacher par des signes non moins certains au soleil et au cours de l'année. Elles ont principalement pour foyer les poumons ; car pendant leur cours c'est surtout par le moyen de l'air que l'organisme est mis en rapport avec le feu de l'univers, tandis que c'est surtout sur le système du grand sympathique et le système de la veine porte qu'agissent les maladies qui paralysent le mouvement vital. Il est donc facile de comprendre pourquoi les inflammations pulmonaires sont plus fréquentes en hiver, et celles du foie en été ; pourquoi plusieurs espèces de manies se retrouvent plus souvent dans telle ou telle époque de l'année. On pourrait donc appeler les maladies de la première espèce maux *lunaires*, et les autres maux *solaires*. Les unes et les autres déplacent en quelque sorte le centre de la vie, et la rendent excentrique, les premières en assujettissant son cours à celui de la lune, les secondes en la polarisant dans ses vibrations d'après l'état du soleil.

Rapports magiques entre l'homme et les astres.

Mais ce n'est pas seulement du dehors que la vie peut être excitée de cette manière par les astres. Elle peut encore se livrer à eux pour ainsi dire, ou bien se trouver en rapport avec eux par suite de certaines dispositions naturelles. Or, dans ces deux cas, elle tombe pour ainsi dire sous leur juridiction, et l'empire qu'ils exercent sur elle est comme une sorte de possession. La symbolique qui règne en ces domaines marque naturellement de son empreinte tous les rapports de la vie. La nature entière change pour ainsi dire d'aspect. Les forces physiques deviennent des puissances divines : le soleil et la lune gouvernent le monde, d'abord sous les noms de Baal et de Baaltis, d'Hélius et de Sélène, plus tard sous ceux d'Apollon et d'Artémise. L'attrait de la pesanteur, qui pousse les masses les unes vers les autres, se change en un rapport spirituel. La lumière qui rayonne des corps lumineux devient vision, et la chaleur qui accompagne cette lumière produit l'enthousiasme et les orgies des mystères du paganisme. Dans les cosmogonies indiennes, le lotus, image du monde, flotte sur les eaux de l'abîme, cache dans la corolle de sa fleur le germe de la terre. Le soleil et la lune sont comme le pistil et l'anthère que celle-ci élève vers le ciel. C'est dans les vastes espaces du firmament, et par la lumière, comme par une semence mystérieuse, que s'accomplit la fécondation, qui descend ensuite vers la terre pour produire son fruit quand le temps est arrivé. Baal est donc le grand semeur, celui qui donne la lumière et la vie. Baaltis est la mère qui fournit la matière que doit féconder le premier. C'est elle qui, sous le nom de Lucine, apparaît bonne et gracieuse ici-bas, qui aide chaque fruit, dans le sein maternel de la terre, à achever le cours des lunes qui lui est fixé d'avance, et qui l'amène, quand il est mûr, à la lumière et à la vie. Mais comme toute vie consiste dans une reproduction interne et continue, le soleil et la lune ne donnent pas seulement la vie, ils la conservent encore. Bien plus, ils la détruisent lorsque l'heure est arrivée, ou lorsque, dans leur colère, ils en coupent le fil avant le temps. Le même Apollon, qui, comme père du dieu de la santé, est aussi le dieu de la médecine et dont les traits enflammés percent le dragon de la peste dans son gouffre, tire aussi de son carquois les flèches de la maladie; et la même Artémise, qui nourrit, soigne et protége ce monde, passe aussi de la bienveillance à la colère. Sous le nom d'Hécate, elle agace avec ses chiens ceux qu'elle hait, et les chasse devant elle comme somnambules. Sous le nom de Méné, elle envoie les manies et la folie. C'est d'elle encore que viennent les maladies des lunatiques : elle s'acharne contre les femmes, et leur envoie des maladies singulières; de sorte que, pour désigner ces victimes d'une puissance supérieure, on dit qu'elles sont frappées par Artémise, ou, dans un langage plus prosaïque, qu'elles sont lunatiques. (*Symbolique de Creuzer*, par. II.)

Ces forces si puissantes et si actives, il faut gagner leur faveur et leur bienveillance; ou bien, si elles sont irritées contre l'humanité, il faut les réconcilier avec elle. Mais pour cela il faut avoir recours à ceux qui leur sont déjà plus intimement unis. Ces derniers doivent avoir des visions qui leur fassent connaître les désirs et les volontés de ces puissances. Ils doivent apparaître comme étant dans un rapport actif avec elles, de sorte que, touchés par elles, ils puissent à leur tour les émouvoir et les disposer en leur faveur. Voyants et mages à la fois, ces hommes sont des prêtres consacrés à leur service. Ils ont pour cela une vocation spéciale, laquelle se révèle dans leurs dispositions naturelles, ce qui s'accorde très-bien d'ailleurs avec le culte de la nature, dont ils sont les prêtres. Mais, de plus, ils sont choisis par les dieux eux-mêmes; et leur mission a son fondement dans un don naturel et dans un privilége attaché à leur naissance. Ces dons et ces priviléges apparaissent partout d'ailleurs dans le domaine de la nature. C'est par un don que le fer est propre aux phénomènes du magnétisme, et la tourmaline à ceux de l'électricité. Les prêtres qui sont ainsi en rapport avec le soleil et le feu lumineux forment les races sacerdotales des fils du soleil et des serviteurs d'Apollon. Ceux, au contraire, qui se trouvent plutôt en rapport avec la lune composent la famille des enfants de la lune qui s'est répandue surtout parmi les femmes.

Ces dons naturels étaient, il est vrai, plus communs dans l'antiquité qu'aujourd'hui. Ils ont cependant toujours été très-rares; mais toujours aussi le besoin s'en est fait sentir. Il a donc fallu penser à préparer par certains exercices ascétiques d'autres hommes, désignés déjà par leur naissance, à recevoir les influences des forces de la nature. Ceux-ci ont été initiés par les premiers, et ont reçu des enfants du soleil l'illumination mystique, comme la lune reçoit du soleil sa lumière. C'est ainsi que s'est formée toute une école d'inspirés et de voyants. L'abime des affections, des pressentiments et des émotions extraordinaires que le genre humain renferme en soi, s'ouvrant dans toute sa largeur, et ces sentiments, trouvant une libre issue, montent jusqu'aux régions supérieures de l'homme et s'en rendent maîtres. Lorsqu'au printemps les sources de la vie se remplissent de nouveau, et que les prêtres phrygiens célèbrent le mariage du soleil incarné dans Attis avec Cybèle, les cymbales retentissent, et l'esprit de la nature, qui éveille au son du cor une sainte fureur dans les âmes, pousse ceux dont il s'est emparé à des danses guerrières et sauvages, qui, dans leur rhythme, représentent le cours des astres. Puis, lorsqu'à l'automne le soleil épuisé s'affaisse, et que la nuit de l'hiver qui approche menace de l'envelopper de ses ombres, les prêtres phéniciens pleurent dans les sons plaintifs de la flûte la blessure, la langueur et la mort de leur Adonis.

Tel a été, sous des formes diverses, le culte de la nature dans le paganisme; et ces états extraordinaires étaient tellement répandus que l'antiquité croyait voir en eux la manifestation de tout un côté de la vie, à savoir le côté nocturne. Elle a même donné à celui-ci la préférence sur le côté lumineux; et c'est ce que nous fait entendre Platon lorsqu'il dit dans son *Phédon* que, d'après le témoignage des anciens, une fureur divine vaut mieux que la réflexion purement humaine. Et ce n'était point là l'effet d'une dégénération produite par le temps, comme on a cherché à le faire croire dans ces derniers temps; mais nous retrouvons déjà ces états dès la plus haute antiquité, et les anciens Védas, comme l'a très-bien fait remarquer Windischmann, cherchaient déjà à les expliquer. A la vue de ce pouvoir magique que le soleil, qui guide les chœurs des astres dans le ciel, exerce autour de lui, les anciens s'étaient imaginé qu'en lui était le centre de toute existence visible et la porte qui conduit au monde invisible. C'est pour cela qu'il est dit de lui qu'il est le feu sacré au milieu du monde céleste, la source de la sagesse et de l'intelligence, le fondement de toutes les notions, la source de la vie, d'où jaillit et où retourne tout être vivant; « parce que, comme on le lit dans le *Prasna Upanischad*, il attire tout à soi de toutes les contrées de l'univers, avec les rayons qu'il laisse échapper. » Sa lumière pénètre partout avec sa puissance, et est cachée au fond de toute chose. C'est par elle que le monde entier est manifesté; elle vit en tout, dans ce qui est immobile, aussi bien que dans ce qui se meut. Mais sa lumière est la lumière du Seigneur, la lumière de Brahma le créateur, qui devient visible en lui. Brillant des splendeurs de la divinité, il fait jaillir dans les intelligences seulement la flamme de l'amour, et se servant d'elles comme de ses messagers, il transforme par elles le monde entier. C'est lui qui accomplit les œuvres de tous les esprits, qui engendre et conduit toute chose, et qui annonce à l'abîme lui-même les puissances du Seigneur. C'est Brahma qui luit dans le soleil; c'est en lui que le soleil est devenu toute chose, même les Védas, de même que les Védas sont redevenus le soleil. Il est le centre de la vie du monde; c'est lui qui l'a engendré, et c'est la lune ou la terre céleste qui l'a enfanté; et tous deux sont unis dans l'Ioga par une sorte de mariage céleste. Et de même que l'époux tient renfermé en soi, comme une semence précieuse, le feu lumineux qui féconde toute chose, ainsi Amrita, sa femme, possède en elle l'eau lumineuse de la vie et de l'immortalité. C'est elle qui donne une forme et un corps, dans cette eau lumineuse, au germe qu'elle a conçu sous le souffle de Pranas, c'est-à-dire de l'air. Puis, lorsque la lune est dans son plein, elle revêt les fonctions du principe masculin, et féconde à son tour la terre, qui lui est unie par une sorte de mariage. Brahma, de qui sont issus le soleil avec son feu lumineux, la lune avec l'eau de la vie et le souffle qui les anime tous les deux, Brahma conduit pendant le jour, par le moyen du premier, les œuvres des esprits, et se reflète la nuit dans la seconde, ayant toujours les yeux fixés sur ses destinées.

Mais le soleil est encore le feu sacré dans lequel Brahma s'immole comme la victime suprême. Quiconque veut être illuminé par Brahma, affranchi des liens de la pesanteur terrestre et délivré des filets du plaisir et de la souffrance, s'il a recours au soleil, arrivera certainement à le contempler, et sera saisi et pénétré par ses rayons divins. La lumière lui devient partout présente, comme aussi il lui est présent partout. Il se dit à soi-même : Je suis le grand esprit illuminateur et créateur qui est dans le soleil ; et en disant cela il devient lui-même cet esprit ; il devient en lui lumière et soleil, il a trouvé la voie qui conduit au monde de la lumière. Le soleil, qui voit et comprend tout, communique sa vue pénétrante à ceux qui l'honorent ; il enflamme en eux la vie terrestre de son feu lumineux, et les rend lumineux eux-mêmes. Il est en eux le principe et la cause de toute connaissance ; il les soulève et les attire par un attrait magique et irrésistible ; et dans cet essor de la vie il les affranchit des liens terrestres. Ils entrent de tout leur cœur dans l'Ioga ou l'union avec le soleil, qui, les conduisant jusqu'à cet esprit immortel, les fait entrer dans le monde invisible, et leur rend l'empire qu'ils avaient perdu sur la nature. Ces hommes, dont l'œil participe à l'énergie du soleil, sont dans un rapport intime avec lui ; ils sont les enfants du soleil. Issus de la bouche de Brahma et couvant dans leur cœur sa lumière, ils naissent dans le monde des ténèbres, lumineux par eux-mêmes, c'est-à-dire Brahmes. Ce sont là ces fameux Rischis des premiers temps, ces hommes au cœur dompté, qui ne connaissent ni la joie ni la douleur ; ces voyants de naissance, qui, descendus de l'océan de la lumière et attirés sans cesse par le foyer du feu sacré de l'univers, ont été affranchis des liens terrestres par le soleil. Sa lumière est devenue pour eux la cause efficiente de toutes leurs connaissances : en elle ils sont devenus toutes choses, voient tout, et prononcent des oracles qui leur sont inspirés par lui. La lumière leur est venue de la lumière; et unissant dans un saint mariage leur lumière personnelle avec Brahma, le principe de toute lumière, ils se réveillent en lui et peuvent embrasser le monde. Mais de même que le soleil, uni dans un mariage mystique avec la lune, l'astre féminin, se communique aux enfants de celle-ci, mariés mystiquement à leur tour avec elle, ainsi le soleil peut entrer dans un rapport semblable avec d'autres natures, plus disposées cependant à recevoir les influences de la lune. Il peut s'unir à elles, soit immédiatement, soit par l'intermédiaire de celle-ci, lorsqu'elle agit sur la terre comme principe masculin dans l'état d'opposition; car l'homme devient tout ce avec quoi il s'unit dans l'Ioga. Quiconque donc se laisse aller à l'attrait de la lune prend sa forme; quiconque introduit son esprit dans l'esprit dont la lumière de la lune n'est que la splendeur devient lui-même lumineux à la manière de la lune, et reçoit la sagesse de celle-ci. Tous ceux qui ont reçu le même don forment parmi les Brahmes la race des enfants de la lune, qui, dans l'ordre des temps, venant immédiatement après les enfants du soleil, ont mis leur cœur en rapport avec le flambeau de la nuit.

Tel est ce culte des astres du ciel, lesquels attirent la vie terrestre par un attrait magique et irrésistible; de sorte qu'embrasée des ardeurs de la piété elle s'immole à Brahma, de même que celui-ci s'immole dans son feu sacré comme victime suprême. C'est ainsi que s'est établi le culte du soleil, celui de la lune, des planètes et des étoiles dans le Sabéisme; ce culte qui a enflammé d'un tel enthousiasme les âmes si impressionnables des hommes dans les premiers temps. Une soif inextinguible de la vie sidérale rattache l'homme au centre de l'univers. Enchaîné par un attrait puissant, il s'y livre avec toute l'ardeur de son âme et se laisse dominer par lui, afin de pouvoir ainsi ou rassasier la soif qui le dévore dans l'eau pure et limpide de la vie, dont la lune est la source, ou s'enivrer au calice du soleil de la lumière qui en déborde, et participer à sa splendeur. Le cœur, une fois devenu semblable aux astres, veut converser familièrement avec eux. A mesure qu'il s'approche d'eux davantage, il se sent enlacé davantage aussi dans leurs liens. Il acquiert dans son commerce avec eux une délicatesse de sentiment qui le rend accessible aux impressions les plus légères : tout changement qui arrive en eux le touche d'une manière sensible, et sa vie se trouve comme mêlée à leurs mouvements. Les progrès du soleil dans sa carrière lumineuse à travers les signes du zodiaque, il les sent tous au fond de son être. Il aide ce héros du ciel dans sa lutte contre les puissances des ténèbres. Il pleure lorsque celles-ci, victorieuses après l'équinoxe d'automne, coupent la chevelure lumineuse du guerrier ; il se réjouit, au contraire, lorsqu'au printemps celui-ci, se dégageant de leurs étreintes, apparaît de nouveau dans tout son éclat. Les phases de la lune se reflètent de la même manière dans un autre foyer vital chez les lunatiques. Lorsque la lune décroît, la vie chez eux perd de sa plénitude, tandis que, lorsque la lune croît au contraire, leur vie monte avec elle et acquiert une nouvelle énergie. Chez les uns comme chez les autres la vie est profondément affectée et affecte l'âme supérieure à son tour. De là ce va-et-vient, ce flux et ce reflux continuel que l'on remarque chez ces enfants de la lune et du soleil. Lorsque cet état est l'effet des influences physiques des astres, il vient du dehors et suppose une contrainte extérieure. Les voyants lunatiques ne calculent point comme les savants les oppositions, les conjonctions et les quadratures de la lune ; mais ils les sentent au fond de leur être par le moyen de ces impressions que produisent en eux leurs rapports avec l'astre des nuits. Et les voyants du soleil, de leur côté, sentent la force de cet astre monter ou descendre aux mouvements analogues qu'éprouve en eux la lumière interne qui les pénètre. Chez les uns et chez les autres l'astronomie n'est pas une science, mais elle fait en quelque sorte partie de leur vie; ils sont sous le charme de la nature, et comme ensorcelés par elle. C'est de cette manière qu'ils puisent dans les astres leurs oracles, et accomplissent par eux ces effets magiques qui nous étonnent. Ils expriment, non sous des formules algébriques, mais sous le voile poétique des mythes, ce qu'ils ont senti au fond de leur être.

Nous verrions se produire de nos jours les mêmes choses si le christianisme n'avait aboli pour toujours le culte des astres; car l'attrait qui attire l'homme vers eux existe toujours en certaines natures exceptionnelles, comme on a pu le voir tout dernièrement encore chez cette rhabdomante du lac de Constance, dont nous parlerons ailleurs plus en détail. D'après ses déclarations, il existait un certain rapport entre ses doigts et les corps célestes, lequel semble s'être révélé à elle à l'apparition de cette comète qui fit tant de sensation en 1811. Ses doigts s'allongeaient ou se ployaient lorsqu'elle les tournait vers une planète ou une étoile fixe. Son pouce était attiré avec plus de force par la lune lorsqu'elle était pleine, tandis qu'il était repoussé par Jupiter, Mars et Vénus. L'indicateur était attiré par le pôle nord et repoussé par le pôle sud; c'était le contraire pour l'annulaire. Le doigt du milieu était ployé par les étoiles fixes, surtout par Sirius, par les deux Gémeaux, par Aldébaran et par les étoiles de première et de seconde grandeur, tandis que le petit doigt était en rapport avec le soleil et la comète. Les corps célestes agissaient après leur coucher d'une manière toute contraire à celle dont ils avaient agi lorsqu'ils étaient au-dessus de l'horizon. Ainsi, par exemple, le soleil, qui allongeait pendant le jour le petit doigt, le ployait une fois le soir arrivé. (*Isis*, 1818, p. 145.) Zschokke voulant s'assurer de ces faits, un matin, comme un nuage couvrait encore tous les objets, lui banda les yeux avec un mouchoir, et après l'avoir fait marcher quelque temps dans toutes les directions, pour la tromper sur la position des points cardinaux, il l'arrêta tout à coup en lui disant d'indiquer l'état de l'étoile polaire. Elle se mit à lever peu à peu, et toujours plus haut, le bras avec les doigts allongés, tandis que son corps se tournait lentement. On remarqua un tremblement convulsif à l'un des doigts qui étaient allongés, pendant qu'elle fermait les autres. Elle indiqua enfin le lieu de l'étoile polaire ; et une boussole qu'on avait apportée en secret prouva que son indication était exacte.

La voyante de Prevorst était aussi très-accessible aux influences du soleil et de la lune. Lorsque le ciel était obscur, et dans les jours où le soleil ne paraissait pas, elle était affectée d'une autre manière que lorsque le temps était serein ; l'arrivée et le départ d'un nuage suffisait déjà pour produire en elle ces impressions. Mais elles devenaient bien plus vives, chaque jour, deux heures avant et deux heures après le passage du soleil par le méridien. Elle voyait alors les objets situés toujours plus bas, de sorte qu'à la fin ils lui paraissaient comme au fond d'un abîme, et lui donnaient comme une sorte de vertige. Elle voyait les hommes grands comme un buste. Avec cela, elle ne sentait pas son propre corps. Si elle remuait le bras, elle le trouvait plus léger et plus vide encore, et éprouvait un sentiment pénible. Elle sentait aussi une pression dans l'occiput et les tempes. A partir du jour le plus court jusqu'au plus long, son agitation nerveuse et son état singulier augmentaient ; mais aux solstices elle éprouvait toujours dans l'estomac un grand bien-être, et il lui semblait qu'elle allait désormais être tranquille. Elle sentait comme quelque chose de rond dans l'estomac et dans le cervelet, et de ces deux points un doux repos descendait dans tout le corps. Elle n'avait plus de vertiges ; elle croyait entrer dans un autre monde, n'était plus inquiète comme auparavant, et sa santé s'améliorait de jour en jour jusqu'au mois de janvier. Quand elle regardait la lune, elle était triste et sentait un frisson ; la menstruation la prenait aussitôt, mais ne durait qu'aussi longtemps qu'elle la regardait. Cependant elle continuait sans interruption toutes les fois qu'elle se couchait du côté de l'occident, tandis qu'elle se produisait d'une manière régulière lorsqu'elle se couchait du côté du sud. (*La voyante de Prevorst*, 1ᵉʳ vol., p. 133.)

CHAPITRE IX.

Rapports mystiques avec le monde terrestre élémentaire. De la faculté de voir et de sentir les substances terrestres. De l'œil pénétrant des Zahuris. Comment la faculté de sentir réside dans le sens général de la vie inférieure. Pennet, Papponi, Acquaroni, Calamini, Beutler, etc.

Ce n'est pas seulement avec le ciel que l'homme peut entrer dans un rapport mystique et secret ; le monde des éléments terrestres lui ouvre aussi quelquefois ses mystères. Il y a, en effet, entre le monde élémentaire et le corps humain un rapport naturel, puisque tous les deux sont composés des mêmes éléments. Et aux puissances élémentaires répandues dans l'univers répondent dans l'organisme les esprits vitaux qui le pénètrent. Ces deux mondes, l'un grand, l'autre petit, l'un extérieur et l'autre interne, ayant la même racine, il n'est pas étonnant qu'ils soient liés ensemble par une sympathie très-étroite. Si cet univers comparé au corps humain est plus fort par sa masse, celui-ci peut lui opposer la force de la vie qui réside en lui. Le rapport sympathique qu'établit entre eux l'identité des éléments dont ils se composent peut, en devenant plus intime, s'élever jusqu'à l'état de rapport magnétique. L'homme en ce cas pénètre la nature de son regard, ou de son action, ou de sa vie, selon la nature du rapport qui l'unit à elle ; et il dépasse le cercle ordinaire de sa puissance. Tous les éléments n'entrent pas toujours à la fois et également dans cette union réciproque entre l'homme et la nature; il arrive quelquefois que l'un ou plusieurs d'entre eux agissent spécialement sur l'organisme, et dans ce cas ils affectent d'une manière particulière celui-ci dans la partie qui leur correspond. Il résulte de là diverses modifications et des phénomènes différents. De plus, à l'action du monde extérieur sur l'homme doit correspondre une réaction de la part de celui-ci à l'égard du premier; et de là encore doivent résulter des modifications importantes dans le rapport qui les unit tous les deux.

Nous étudierons d'abord la propriété singulière qu'ont certaines personnes d'apercevoir des objets que l'œil de l'homme dans l'état ordinaire ne saurait discerner. Les Espagnols appellent *Zahuris* ceux qui ont reçu ce don; et Delrio connut en 1575, à Madrid, un de ces hommes, qui était alors encore enfant. Si on s'en rapporte à son témoignage et à la croyance générale en Espagne, ces personnes voient tout ce que la terre renferme en son sein, les veines d'eau, les métaux, les filons et même les cadavres dans leurs cercueils. Elles prétendent que cette faculté se borne chez elles à certains jours, le mercredi et le samedi par exemple, et on les reconnaît extérieurement à la rougeur de leurs yeux. C'était à cette classe qu'appartenait cette femme de Lisbonne, nommée Pedegache, qui voyait l'eau sous la terre à de grandes profondeurs, et qui découvrit au roi de Portugal les sources dont il avait besoin pour un nouveau palais qu'il faisait construire. Elle désignait exactement la profondeur des sources, autant que cela peut se faire à vue d'œil, la couleur des couches de terre qui se suivaient jusqu'à elles, la richesse plus ou moins grande des veines, le chemin qu'elles parcouraient et leurs ramifications; et ses indications se trouvaient toujours parfaitement exactes. Son regard pénétrait aussi les coins les plus secrets des maisons et y découvrait les objets cachés ou volés. Un jour qu'elle voyageait sur une petite montagne, ayant mis par hasard la tête hors de la voiture, elle vit à trente pieds sous terre un monument antique très-bien travaillé et qu'on découvrit en effet à l'endroit qu'elle avait désigné lorsque la cour l'eut fait creuser. Elle pénétrait aussi l'intérieur du corps humain, voyait le sang couler dans les veines, les phénomènes de la digestion, la formation du lait et tout ce qui se passe dans les divers organes; aussi lui était-il facile de découvrir le principe de beaucoup de maladies que les médecins ignoraient. Ce don parut chez elle pour la première fois à l'âge de trois ans, à l'occasion d'une servante qui était devenue grosse, et dont elle reconnut l'état, que personne ne soupçonnait. Elle put même, au septième mois de la grossesse, indiquer le sexe de l'enfant. Pour chercher les sources, elle ne se servait point de baguette; elle les voyait avec les yeux; mais il fallait pour cela qu'elle fût à jeun. Du reste, ni la science ni l'étude ne lui étaient nécessaires. (Le Brun, *Histoire des pratiques superstitieuses*, tom. I, pag. 58.)

Cette faculté réside dans l'œil, et lui donne une puissance extraordinaire, qui lui fait voir les objets moins à l'aide de la lumière extérieure et physique que par la lumière organique qui lui est propre. Déjà, dans l'état ordinaire, l'œil voit parce qu'il est illuminé de sa propre lumière; de sorte que celui dont le corps entier serait lumineux, comme le sont les yeux, pourrait voir aussi avec toutes les parties de son corps comme il voit avec l'œil. Dans la vision ordinaire, les deux lumières, celle du dehors et la lumière interne ou organique, se rencontrent dans l'œil, de sorte cependant que la première domine, et c'est ce concours qui produit la perception. Mais dans la vision supérieure dont il est ici question la lumière interne qui réside dans l'œil l'emporte sur l'autre, et, jaillissant de la prunelle, elle cherche pour ainsi dire les objets, les éclaire, et donne à l'homme doué de ces qualités des perceptions sûres. Or, la lumière organique, étant d'une nature supérieure, est plus pénétrante que celle du soleil, ce que démontrent un grand nombre d'apparitions d'esprits, dont la lumière se voit les yeux fermés aussi bien qu'ouverts. La lumière qui jaillit en ce cas des yeux est, à un degré plus élevé, la même qui rayonne de la prunelle de certains animaux destinés à voir pendant la nuit, et qui voient dans leur propre lumière les objets que n'éclaire point celle du soleil. C'est la même que celle qui résidait dans l'œil de l'empereur Tibère, et qui faisait qu'il pouvait voir et être vu dans les ténèbres. Ce trait, de même que beaucoup d'autres dans sa vie, indique le rapport qui existait entre sa nature et celle du chat.

Après ceux qui voient les objets avec les yeux, viennent ceux qui les sentent par un certain tact mystérieux. Chez ceux-ci la faculté dont nous parlons ne réside plus dans l'œil, comme dans les premiers, mais dans les autres sens plus profonds, et surtout dans le sens commun dont la vie inférieure est le siége. Celui-ci, acquérant une puissance supérieure, perce ses propres voiles et les voiles extérieurs sous lesquels se cachent les puissances de la nature, et il en devine les secrets. Les pieds, particulièrement en rapport avec ce qui est situé sous eux, semblent l'organe principal de cette faculté extraordinaire, et les impressions dont ils sont le canal ont leur centre et leur sensorium dans les plexus solaires. C'est pour cela que les hommes favorisés de cette disposition, quand ils passent en marchant sur quelques veines d'eau, sur une couche de charbon, sur un filon ou sur un gîte de sel fossile, sont affectés d'une manière toute particulière dans les organes qui sont plus en rapport avec ce foyer. Cette affection monte de la plante des pieds jusqu'au sommet de la tête, et produit des sensations diverses, selon la différence des objets et les dispositions de la personne. Chez Pennet, par exemple, le charbon de terre produisait un goût amer. Chez Anfossi, les sources d'eau sulfureuse suscitaient dans les jambes une chaleur sensible et un goût acide sur la langue, qu'il comparait à

Pennet.

celui de boue pourrie, pendant que le charbon de terre semblait lui attirer les pieds. Papponi et Bianchina Acquaroni, d'Oneglia, quand ils passaient sur des minéraux positifs, sentaient la chaleur leur monter aux pieds et leurs genoux se contracter. Calamini, professeur de physique à Plaisance, sentait en ce cas un courant lui monter dans les jambes, puis passer dans les bras, et de là dans les mains, où il agitait la baguette. Friali, quand il se trouvait au-dessus d'une couche souterraine produisant une action positive, était saisi de vertige et de maux de cœur, tandis que le professeur Nuvani, de Rome, sentait un fourmillement dans les pieds. Lorsque Angèle Rosetti, de Parme, se trouvait sur une veine d'eau, elle éprouvait dans les entrailles des borborygmes qu'entendaient les personnes qui étaient présentes.

Papponi.

D'autres au contraire sentent un coup et un contre-coup en entrant dans la sphère où agissent les substances avec lesquelles ils sont en rapport, ou en en sortant. Il en était ainsi de Catherine Beutler, de Gottlieben en Thurgovie, dont la faculté a été constatée par Hippenmayer, Ebel, Zschokke et Oken. Elle sentait les sources d'eau sous la terre, le minerai de fer et la houille. Elle découvrit une grande couche de gypse, mesura et détermina le parcours des veines, leur profondeur et leur puissance. Un gîte de sel la priva de sommeil pendant deux nuits; il en fut de même pour une couche de mercure dans le canton des Grisons. Elle ne sentait point les eaux souterraines quand elles étaient stagnantes; il fallait qu'elles coulassent, et il lui semblait alors que quelque chose montait dans son corps sous la forme d'une colonne, et descendait sous la forme de gouttes. L'impression qu'elle éprouvait était en rapport avec le moment du mouvement, c'est-à-dire la vitesse du courant combinée avec la masse du mobile. Il résulte des essais que l'on fit avec elle sur plusieurs minéraux que ceux-ci agissaient sur elle de deux manières, et pouvaient ainsi être rangés en deux classes. Parmi les métaux, le fer et le cui-

Cath. Beutler.

vre, anneaux tous les deux de la chaine galvanique, formaient une opposition très-déterminée. Le premier, minéralisé, produisait sur la langue la sensation du froid, mais à un degré d'autant plus faible que le minerai était moins mêlé de substances rendant le fer cassant. Le cuivre, au contraire, produisait la sensation de la chaleur avec un goût amer. Au bronze se rattachait le plomb, qui éveillait dans la région de l'estomac le sentiment d'un poids désagréable. Au cuivre se rattachait l'or, qui produisait dans tout le corps une chaleur accompagnée de sueur, de faiblesse dans les pieds et de malaise. L'argent produisait dans la région de l'estomac une pesanteur et une pression; l'arsenic, un battement pénible et violent dans la tête. Comme le soufre causait aussi la chaleur, on doit le ranger dans la même classe que le cuivre. Combiné avec le fer dans la proportion de 32 pour 100, comme il l'est dans le fer sulfuré, outre la chaleur, il produisait encore une sensation de froid sur la langue, tandis que le carbone dans le charbon de terre causait un goût amer et des crampes, ou même des défaillances, lorsque les couches étaient considérables. Parmi les substances terreuses, l'alun faisait venir aux dents supérieures une eau froide et corrosive. Le carbonate de chaux dans la marne causait une chaleur cuisante dans l'intérieur du corps, et le sel laissait un goût de sel dans la bouche, et faisait enfler la peau.

CHAPITRE X.

Action des substances physiques en contact immédiat avec l'organisme. Essais de Kerner avec la voyante de Prevorst. Opposition électrique et magnétique.

Les phénomènes que nous avons considérés jusqu'ici ont été produits pour la plupart par une action à distance. Il en est d'autres qui exigent un contact immédiat avec l'organisme, et ils constituent sous ce rapport une seconde classe qui se distingue par là de la première. Les essais faits par Kerner sont intéressants sous ce rapport, quoiqu'ils soient loin d'avoir épuisé la matière. Les constantes apparaissent clairement dans ces essais. Mais la diversité des éléments dont se composent les matériaux employés, les complications de l'organisme, celles de la maladie et beaucoup d'autres circonstances encore dont on n'a pas tenu compte, comme par exemple la polarité propre à plusieurs minéraux, modifient nécessairement ce résultat, et ne permettent guère de dégager ces grandeurs constantes de celles qui sont variables. Ce qui frappe tout d'abord, c'est que, parmi les minéraux, les uns lient l'organisme, tandis que les autres le délient, et cette double action peut se subdiviser encore en deux degrés. Essayons de classer ces diverses actions, ainsi que les substances qui les produisent, afin de nous faire une idée de ces rapports. Nous trouvons d'abord les minéraux fossiles parfaitement neutralisés dans leurs polarités par les grands procédés de la nature, et qui forment la base neutre de la terre, tels que le granit, le porphyre, le natrolite. Mis dans la main de la voyante, ils ne produisaient aucun effet sur elle. Les minéraux n'agissaient sur son organisme que dans les diverses formations où leurs oppositions commencent à se développer ; et ils cessaient d'agir dès que la puissance du feu avait détruit celles-ci en eux, et leur avait ôté pour ainsi dire leur vie propre. Il en était ainsi de la pouzzolane, de la pierre ponce et de toutes les laves. Toutes les espèces de spath fluor produisaient une action de dégagement qui s'annonçait par une détente du système musculaire, par un goût acide dans la bouche, une disposition au somnambulisme, même dans les cas où les passes magnétiques ne pouvaient plus produire cet état. Il lui semblait aussi que ses intestins se liquéfiaient dans l'eau. Après le spath fluor, venaient dans la même classe le spath d'Islande et le saphir. L'autre genre de dégagement était produit principalement par la baryte sulfatée. Il s'annonçait par la souplesse de tous les membres, un sentiment de chaleur bienfaisante et une légèreté telle qu'il lui semblait parfois qu'elle pouvait voler. La même pierre produisait un chatouillement qui l'excitait à rire; bien plus, il suffisait de lui présenter à la bouche de l'eau où l'on avait laissé pendant quelque temps du carbonate de baryte pour exciter en elle un rire convulsif joint à un mouvement involontaire et continu de la langue, mouvement qui s'étendait à tout le corps lorsque l'on employait la chaux vive.

Passons maintenant aux substances ayant la faculté de lier l'organisme. Deux degrés et deux modes d'action se présentent encore ici. Le premier se produit de la manière la plus tranchée dans le cristal de roche. Mis dans la main de la voyante, il la tirait de son demi-sommeil; placé sur le cœur, il la faisait revenir de l'état de somnambulisme complet. Si on le laissait plus longtemps, il lui donnait la sensation d'une odeur délicieuse, et produisait bientôt dans le système musculaire une roideur qui allait à la fin jusqu'à la catalepsie, et prenait le corps depuis le cou jusqu'aux pieds. Quoiqu'elle fût parfaitement éveillée et qu'elle se trouvât très-bien d'ailleurs, son corps était comme pétrifié, et l'on aurait brisé ses membres plutôt que de les ployer. Le verre produisait le même effet, mais à un degré plus faible. Le simple regard ou les sons que rendait cette substance agissaient sur elle. Il en était de même du bois pétrifié, de l'héliotrope, du basalte, qui produisait aussi dans la bouche une saveur âcre; de toutes les pierres incolores et de tous les genres de caillou, de la dolomie, du spath gypseux et du gypse : il lui semblait, lorsqu'on employait le spath gypseux, qu'elle avait la main dans l'eau. Parmi les métaux, ceux qui agissaient dans ce sens sont l'or, l'argent, l'étain, le sélénium, le diamant, le charbon de bois et le charbon de terre. L'or produisait des ébranlements et une tension extraordinaire des membres, et de plus une roideur dans les muscles, quoique la voyante se trouvât bien d'ailleurs. Ce dernier effet était produit aussi par le cristal de roche mis sur le cœur. L'argent tendait violemment aussi les membres, ployait en arrière la colonne vertébrale, et causait des spasmes toniques dans tout le corps, de même que l'étain et le sélénium. Le diamant roidissait la main gauche et le pied droit, ouvrait les yeux et les rendait immobiles, de même que le charbon de terre et le charbon de bois, tandis que le soufre paralysait la langue avec des crampes violentes.

Le second mode d'action apparaît principalement dans le fer, modifié toutefois d'après les formes sous lesquelles se produit cette substance. L'effet le plus énergique était causé par son oxyde dans l'hématite, qui paralysait tout le corps de la malade et lui donnait la sensation d'un froid très-intense. Cette paralysie ne pouvait être enlevée que par le carbonate de baryte. Le fer oxydé causait dans la poitrine une sensation de pression et d'angoisse. L'aimant en octaèdres, lors même qu'on approchait seulement d'elle le papier qui l'avait enveloppé, lui donnait des palpitations et une sensation de pesanteur, et l'acier des crampes qui duraient des heures entières. Le rubis, qui contient de l'acide chromique, produisait dans le dessous du bras le même sentiment que les passes magnétiques dans le dessus. L'augite avec l'oxyde de magnésie lui ôtait toute la force de la main : pâle comme un cadavre, elle tombait dans une défaillance d'où elle ne pouvait être tirée que par le carbonate de baryte. Le schorl occasionnait des ébranlements dans le cerveau et une disposition au sommeil ; le rubis lui donnait un sentiment de froid sur la langue et de pesanteur, qui allait quelquefois jusqu'à la faire balbutier. Les doigts des mains et des pieds étaient froids également : puis à des crampes violentes succédait un sentiment de bien-être et de légèreté. Elle avait aussi comme un instinct que cette même substance pouvait produire en elle une paralysie. Le grenat ébranlait violemment tout son corps ; la chrysoprase jointe au nickel ébranlait aussi tout le corps depuis la poitrine. La turquoise avec le cuivre endormait la main, la rendait insensible; et cet effet s'étendait bientôt au bras gauche, au côté tout entier et aux pieds; de sorte que la malade se croyait menacée d'une paralysie complète. L'effet était lent, mais durable. L'argile occasionnait les crampes les plus violentes, et le zinc semblait se rattacher au fer; car, dès que celui qui faisait l'expérience le prenait dans sa bouche, il rendait pesante la langue de la malade.

Ici l'auteur cherche à expliquer les rapports des diverses substances dont il vient d'être parlé par une théorie particulière sur la nature et la composition des corps. Cette théorie, étant très-obscure et demandant certains développements, trouvera sa place dans la partie supplémentaire que nous avons annoncée au commencement de cet ouvrage; d'autant plus que, mise ici sans un commentaire qui l'explique, elle ne ferait qu'obscurcir la matière au lieu de l'éclairer, et qu'elle n'est en tout cas aucunement nécessaire pour l'intelligence de ce qui précède ni de ce qui suit. *Note du traducteur.*

CHAPITRE XI.

La rhabdomantie. Essais remarquables de Schaeffer à Ratisbonne. Essais de rhabdomantie faits en France dans le Dauphiné, à la fin du siècle précédent, sur Aimar. Explication de ces phénomènes par le magnétisme vital. Autres expériences sur l'action de ce magnétisme. La femme Berchota. Blaize de Valfracuria. Les deux enfants dont parle Albert le Grand. Une partie de ces influences se reflète dans les instincts des animaux.

La rhabdomantie consiste dans la faculté qu'ont certaines personnes de mettre en mouvement des leviers mobiles, des baguettes ou des pendules dès qu'ils approchent de certaines substances élémentaires qui sont dans un rapport particulier avec leur organisme. Cette femme, des environs du lac de Constance, dont il a été parlé plus haut possédait cette faculté à un degré très-remarquable. Lorsqu'elle tenait fortement à la main une baguette de baleine ou de coudrier ployée, celle-ci s'agitait même appuyée contre un homme, et était comme repoussée par toutes les jointures du corps. Un métal suspendu aux doigts par un fil oscillait, comme Oken en fut témoin, de la main droite à la main gauche de celui qui le tenait lorsqu'il était tenu sur un morceau du même métal, tandis que sur un morceau d'un autre métal il oscillait de gauche à droite. Elle était persuadée qu'elle pouvait accroître l'action de la baguette lorsqu'elle en mettait le bout en contact avec le fossile sur lequel elle devait agir exclusivement. La voyante de Prevorst possédait la même faculté. Si on lui mettait à la main une baguette ou un pendule, celui-ci se tournait vers le fossile qu'on approchait de lui. Ainsi le platine, l'or, l'hyacinthe et l'olivine l'attiraient fortement; l'argent et la serpentine moins, tandis que le feld-spath avec le porphyre, de même que le cristal de roche, n'ayant aucune action, mettaient le pendule en repos. Le feld-spath vert l'attirait aussi, de même que le carbonate de baryte, tandis que la baryte sulfatée exerçait une action médiocre; mais la stralite était au contraire très-énergique. C'est sur l'emploi de la baguette divinatoire que s'appuie la rhabdomantie, qui forme ainsi une des branches de la magie naturelle. Cet usage, du reste, était connu déjà des Hébreux, si nous en croyons le témoignage de saint Cyrille, expliquant ce passage du prophète Osée, c. IV, v. 12 : *Populus meus in ligno suo adoravit, et baculus ejus annuntiavit ei.* Il dit en effet que l'usage qu'on faisait de la baguette n'était pas moins différent que cette baguette elle-même; que ceux-ci se servaient de tel bois, ceux-là de tel autre, avec ou sans écorce, droit ou courbé ou en forme de fourche, avec ou sans images et caractères symboliques; que chez les uns la baguette devait se courber en cercle; que chez d'autres elle se tournait dans la main vers certaines contrées; que d'autres enfin la lançaient en l'air, et observaient la manière dont elle tombait.

Afin de nous faire une idée des superstitions et des folies dont la baguette divinatoire a été l'objet, et de découvrir s'il est possible la base naturelle sur laquelle s'appuient tous ces phénomènes, nous rappellerons ici les observations que Schaeffer de Ratisbonne, consénior du ministère, fit vers la fin du siècle dernier sur le don qu'il avait reçu en ce genre. Comme il s'occupait d'essais sur l'électrophore, que l'on venait de découvrir, il remarqua que, lorsqu'il attachait à un fil une petite cloche ou un autre corps pesant, et le tenait suspendu sur un gâteau de résine frotté, il était mis aussitôt en mouvement, et que ses oscillations avaient lieu dans le plan de la ligne méridienne, et jamais dans une autre direction. Mais lorsqu'il tenait le pendule à côté de l'électrophore, les oscillations se dirigeaient vers le milieu de celui-ci. Il ne tarda pas à reconnaître que l'instrument dont il se servait n'était que la cause prochaine de ce mouvement, mais qu'au fond c'était lui qui en fixait le but. En effet, ayant suspendu le pendule à un pied de bois, il resta en repos au-dessus comme à côté de l'électrophore. Mais ayant mis le doigt au fil, il se mit à osciller comme auparavant, et s'arrêta de nouveau dès qu'on eut éloigné le gâteau. Il découvrit de plus que le contact immédiat du fil n'était pas nécessaire, et que, pour produire le mouvement, il avait besoin seulement de toucher un point du support. Il n'était pas nécessaire davantage que l'électrophore fût très-proche : l'expérience réussissait lors même que le pendule était à une distance de vingt-quatre pieds, ou séparé de l'électrophore par un mur ou par un plancher. Il fallait seulement que l'électrophore ne fût pas isolé, ou, s'il l'était, sa force devait être augmentée par une machine électrique. Il fut constaté que non-seulement des pendules légers, mais que des masses de deux ou trois quintaux, suspendues à des cordes ou à des chaînes, ou tenant à des fléaux de balance, étaient mis en mouvement ; et leurs oscillations, malgré la pesanteur, se produisaient dans la même direction que lorsqu'on agissait sur une masse plus légère : il suffisait pour cela de toucher seulement une partie quelconque de la chaîne.

Il fallait d'abord s'assurer que la main n'avait aucune influence sur ce mouvement par une action insensible et inaperçue sur le corps qui oscillait. Pour cela, on attacha trois cloches à trois bras qui se coupaient sous des angles déterminés et qui étaient portés par un même support, et on les suspendit au-dessus de l'électrophore. Or aussitôt que Schaeffer eut mis la main sur le support, à deux pieds de la cloche du milieu, et à trois pieds de celles qui étaient situées aux deux côtés, la première se mit à osciller dans la direction de la ligne méridienne, et les deux autres dans une direction perpendiculaire à celle-ci. Une autre fois on suspendit deux pendules avec deux bras à un support, et à côté des deux pendules, à l'est et à l'ouest, ou au nord et au sud, on plaça deux électrophores. Dès que Schaeffer y eut mis la main, l'une des cloches oscilla vers le sud ou l'est, et l'autre vers le nord ou l'ouest. La même chose arriva en présence du professeur Xavier Epp, que l'académie de Munich avait envoyé en 1777 pour lui rendre compte de ces phénomènes. On suspendit le pendule à une tige de fer solidement fixée à une porte, et on plaça l'électrophore à dix pieds de distance de lui et de côté. Schaeffer ayant mis la main sur la tige du pendule, on y remarqua aussitôt des oscillations de cinq ou six pouces, dont la direction suivait toujours exactement le lieu où, à l'insu de Schaeffer, l'on avait placé l'électrophore dans une chambre voisine. On chercha si cette propriété de produire des oscillations était attachée exclusivement à la main de Schaeffer, ou si d'autres que lui la possédaient encore, et l'on se convainquit que c'était un privilége très-rare. On fixa pour cela une poulie dans le mur, et on y suspendit le pendule : puis Epp et beaucoup d'autres encore y mirent la main sans qu'il en résultât aucun mouvement. Mais lorsque Schaeffer leur mettait la main sur les épaules, le pendule se mettait à osciller, plus tard néanmoins et plus faiblement que de coutume. Lui-même ne réussissait pas toujours ni d'une manière complète ; cependant l'exception était rare. Pendant trois semaines que durèrent les essais, qu'on renouvelait tous les jours, le pendule ne se trouva rebelle que deux fois ; la première dans un après-midi, et la seconde en présence de douze personnes. Les oscillations commencèrent toutefois dès qu'on eut placé l'électrophore dans une autre chambre. On voulut enfin se faire une idée de la manière dont cet instrument agissait, et l'on reconnut qu'on pouvait le remplacer par un autre corps, un siége, une table ou tout autre objet, pourvu que celui-ci eût été quelque temps en contact avec la personne favorisée de ce don. Un verre à boire conserva encore quatre jours après avoir été touché de cette manière la faculté de diriger de son côté les oscillations, quoiqu'il eût servi pendant tout ce temps. Si, après avoir placé l'électrophore sur un livre, on pressait celui-ci pendant quelques instants sur un second, et ainsi de suite jusqu'au centième, tous ces livres se communiquaient la faculté de produire les mêmes effets sans la moindre diminution dans leur intensité, et l'on pouvait ensuite faire passer cette propriété des livres à une série de plats ou de verres.

Tous ces faits ont été soigneusement étudiés et constatés par la science, de sorte qu'ils peuvent servir de base pour des recherches ultérieures. Si Schaeffer, au lieu de pendule, s'était servi d'une baguette fourchue, faite avec une branche de coudrier ou d'un autre arbre ; s'il avait tenu des deux mains les deux bras de la fourche au-dessus du milieu de l'électrophore et dans la direction du méridien magnétique, en ayant soin toutefois de tenir en bas la partie où s'unissent les deux branches, leurs bouts auraient commencé à se ployer en avant dans ses mains, puis en arrière, et ainsi de suite. Ou bien, s'il n'avait pas tenu fortement la baguette, elle aurait pris un mouvement de rotation. Probablement la même oscillation aurait eu lieu de haut en bas s'il avait tenu la fourche horizontale dans le méridien, et le mouvement se serait dirigé vers le milieu de l'instrument s'il s'était approché de celui-ci de côté avec la baguette. Or, ce sont là les mouvements que la baguette divinatoire produit dans les mains des rhabdomantes, près des sources, de certains métaux et d'autres objets. C'est donc la même propriété qui se manifeste d'une manière différente dans les deux cas. Ceci nous conduit en France, où, vers la fin du dix-septième et au commencement du dix-huitième siècle, la rhabdomantie fit une grande sensation. On découvrit alors, en effet, que beaucoup de paysans du Dauphiné faisaient métier de cet art, et s'en servaient pour découvrir les minéraux, le marbre et le talc et particulièrement les sources d'eau. Ils apprenaient de cette manière si l'eau était stagnante, si elle venait des pluies du ciel ou d'une source vive, quelle était sa force et sa profondeur, quelles étaient les couches de terre situées au-dessus d'elle. Ils avaient en ce genre un coup d'œil tellement juste qu'ils reconnaissaient très-bien s'ils pouvaient, à leurs risques et périls, s'engager, pour une faible somme, à creuser le sol et trouver les sources qu'il renfermait. On essaya bientôt de découvrir de cette manière les routes enfouies sous terre, et l'on réussit. La baguette indiqua la largeur d'un chemin, et, de plus, qu'il était pavé et situé à cinq pieds au dessous du sol. Les fouilles que l'on fit prouvèrent la vérité de ces indications. On trouva de la même manière des bornes qui avaient été déplacées ou enfouies. Lorsque les pierres étaient encore à la place où les avait mises le propriétaire légitime, la baguette s'agitait dans tout l'espace situé entre la nouvelle borne placée en haut et l'ancienne qui était cachée ; mais si elle n'était plus au même endroit, la baguette s'agitait seulement au-dessus d'elle, et restait immobile sur tout le reste du champ, puis se remuait de nouveau lorsqu'on était arrivé au lieu d'où l'on

Essais faits en France.

avait ôté malicieusement la borne. Les choses en étaient venues au point que tous les procès de ce genre étaient décidés par la baguette divinatoire, pour le modeste prix de cinq sous. Il est facile de voir qu'on avait franchi les bornes de la nature physique, et que l'on était entré dans la sphère des causes morales. Il semblait donc naturel de pousser plus avant dans cette voie.

Un meurtre ayant été commis à Lyon en 1692, on essaya d'employer la baguette pour découvrir le criminel. On fit venir à Lyon Aimar, né en 1662 à Saint-Néran dans le Dauphiné, et la chose réussit au delà de ce qu'on avait osé espérer. Comme un chien suit à la piste un cerf partout où il a passé, à travers les montagnes, les prairies et les ruisseaux, de même la baguette, s'agitant toujours, depuis la cave où le meurtre avait été commis, suivit les meurtriers à travers tous les pays par où ils avaient passé. L'un d'eux ayant été trouvé heureusement de cette manière, elle suivit les traces de l'autre par delà la mer, malgré les tempêtes et les orages, jusqu'aux Pyrénées. Des hommes dignes de foi, des officiers du roi qui procédèrent juridiquement dans cette affaire rendirent témoignage à la vérité; et le meurtrier découvert confirma tout par ses aveux, jusqu'aux moindres circonstances. Or, par un hasard singulier, la même faculté qui s'était produite chez Aimar se révéla chez plusieurs témoins; et les essais que l'on fit, soit avec lui, soit avec eux, afin de connaître la manière dont le crime avait été commis, ou bien pour découvrir des métaux cachés ou enfouis, furent également couronnés de succès. Aimar, interrogé sur plusieurs choses de détail qui paraissaient louches, donna les réponses les plus satisfaisantes : le fait parut incontestable, et les savants se mirent à bâtir leurs systèmes, attribuant ces phénomènes aux molécules que les meurtriers avaient laissé échapper par la transpiration, et qui correspondaient à celles d'Aimar. On peut consulter à ce sujet la lettre de Chauvin, docteur en médecine, à la marquise de Senozan, Lyon, 1692.

Aimar

Tous les systèmes une fois bâtis, une querelle terrible s'éleva entre ceux qui, prenant trop simplement la chose, l'admettaient sans examen et sans condition et ceux, au contraire, qui la rejetaient sans se donner la peine de l'examiner. Chacun voulut avoir recours à la baguette divinatoire. Ce fut une véritable épidémie; et, chose remarquable, beaucoup réussirent, tandis qu'elle se montra rebelle entre les mains des autres. Aimar s'en servit pour découvrir les voleurs. Cependant il arrivait bien quelquefois des choses qui éveillaient certains doutes sur la valeur de ses indications. Dans la sacristie de l'abbaye de Saint-Germain, dont les placards étaient remplis de vases d'argent, la baguette d'Aimar resta tranquille en présence de Mabillon, quoique celui-ci l'eût vue se ployer et se rompre entre les mains d'un autre. (Lebrun, v. 3.) Comme on savait qu'à l'aide de la baguette d'autres personnes avaient découvert des sources, on crut qu'on pourrait s'en servir dans ce but. On creusa donc le sol, sur des indications fournies par elle, à plus de vingt toises de profondeur, mais sans rien trouver. La même chose arriva à Salon en Provence, et sur les biens du maréchal de Boufflers. L'emploi de la baguette donna lieu d'ailleurs à des désordres et à des malheurs de plus d'un genre. On avait volé du blé à un habitant d'Eibins, près de Grenoble. Celui-ci eut recours à la baguette, qui désigna six ou huit maisons. De là des soupçons, de mauvais propos, des calomnies, des injures, des discussions, des querelles, des inimitiés terribles entre tous les habitants du lieu. Le curé se convainquit à la fin que la baguette s'était trompée, et que ni les voleurs ni les objets volés n'étaient entrés par les portes de ces maisons, ni n'en étaient sortis. Ailleurs, quelques jeunes gens avaient promené Aimar avec sa baguette dans une rue, pour savoir s'il n'y avait point là quelques maisons mal famées. La baguette avait indiqué quatre ou cinq portes. La chose avait été connue dans la ville, y avait fait grand bruit, et suscité des haines profondes entre plusieurs familles ; et cependant, d'après les apparences, la baguette avait menti.

Le clergé du pays commença à croire qu'il pouvait bien y avoir en tout cela quelque chose de diabolique, et se mit à faire des essais de son côté. Une femme de Grenoble, nommée Olivet, avait la faculté de sentir les métaux à l'aide de la baguette. Ayant appris l'opinion que le clergé avait de la chose, elle eut quelques inquiétudes, et s'adressa à un Oratorien, qui, louant sa bonne volonté, lui conseilla de prier Dieu qu'il ne permît pas que la baguette tournât jamais dans sa main si le démon avait la moindre part à ses mouvements. Il lui dit qu'elle ne serait peut-être pas exaucée; mais qu'en tout cas ce n'était pas tenter Dieu que d'agir ainsi et qu'elle arriverait peut-être à son but. Elle fit donc une retraite de deux jours, communia et fit la prière qui lui avait été conseillée, en union avec le prêtre à l'autel. Dans l'après-midi, on la fit marcher sur des métaux qu'on avait enfouis sans que la baguette remuât. Elle resta immobile aussi près d'un réservoir d'eau où elle s'était agitée auparavant avec une grande violence. L'expérience fut renouvelée quelque temps après, et sans résultat encore.

On chercha donc à étudier la chose chez d'autres personnes. La fille d'un marchand nommé Martin possédait à un très-haut degré cette faculté, et peu de temps auparavant elle avait découvert de cette manière au fond d'un ruisseau une cloche qui y était tombée lors de la chute d'un pont dans une inondation. Elle avait donc conçu une haute idée de ce don, et paraissait peu disposée à y renoncer. A ceux qui cherchaient à lui donner des scrupules elle répondit : « Dieu m'a accordé le don de la verge de Moïse et du bâton de Jacob, et de plus la faveur de voir s'agiter la baguette entre mes mains en présence des reliques. » On lui demanda qui lui avait dit cela : « Personne, répondit-elle : mais je savais que la baguette remue près des ossements des morts et des autres choses, et j'ai pensé qu'elle

La femme Olivet.

le ferait bien mieux encore près de ces objets. J'ai donc essayé et j'ai réussi. » On la fit venir dans le jardin du séminaire, après y avoir enfoui plusieurs morceaux de métal ; elle les découvrit, et les désigna très-exactement au grand étonnement de tous. L'ecclésiastique qui l'accompagnait remarqua qu'elle cachait quelque chose dans ses mains, d'après la manière de ceux qui faisaient alors usage de la baguette. Il le lui dit, ajoutant que chez quelques-uns l'intention seule suffisait. Étonnée qu'il eût deviné son secret, elle avoua qu'elle se servait en effet d'un métal ; mais, intelligente comme elle était, elle eut aussitôt la pensée d'essayer si elle ne pourrait pas produire les mêmes effets avec l'intention seulement. On place donc deux pièces d'or par terre à quelque distance l'une de l'autre. La baguette remue plusieurs fois au-dessus de l'une, et reste tranquille au-dessus de l'autre ; puis au contraire s'agite au-dessus de celle-ci, et se repose près de l'autre, selon l'intention de la femme qui la tenait.

Elle se réjouit d'avoir trouvé une méthode plus facile de manier son instrument. On lui apporte deux paquets où il y avait disait-on des reliques. Elle s'approche de l'un, et la baguette s'agite avec plus de force qu'elle ne l'avait jamais fait. Elle fait observer aux assistants que lorsqu'on approchait d'elle une épingle, elle pouvait empêcher la baguette de remuer au-dessus de l'or, mais qu'aucun métal ne pouvait produire cet effet en présence des reliques les plus considérables. Elle s'approche de l'autre paquet, mais la baguette reste presque tranquille ; et, au lieu de se tourner plusieurs fois avec rapidité comme auparavant, elle fait à peine la sixième partie d'un tour. Étonnée, elle cherche à mettre la baguette dans une position plus favorable ; mais voyant que rien n'y faisait, elle s'écrie : « Oh ! ce ne sont pas les reliques d'un bon saint. » En effet, les reliques du premier paquet étaient authentiques, tandis que l'autre ne contenait qu'un morceau de drap qui avait appartenu à une Carmélite de Beaune morte en odeur de sainteté. Tous les assistants furent étonnés, car on savait que la jeune fille ignorait complétement quelles étaient les véritables reliques. L'abbé Lescot, official du cardinal Camus, vint après ces essais dans le lieu où ils avaient été faits. Plus défiant encore que les autres, il les fit répéter en sa présence, et ne put découvrir aucune trace de supercherie. La jeune fille s'occupa de sa nouvelle découverte, et fit divers essais sur des reliques et sur des pièces d'or, et chaque fois avec succès. L'abbé et le P. Cavard, supérieur de l'Oratoire, en prirent occasion de lui faire remarquer que son action dépendant de son intention ne pouvait être naturelle. La jeune fille lui dit de son côté ce qui lui était arrivé. Touchée par ses observations, elle renonça sincèrement au démon et à la baguette. Une fois encore cependant elle la tint sur des métaux, et s'aperçut sans grande émotion qu'elle ne remuait plus. Mais sa mère et sa sœur n'en avaient pas pris aussi facilement leur parti; elles étaient désolées de la perte que leur causait sa résolution, et il paraît que plus tard elles la décidèrent à employer de nouveau la baguette, et qu'elle recouvra le don qu'elle avait perdu. L'aiguille devint immobile également chez le prieur Bard et le chanoine du Pernau, après une renonciation semblable de leur part.

La chose faisait donc toujours de nouveaux progrès, et ceux qui cherchent partout leur avantage tâchaient déjà de l'exploiter, lorsque le prince de Condé, voulant aller au fond de l'affaire, fit venir Aimar à Paris. Lorsqu'il fut arrivé, on l'accabla de visites et de questions. Mais on l'enferma dans le palais, et l'on commença les essais. Ceux-ci étaient singuliers à la vérité : il devait par exemple chercher un voleur qui sept ans auparavant avait volé des truites dans un vivier du prince. Cette pensée toutefois avait pu être inspirée par une bravade d'Aimar, qui s'était vanté d'avoir découvert l'auteur d'une action vingt-trois ans après qu'elle avait été faite. Il se prêta donc à l'essai. La baguette désigna un enfant qu'on avait rendu suspect à

Aimar, mais qui ne se trouvait dans le pays que depuis un an. Elle resta muette lorsqu'on l'eut apportée dans le lieu où peu de temps auparavant un archer avait été assasiné avec quinze blessures, et où par conséquent il devait y avoir encore des millions de molécules capables d'indiquer le meurtrier. Les essais que l'on fit sur l'eau et les métaux ne réussirent pas davantage. La baguette passa sans rien dire devant quatre tas d'argent que l'on avait enfouis, et s'agita au contraire devant un cinquième tas où il n'y avait que du sable et des pierres. Elle passa aussi plusieurs fois sans bouger sur le ruisseau de Chantilly, parce qu'une voûte cachait l'eau, et qu'un terrain planté d'arbres par-dessus trompa le devin. Ainsi aucun essai n'avait réussi, et Aimar se vit forcé d'avouer à la fin au prince qu'il ne savait rien de tout ce qu'on lui attribuait; et qu'il n'avait eu d'autre but jusque-là que de gagner sa vie. Il lui était arrivé comme à beaucoup de somnambules, qui, après avoir commencé par la vérité, finissent par le mensonge, parce que le concours de la foule éveille en eux la vanité; et il avoua qu'il avait été égaré, moins par sa propre audace que par la crédulité des autres. On le congédia, et il disparut pour reparaître quelques années après. La foule ne se mêla plus de l'affaire, et c'aurait été le cas alors pour les hommes habiles de faire des recherches sérieuses afin de savoir ce qu'il y avait là de vrai; mais ils firent comme les autres, et après s'être amusés quelque temps avec la baguette, ils la jetèrent de côté.

Explication des phénomènes. Pour nous, suivant une autre méthode, nous étudierons avec soin tous ces faits, afin de savoir qu'elles conclusions on en peut tirer. Et d'abord les observations les plus récentes ont prouvé que, si anciennement il s'est mêlé beaucoup d'illusions et de supercherie dans ces sortes d'affaires, on y trouvait pourtant autre chose encore. Il y avait là évidemment un don, non acquis, mais gratuit, ne tenant ni à l'âge, ni au sexe, ni à la nationalité, ni au tempérament, ni au lieu; mais un don, accordé à très-peu de personnes dans toute sa perfection et comme génie, communiqué comme talent à un plus grand nombre, quoique avec parcimonie encore, quelquefois repris périodiquement ou pour toujours. Ce don renferme deux choses : la faculté de sentir les objets, et celle de réagir contre cette impression. La première produit en ceux qui l'ont reçue des sensations et des affections organiques dont ils n'ont point la conscience, telles que des mouvements fiévreux, des oppressions, des sueurs, un poids dans l'œsophage, des palpitations et d'autres symptômes de cette sorte, qui tous indiquent que le foyer de ces impressions est dans les plexus du cœur, et que leur canal est dans les plexus solaires. Cette perception tantôt reste obscure, et tantôt devient claire au contraire ; mais elle précède tout le reste ; car c'est elle qui fournit à l'action tout entière son objet. Celui-ci agit donc d'une manière positive, comme cause finale et but de l'action, et c'est lui qui dirige la baguette vers son but. Cette dernière joue un rôle purement passif : sa matière, sa forme, la manière dont elle a été coupée importe donc peu, et toutes les prescriptions de la superstition sur ce point sont étrangères à cet acte.

L'objet, de son côté, peut appartenir d'abord à la nature physique ; et comme celle-ci dans ces opérations est soumise aux lois de la nécessité, les objets physiques offrent encore les plus grandes garanties dans les essais de ce genre, et donnent les résultats les plus constants. Mais encore ne faut-il pas compter avec eux sur une entière certitude ; car, sans parler de la forme imparfaite de l'instrument, qui peut donner lieu à beaucoup d'illusions, il ne faut pas oublier que dans ces cas, ce qui donne la direction, ce n'est point une matière purement inerte, mais la force qui vit en elle : ce n'est point, par exemple, la masse du métal, mais l'action électrique, galvanique, magnétique dont il est la source. Il peut donc arriver qu'un métal ou une source soit indiquée sans cette action, comme il peut arriver au contraire que cette action sur l'organisme ait lieu sans le voisinage immédiat de l'élément que l'on cherche; et dans ces deux cas l'instrument se trompe. Erpie, un des hommes qui ont possédé au plus haut degré la faculté dont il est ici question, a fait en ce genre une expérience très-instructive. Il avait entendu parler à une vieille femme d'un trésor que l'on disait avoir été enfoui en un certain lieu. La baguette indique à l'endroit désigné de l'or, de l'argent et du cuivre à une profondeur de deux toises. Il fait creuser le sol jusqu'à onze pieds; puis, congédiant son ouvrier, il creuse lui-même un, deux, trois pieds plus avant, et ne trouve rien. Il reprend la baguette; celle-ci remue, mais la pointe en haut, comme si les métaux n'étaient plus dans la terre, mais au-dessus d'elle. Il sort de la fosse, reprend une troisième fois la baguette, qui remue de nouveau et indique quelque chose en bas. « Comment, se dit-il à lui-même, un trésor dans l'air? » Il commence à avoir des inquiétudes, et dit à Dieu : « Mon Dieu, s'il y a du mal ici, je renonce au diable et à la baguette. » Aussitôt celle-ci, qu'il tenait encore à la main, s'arrête : Erpie fait le signe de la croix et s'en va. Mais au bout de quelques instants il se dit : « Comment! elle ne se remuera donc plus pour moi? » Aussitôt il coupe une nouvelle baguette, pose à terre une pièce de quatre sous, et à sa grande joie il voit la baguette s'agiter de nouveau au-dessus d'elle. (Lebrun, t. III, p. 218.) Il est facile de reconnaître que beaucoup de légendes où il est question de trésors qui s'enfoncent dans la terre et d'autres phénomènes de ce genre ont quelque rapport avec cette expérience et ont eu pour base des faits semblables. Le foyer de l'action était dans ce cas situé hors de l'objet et flottait en l'air après qu'on eut déplacé la terre. On aperçoit encore ici, comme chez la fille de Martin, une autre source d'illusions, venant de ce que la cause qui opère appartient à une personne morale et douée de liberté.

Cette cause en effet est organique, et sous ce rapport elle peut appartenir à la vie inférieure, ou se trouver au contraire dans la sphère d'action de la volonté. Dans le premier cas, elle est soustraite à l'influence du libre arbitre, comme la vie elle-même dont elle fait partie, tandis que dans le second au contraire elle est peut-être déterminée par lui. Là l'action et la cause finale sont unies par un lien nécessaire, et la première suit immédiatement l'excitation de la seconde, comme nous voyons partout dans la vie la réaction suivre immédiatement l'action qui la sollicite. Cependant, ici encore, cette action, à cause de la grande mobilité des forces vitales et du libre jeu des forces organiques, est sujette à bien des oscillations, comme nous le voyons dans le pouls. Elle peut, comme celui-ci, devenir, sans cause apparente, petite ou dure, intermittente ou interrompue, sans compter que toute cette région, quoique fermée à la volonté, est accessible néanmoins aux affections dont le siège est dans la vie inférieure. Or, lorsqu'une force du second ordre opère, la baguette se trouve placée entre deux sollicitations, l'une physique et l'autre morale. Si donc la volonté dirige son intention sur l'objet qui a provoqué la première, elle en détruira l'action physique par suite de l'empire qu'elle exerce en son domaine : elle remuera ou ne remuera pas à son gré la baguette, avec ou sans intention, comme on le voit dans beaucoup de mouvements volontaires. Que si les objets appartiennent au domaine moral, se divisant comme lui en bons et mauvais, cette même liberté, qui fait que la cause efficiente agit ou s'arrête à volonté, s'étendra aussi à ces objets, et leur donnera telle ou telle détermination. La baguette deviendra le bâton de l'augure ; elle ne sera plus poussée par une nécessité fatale et extérieure : mais, conduite par la main du prêtre, d'après les règles de sa science secrète, elle indiquera les contrées du ciel. Ainsi s'explique ce qui arriva à Aimar lorsque sa présomption l'eut entraîné dans ces domaines, et comment les essais faits à Lyon et à Paris avec le même soin, par des hommes également sûrs et compétents, eurent néanmoins des résultats si différents.

Nous pouvons comprendre aussi par là les essais faits par les prêtres dont il a été question sans avoir besoin de recourir à des influences diaboliques. Même dans les essais de Schaeffer, l'intention de la volonté était dirigée tout entière sur l'électrophore que l'on venait d'inventer, et c'est elle qui par sa puissance faisait osciller vers celui-ci le pendule. Ceci ressort bien mieux encore de l'essai que l'on fit avec les cent volumes. Ici, en effet, la force de la nature était affaiblie à un degré qui surpasse l'imagination, et ne pouvait agir comme cause finale que d'une manière homœopathique pour ainsi dire. Si nous cherchons d'après quel mode agit cette force motrice, nous ne pouvons méconnaître qu'elle git dans le système musculaire. Elle est communiquée aux muscles par les nerfs, et ceux-ci dirigent d'après l'intention de la volonté le mouvement des muscles vers les objets dont le sens a été frappé. Dans ce mouvement, c'est ordinairement l'os qui sert de levier, tandis que dans les muscles git la force qui remue immédiatement celui-ci. Or dans tous les mouvements de la vie, l'action est déterminée, d'après les lois de la nécessité, par une cause physique, soit immanente, comme le sang dans le battement du cœur, soit extérieure, comme l'atmosphère dans la respiration. Mais dans les mouvements spontanés l'action est sollicitée en outre par une cause morale, immanente aussi ou extérieure ; de telle sorte néanmoins que la volonté est libre de donner ou de recevoir la détermination et de diriger son intention de tel ou tel côté. D'autre part, de même que dans les maladies nerveuses, lorsque les régions supérieures de la vie sont déprimées et liées par les régions inférieures, les mouvements prennent le caractère de celles-ci, de même, dans un sens opposé, lorsque ces dernières sont élevées et absorbées par les premières, comme nous l'avons vu par un grand nombre d'exemples tirés de la vie des saints, les mouvements prennent aussi la forme des régions dominantes. Or, le premier résultat de cette élévation de la vie, c'est un dégagement des forces organiques; de sorte que la faculté motrice, qui réside à l'état latent dans le système musculaire, devient rayonnante et se produit au dehors. Elle ne meut plus seulement alors des leviers immédiatement soutenus par des muscles, mais encore des leviers extérieurs; aussi dirige-t-elle la baguette d'après les lois et les formes du mouvement musculaire. Et nous retrouvons en effet dans les mouvements de la baguette divinatoire toutes les formes de ce dernier.

Que les muscles, par quelque influence physique ou morale, puissent exercer au dehors une attraction et une impulsion magnétique, c'est ce que prouvent, sans parler de la baguette divinatoire, une multitude de faits que l'on a observés dans la vie commune ou à l'occasion de la sorcellerie. Une femme nommée Berchata, vers l'an 1000, décharge des gerbes un jour de fête. Tout à coup elle remarque avec effroi que ses deux mains restent attachées à l'une d'elles, mais avec une telle force que, pour leur faire lâcher prise, il aurait fallu les couper. Cet état devenant persistant, elle fait un pèlerinage à Tile pour invoquer sainte Valburge. Là elle fait sa prière devant l'autel, et sent sa main droite se détacher la première de la gerbe. Elle se jette alors à terre, s'y roule quelque temps, puis étend l'autre main, et le sacristain voit devant l'autel la paille qu'elle tenait auparavant. Elle rend grâces à Dieu de sa guérison, qui avait eu un grand nombre de témoins, et s'en retourne joyeuse chez elle. (*A. S.*, 25 febr.) Cette femme avait été prise évidemment de crampes convulsives. L'effort interne qui agitait les muscles s'était produit au dehors, et lui avait fait saisir convulsivement la gerbe qu'elle déposait à terre jusqu'à ce qu'une détente eût relâché le système musculaire. Ailleurs, c'est une jeune fille, pieuse du reste et très-dévote envers les saints, mais qui aime trop le jeu de la balle, auquel les jeunes gens et les jeunes filles avaient coutume de s'amuser ensemble. Malgré tous les avertissements, elle ne peut renoncer à ce plaisir. Or, un jour qu'elle s'y livrait avec sa passion ordinaire, la balle

Berchata.

s'attache tout à coup si fortement à sa main qu'on ne peut la lui arracher qu'avec des douleurs très-vives et à sa grande confusion. A partir de ce moment, elle renonce à ce passe-temps et mène une vie plus sérieuse. (*Vie de sainte Valburge*.) Une autre fois c'est un peloton qui s'attache tellement à la main d'une femme qui coud le jour de Noël que personne ne peut le lui ôter. (*A. S.*, 29 aug.) Une autre femme de Sarburg file ayant sa quenouille à la main droite, et tournant le fuseau de la main gauche; elle s'aperçoit que l'un et l'autre s'attachent à ses mains. Le soir, il est vrai, le fuseau se détache, mais ses doigts se recourbent vers la paume de la main. Le lendemain matin elle se rend à l'autel de Saint-Adelphe, y fait sa prière, montre au saint sa quenouille attachée à sa main, et elle s'en détache aussitôt. Mais la nuit son autre main devient percluse: elle fut guérie cependant pendant les matines. (*Ibid.*)

Un des faits les plus frappants en ce genre s'est passé en Lorraine, en présence de Remi, qui le raconte dans sa *Dæmonolatreia*. Une femme, nommée Blaise, de Valfracuria, demeurait en 1589 dans la même maison que son gendre, nommé Renier, qui était tailleur. Claude Gérard avait donné à celui-ci du drap pour lui en faire un pantalon, et malgré toutes les instances il ne pouvait l'obtenir de Renier. Un jour qu'il était allé chez lui pour le lui demander de nouveau, ayant trouvé Blaise assise seule au foyer, il lui exposa avec emportement l'objet de sa visite. Blaise se trouva très-blessée; mais, cachant son dépit, elle invita Gérard à s'asseoir avec elle au foyer et à manger des pommes qu'elle faisait cuire. Gérard se laisse persuader et prend une pomme; celle-ci s'attache à sa main, et, comme elle était brûlante, il cherche de l'autre main à s'en débarrasser. Mais à peine a-t-il approché cette main de l'autre que toutes les deux se collent ensemble, comme si elles n'en formaient qu'une. La pomme le brûle tellement qu'il est sur le point de s'évanouir de douleur. Il crie, il court chez lui, prie les passants de ve-

Blaise de Valfracuria.

nir à son aide. Les voisins arrivent, conseillent, ordonnent tout ce qui leur vient à l'esprit, s'efforcent de séparer les deux mains, mais sans pouvoir y réussir. L'un est d'avis qu'il faut le reconduire à l'endroit même où le malheur lui est arrivé. Blaise se moque de lui en le voyant venir, comme s'il ne s'agissait que d'une farce; puis elle lui frotte le bras de haut en bas jusqu'à ce que la pomme tombe d'elle-même, et que les mains reprennent leur premier état. Cette femme connaissait parfaitement, on le voit, la nature de cet accident et la manipulation magnétique qui pouvait soulager Gérard. Mais il est facile aussi de voir que dans ce cas et les autres que nous venons de citer se produit le revers de ce qui apparaît sous une autre forme dans la baguette. Lorsqu'on approche celle-ci d'une veine métallique, elle est mise en mouvement par le moyen des esprits nerveux, parce que ceux-ci sont plus mobiles. Mais si le métal était plus mobile au contraire, les esprits nerveux, au lieu de remuer la baguette, seraient mis en mouvement par elle, et la baguette oscillerait, tremblerait ou tournerait du côté de l'organe, selon les circonstances.

Après les expériences que nous venons de raconter, nous ne devons pas être étonnés de lire dans Albert le Grand, de *Motu animalium*, l. 3, qu'il a connu deux enfants, jumeaux probablement, qui avaient une propriété singulière. Lorsqu'on les approchait d'une porte fermée, l'un l'ouvrait avec le côté droit et l'autre avec le côté gauche. Les pôles magnétiques du système musculaire s'étaient déjà dans le sein maternel partagé tellement entre les deux frères que la prépondérance de l'action positive était tombée dans le côté droit de l'un, et celle de l'action négative dans le côté gauche de l'autre; de sorte que, lorsqu'ils étaient réunis tous les deux, comme ils l'avaient été dans le sein de leur mère, ils formaient ensemble un aimant vital complet. Mais lorsqu'ils étaient séparés, le membre positif de l'opposition dominait dans l'un et agissait au dehors, tandis que le membre négatif dominait dans l'autre; et tous deux

Les deux enfants cités par Albert le Grand.

ouvraient les portes en saisissant et écartant les verrous de fer avec leurs côtés polaires. Si dans ce cas nous voyons l'action des courants magnétiques, nous devons reconnaître celle des courants électriques dans les essais qui ont été faits sur les deux jeunes filles Dhespina et Zabetula, dont il a été question dans les journaux de Smyrne. Lorsque, placées, il semble, dans des états électriques opposés, elles saisissaient les deux bouts d'une table de bois non isolée, sans se toucher néanmoins, il se manifestait aussitôt un courant allant dans la direction de l'une à l'autre, lequel se trahissait d'abord par un craquement du bois, qui s'élevait peu à peu jusqu'à des détonations semblables à celles qui seraient résultées d'un coup de poing donné sur la table. Mais le mouvement et le bruit cessaient dès que les jeunes filles se prenaient par la main, ou se mettaient en rapport par un conducteur.

Nous ne devons pas être étonnés davantage quand nous lisons qu'il y a des hommes qui font sortir d'une blessure le métal qui y était caché, la pointe d'une flèche, par exemple, rien qu'à la toucher, ou même par leur seule approche. Ces hommes font ce que pourrait faire en pareil cas un aimant très-fort. Tout cela n'est que l'effet de la loi générale de la réaction. Les métaux, les pierres, les minéraux de toute espèce exercent un attrait sur tous les hommes qui sont dans un rapport naturel avec eux. Mais ils sont à leur tour attirés par ceux-ci, surtout lorsque le rapport prend sa source dans un surcroît d'énergie vitale, et que celle-ci l'emporte sur la force de l'attrait exercé par l'objet matériel. Il en est de même du rapport qui existe entre l'eau et l'homme doué de la faculté de découvrir les sources. L'eau qui coule sous terre, sollicitant les esprits vitaux en rapport avec elle, agit de telle sorte qu'ils descendent par une sorte de reflux, avec le sentiment de quelque chose qui les lie. C'est là ce que la légende exprime à sa manière quand elle nous parle de l'attrait des Ondines. A ce reflux correspond un flux, dans lequel l'élément de son côté obéit et monte à son tour, ajoutant sa puissance à celle de la vie, et doublant ainsi l'énergie de cette dernière.

Ce qui a lieu pour la terre et pour l'eau s'applique aussi aux autres éléments. Comme toutes les affections de cette sorte, réfléchies à l'intérieur, se révèlent sous la forme d'instincts, les animaux doivent les ressentir plus fortement encore que l'homme, puisqu'ils sont dans un rapport plus intime que lui avec la nature. C'est par suite de ce rapport avec la partie solide et immobile de la terre que nous voyons dans les animaux cet attachement instinctif au sol sur lequel ils sont nés, et qui fait que le lièvre poursuivi par les chasseurs revient toujours à son gîte, quelque loin qu'il s'en soit écarté. Au reste, cet instinct se retrouve jusque dans l'homme, et y produit souvent cette maladie mystérieuse qu'on appelle le mal du pays. Les autres éléments de cet univers, tels que l'air et l'eau, n'ont point, il est vrai, la même solidité ni la même immobilité que la terre. Cependant les nombreux changements auxquels ils sont sujets sont, particulièrement dans les contrées tropicales et polaires, réglés par certaines lois fixes et déterminées. Outre l'instinct casanier qui attache les animaux au sol, il en est un autre qui pousse un grand nombre d'entre eux à émigrer dans d'autres contrées; et c'est surtout entre les pôles et les tropiques que cet instinct exerce son action. Parmi tous les animaux, ceux sur lesquels il agit avec le plus de puissance sont les oiseaux, à cause de leur extrême sensibilité et de leur mobilité continuelle. Aussi les voyons-nous attirés dans des contrées lointaines, les uns par le soleil qui monte, les autres par le soleil qui descend, émigrer par troupes, les uns vers le sud, les autres vers le nord; et ce qui place les pointes de leurs bandes à angle droit avec le méridien, c'est cet aimant qu'ils portent tous au fond de leur être; de sorte qu'ils arrivent toujours au même lieu dans l'une ou l'autre de leurs deux patries adoptives.

Il en est ainsi des migrations des poissons. C'est ce

même instinct magnétique qui du Nord les conduit aux mêmes rochers de la côte septentrionale de l'Asie Mineure dans la mer Noire. On aperçoit jusque parmi les animaux de la terre ferme quelques traces de cet instinct voyageur et des émigrations régulières dont il est la cause. Quant aux migrations irrégulières et accidentelles qu'on remarque chez eux quelquefois, elles peuvent tenir en partie à un certain rapport mystérieux avec le feu souterrain, rapport qui leur fait pressentir parfois les tremblements de terre. L'homme, qui renferme en lui d'une manière éminente toutes les espèces animales, et qui, dans un certain sens, est tout à la fois animal terrestre, oiseau, poisson et zoophyte, ne peut manquer de prendre part aux manifestations cosmiques de ces instincts. De même donc que chaque année, au commencement du printemps et de l'automne, nous voyons dans les oiseaux de passage comme des vents alizés vivants, qui vont des tropiques aux pôles et des pôles aux tropiques; de même que dans les migrations des poissons nous voyons comme les courants vivants de la mer, ainsi dans l'histoire, particulièrement dans les temps primitifs, plus voisins de la nature, nous voyons les peuples, poussés par un instinct voyageur, traverser la terre et les mers, et inonder de leurs nombreux essaims les contrées du Nord et du Midi. De tout cela ne devons-nous pas conclure qu'aux instincts stables correspondent des relations avec les éléments plus solides, rapports qui, comme nous l'avons vu, produisent en certains cas particuliers des effets remarquables; et que, d'un autre côté, les instincts progressifs ont leur base dans des rapports semblables avec les éléments plus mobiles, tels que l'air et le feu, et se manifestent également d'une manière plus tranchée dans certaines dispositions singulières. La vie de l'homme se trouve donc dans un rapport magnétique avec tous les éléments; il est attiré et déterminé par eux en quelque sorte, comme il les attire et les détermine à son tour; de sorte que si les tempéraments répondent en lui aux éléments de la nature, il y a également de ceux-là aux derniers une assonance qui les unit.

Il est facile maintenant de comprendre que lorsqu'un homme qui déjà se trouve naturellement en rapport avec un élément particulier applique à celui-ci toute l'intensité de sa volonté, et se plonge en lui, pour ainsi dire, avec toute la puissance de son âme, il est véritablement ravi dans cet élément, et qu'il en résulte pour lui un rapport analogue à celui que nous avons constaté plus haut entre certaines dispositions naturelles et les astres du firmament. L'élément auquel l'homme s'est livré par une sorte d'idolâtrie, et dans lequel il a placé toutes les affections de son cœur, devient la base, la racine de sa vie, et la cause efficiente de toute son activité. Mais le lien qui l'attache à cet élément repose lui-même, comme nous l'avons vu, sur une certaine analogie ; il met en rapport le feu interne de la vie avec le feu de la nature, le souffle vital dans les artères avec le souffle de l'atmosphère, l'eau de la vie dans le sang avec l'eau extérieure, l'élément terrestre enfin qui gît dans le système osseux et musculaire avec la terre sur laquelle nous marchons. C'est la nature qui domine et qui règle ces rapports, et c'est l'homme qui est dominé par elle. Il n'est pas purement passif néanmoins ; mais il réagit de son côté contre la puissance qui tend à l'absorber. L'âme inspirée de cette manière, ravie, rassasiée par l'élément qui s'est emparé d'elle, prend sa forme et sa nature pour ainsi dire, et ressent, par une sorte de sympathie magique, tous les états qu'il parcourt lui-même. Elle met en lui toutes ses inclinations et tout son amour. C'est en lui et par lui qu'elle agit, qu'elle connaît et qu'elle contemple la nature. Ensorcelée par lui, elle est tout à fait sous son charme ; elle l'assimile et se laisse assimiler par lui, et tous deux sont liés ainsi par l'union la plus intime. Le feu, l'air, l'eau ou la terre est pour ceux qui se sont ainsi laissé dominer par lui un maître, un roi. Bien plus, dans l'antique culte de la nature, ils le reconnaissent et l'honorent comme un dieu ; ils sont ses prêtres et ses prophètes ; ils annoncent, propagent et exercent son culte ; ils sont à la fois ses voyants et ses magiciens, et c'est en son nom qu'ils prononcent leurs oracles, et opèrent leurs prodiges. Telle est cette magie des éléments, qui se rattache à celle des astres, dont nous avons parlé précédemment, et dans laquelle les divers éléments produisent des effets et établissent des rapports non moins remarquables que ceux qui résultent du commerce de l'homme avec le monde sidéral.

CHAPITRE XII.

Rapports mystiques de l'homme avec le monde végétal. L'arbre par excellence ou l'arbre du monde dans la légende de tous les peuples. Il s'épanouit dans le froment et le vin. C'est à lui que se rattache la botanique mystique des temps anciens, dont il nous est resté encore quelques débris. Opposition entre les plantes qui excitent et celles qui calment. L'arbre de la connaissance du bien et du mal se retrouve partout. Les essais de Kerner faits sur la voyante de Prevorst avec les substances végétales donnent les mêmes résultats que ceux faits avec les minéraux. L'ancien culte des plantes et des végétaux.

Les Éthiopiens se représentaient la terre, avec la multitude des plantes qu'elle nourrit de ses sucs, comme une table toujours abondamment servie, et à laquelle tous les hommes, conviés par le soleil, leur père, et la terre, leur mère, peuvent se rassasier joyeusement des fruits dont elle est chargée. Mais la terre n'était pas seulement pour eux une mère ; elle était encore une nourrice ; et, d'après une ancienne légende, au premier printemps de ce monde avait fleuri un arbre dont les fruits étaient des hommes. C'était l'arbre des arbres : il réunissait en lui toute la force et toute la vie du règne végétal, et dans son fruit était rassemblé et réuni tout ce qui est partagé dans les autres fruits de la terre et sert en eux de nourriture; de sorte que la vie, concentrée et recueillie en lui, se déployait dans une magnifique harmonie. Ils consacrèrent donc un certain arbre qui était pour eux l'arbre sacré, l'image de l'arbre de l'univers, lequel porte au lieu de fruits les étoiles et les planètes, au pied duquel jaillit la source des temps, dont les feuilles laissent couler un miel pur, aliment des premiers hommes, et à l'ombre duquel enfin les dieux sont assis comme juges. Cet arbre était à leurs yeux comme le prêtre, le roi et le centre vivant du règne végétal tout entier. Il était comme le médiateur entre eux et les dieux; et lorsque sous son ombrage ils présentaient à ces derniers, sur une table de pierre, l'offrande de ses fruits, ils devaient, en mangeant ceux-ci, s'approprier la vie qui résidait en eux; par eux, la vie de l'arbre sacré lui-même; se mettre ainsi en rapport avec la vie et la vertu de tout le règne végétal, et enfin s'unir de cette manière avec la terre, leur mère, et les corps célestes.

Mais plus tard la famille humaine se partagea en diverses tribus, et l'arbre primitif ou radical se partagea aussi entre les diverses espèces de végétaux. Chacun s'appropria ce qu'il trouva en lui de plus conforme à sa nature et à celle du pays où il vivait. Or, de même que chaque repas en particulier se rattache à une offrande générale, faite par un peuple tout entier au début de sa nationalité et de son histoire et tire d'elle sa vertu sanctifiante, ainsi cette offrande elle-même se rapporte à l'offrande faite à l'origine au nom du genre humain tout entier sous l'arbre primitif, et dont le souvenir se conserva longtemps parmi les hommes, à qui il rappelait l'unité de leur race. La persée, le lebak, en Éthiopie et en Égypte; le lotus en Libye et dans l'Inde; le palmier en Phénicie et en Arabie, de même qu'à Délos; l'amandier en Phrygie, le chêne à Dodone et chez tous les Gaulois; le frêne et le chêne dans le nord germanique, etc., sont devenus, dans les légendes des peuples, des arbres merveilleux et nationaux à la fois. Centres subordonnés du monde végétal, entourés de bosquets sacrés toujours verts et toujours épargnés par la tempête, ils rappelaient aux diverses tribus de la grande famille humaine la présence des dieux; et c'est à eux qu'elles rattachaient et la protection de ces derniers, et leurs inspirations dans les oracles, et toutes les idées de fidélité et de justice. Chaque tribu en particulier faisait dépendre encore de son arbre favori sa propre conservation, sa liberté, la vie et la mort de ses membres, de même que la durée de l'univers entier tenait à l'arbre universel. Ce rapport de l'humanité avec la nature, par ce qu'il y a de végétal dans l'homme, s'est tellement empreint dans l'esprit de l'antiquité qu'il a pénétré jusque dans les plus hauts domaines de l'intelligence. De même en effet que chez les Indiens la mythologie, la symbolique, la poésie et l'art ont un caractère tout végétal, ainsi, à l'extrémité de l'Occident, le livre sacré des Irlandais, l'Ogham, a pris toutes les lettres dans le règne végétal; de sorte que chaque mot forme un groupe représentant les combinaisons toujours changeantes de plusieurs arbres. Puis, ces mots donnent lieu eux-mêmes à des phrases, à des pages, à des livres, lesquels, résultant de combinaisons plus nombreuses et plus compliquées encore, représentent les bosquets sacrés qui croissent autour de l'arbre principal et le cachent aux yeux des profanes.

Au milieu de tous les dons que la nature présentait pour aliments à ses enfants, elle appela bientôt leur attention sur le plus précieux, à savoir le blé; et celui-ci, répandu promptement par l'agriculture, devint la nourriture générale de l'humanité. Dans le blé, la terre, comme une nourrice bienveillante, donne sa meilleure substance, son lait à l'homme, son nourrisson; et celui-ci, par reconnaissance pour ce bienfait, finit par rattacher à cette plante si précieuse pour lui toutes les idées de moralité, d'ordre, de justice et tous les biens d'une vie meilleure. A ce don un descendant du père de l'humanité en avait ajouté un autre, le vin, qui réjouit le cœur. C'était le sang généreux de la terre, comme l'appelle Androcide dans sa lettre à Alexandre le Grand; le sang du géant, comme l'appelaient les Égyptiens, qui était donné aux hommes pour breuvage. A la vue des phénomènes merveilleux produits par cette substance, ceux-ci, frappés par un spectacle si nouveau pour eux, crurent voir dans le jus de la grappe le secret d'un ordre de choses plus élevé et un moyen de se mettre en communication avec les dieux par l'inspiration de la nature. Leur attention une fois appelée de ce côté, ils se trouvèrent bientôt amenés à de plus amples recherches; et c'est ainsi que le règne végétal tout entier leur dévoila peu à peu tous ses trésors. Ils remarquèrent que, de même que chaque plante naît sous un climat déterminé, et renferme une vie qui lui est propre, de même aussi elle est dans un rapport particulier avec certaines dispositions nerveuses, et produit dans l'organisme humain les phénomènes les plus divers, depuis la gaieté franche et cordiale que produit le vin pris avec modération jusqu'à la fureur sacrée des mystères et la clairvoyance, phénomènes qui tous affectent les régions internes de la vie et qui tous aussi sont mystiques dans leur nature. Toutes ces choses furent soigneusement observées, et servirent à des investigations plus profondes encore. Ainsi se forma peu à peu une masse de connaissances secrètes, par le moyen desquelles le contact avec la nature devint toujours plus intime, et les rapports magiques avec ses puissances toujours plus familiers. A cette époque, en effet, les choses de ce genre étaient mieux observées et avec beaucoup plus de fruit qu'elles ne le furent plus tard, lorsque l'esprit humain s'appliqua davantage à observer et à classer les formes extérieures.

Une partie de cette botanique mystérieuse des premiers temps s'est conservée dans les écrits des anciens; une autre est parvenue jusqu'à nous par la tradition et les pratiques de la sorcellerie, et on la retrouve encore en partie dans le peuple parmi les bergers, les bourreaux et les médecins populaires. Mais la plus grande partie en est perdue selon toute apparence. Ce que Pline nous en dit au vingt-quatrième livre de son *Histoire naturelle* peut déjà nous en donner une idée. D'après lui, Démocrite fait mention d'une plante nommée achemenidon, qui croît à Tardistylis dans l'Inde. Elle est sans feuilles et a la couleur de l'électrum ; ses racines, servies en forme de pastilles et mêlées avec le vin, effrayent la nuit les malfaiteurs par des visions terribles qui les forcent de confesser leurs crimes. L'ophiuse, selon d'autres, croît à Éléphante en Éthiopie ; elle a une couleur pâle, une forme désagréable ; ceux qui en boivent ont peur des serpents, et en viennent souvent jusqu'à se tuer eux-mêmes dans la frayeur qui les poursuit : c'est pour cela qu'on la donne aux sacriléges. Elle a pour contrepoison le vin de palmier. La théangélis, qui croît sur le Liban, sur le mont Dyctis en Crète, à Babylone et à Suse, donne à ceux qui en mangent la faculté de prédire l'avenir. En Bactriane et sur le Borysthène croît une plante nommée gélophylis, qui, mêlée avec le vin et la myrrhe, produit aussi des phénomènes singuliers, et particulièrement un fou rire qui ne cesse que lorsqu'on a bu du vin de palmier mêlé de poivre, de miel et de graines de pin. Selon Dioscoride, la racine du manicum solanum, mêlée au vin dans la proportion d'une drachme, produit des visions singulières et des images agréables. Il est dit ailleurs qu'Antoine ayant défait les Parthes, ceux-ci, poussés par la faim, trouvèrent, selon Appien d'Alexandrie, une plante dont ils crurent pouvoir manger ; mais bientôt ils se mirent à tirer des pierres de la terre, poussés par une force irrésistible et persuadés qu'ils faisaient aussi quelque chose de grand ; puis ils rendirent beaucoup de bile, et moururent ainsi. Toutes ces excitations, on le voit, ont cela de commun qu'elles produisent une concentration des forces de la vie inférieure et par suite la clairvoyance. Cependant chaque excitant en particulier se distingue des autres par quelque caractère spécifique, qui le met en rapport avec tel ou tel organe du corps humain, et qui se manifeste dans telle ou telle direction.

Lorsque, dans ces derniers temps, la médecine s'est mise à étudier davantage ces effets singuliers, une partie des observations faites par les anciens ont été confirmées. On a remarqué entre autres choses que le simple flair de la semence de jusquiame, particulièrement lorsque la chaleur augmente encore son énergie, donne à ceux qui en respirent les exhalaisons un penchant à la colère. Deux époux, très-unis d'ailleurs, ne pouvaient rester deux heures ensemble à travailler dans la même chambre sans se quereller de la manière la plus violente. On crut qu'un sort avait été jeté sur la chambre qu'ils occupaient, jusqu'à ce qu'enfin on eût trouvé près du four un paquet de semences de jusquiame ; et lorsqu'on l'eut ôté la paix revint dans le ménage. (*Encyclopédie*, t. VII, art. Jusquiame.) D'autres fois, après qu'on a pris cette substance, une goutte d'eau paraît un immense océan, ou bien les lettres d'un livre placé devant les yeux semblent vivre et danser ensemble. D'autres voient double ; tous les objets leur paraissent de couleur écarlate, et ils finissent par perdre la vue. D'autres enfin sont pris de manie furieuse, et s'agitent comme des possédés. On a remarqué que des effets semblables sont produits par les diverses espèces de solanum, avec cette différence qu'ici l'excitation, dans ses degrés inférieurs, dispose davantage au plaisir et à la volupté, tandis que la ciguë fait voir quelquefois des troupes de chats et de chiens. Les expériences de cette sorte devinrent tellement nombreuses qu'on nomma plusieurs de ces plantes d'après les effets singuliers qu'elles produisaient. C'est ainsi qu'on appela la renoncule σαρδων ; la belladone, plante qui donne du courage ; la pomme épineuse, herbe folle ; l'ivraie, herbe qui donne le vertige ; et le lycopersicum, pomme d'amour.

L'Orient surtout étudia avec un soin tout particulier ces sortes de rapports, afin d'en tirer profit à sa manière pour la satisfaction des passions. On sait quel abus on y fait de l'opium, afin de se procurer des extases artificielles, et quelles suites déplorables résultent de cet abus. A force d'observer les propriétés des plantes, de les comparer entre elles et de tempérer leurs effets par des mélanges savants, les Orientaux, avec le tact délié et le sens exquis qui leur est propre, ont fini par composer des thériaques dont ils disent des merveilles. Le docteur Kaïmpfer a eu occasion d'éprouver sur soi-même l'effet de l'une de ces compositions, et nous a laissé là-dessus un récit détaillé dans son livre *Amœnitatum exoticarum fasciculi*, p. 652. Il fut invité à Gamron, le Bender-Abassi des Perses, par les Banianes, avec six autres Européens, à un festin près de la ville. Lorsque, pendant le repas, on en vint à porter les santés, les Européens burent du vin à souhait; mais les Banianes, à qui cette liqueur était interdite, prirent à la place quelques bouchées d'un électuaire qu'on leur avait envoyé de leur pays peu de temps auparavant. Kaïmpfer désirant y goûter, on lui en donna une bonne part, qu'il distribua aux autres, à l'exception d'un seul, qui ne voulut pas en manger, parce qu'il en connaissait déjà l'effet. Tous furent inondés d'un bien-être qu'ils n'avaient encore jamais ressenti auparavant. Ce n'était que joie, gaieté, badinages, rire et tendresse mutuelle. Le soir, lorsque les hôtes montèrent à cheval pour s'en retourner chez eux, la chose prit une autre forme; il leur sembla qu'ils étaient emportés sur des coursiers ailés par delà les nuages et traversaient des ponts formés par des arcs-en-ciel; car mille lumières des couleurs les plus brillantes et les plus variées frappaient leurs regards. Arrivés chez eux, ils se mirent à table pour souper. Les mets leur parurent si succulents qu'ils se croyaient à la table des dieux. Le lendemain ils se réveillèrent sans éprouver aucun sentiment pénible. De tout ce qu'ils avaient vu ou fait la veille il ne leur resta que le souvenir de la joie qui les avait inondés, et de plus, chose assez bizarre, l'impression de la crainte qu'ils avaient eue continuellement, soit en marchant, soit en allant à cheval, de tomber du côté droit. Mais pour tout le reste ils furent obligés de se le faire raconter par celui d'entre eux qui n'avait point voulu manger de l'électuaire.

L'observation des effets produits par ces plantes fit bientôt conjecturer qu'il devait y en avoir d'autres produisant des effets contraires, ayant par conséquent la propriété de calmer et d'éclaircir l'esprit; et ce même sens de la nature qui avait découvert les plantes dont nous venons de parler ne tarda pas à trouver aussi les autres. Si les premières agissaient sur l'organisme en polarisant ses puissances, en décomposant ses éléments, les autres devaient au contraire faire rentrer dans son lit la vie qui avait débordé par-dessus ses rives, rétablir dans les forces et dans les éléments de l'organisme l'harmonie entre leurs oppositions, assoupir les manifestations de la vie inférieure, et donner ainsi lieu aux puissances supérieures de manifester leur action. Comme on avait rangé les substances excitantes dans une série progressive, selon le degré d'excitation qu'elles pouvaient produire, on fit la même chose pour les calmants. On plaça donc dans cette catégorie les herbes et les plantes que la doctrine mystique et secrète de l'antiquité désignait et employait comme calmantes. Ainsi, par exemple, relativement à l'appétit sexuel, on opposa au satyrion, dont le seul contact suffit pour exciter les sens, la nymphée, le *daphne cneorum*, l'*agnus castus*, l'*érigeron graveolens* ou le *conyza*, l'ail, et surtout l'asphodèle, de la famille des lis, cette plante merveilleuse, qui, mâle et femelle, croît jusque dans le monde inférieur. (*Symbolique* de Creuzer, 4.) Puis venait le gui, sacré pour les Gaulois, et que les dieux eux-mêmes sèment sur le chêne qui leur est consacré; le gui, qui coupé par les druides avec une faucille d'or, le sixième jour de la lune, lorsque celle-ci est dans sa force, et reçu, puis conservé dans une étoffe blanche, est appelé d'un nom qui signifie qu'il guérit toutes les maladies, parce qu'en effet il neutralise tous les poisons et donne la fécondité.

Il en est ainsi de l'arbre des mages nommé hom, source de toute bénédiction et de toute prospérité, couronne du règne végétal et sans lequel aucune offrande ne peut être présentée aux dieux. Puis vient l'*asclepias acida* des Indes, dont le suc laiteux, acide et amer calme les nerfs et les détend. Tiré solennellement de la plante qui le renferme, avec certaines cérémonies et certaines formules, cet extrait est pour les brahmes la quintessence de toute nourriture, le lait le plus substantiel de la terre, le moyen de l'immortalité ; et c'est pour cela qu'ils l'emploient dans tous leurs sacrifices.

L'antiquité, dans sa manière de considérer la nature, crut que les substances excitantes étaient principalement le produit de l'action du soleil, et portaient ainsi son empreinte, tandis que les autres, se rapprochant davantage de la lune dans leurs effets, étaient marquées aussi de son caractère. Mais comme on voyait d'un autre côté que c'est le soleil qui agit sur la lune, et que la lune, à son tour, réagit sur le soleil, et que par conséquent, à chaque vibration positive, à chaque liaison produite par celui-ci correspond une détente et un dégagement passif produit par celle-là, on ne tarda pas à conclure que ces deux classes de plantes, celles du soleil et celles de la lune, se subdivisaient en deux parties, et que chacune renfermait des plantes excitantes et calmantes, capables d'éveiller ou de plonger dans le sommeil magnétique, avec cette seule différence que les unes opéraient à la manière du soleil, et les autres à la manière de la lune. Ce n'était au reste que la répétition de ce que nous avons déjà trouvé dans le règne minéral. Toutes les plantes avaient à l'origine une racine commune s'enfonçant dans la terre, laquelle donnait aux hommes, dans le froment, sa moelle la plus intime pour nourriture. Puis, au-dessus de la terre, s'élevait la vigne, terrestre par en bas, mais hélio-lunaire partout ailleurs, et fournissant au genre humain une liqueur généreuse. Puis enfin venait toute la série des plantes hélio-lunaires et luni-solaires, auxquelles se rattache une variété infinie d'effets et d'actions. Mais le végétal qui enfonce ainsi ses racines dans la terre, c'est l'arbre de la science du bien et du mal : les effets que produisent ses différents fruits sont donc partagés en bons et mauvais, non-seulement dans l'ordre matériel, mais encore sous le rapport moral. De même donc que son action magique donne naissance à deux magies opposées, l'une bonne et l'autre mauvaise, ainsi, sous le rapport physique, il se manifeste comme charme et contre-charme. De même en effet, que chaque poison a son contre-poison, ainsi tout charme a son antidote. C'est pour cela que parmi les Corybantes si trente savaient charmer, vingt pouvaient détruire leurs charmes.

On comprend de cette manière comment l'antiquité, après s'être appliquée à rechercher les charmes de la magie naturelle, s'est mise à étudier aussi les substances qui pouvaient leur servir d'antidote. Cette double investigation a commencé de si bonne heure que nous en trouvons l'empreinte dans les idiomes des différents peuples. Ainsi chez les Germains, lorsqu'ils étaient païens encore, beaucoup de plantes tiraient leurs noms de ceux des dieux : comme le *baldrian* (la valériane), du dieu Balder; l'aconit ou *thorshut*, du dieu Thor. Mais dans le christianisme l'opposition se produit d'une manière encore plus tranchée. Nous voyons en effet que le bon principe dans les végétaux aime à prendre son nom au Christ, aux anges et aux saints, tandis que le principe mauvais emprunte les siens au diable et à sa troupe. Ainsi, d'un côté, la scabieuse s'appelle morsure du diable, la jusquiame œil du diable, la belladone baie du diable, l'euphorbe lait du diable, la bryone cerise du diable, la ciguë persil du diable, l'aconit racine du diable, le lycopode griffe du diable ou poudre des sorcières. Mais déjà nous voyons le caractère de l'antidote se produire dans l'hypericum, qui s'appelle fuite ou malédiction ou vol du diable; tandis que les plantes bienfaisantes s'appellent herbe de la grâce de Dieu, racine du Christ, racine des anges, rose de Marie et de mille autres noms qui expriment la victoire du bon principe. Grimm a recueilli tous ces noms dans sa mythologie allemande. Plusieurs plantes expriment à la fois les deux principes, comme par exemple l'hyoscyame, si important dans ce cercle. Une des plantes les plus énergiques dans la magie s'appelait apollinaire chez les anciens, *al tercum* chez les Arabes, parce qu'elle était consacrée à Apollon, tandis que les peuples chrétiens l'appelaient herbe d'Apollinaire, à cause du saint qui porte ce nom. Le nom de racine noire du Christ donné à l'ellébore semble indiquer un rapport semblable, et exprime à la fois la bénédiction et la malédiction qui résident dans les propriétés des diverses plantes, et donnent naissance aux charmes et aux contre-charmes. Si donc la pivoine est déjà vantée par Pline comme remède contre le cauchemar; si l'herbe nommée moly était déjà considérée dans l'antiquité comme un préservatif contre la fascination; si les lychnis, les aristoloches, les thapsies, le tussilage, le cyclamen, la scille, le ricin ou palma christi, le fenouil et la sauge étaient reconnus généralement comme empêchant l'effet des charmes, toutes ces plantes devaient cette propriété à la bénédiction que la nature y avait déposée.

Afin de comprendre, autant que la chose est possible aujourd'hui, ces idées à demi effacées d'un temps si loin de nous, nous devons, comme nous l'avons déjà fait pour le règne minéral, étudier les essais qui ont été faits en ce genre dans les temps modernes. La chose doit être naturellement plus difficile que pour les substances inorganiques, parce qu'ici la vie, plus rapprochée de la matière, lie les divers éléments par des combinaisons plus simples, tandis que dans le règne végétal nous rencontrons une force vitale et des lois plus élevées, dont nous ne pouvons saisir que le jeu et les manifestations extérieures. La base de toutes les plantes est la même : c'est l'oxygène, le carbone et l'hydrogène. Ce sont là les voyelles, pour ainsi dire, auxquelles viennent s'ajouter comme consonnes les autres éléments, dont les combinaisons diverses composent en quelque sorte le dictionnaire de la langue végétale. C'est de ces trois principes élémentaires que sont composées les fibres de la plante, qui forment le tissu de la moelle, des vaisseaux, du bois et de l'écorce, et qui s'épanouissent dans les branches en feuilles et en fleurs. Mais le règne végétal se distingue du règne minéral en ce qu'aucun de ces trois éléments n'est forcé d'entrer dans la combinaison avec un seul atome, mais que trois ou quatre atomes de l'un s'unissent avec quatre ou cinq de l'autre, pour en former un atome composé. Il résulte de là que les substances organiques doivent manifester au dehors d'autres propriétés chimiques que les substances inorganiques, composées des mêmes éléments ou d'éléments presque identiques associés de la même manière, et que la vie de la plante a quelque chose de plus que celle des minéraux, quelque chose que la nature physique toute seule ne saurait jamais donner. Et comme ces éléments, dès que la vie s'est retirée, se séparent sans aucune altération, on doit en conclure que c'est la force vitale qui produit cette différence entre la plante et les minéraux, en ajoutant aux combinaisons particulièrement caractérisées par les proportions pondérales des éléments des qualités dont les degrés déterminent à leur tour la nature et l'espèce des végétaux. C'est ce que prouvent les essais faits par Kerner sur la voyante de Prevorst, avec diverses espèces de raisins qu'il lui mettait dans la main. Les uns produisaient un étourdissement dans la tête, une fatigue dans les membres et un sommeil subit. Les autres éveillaient au contraire un sentiment de froid dans tout le corps, ou une sorte de roideur dans les nerfs. Ceux-ci répandaient dans le corps une chaleur générale, ceux là donnaient des battements de cœur et accéléraient le mouvement du sang. Les uns manifestaient leur influence par une chaleur locale, ou sur la poitrine ou dans les entrailles, les autres produisaient des douleurs dans les yeux, et faisaient comme flotter devant eux un nuage. Tous ces raisins étaient cependant composés à peu près des mêmes éléments, et toute la différence qui existait entre eux venait de la force vitale qu'ils puisaient dans le sol où ils avaient crû, et qui remplace dans les végétaux les forces physiques du règne minéral. Nous devons donc retrouver en elle les mêmes oppositions que nous avons constatées dans ces dernières, lesquelles, agissant d'une manière positive, prennent un corps dans l'oxygène, tandis que lorsqu'elles agissent d'une manière négative elles se produisent au dehors dans le potassium et les substances combustibles qui leur sont analogues.

Mais Kerner a essayé encore d'autres substances végétales, plus tranchées pour ainsi dire dans leur nature que celles dont nous venons de parler. Parmi celles qui produisent le sommeil magnétique, les feuilles et plus encore les baies du laurier se sont montrées particulièrement efficaces. Il suffisait à sa malade d'en tenir cinq à la main pour tomber en cet état, et sept le faisaient durer deux heures. De même que le cristal de roche la réveillait de ce sommeil, ainsi, à l'époque où elle n'était plus magnétisée, les feuilles ou les baies de laurier la replongeaient infailliblement dans cet état. Les sorbes produisaient le même effet, ainsi que l'arbre, lorsqu'elle était seulement mise en rapport avec lui par un lien long de quinze aunes; l'effet était même plus fort alors que lorsqu'elle prenait à la main des branches ou des feuilles de cet arbre. Celui-ci produisait encore, de même que le thé vert et les châtaignes vertes non encore mûres, des éblouissements et des nuages devant les yeux; de sorte qu'elle ne sentait plus de tout son corps que la tête; mais lorsqu'elle prenait à la main des feuilles d'épinards, il lui semblait que la partie antérieure du cerveau était endormie, tandis que le cervelet était éveillé. L'odeur du lichen jolitus lui donnait un sentiment agréable et le sommeil magnétique. Les figues et les feuilles de figuier, les asperges, le romarin, la sauge l'éveillaient à demi ; le safran et l'ail l'assoupissaient ; la fleur du lis blanc rafraîchissait tout le système nerveux et provoquait des songes.

À mesure que les oppositions paraissent plus tranchées, les phénomènes se produisent d'une manière plus déterminée aussi. Ainsi la racine de l'artémisia vulgaris produit des vertiges et une longue défaillance. Ramenée à elle-même par la baryte sulfatée, la malade dit qu'elle voyait tantôt une montagne, tantôt une herbe avec des fleurs très-petites, mais que tout cela disparaissait dès que la pensée du spath se présentait à elle. L'étourdissement que produisent les feuilles rouges de la fève est plus fort encore dans la jusquiame, qui lui donne des vertiges avec la sensation de paralysie et un demi-sommeil magnétique, tandis qu'une goutte d'huile de jusquiame lui faisait paraître des nuages devant les yeux. Un grain de racine de belladone lui donnait le vertige, et il lui semblait alors que le cerveau lui branlait. Ses yeux, dont la pupille s'élargissait d'une manière considérable, voyaient double, et se fermaient de telle sorte qu'on pouvait à peine les rouvrir. L'action se faisait sentir surtout dans le cervelet : un état de demi-veille survenait, mais le cristal de roche la réveillait tout à fait. Si l'on mettait la moitié d'un grain d'extrait de racine de belladone à dissoudre dans une once d'eau, si on mélait ensuite trois gouttes de cette dissolution dans quatre onces d'eau, trois gouttes de cette seconde solution produisaient chez elle, d'une manière homœopathique, un sentiment de chaleur dans tout le corps, particulièrement à la tête et à la poitrine, un affaiblissement dans la vue et un enrouement. Son corps lui semblait petit, sa tête grosse au contraire, et chacune de ses paroles retentissait comme un tonnerre dans son cerveau. L'agaric blanc enfin lui donnait des étourdissements, et il lui semblait que tout dansait autour d'elle dans sa chambre. Ce sentiment ne pouvait être calmé que par la baryte sulfatée.

Au laurier, cette plante des prophètes, était opposée la baguette de coudrier, qui ôtait à la malade toute la force magnétique, et la réveillait complétement. D'après d'autres essais faits ailleurs sur une femme qui ne croyait point à l'influence de cette plante, elle produisit une sensation de roideur aux mains et aux pieds. Il en est de même de la fleur de plantago media et du lierre, qui produisaient également la roideur dans les membres. Mais avec l'hélianthe, la fleur du soleil, commence une nouvelle série de phénomènes. Cette plante, en effet, produit une vibration et une dilatation des paupières qui force la patiente à ouvrir les yeux dans toute leur grandeur, pendant que son corps se met à tourner involontairement par un mouvement circulaire à partir de la poitrine. Le blé de Turquie non mûr encore lui faisait rouler les yeux et lui donnait des défaillances. Puis, le bras droit se remuait depuis le côté en remontant jusque vers la tête; puis il descendait et répétait ce double mouvement, comme dans la danse de Saint-Gui, jusqu'à ce qu'en soufflant sur la malade on eût excité en elle des crampes magnétiques générales; et elle s'éveillait alors en poussant un cri. Le houblon frais encore produisait un rafraîchissement dans tout le corps depuis la pointe de la langue, des étourdissements dans la tête avec le sentiment de quelque chose qui montait le long de la colonne vertébrale. Elle éprouvait aussi des commotions, après lesquelles elle se sentait forcée de remuer tout son corps, mais le bras surtout ; de sorte qu'elle se magnétisait pour ainsi dire elle-même en promenant sa main sur tout son corps à partir de la tête. Le geum urbanum, dans sa fleur ou simplement en herbe, et le caoutchouc lui causaient aussi des mouvements qui n'étaient pas naturels et une grande excitation nerveuse. D'autres végétaux produisaient encore des effets analogues. Ainsi, trois noix de galle causaient une paralysie instantanée dans la colonne vertébrale; de sorte que la malade ne pouvait ni lever la tête ni se dresser. La paralysie partait, disait-elle, du cervelet et de la moelle épinière, et elle ne pouvait s'en délivrer qu'en sentant la plante nommée calendula, et en se frottant le creux de l'occiput avec de l'huile de romarin. L'odeur de calendula lui donnait en effet la faculté de redresser sa tête, et le frottement d'huile de romarin produisait en elle une sensation, comme si quelque chose lui courait de l'occiput jusqu'à l'os sacrum, et de là dans le bas-ventre. Après quoi elle pouvait se relever. Si elle s'asseyait contre un placard où l'on gardait des noix de galle, elle éprouvait une paralysie dans le bras tourné vers lui. On peut encore ranger dans cette classe de phénomènes les effets de la semence de ricin, qui lui endormait le bras, et de l'indigo, qui lui courbait la main comme un métal et lui donnait des crampes violentes dans la poitrine.

La régularité qui distingue le résultat de ces observations est une preuve de leur exactitude, quoiqu'elles ne suffisent pas encore pour nous initier complétement à tous les secrets de ces domaines. Mais ce qui ressort clairement de toutes ces expériences c'est la puissance que la vie végétale propre aux plantes exerce sur la vie animale, lorsque celle-ci se trouve favorablement disposée pour recevoir son action. La vie végétale, en effet, a ses courants et ses rives pour ainsi dire; elle se compose d'une multitude de flux subordonnés qui ont lieu autour de leurs axes, qui tous se réunissent en un mouvement général autour d'un axe interne, et qui forment ainsi autour de la plante une sphère d'action d'un diamètre déterminé. Si donc un homme d'une nature très-mobile entre dans cette sphère; s'il se met dans un rapport plus intime encore avec tel ou tel arbre par un conducteur, on voit se produire aussitôt, en raison de l'élément végétal que l'homme renferme en soi, une action réciproque entre les courants animaux et végétaux. Les uns se trouvent accélérés ou ralentis par les autres, conduits dans telle ou telle direction, placés de telle ou telle manière; et comme l'action est réciproque, c'est la vie la plus forte qui l'emporte. Le laurier, avec lequel la prêtresse se met en rapport de cette manière, la rend clairvoyante, et devient pour elle l'arbre des prophètes, de même que le chêne druidique du Zeus de Dodone, dont l'action est encore augmentée par la source qui coule à ses pieds, excite dans les prêtres du Dieu un enthousiasme que dissiperait l'action calmante d'autres espèces végétales. La vie des plantes a donc son côté électrique et son côté magnétique. Tous les deux se révèlent dans tous les domaines du règne végétal, de même que dans la nature inorganique. Là comme ici ils sont inséparables l'un de l'autre, et se provoquent réciproquement. Les végétaux ainsi modifiés doivent avoir la propriété de produire dans tous les êtres vivants accessibles à leurs influences la même disposition à laquelle ils doivent eux-mêmes leur origine.

Or, que le règne végétal renferme en soi des dispositions électro-magnétiques qui sont comme les organes de la vie des plantes, c'est ce que prouvent les expériences faites par Amoretti. Celui-ci croit, en effet, avoir découvert que toutes les plantes sont électro-motrices, non-seulement pendant qu'elles vivent, mais encore quand elles ont cessé de végéter; que les anthères ont un rôle positif dans la plante, tandis que les pistils se comportent négativement à l'égard des premiers; que toute semence propre à la germination a deux pôles; que dans les sexes partagés entre les différentes fleurs d'une même tige ou distribués sur des individus séparés, les fleurs mâles ont une polarité positive, et les fleurs femelles une polarité négative; que, dans le dernier cas, la différence s'étend jusqu'à la tige et au tronc; que, lorsque les deux semences, mâle et femelle, mûrissent unies ensemble dans une même cosse ou séparées dans les boutons, les plantes qui sortent d'une semence positive doivent produire de nouveau une semence positive aussi, et se trouvent déjà dans le germe marquées d'un caractère positif, comme les autres sont marquées d'un caractère négatif au contraire. Que les arbres frappés de la foudre sont, depuis la racine jusqu'au sommet, et le long des branches, à des intervalles d'environ deux pieds, disposés positivement et négativement tour à tour; que cette disposition persévère, et qu'on la retrouve même dans le bois fossile.

Il serait curieux de savoir quel est le rapport de ce jeu des diverses forces de la vie à l'égard de l'action des éléments qui leur servent de voile; mais l'état actuel de la science permet à peine de résoudre ce problème d'une manière satisfaisante. On sait, comme nous l'avons déjà dit, que le carbone, l'hydrogène, l'oxygène et l'azote entrent dans la composition de toutes les substances végétales, et que toute la différence de celles-ci vient de la variété qui existe dans les rapports de ces divers éléments. Or, de ces quatre éléments, deux semblent avoir une polarité électro-magnétique, et les deux autres la polarité contraire. On a constaté que les combinaisons les plus simples du carbone et de l'azote, lorsque le caractère négatif domine, forment des radicaux composés qui correspondent dans le règne organique aux corps simples du règne inorganique, tels que les métaux et les substances analogues. Comme les métaux, ces radicaux composés doivent donc, lorsque le caractère positif survient en eux, éprouver un changement dans leur état, changement dans lequel les nouvelles combinaisons se partagent en deux branches, selon que l'acidité ou l'alcalinité végétale domine en elles. Ainsi nous trouvons dans une première série les huiles et les stéaroptènes, d'autant plus grasses et plus épaisses, et bouillant à une température d'autant plus haute que le carbone y est plus abondant, d'autant plus légères et volatiles qu'elles contiennent plus d'hydrogène. Puis nous trouvons dans l'autre série, d'un côté les acides quinique, méconique, lactucique, sinapique, fungique, bolétique, igasurique; de l'autre côté, les bases salines végétales, telles que la morphine, la narcotine, la strychnine, la brucine, la quinine, la vératrine, l'émétine, etc.; puis, entre ces deux classes, d'un côté les substances astringentes, et de l'autre les amères; et enfin autour du point d'intersection les substances indifférentes, telles que l'amidon, la gomme, les mucilages, le sucre, etc. Mais il est très-difficile de connaître, d'après les expériences qui ont été faites, les effets spéciaux de ces substances sur un organisme très-impressionnable, parce que tous ces essais ont été faits avec des plantes ou des parties de plantes vivantes, et composées d'un grand nombre d'éléments. Il serait à désirer que l'on profitât de la première occasion favorable pour explorer davantage ce domaine.

CHAPITRE XIII.

Rapports magiques avec le règne animal. Comment l'origine des peuples agriculteurs, pasteurs et chasseurs se rattache à la jouissance du fruit défendu. De la puissance magique de l'homme sur certains animaux, sur les serpents par exemple. Explication de ce symptôme par le traitement magnétique des animaux. Comment l'homme est dominé à son tour par ceux-ci. Phénomènes extraordinaires résultant de la morsure de la tarentule. Comment l'homme prend quelquefois la nature des animaux. Des loups-garous. Origine du culte rendu aux animaux dans l'antiquité.

La jouissance du fruit défendu a troublé les rapports de l'homme avec la nature; de telle sorte que, abandonnée à elle-même, elle ne lui donne que de mauvaises herbes et des ronces, et qu'il est obligé de lui arracher péniblement, en cultivant le sol, les herbes et les fruits dont il doit se nourrir. La même chose est arrivée dans le règne animal, et il ne nous est resté que de faibles débris de la puissance que nous avions sur les animaux à l'origine. Ceux-ci se sont partagés, pour ainsi dire, en deux classes. Les uns ont conservé pour l'homme un certain attachement, et sont restés avec lui comme animaux familiers et domestiques : de là est venue la condition de pasteur. Les autres se sont éloignés de lui, au contraire, et sont devenus errants ; ou bien, tournant contre lui leurs cornes, leurs dents ou leurs griffes, ils l'ont forcé d'employer contre eux la force et la ruse ; et c'est de là qu'est venue la condition de chasseur. Mais comme l'homme peut s'élever au-dessus de lui-même, ou descendre plus bas encore, ses rapports à l'égard du règne animal et du règne végétal sont susceptibles aussi d'une certaine élévation ou d'une certaine dépression. Dans l'un et l'autre cas, ses rapports naturels font place à des rapports magiques, qui peuvent être, ou des dons de la nature, ou l'effet de quelque malédiction, de quelque maladie et d'une sorte de contagion naturelle. Si donc l'homme peut, d'un côté, exercer une puissance magique sur certaines espèces animales, il peut, au contraire, devenir en quelque sorte leur esclave. Dans le premier cas l'animal est humanisé, pour ainsi dire ; et dans le second cas l'homme est abruti. Ce sont ces deux états que nous allons étudier dans ce chapitre.

La première espèce animale qui se présente ici à nos observations, c'est celle du serpent, de cet animal mystérieux, sous la forme duquel a eu lieu à l'origine la première tentation d'où est résulté l'abrutissement primitif et radical de l'homme. Symbole de toute magie, le serpent a su charmer notre premier père par ce même regard qui encore aujourd'hui attire les petits oiseaux, de sorte qu'ils ne cessent de voler ou de sauter jusqu'à ce qu'il les ait engloutis dans sa gueule. Mais il se laisse à son tour volontiers charmer par l'homme. Expression parfaite de l'opposition qui gît au fond de tout ce qui est terrestre, il porte la mort dans son venin et une source de rajeunissement dans sa peau. Tantôt il cherche sous la terre la fraîcheur et l'obscurité, et tantôt, au contraire, il aime à se réchauffer au soleil, et à cuire son venin sous ses rayons brûlants, après avoir dormi pendant l'hiver. Animal venimeux et salutaire, répandant une odeur infecte et un doux parfum, brillant de l'éclat des plus belles couleurs, ou blessant le regard par les nuances les plus repoussantes, il est, plus que tous les autres animaux, un objet de haine et d'épouvante pour l'homme; et cependant il peut entrer avec lui dans les rapports les plus familiers; de sorte que celui-ci, lorsqu'il en a reçu la puissance, peut attirer de leurs trous les serpents les plus venimeux, les prendre avec les mains, les rouler autour de ses bras et de son cou, et jouer avec eux comme avec les bêtes les mieux apprivoisées, tandis que les espèces innocentes sont considérées comme portant bonheur à l'homme, qui les souffre volontiers chez lui et les nourrit de lait ou d'autres choses. Ce rapport était déjà connu du temps de Salomon, comme nous le voyons par ces paroles du psaume 58 : « Leur fureur est semblable à celle du serpent, à celle d'une vipère sourde, qui ferme son oreille pour ne point entendre la voix de l'enchanteur qui sait bien enchanter. »

Pline désigne comme enchanteurs en ce genre les Ophiogènes, dans l'Hellespont, lesquels pouvaient, par le seul contact, guérir les morsures de serpent, et en extraire le venin par la seule imposition des mains. Il ajoute que, d'après Varron, il y avait encore dans cette contrée des hommes dont la salive était un excellent remède contre la morsure des serpents. Mais c'étaient surtout les Psylles, tribu africaine nommée ainsi de leur roi Psyllus, dont le tombeau se trouve dans les grandes Syrtes, qui se distinguaient en ce genre; car leur corps renfermait un venin terrible pour les serpents, et exhalait une odeur qui endormait ceux-ci. La chose allait si loin qu'ils avaient coutume d'exposer aux serpents les plus furieux les enfants nouvellement nés, afin d'éprouver par là la fidélité de leurs femmes, parce qu'ils ne fuyaient point devant ceux qui étaient le fruit d'un adultère. Cette tribu avait été, il est vrai, anéantie par les Nasamons, qui s'étaient emparés de leur pays ; mais la race s'était conservée par les vagabonds, ou par ceux qui n'avaient pas été présents à la bataille, et il en existait encore quelques individus. Il y avait aussi en Italie le peuple des Marses, issu d'Anguistia, fille de Circé, et qui possédait la même vertu. Saint Augustin raconte de ces derniers que les serpents connaissaient si bien leur voix et leur étaient si obéissants que, dès qu'un Marse parlait, ils sortaient aussitôt de leurs trous. (*De Genesi ad litteram*, l. II, c. 28.) Beaucoup d'autres témoins dignes de foi confirment cette assertion de saint Augustin. On attribuait aussi la même propriété aux Oblogènes, peuplade de l'île de Chypre ; et leur envoyé Hexagone en donna une preuve en se faisant jeter dans un tonneau rempli de serpents, qu'il conjura tous, de sorte qu'aucun n'osa lui faire de mal ; mais ils s'enlaçaient doucement, au contraire, autour de lui, et le léchaient avec leurs langues. Il y avait aussi autrefois en Égypte des hommes qui, en claquant des doigts, attiraient ces animaux hors de leurs trous, et les congédiaient après leur avoir donné du vin à boire et quelques mets doux à manger. Avicenne rapporte qu'il y avait dans la Damascie des hommes dont le corps était inaccessible aux morsures des serpents, à moins qu'ils ne les eussent excités à les mordre, et, dans ce cas, ceux-ci mouraient à l'instant. Avicenne, ayant entendu parler de ces hommes, se rendit dans un endroit où l'on faisait des expériences de ce genre avec un grand serpent ; mais lorsqu'il fut arrivé, l'homme qui les faisait était mort. Cependant il vit son fils, qui faisait comme lui des choses merveilleuses. Il ajoute cependant que cette faculté ne garantissait pas contre tous ces reptiles, et que l'un de ces enchanteurs, après avoir pris impunément un nombre infini de serpents, fut mordu à la fin, et en mourut.

Ce que les anciens racontent ici est confirmé par les expériences des voyageurs modernes, qui ont trouvé de ces enchanteurs de serpents dans toutes les contrées du monde. Encore aujourd'hui ils sont nombreux dans l'Inde. Ils prennent, disent-ils, de la poudre de serpent et se frottent le corps avec un onguent de la même espèce ; après quoi ils sont persuadés qu'aucun de ces animaux ne peut leur faire de mal. On connaît les expériences faites sous ce rapport par Lane en Égypte. Il vit souvent des enchanteurs faire sortir des serpents des trous d'une maison à l'aide de certaines formules. Il fait remarquer, comme Avicenne, que ces formules ne sont pas toujours sûres ; et il cite l'exemple d'un enchanteur qui, après avoir ainsi dompté un grand nombre de ces bêtes, mourut mordu par un serpent à lunettes.

Quant aux enchanteurs de la Barbarie que Riley vit dans le désert pendant sa captivité, leur puissance sur ces animaux venait surtout du charme des sons et de la connaissance qu'ils avaient des remèdes qui neutralisent leur venin. Ils se servaient surtout dans leurs expériences du serpent à quatre pieds nommé Effah et du Beiskah du petit Atlas, à huit pieds et d'une couleur noire. Dans une expérience dont il fut témoin, deux de ces serpents se jetèrent sur un des Arabes qui les maniait. Dardant sur lui leurs regards enflammés, avec des sifflements épouvantables, ils le mordent d'abord au-dessus de la hanche, puis au cou, s'enroulent autour du cou, des bras et des jambes. L'Arabe, poussant des cris affreux, la bouche écumante, lutte sans succès contre eux. Ils le serrent toujours plus étroitement, de manière qu'il a peine à respirer. Ils le mordent tantôt ici, tantôt là, jusqu'à ce qu'enfin il tombe à terre le corps couvert de bave et de sang, se roule au milieu d'effroyables convulsions, et reste étendu sans mouvement et sans vie. Mais voici qu'on entend le son d'une flûte dans la chambre voisine. Les serpents écoutent, leur fureur s'apaise peu à peu ; ils se détachent du corps de l'Arabe et retournent dans leurs cages pour y être renfermés de nouveau. Le compère qui avait joué de la flûte arrive, ouvre les mâchoires du moribond avec un ciseau, et lui verse dans la bouche quelques gouttes d'un liquide noir, puis il lui en frotte ses blessures, et lui en fait respirer les exhalaisons. Le moribond commence à donner quelque signe de vie; l'enflure se dissipe peu à peu; il revient à lui en bâillant, mais tellement épuisé encore qu'il ne peut se soutenir debout. C'étaient l'haleine et la bave des serpents qui avaient produit ces symptômes de mort; car on leur avait arraché auparavant leurs dents venimeuses, dont la morsure, disait l'Arabe, ne pouvait être guérie que par une puissance extraordinaire, comme celle dont l'Éternel l'avait doué lui et son compagnon.

Les serpents ne sont pas au reste les seuls animaux capables d'entrer dans de tels rapports avec l'homme. D'après Pline, dans son *Histoire naturelle*, l. VIII, le peuple de l'île de Tentyre était naturellement antipathique aux crocodiles du Nil, qui fuyaient rien qu'à les sentir, comme les serpents devant les Psylles; et jamais on ne les voyait approcher de leur île. Ces insulaires, dit-il, sont petits, mais doués d'une très-grande présence d'esprit devant ces animaux, qui du reste sont très-audacieux contre ceux qui fuient à leur approche, et lâches à l'égard de ceux qui les attaquent. Lorsqu'ils vont se baigner dans le fleuve, ils ne craignent donc pas de les rencontrer. S'ils en trouvent un, saisissant le moment favorable, ils s'élancent sur son dos, et au moment où il ouvre la gueule pour les mordre ils y introduisent une massue; et, la prenant par les deux bouts, ils s'en servent au lieu de bride pour le conduire à terre. Aussi leur voix seule effraye déjà tellement cet animal qu'ils le forcent à rendre les cadavres de ceux qu'ils ont dévorés pour les ensevelir. Villamont, dans son *Itinéraire*, l. III., 12, rapporte que de son temps les pêcheurs de cette contrée exerçaient encore cet art. Il en est d'autres dont la voix exerce un pouvoir semblable sur les rats; de sorte que ceux-ci s'arrêtent dès qu'ils l'entendent. (Wierus, de

Mag. infam., p. 92.) Grillaud raconte aussi dans son livre *des sortiléges*, question VIII, p. 143, que peu de temps avant que le pape Adrien VI fît son entrée à Rome il y vit un Grec qui d'un mot apaisa tellement la fureur d'un taureau sauvage, qui paissait dans la forêt avec d'autre bétail, qu'il put le saisir par les cornes, et le conduire avec une corde très-faible, mais préparée d'une manière magique, l'espace de quatre ou cinq milles, au milieu de la nuit. Ce fait était connu, car plus de deux cents personnes en avaient été témoins. « Plus tard, ajoute Grillaud, je vis cet homme dans la prison du Capitole; et il avoua sans détour qu'il faisait tout cela et beaucoup d'autres choses encore seulement en prononçant certaines paroles. Il échappa de sa prison avant la fin de son interrogatoire, par la faveur du peuple et la protection de quelques grands. »

Si l'on veut rechercher les causes de ces phénomènes, il est facile de voir qu'elles appartiennent à différents ordres. Il en est une d'abord qui domine toutes les autres : c'est cet instinct qui fait reconnaître à tous les animaux dans l'homme un être supérieur à eux. C'est cette supériorité qui lui a fait apercevoir à lui-même dans la nature la loi de la compensation, dont il a su tirer profit, afin d'augmenter sa puissance. En vertu de cette loi, l'univers est disposé de telle sorte que tout se balance avec harmonie. L'attaque provoque la défense, le torrent qui déborde trouve une digue qui l'arrête, un lien trop serré une force qui le délie, et chaque poison son antidote. Les poisons fournis par le règne animal trouvent aussi dans le règne végétal leurs remèdes; de sorte que la bave venimeuse du serpent se trouve paralysée dans ses effets par le suc d'une certaine plante américaine. L'homme a connu de bonne heure ces antidotes, et a su de bonne heure aussi s'en servir. Ce n'est pas seulement dans les plantes, mais c'est encore dans l'homme lui-même que la nature a déposé ses poisons et ses antidotes; et l'on trouve en effet des individus disgraciés ou favorisés par elle, qui ont en eux, comme les plantes ou certaines espèces animales, une vertu salutaire ou capable de donner la mort, laquelle, pour devenir efficace, n'a besoin que d'être connue de celui qui la possède. Mais de même que les poisons et les antidotes se font équilibre dans la matière, de même aussi les forces et les instincts se balancent réciproquement dans le règne organique; et tout ce qui peut servir à manifester ces mouvements de l'âme et de la vie peut aussi concourir à cet équilibre. C'est ainsi que les manipulations magnétiques sont efficaces pour dompter et apprivoiser les animaux les plus féroces. Les anciens connaissaient déjà l'art d'apprivoiser les lions, et cet art reposait probablement sur le magnétisme. Les expériences qu'on a faites dernièrement avec les dompteurs d'animaux et dans les armées pour dresser les chevaux conduisent aux mêmes conclusions.

Le son est aussi un des moyens les plus efficaces en ce genre, particulièrement pour les animaux des espèces inférieures, tels que les insectes et les reptiles. L'antiquité connaissait déjà l'influence du bruit de l'airain sur les abeilles. Mais des observations récentes indiquent de plus que toute leur économie domestique et la manifestation de l'instinct social qui les distingue à un si haut degré se rattachent aussi au son. Le serpent de son côté, qui tantôt dans son trou semble une matière inerte, et tantôt, semblable au métal, s'élance comme poussé par un ressort élastique, est extrêmement impressionnable sous ce rapport. Frappé par les sons qu'il entend, il s'abandonne volontiers à leur rhythme; il cède à leur puissance, au milieu même de ses accès de fureur, et rentre docilement dans l'inertie et le silence où s'écoule sa vie. Si le son exerce sur lui un tel empire, il ne peut être insensible non plus à la parole articulée. Celle-ci, en effet, lorsque la vie se trouve surexcitée d'une certaine manière, peut être entendue immédiatement, comme elle l'est ordinairement par le moyen de l'oreille; elle peut alors, même lorsqu'elle n'est pas comprise, produire son effet; et c'est ainsi que l'on explique comment ceux qui sont privés de l'usage de leurs sens peuvent entendre néanmoins les conjurations ou les commandements qu'on leur adresse.

Mais si l'homme peut, en se servant de la puissance qui réside en lui, marquer pour ainsi dire les animaux de son empreinte et les assouplir à ses lois, il peut aussi de son côté se laisser dominer par eux: et cela peut venir soit de lui, soit de leur part. Il peut arriver, en effet, que la force vitale d'un animal, enflammée par quelque surexcitation maladive, se développe d'une manière monstrueuse; de sorte que, mise en rapport avec la force vitale de l'homme, elle absorbe celle-ci, et se l'approprie jusqu'à un certain point. On sait que le virus rabique du chien ou de tout autre animal susceptible de rage peut être inoculé à l'homme, et lui communiquer la nature animale; de sorte qu'il devient enragé lui-même, et ressent un besoin irrésistible de mordre. Mais la nature du chien se manifeste en lui par d'autres symptômes encore. On cite entres autres un hydrophobe chez qui l'odorat était devenu tellement pénétrant qu'il sentait de loin tous ceux qui venaient le voir, et les appelait par leur nom avant qu'ils fussent devant lui. (Borell., *Centur.* III, obs. 68.) D'autres phénomènes observés dans l'hydrophobie permettent de pénétrer jusqu'à un certain point la nature de ces états extraordinaires. Plusieurs personnes ayant reçu d'un chien le virus rabique ont déclaré que leur frayeur de l'eau venait de ce qu'ils y apercevaient l'image du chien qui les avait mordus.

Nous trouvons dans les lettres du docteur Saint-André à quelques-uns de ses amis, sur la magie, une observation remarquable faite sur la tarentule, qui, innocente tout le reste de l'année, ne devient venimeuse dans la Pouille et dans la Calabre que pendant les jours de la canicule; de sorte que sa morsure porte au rire et aux pleurs, au sommeil et à l'insomnie, à la crainte et à la férocité, aux vomissements et aux sueurs. Le patient dont parle Saint-André était un Napolitain, soldat au régiment d'infanterie de La Marre, qui avait été mordu par la tarentule. Tant qu'il resta en Italie, ses accès le reprenaient une fois régulièrement chaque année; mais en France il en avait quatre. Il tombait dans une mélancolie profonde, et c'est par là que s'annonçait le début du mal. Son visage devenait blême, ses yeux hagards; il pouvait à peine respirer, et se sentait étouffer faute d'air. Puis, le mal augmentant, il était renversé à terre, sans mouvement, sans connaissance, sans souffle, et le sang lui sortait de la bouche et du nez. Il serait infailliblement mort si l'on ne se fût hâté de faire venir des musiciens qui lui tenaient leurs violons aux oreilles, et en jouaient aussi fort qu'ils pouvaient. Au bout de quelque temps, ses mains commençaient à remuer, et indiquaient ainsi le retour des esprits vitaux. Ce mouvement se communiquait bientôt au reste du corps, de sorte qu'il suivait des mains et des pieds la mesure du morceau qu'on lui jouait; et à la fin, sautant avec impétuosité, il prenait un de ses camarades, et dansait avec lui comme le virtuose le plus habile. Cette danse durait sans interruption pendant près de quarante-huit heures, à l'exception de quelques instants pendant lesquels il respirait un peu lorsqu'il était trop fatigué. On lui donnait ensuite un peu de vin et un œuf bouilli dans du lait. Dès qu'on apercevait que son accès allait le reprendre, les musiciens se mettaient à jouer, et le malade recommençait à danser. Lorsque l'accès était passé, il courait par les champs, afin de dissiper complétement par la transpiration et la sueur le principe contagieux.

Saint-André le vit plusieurs fois danser ainsi, un sabre nu à la main, et se blesser le bras gauche, qui était nu; mais il guérissait à l'instant ses blessures avec sa salive, qui semblait se changer en un baume salutaire. Si les violons cessaient de jouer, ou si une corde se brisait, il retombait sans connaissance comme il était auparavant; et pour le tirer de cet état il fallait lui jouer de nouveau du violon aux oreilles. Mais l'observation la plus remarquable fut celle que fit le docteur avec le miroir. Celui-ci était sur une table, dans la chambre où avait lieu l'accès, et l'on voyait le malade s'agenouiller souvent devant lui, comme pour y adorer quelque chose. C'est qu'il y voyait l'image de la tarentule qui l'avait piqué. Si l'on ôtait le miroir, ou si on le mettait du côté opposé, le malade, quoiqu'il n'eût pu le voir, retombait aussitôt sans mouvement et sans vie. La même chose arrivait lorsque quelqu'un entrait avec un ruban noir dans le lieu où il était. Les violons avaient beau jouer, il fallait pour le rappeler à lui remettre le miroir à sa place ou emporter le ruban noir. La couleur rouge lui était au contraire très-agréable et l'excitait à danser. Saint-André conseilla aux médecins du régiment de le purger, de cautériser l'endroit où il avait été piqué, et d'y appliquer des fers brûlants. Mais il mourut quelque temps après, au milieu d'un accès qu'il eut dans une rue et dans un lieu où on ne put le secourir.

Ce qui frappe dans ce rapport, c'est d'abord cette circonstance que les accès, après s'être produits une fois par an, au jour anniversaire où avait eu lieu la morsure, parurent ensuite quatre fois l'année. L'influence des couleurs n'est pas moins remarquable. Le noir, qui, comme la nuit, absorbe toute la lumière, liait la vie chez le malade, et produisait en lui des crampes, tandis que le rouge excitait au contraire une réaction contre le poison et le poussait à danser. La vertu salutaire de sa salive pour guérir les blessures qu'il se faisait en dansant est un fait digne aussi d'attention, et que nous aurons occasion d'étudier plus tard. Mais la circonstance la plus intéressante sous tous les rapports c'est sans contredit l'apparition dans le miroir de l'image de la tarentule qui l'avait piqué et les honneurs qu'il lui rendait. La rechute était chez lui la reproduction exacte du premier accès; l'animal qui en avait été la cause devait donc s'y retrouver. Son image, produite comme vision interne dans l'âme du patient, et réfléchie extérieurement dans le miroir, était le lien du rapport entre la tarentule véritable et ses émanations qui agissaient encore en lui. Cette image paraissait donc à la place de la tarentule elle-même dans chaque nouvel accès. Le malade, lié par ce rapport à l'esprit animal qui le dominait, se sentait saisi par lui dans ses rechutes. Il voyait présente la bête qui l'avait infecté de son venin; il sentait sa vie surexcitée à son approche, et s'affligeait de son absence dès qu'on enlevait le miroir où lui apparaissait son image. Il reconnaissait en elle son maître, et se prosternait devant elle avec respect. Cette histoire nous découvre l'origine de l'idolâtrie et la manière dont celle-ci s'est établie dans le monde. Que voyons-nous ici en effet? Un homme possédé par la tarentule. Après la possession vient la vision de l'objet qui l'a produite; puis un culte formel, des hommages et des danses. Or, il en est ainsi de toute puissance de la nature qui s'empare de l'homme et se l'asservit. Il lui faut un culte, et l'orgie qui accompagne celui-ci est tout à la fois et la manifestation du mal et le remède qui le guérit, au moins pour quelque temps. Or, toutes les parties de l'univers peuvent être l'objet de ce culte, et il n'est pas une seule chose qui ne puisse devenir un fétiche pour l'homme, parce qu'il n'en est pas une seule qui ne puisse s'emparer de lui et exercer sur lui un pouvoir magique. Non-seulement la tarentule, mais le serpent fixe aussi quelquefois son image dans l'esprit de ceux qu'il a mordus. Et la voyante de Prevorst, ayant été mise en rapport avec une tige d'absinthe, aperçut dans ses visions une montagne plantée de cette herbe, et elle ne put être délivrée de cette vue que par l'emploi de la baryte sulfatée.

Si l'homme, par la force ou par la contagion, peut tomber au pouvoir des animaux, il peut aussi, descendant lui-même de la hauteur où Dieu l'a placé, être poussé à cet assujettissement honteux soit par quelque disposition naturelle, soit par son abrutissement; il peut, en laissant son imagination s'empreindre pour ainsi dire des habitudes et de la condition de la nature animale, finir par prendre celle-ci, et se transformer pour ainsi dire en elle. Déjà, dès les temps les plus anciens, les légendes des peuples font mention de ces sortes de métamorphoses ; et celles que nous raconte la mythologie reposent en partie sur cette croyance populaire. On connaissait alors la puissance de ces instincts violents qui résident au fond de la nature humaine, et dont chaque homme sent les atteintes dans le cours de sa vie, d'autant plus qu'à cette époque la civilisation ne les avait point encore domptés et assouplis ; et c'est de là que sont venues toutes ces métamorphoses que nous raconte la mythologie, et par lesquelles les dieux punissaient ceux qui avaient cédé à l'entraînement de leurs mauvaises passions. Plusieurs signes et plusieurs phénomènes d'un caractère équivoque, que le sens naturel des hommes de cette époque avait saisis avec avidité, leur avaient rendu la chose croyable. Ainsi, pendant que Zeus vivait encore sur la terre, Lycaon, roi des Arcadiens, ayant servi de la chair humaine à ce dieu, qui était descendu chez lui, c'est-à-dire lui ayant offert des sacrifices humains, celui-ci irrité l'avait changé en loup, et l'avait condamné à errer dans les bois en hurlant comme les loups. A partir de ce moment, quiconque goûtait du foie de l'enfant que les Arcadiens immolaient à Zeus Lycæus était changé en loup de même que celui qui lui avait offert la première victime humaine ; et c'est ce qui arriva à Déménète, qui, après avoir repris sa forme primitive, au bout de dix ans, obtint le prix du pugilat aux jeux Olympiques. (Pline, l. VIII, 34.) Aussi c'était un usage dans ce pays de tirer au sort chaque année quelqu'un de la famille d'Anthos, que l'on conduisait sur le bord d'un lac. Là, après avoir suspendu ses habits à un chêne, il passait le lac à la nage ; et une fois arrivé dans le désert, il était changé en loup, et vivait avec les loups neuf ans sous cette forme. Si pendant ce temps il s'était abstenu de chair humaine, il repassait le lac à la nage, et reprenait, avec sa forme primitive, les habits qu'il avait laissés sur la rive, ayant seulement neuf ans de plus. (*Ibid.*)

Ces légendes ne sont point particulières aux Arcadiens. Hérodote parlant des Neuriens, Scythes d'origine, qui avaient été contraints de quitter leur patrie, chassés par les serpents, dit au quatrième livre de son *Histoire*, 103 : « Ces hommes sont des magiciens ; car les Scythes et les Hellènes établis en Scythie rapportent que chaque Neurien est changé en loup pour quelques jours, une fois dans l'année, et qu'ensuite il reprend son ancienne forme. Je ne crois pas ce qu'ils disent, ajoute-t-il à sa manière ; mais ils le disent néanmoins, et affirment la chose par serment. » Ces mêmes Neuriens, émigrant plus tard au fond du Nord, ont emporté avec eux cette légende dans leur nouvelle patrie ; et elle s'est répandue parmi les peuples slaves de ces contrées, qui appellent le loup-garou Wilkolak en polonais, et Wakodlak en serbe. La légende s'est conservée jusqu'à nos jours le long du Bug en Podlachie et ailleurs. Les sorciers et les sorcières de ce pays ont le pouvoir de changer les gens en loups-garous, en mettant sur le seuil de leur porte une ceinture tortillée, et en versant sous leurs pieds un breuvage où l'on a fait bouillir du bois et du tilleul. Ces loups-garous se distinguent des loups ordinaires en ce qu'ils sont beaucoup plus grands et plus audacieux. Ils se jettent sur les hommes en hurlant, les tuent ou les blessent ; ils sont surtout très-avides du sang des jeunes gens, et attaquent de préférence les enfants. Lorsque le temps de leur métamorphose est passé, ils tombent dans un sommeil profond, et se réveillent sous la forme humaine, mais nus, et de telle sorte qu'ils perdent complétement le souvenir des années pendant lesquelles ils ont vécu comme loups. (Légendes populaires polonaises de Woycicki.)

Nous retrouvons la même légende au seizième siècle dans la Livonie, la Samogitie, la Courlande et les contrées environnantes. On raconte en effet que dans ces pays, chaque année, à la fête de Noël, un personnage mystérieux parcourt en boitant le pays, invitant tous les siens à le suivre ; et lorsqu'ils tardent il leur envoie un homme grand et fort qui les pousse devant lui avec des fouets tressés de fil de fer, et les frappe si cruellement qu'ils s'en ressentent pendant longtemps. Le chef marche le premier, suivi d'une troupe innombrable. Ils arrivent à un fleuve, qu'ils passent à la nage ; après quoi tous étant changés en loups se jettent sur les troupeaux qu'ils rencontrent, et font tout le mal qu'ils peuvent, sans pouvoir nuire aux hommes cependant. Ils vivent ainsi pendant douze jours, après lesquels ils reprennent la forme humaine près du même fleuve où ils l'ont quittée. Peucer, qui raconte cette légende, l'a apprise de voyageurs très-dignes de foi, qui la lui avaient communiquée d'après des informations juridiques ; et Bodin, dans sa *Démonomanie*, l. II, p. 260, confirme la chose par le témoignage de Languet, qui avait été en Livonie, et qui assure que c'est une croyance générale dans le peuple de ce pays. Camden raconte la même chose des loups-garous irlandais dans la seconde partie de son *Hibernie*. Nous trouvons dans cette légende un reflet de l'armée furieuse dont nous avons parlé plus haut. La marche de cette armée vers le mont Horsil durait douze jours, et commençait au solstice d'hiver vers la fête de Noël. Ces douze jours sont donc les jours caractéristiques qui commencent la nouvelle année. Au lieu de la fée Holla, c'est un boiteux qui apparaît ici, et qui désigne le soleil d'hiver, épuisé, sans force, et se traînant avec peine. L'armée est suivie par celui qui fait germer, développe, et pousse en quelque sorte devant lui tous les éléments terrestres ; il la fait marcher à coups de fouet. La rivière est le fleuve de l'année que le soleil traverse, et qu'il repasse ensuite, en reprenant son éclat accoutumé.

Saint Augustin, dans sa *Cité de Dieu*, livre XVIII, c. 18, nous parle d'une autre légende qui appartient au même cercle que celle dont il vient d'être question. « Pendant que nous étions en Italie, dit-il, on nous parla d'une certaine contrée de ce pays où il y avait des femmes qui, pratiquant la magie, donnaient à manger à certains voyageurs d'un fromage qui les changeait aussitôt en bêtes de somme. Ces hommes, après avoir porté pendant quelque temps les fardeaux dont on les chargeait, reprenaient leur forme accoutumée. On disait aussi qu'ils ne perdaient point la raison, mais qu'ils avaient conscience de leur état. » Cette légende, qui sert de base à la fable de l'*Ane d'or* d'Apulée et à d'autres de ce genre, s'est conservée dans ces pays jusqu'au temps de Grégoire VII ; car, Pierre Damien la rapporte presque dans les mêmes termes, comme un fait qui s'était passé sur la route de Rome. (Vincent de Beauvais, *Miroir naturel*, livre III, 109.) Mais l'exemple que saint Augustin ajoute à ce passage pour le confirmer nous ramène à la vérité naturelle qui sert de base à cette légende : « Un certain Prestance, dit-il, raconte que son père, ayant mangé chez lui de ce fromage empoisonné, s'endormit dans son lit d'un sommeil si profond qu'on ne put le réveiller. Au bout de quelques jours cependant, s'étant réveillé de lui-même, il raconta, comme s'il eût rêvé, qu'il avait été changé en cheval, et avait porté du blé à des soldats dans la Rhétique, avec d'autres bêtes de somme. On trouva à l'inspection que tout ce qu'il avait raconté comme un songe avait eu lieu réellement. Un autre rapporte aussi qu'un jour, avant de s'endormir, il vit entrer chez lui un philosophe très-célèbre qui lui expliqua plusieurs propositions de Platon qu'il avait refusé autrefois de lui éclaircir. Il lui demanda pourquoi il faisait maintenant ce qu'il avait refusé de faire auparavant. « Je ne l'ai pas fait, répondit l'autre, mais j'ai rêvé seulement que je le faisais. » Ainsi, une image fantastique montra à cet homme éveillé ce que l'autre avait vu dans le sommeil. Ceci nous fut raconté non par des hommes peu dignes de foi, mais par des hommes au contraire en qui nous pouvions avoir toute confiance. »

Saint Augustin n'avait pas été trompé en effet ; l'apparition était le résultat d'un état si fréquent dans l'antiquité que les Grecs avaient un nom pour le désigner : ils l'appelaient *lycantropie*; les Arabes l'appellent *chatrab*, d'un animal qui court sur l'eau et qui ressemble à la puce d'eau; car chez ce peuple, c'est surtout sous la forme d'un oiseau qu'avait lieu cette illusion. Quelquefois cependant elle se produisait sous la forme d'un lion, comme ailleurs sous celle d'un chien, d'un ours, d'un chat; et même dans les temps plus récents il est encore fait souvent mention de ce mal, et des récits qui sont parvenus jusqu'à nous renferment plusieurs circonstances qui nous permettent de bien étudier cet état. Ainsi, Guillaume de Paris, dans son livre *de Universo*, c. 13, cité par Pierre le Loyer, dans ses *Livres des Spectres*, raconte qu'il a connu un homme, lequel se croyait changé en loup, et qui, à certaines époques déterminées, se cachait dans une grotte située au milieu d'un fourré très-épais : là, plongé dans le sommeil, il s'imaginait qu'il était vraiment un loup. A force de l'épier, on finit par découvrir l'endroit où il était, et on le trouva dormant dans une sorte d'extase. — Dans le duché de Prusse, les paysans prirent un de ces loups-garous qui mangeait leur bétail, et le conduisirent à leur maitre. C'était un homme sauvage, difforme, ayant le visage couvert de blessures et de cicatrices que lui avaient faites, disait-il, les morsures des chiens pendant qu'il était changé en loup, ce qui lui arrivait deux fois dans l'année, aux deux solstices. A ces deux époques il devenait tout à fait sauvage, et se sentait forcé par un instinct naturel de se cacher pendant quelque temps dans les forêts les plus épaisses. Lorsqu'il devait être métamorphosé, il sentait d'abord un frisson et un tremblement dans tout le corps. D'autres, au contraire, sont transformés subitement et renversés à terre, privés de sentiment et de vie. On garda cet homme longtemps en prison dans le château, et on recommanda au geôlier de l'observer attentivement, pour voir s'il ne serait pas changé en loup. Mais il conserva sa forme humaine. (*Magiologia*, Bâle, 1674,

p. 566.) Maiole, dans son livre des *Jours caniculaires*, t. VII, *Colloq. de Sagis*, p. 487, raconte qu'un paysan, non loin de Riga, soupant chez le commissaire de son maître, fut renversé de son siége après le repas, et resta ainsi étendu par terre privé de tout sentiment. Le commissaire pensa que ce devait être un loup-garou. Il ordonna donc aux gens de sa maison d'aller se coucher, et de laisser là le paysan, qui ne revint à lui que le lendemain matin ; après quoi il s'en alla. Le commissaire, ayant appris le lendemain qu'un cheval avait été tué la nuit dans la prairie, soupçonna le paysan, le fit mettre sous bonne garde, et le questionna à ce sujet. Le paysan avoua que le soir il avait vu voler un cousin, qu'il l'avait pris pour un être malfaisant, qu'il s'était mis à le poursuivre ; que le cousin s'était caché derrière un cheval dans le pré, qu'il avait voulu le tuer avec sa faucille, mais qu'il s'était soustrait au coup dont il voulait le frapper, et qu'à sa place il avait tué le cheval.

Gille Germar, de Lyon, fut accusé devant le parlement de Dôle d'avoir tué, le jour de la Saint-Michel, sous la forme d'un loup-garou, une jeune fille de dix à douze ans, près du bois de la Serre, dans une vigne de Chastenoi, non loin de Dôle ; d'avoir commis le crime en partie avec ses mains, qui ressemblaient à des pattes, en partie avec ses dents, et, après avoir mangé la chair des bras et des jambes, d'en avoir porté encore à manger à sa femme ; d'avoir, un mois plus tard, et sous la même forme, tué une autre jeune fille pour la manger, s'il n'en avait été empêché, selon son propre aveu, par l'arrivée de trois personnes ; d'avoir, quinze jours plus tard encore, étranglé un enfant de dix ans dans la vigne de Gredisans, et d'avoir mangé la chair des pieds, des bras et du ventre ; puis d'avoir tué, sous la forme d'un homme, et non plus sous celle d'un loup, un enfant de douze à treize ans dans la forêt du bourg de Pérouse, avec l'intention de le manger si on ne l'en avait pas empêché. Il confessa tout sans y avoir été contraint, et fut condamné à être brûlé. (Bodin, *Démonomanie*, livre II, p. 255.)—Guillaume de Brabant raconte, dans son histoire, que, de son temps, un homme intelligent d'ailleurs en était venu à s'imaginer qu'à certaines époques de l'année il était changé en loup, qu'il habitait les forêts et les tannières, et en voulait surtout aux enfants. On le trouvait souvent errant dans les bois comme un fou, mais il revint enfin à lui-même.—On a remarqué que ceux qui souffrent de ce mal ont le teint blême, les yeux secs et enfoncés, l'air hébété, qu'ils sont toujours altérés, que leur langue est sèche, et qu'ils n'ont presque point de salive; que leurs jambes sont couvertes de plaies faites par les morsures des chiens. — Des paysans amenèrent à P. Pomponace, célèbre médecin de son temps, un homme qu'ils avaient trouvé dans un champ, sur un tas de foin, et qui leur avait crié de s'en aller, parce qu'il était un loup, et qu'il les mangerait tous. Ils lui dirent qu'ils s'étaient déjà préparés à l'écorcher, pour voir si, comme on le dit, sous une peau humaine, il cachait celle d'un loup, mais qu'ils s'étaient enfin décidés à le lui amener. Pomponace le guérit par des frictions, des évacuants, des bains calmants, et en l'épuisant par des saignées. (Vierus, *de præst. Dæmon.*, livre III, p. 358.)

Ce que nous avons dit précédemment peut nous aider à expliquer ces faits. L'homme, dans la partie intime de son être, est comme un zoophyte, et se trouve ainsi en rapport avec le monde végétal tout entier. Si, par une sorte de contagion, il tombe sous l'empire des lois qui gouvernent ce domaine, il se sent attiré par lui d'un attrait invincible, et parcourt en descendant tous les degrés qu'il a parcourus en montant dans le sein de sa mère. Il peut de cette manière prendre la nature de la plante, et devenir comme un zoophyte contagieux. Mais l'homme n'est pas seulement plante parmi les plantes, il est encore animal parmi les animaux. Il était même à l'origine l'animal central, réunissant en lui la nature et la puissance de tous les autres. Tous lui étaient attachés, et n'avaient point besoin pour lui obéir d'être contraints par la force. Il était leur maître, ils étaient ses serviteurs : il était au milieu d'eux, ils étaient autour de lui, chacun à la place que Dieu lui avait marquée. Mais lorsqu'il eut perdu l'unité de son être, et qu'il y eut laissé pénétrer quelque chose de la nature de la périphérie, il perdit aussi de sa puissance, et c'est alors qu'on le vit se faire le serviteur de ceux qui devaient le servir. A mesure que, quittant sa position centrale, il se mêle aux êtres particuliers qui l'entourent, ceux-ci acquièrent plus d'empire sur lui. Chacun d'eux, et leur nombre est immense, peut venir à son tour l'enlacer dans les liens d'une sympathie naturelle, s'emparer de lui et le fixer, pour ainsi dire, à la place où il est descendu. Il prend alors la nature et la couleur de l'être avec lequel il est entré en rapport; et de même que le milieu peut s'échapper dans tous les rayons et devenir excentrique, ainsi la nature humaine peut prendre toutes les nuances, se produire sous le masque de tous les animaux, et suivre ainsi dans ses actions les instincts particuliers à chacun d'eux. Si donc les instincts du loup se sont développés en lui, soit par l'effet d'une maladie, soit par sa propre faute, il peut être tellement dominé par eux qu'il finisse par prendre la nature de cet animal et en être comme possédé. Il peut chercher la société des loups, hurler avec eux, être reconnu par eux comme un des leurs, et être poursuivi au contraire par les chiens qui croient voir en lui un ennemi. L'homme, au reste, prend ordinairement en ces cas extraordinaires la nature des animaux qu'il a habituellement sous les yeux. — On raconte qu'un gentilhomme espagnol errait dans les Pyrénées, parce qu'il avait pris la nature de l'ours. Le Bédouin, accoutumé aux mugissements des bêtes du désert, prendra plutôt la nature du tigre et du lion, ou suivra la timide gazelle à travers ses vastes solitudes. Ailleurs, ce sera le chien, le cerf ou tout autre animal plus familier au pays qui donnera la forme de cette métamorphose. Les femmes surprises par cette contagion singulière prendront souvent la nature du chat, ou de tout autre animal ayant un rapport particulier avec les instincts de leur être. Mais quel que soit l'animal qui s'empare de l'homme et qui infecte sa nature, il lui communique ses instincts et ses goûts. Le tigre lui donne sa soif du sang; l'ours, sa nature sauvage; le chat, son hypocrite perfidie; le loup, la faim qui le dévore et qui cherche à se rassasier dans le sang de l'homme, même lorsqu'il n'est pas attaqué; et l'on peut voir ici un rapport intime entre cet état et le cannibalisme des anciens temps.

Les instincts animaux de l'homme se rattachant à la nature de son tempérament, celui-ci doit avoir une grande influence sur la forme du mal que nous étudions en ce moment. Il se produira donc le plus souvent, chez le cholérique, sous la forme d'une bête fauve et cruelle; chez le mélancolique, sous celle d'un animal timide et ami de la solitude; chez le phlegmatique, sous celle d'un amphibie; chez le sanguin, sous celle d'un oiseau, du corbeau, de la corneille, comme nous en trouvons beaucoup d'exemples dans la sorcellerie. La contagion s'annonce ici, comme en beaucoup d'autres maladies, par un frisson et un tremblement de tout le corps; puis le malade est renversé et tombe dans une sorte d'état extatique, pendant lequel la conscience qu'il a de soi-même éprouve cette singulière métamorphose, et contemple les images nouvelles qui s'offrent à ses regards dans une vision tout animale, correspondant au changement qui s'opère en lui. C'est à ce cercle d'images qu'appartiennent probablement la plupart des meurtres commis, ou même avoués par les hommes atteints de ce mal. Mais à cet état d'insensibilité et de défaillance succède bientôt un état opposé, où le malade, emporté par une sorte de fureur, trahit au dehors les instincts de l'animal dont il a pris la nature. Ce n'est plus seulement en imagination, mais c'est en réalité qu'il étrangle, qu'il déchire et qu'il dévore. Or, comme la vie animale est dans un rapport très-intime avec l'état du soleil et de la lune, la maladie des hommes animalisés de cette sorte est soumise aux mêmes rapports; et c'est pour cela que ce paysan dont nous avons parlé raconte que c'était toujours au temps des solstices qu'il devenait loup-garou. C'est tantôt le loup de l'été, dont le sang est enflammé par les ardeurs du soleil, tantôt celui de l'hiver, que la faim et le froid rendent furieux. Aussi ne faut-il pas douter qu'avec tous les autres instincts de la brute celui qui rattache le rut à certaines époques de l'année ne passe dans l'homme atteint de ce mal.

CHAPITRE XIV.

Rapports des hommes entre eux. Rapports magiques des forces de la vie inférieure dans le royaume des morts. Des vampires. Résultat des informations juridiques sur ce point. Base des faits de cette sorte.

Si l'homme, outre ces rapports généraux avec tous les domaines de la nature, peut entrer encore en relation avec eux d'une manière extraordinaire et magique, il n'est pas étonnant qu'il puisse se trouver uni de cette manière à ses semblables, puisque déjà il existe entre tous les individus de la même espèce une certaine consonnance, en vertu de laquelle l'un peut s'emparer de l'autre, et se l'assujettir dans toutes les régions de son être, soit pour le bien, soit pour le mal. Ce rapport toutefois commence ordinairement dans la partie inférieure et végétale de l'homme. C'est après la mort, lorsque les forces de la vie supérieure se sont retirées et lorsque le cadavre garde encore celles qui président aux fonctions de la vie végétale, que ces rapports extraordinaires se produisent de la manière la plus frappante. Il monte de là dans les régions de la vie animale, et affecte particulièrement celle où réside l'appétit sexuel.

Après avoir commencé par l'obsession, il monte bientôt jusqu'à la possession, et conduit quelquefois à la génération. Ces relations anormales se produisent à plusieurs degrés et sous plusieurs formes. Tantôt l'homme encore vivant peut communiquer à distance à un autre homme vivant comme lui les émanations de sa propre vie, et exercer sur lui une influence pernicieuse ou salutaire. Cette faculté est quelquefois l'effet d'une disposition naturelle, et se produit par la seule présence de celui qui la possède. D'autres fois elle attend pour se manifester le commandement de la volonté, et certaines manipulations ayant pour but d'amener le sommeil, ou quelque autre état qui lui ressemble, comme dans le magnétisme. C'est dans cet ordre que nous étudierons ce genre de rapports singuliers.

Au passage de la vie organique dans la vie purement physique de la nature extérieure se trouvent la mort et la corruption, où le corps, abandonné par le principe vital qui en retenait toutes les parties, retombe dans le domaine général de la nature, et se trouve assimilé de nouveau par elle. Si le métal ou le filet d'eau caché dans les profondeurs de la terre peut agir à distance sur l'homme, ou subir son action, il n'est pas étonnant que des rapports semblables puissent s'établir entre celui-ci pendant qu'il vit encore et ceux qui sont déjà sortis de cette vie et dont le cadavre repose dans la nuit du tombeau; et c'est dans les rapports de cette sorte que trouve son explication cet état singulier connu sous le nom de vampirisme. Nous commencerons d'abord par bien établir les faits, tels qu'ils sont constatés par des informations juridiques. Nous y ajouterons ensuite ceux qui ont été observés d'une manière accidentelle, et ceux que le peuple raconte à sa manière, et nous essayerons ensuite de les expliquer d'une manière scientifique, en leur appliquant les principes que nous avons déjà posés plus haut.

Après qu'en 1718 une partie de la Servie et de la Valachie fut échue à l'Autriche, le gouvernement autrichien reçut plusieurs rapports qui lui étaient adressés par les commandants des troupes cantonnées dans le pays. On y disait que c'était une croyance générale parmi le peuple que les personnes mortes, mais vivant encore dans le tombeau, en sortaient en certaines circonstances, pour aller sucer le sang des vivants, et entretenir ainsi sous terre un reste de santé et de bien-être. Déjà en 1720 un rapport annonçait qu'à Kisolova, village situé dans la basse Hongrie, un certain Pierre Plogojowitz, dix semaines environ après sa sépulture, avait apparu la nuit à plusieurs habitants, et leur avait tellement serré le cou qu'ils étaient morts en vingt-quatre heures; de sorte que dans l'espace de huit jours il était mort de cette manière neuf personnes, les unes jeunes, les autres âgées. Sa veuve elle-même avait été inquiétée par lui, et avait quitté à cause de cela le village. Les habitants demandèrent au commandant de Gradisca l'autorisation d'exhumer le cadavre et de le brûler. Le commandant la leur ayant refusée, ils déclarèrent qu'ils quitteraient tous le village si on ne leur accordait pas leur demande. Le commandant se rendit donc au village avec le curé de Gradisca. Il fit ouvrir le cercueil de Pierre, et l'on trouva son corps intact, à l'exception du bout du nez, qui était un peu desséché; mais il n'exhalait aucune mauvaise odeur, et ressemblait plutôt à un homme endormi qu'à un mort. Ses cheveux et sa barbe avaient crû; de nouveaux ongles avaient remplacé ceux qui étaient tombés. Sous la peau extérieure, qui paraissait blême et morte, avait crû une autre peau vive : les mains et les pieds ressemblaient à ceux d'un homme en parfaite santé. Comme on trouva dans sa bouche du sang tout frais encore, le peuple crut que c'était celui qu'il avait sucé à ceux qui étaient morts tout dernièrement, et on ne put l'empêcher d'enfoncer dans la poitrine du cadavre un pieu pointu. Il sortit alors beaucoup de sang frais et pur de la bouche et du nez. Les paysans jetèrent le corps sur un bûcher et le brûlèrent.

Quelques années plus tard, un soldat des frontières, qui demeurait à Haidamac, raconta à son régiment qu'étant assis un jour à table avec son hôte il avait vu entrer un inconnu qui était venu s'asseoir avec eux; que son hôte avait été très-effrayé, et qu'il était mort le lendemain; qu'il avait appris ensuite que cet étranger, mort il y avait déjà dix ans, était le père de son hôte lui-même, qu'il lui avait annoncé et même donné la mort. Le comte Cabrera, capitaine du régiment, fut chargé d'examiner l'affaire, et se rendit au lieu et place avec d'autres officiers, l'auditeur et le chirurgien. Il interrogea les personnes de la maison: et comme leur témoignage fut confirmé par celui des autres habitants du lieu, il fit exhumer le cadavre, que l'on trouva parfaitement conservé, avec un regard vif comme celui d'un homme vivant. On lui coupa la tête, et l'on remit ensuite le corps dans le tombeau. Un autre homme, mort depuis trente ans, était venu trois fois, disait-on, en plein jour dans sa maison, et avait tué, en leur suçant le sang, d'abord son propre frère, puis un de ses fils, et enfin le domestique. On trouva son corps dans le même état, et on le remit en terre après lui avoir enfoncé un clou dans les tempes. — Cabrera en fit brûler un troisième, mort depuis seize ans, et qui, disait-on, avait tué ses deux fils. Il adressa son rapport aux commandants du régiment, qui l'envoyèrent à la cour. Après quoi l'empereur nomma une commission, composée d'officiers, de juges, de jurisconsultes, de médecins et de savants, pour étudier de plus près ces phénomènes extraordinaires. Dom Calmet cite ce fait dans sa dissertation sur les vampires.

En 1732, on apprit que dans le village de Medueggra, en Servie, les vampires avaient apparu de nouveau. Le commandant supérieur de la province envoya donc deux officiers, Büttner et Lindenfels, en compagnie du chirurgien du régiment, Flekinger, et de deux sous-chirurgiens, pour examiner l'affaire. Ceux-ci se rendirent au lieu et place: ils entendirent les chefs et les anciens du village, et apprirent par eux que cinq ans auparavant l'heiduque Arnod Paole, qui pendant sa vie avait avoué souvent qu'à Gossowa, sur la frontière de la Servie turque, il avait eu beaucoup à souffrir d'un vampire, qu'Arnod s'était rompu le cou, et que vingt ou trente jours après sa mort il avait fait mourir quatre personnes; qu'on l'avait exhumé quarante jours environ après sa mort, qu'on avait trouvé son corps frais et intact, qu'un sang frais et vif coulait des yeux, de la bouche et du nez, que tous les draps dont il était enveloppé étaient ensanglantés, et qu'une nouvelle peau et de nouveaux ongles avaient crû à la place des anciens; qu'à tous ces signes on l'avait pris pour un vampire; que, comme on lui avait, selon la coutume, enfoncé un pieu dans le cœur, il avait poussé un gémissement très-distinct et répandu beaucoup de sang; qu'ils avaient aussitôt brûlé le corps, et fait la même chose à quatre autres personnes tuées par lui, parce que, disaient-ils, tous ceux qui ont été tourmentés ou tués par des vampires deviennent vampires eux-mêmes; qu'Arnod avait attaqué non-seulement les hommes, mais encore les animaux, et que ceux qui avaient mangé de la chair des animaux attaqués par lui étaient devenus vampires eux-mêmes; de sorte qu'en trois mois dix-sept personnes étaient mortes, la plupart après une courte maladie; que parmi elles se trouvait la Stanioska, qui, s'étant mise au lit très-bien portante, s'était réveillée vers minuit, tremblante et disant, au milieu de cris lamentables, que Millo, fils d'un heiduque, mort depuis quatre semaines, l'étranglait; qu'après cela elle avait ressenti de grandes douleurs dans la poitrine, et qu'elle était morte le huitième jour.

On se rendit au cimetière, et de treize cadavres que l'on exhuma dix se trouvèrent à l'état de vampire, et trois seulement semblaient être morts d'autres maladies: car leurs corps étaient en putréfaction, quoiqu'ils eussent été enterrés au milieu des autres. Parmi les vampires se trouvaient aussi la Stanioska et Millo. La première avait au cou, sous l'oreille à droite, à la place où Millo, d'après sa déclaration, l'avait étranglée, une tache bleue mêlée de sang, longue d'un doigt. Lorsqu'on ouvrit le cercueil, le nez saigna, et Flekinger trouva un sang tout parfumé, ce sont ses expressions, non-seulement dans la caverne de la poitrine, mais encore dans le ventricule du cœur : tous les intestins étaient dans un état parfait; la peau et les ongles étaient frais.—Il en fut de même de la Miliza, qui était devenue vampire la première, parce qu'elle avait eu, disait-on, l'habitude de manger de la chair de brebis tuées par des vampires. Les heiduques s'étonnèrent de trouver le corps de cette femme très-gros, car ils l'avaient connue très-maigre au contraire pendant sa vie. Le sang était partout semblable à un sang frais extravasé; il n'était nulle part stagnant et coagulé. La peau et les ongles tombèrent aux mains et aux pieds de la Stana, mais par dessous on trouva une peau et des ongles frais. Tous ces cadavres furent décapités et brûlés ensuite, selon la coutume. Les actes authentiques de toute cette affaire furent publiés alors dans la *Gazette de Belgrade*, avec la signature des officiers et des médecins; ils furent insérés ensuite dans un grand nombre d'écrits. L'enquête, ordonnée par l'empereur Charles VI, fut faite en présence du prince Alexandre de Wurtemberg, alors gouverneur de Servie, après qu'il eut reçu le serment de tous les membres de la commission. Dom Calmet cite une lettre écrite par un des témoins, et dans laquelle on trouve quelques circonstances dont la certitude ne paraît pas incontestable; car les informations juridiques n'en parlent pas. Il dit donc que lorsqu'on vint le soir au tombeau de Paolo on aperçut sur lui un reflet semblable à celui de la lumière d'une lampe, un peu moins clair cependant; qu'il paraissait vivant, avait les yeux à demi ouverts et aussi vifs que ceux de toutes les personnes qui étaient là; que son cœur même battait; que lorsqu'on leva le corps de terre, quoiqu'il ne fût ni mou, ni souple, ni mobile, il n'offrait néanmoins aucune trace de corruption; que lorsqu'on lui perça le cœur il en sortit une matière blanche, mêlée de sang, sans aucune odeur; qu'il en fut de même lorsqu'on lui coupa la tête, et que dès qu'on l'eut remis en terre, avec beaucoup de chaux, sa petite fille, dont il avait sucé le sang auparavant, se trouva mieux. Au reste, les vampires suçaient indistinctement toutes les parties du corps; mais à l'endroit où ils l'avaient sucé il restait toujours une tache bleue.

Le vampirisme ne s'est pas borné à la Servie ni à l'époque où se sont passés les faits que nous venons de raconter, mais nous le retrouvons ailleurs et en d'autres temps. Les gazettes annoncèrent l'année 1693 et 94 qu'en Pologne, et particulièrement dans la Russie polonaise, on voyait assez souvent des vampires qui suçaient en plein jour le sang des hommes et des animaux, et que ce sang leur coulait ensuite sous terre de la bouche, du nez et des oreilles; de sorte qu'on les trouvait souvent nageant dans un bain de sang. Ils ne se contentaient pas d'attaquer une seule personne dans une maison; mais, si l'on n'y prenait garde, tous les membres de la famille devenaient leurs victimes. Quelques-uns, pour échapper à leurs atteintes, mêlaient de leur sang avec de la farine, et ceux qui mangeaient de ce pain n'avaient rien à craindre des vampires. Cette dernière circonstance nous rappelle les Capitulaires de Charlemagne, où il est dit dans ceux *pro partibus Saxoniæ*, 1-6 : « Quiconque, séduit par le diable, croit, comme les païens, qu'il y a des hommes ou des femmes qui mangent les hommes, et brûle quelqu'un sous ce prétexte, puis donne à manger ou mange lui-même sa chair, sera puni de mort. »

En Moravie également c'était un bruit public que souvent, depuis quelque temps, des morts apparaissaient à leurs amis et s'asseyaient à table avec eux sans rien dire, mais que celui à qui ils faisaient signe de la tête mourrait infailliblement au bout de quelques jours. Le clergé du pays avait consulté Rome à ce sujet, mais n'avait reçu aucune réponse. On trouve sur cet objet plusieurs détails très-intéressants dans la *Magia posthuma*, que Scherz publia en 1706. Ainsi il parle d'une femme qui, quatre jours après sa sépulture, apparut à plusieurs, tantôt sous la forme d'un chien, tantôt sous celle d'un homme, et les étouffa en leur pressant le cou et l'estomac avec de grandes douleurs. Elle avait aussi tourmenté les animaux, et plus d'une fois on avait trouvé des vaches épuisées et à demi mortes, ou bien encore attachées ensemble par la queue : les cris qu'elles poussaient alors indiquaient assez combien elles souffraient. Quelquefois aussi on trouvait les chevaux fatigués, trempés de sueur, particulièrement sur le dos, essoufflés et écumant comme après un long voyage. Cette calamité dura plusieurs mois. L'auteur ajoute que dans les montagnes de Silésie et de Moravie ces choses arrivent souvent, qu'elles étaient néanmoins plus fréquentes autrefois que, de son temps, et qu'on les voyait de jour et de nuit; que dans les maisons où demeuraient ceux à qui en voulaient les vampires, les choses qui leur appartenaient se remuaient d'elles-mêmes et allaient d'un lieu à l'autre, quoiqu'on ne vît personne les toucher; qu'il n'y avait d'autres moyens de se débarrasser d'eux que de leur couper la tête et de les brûler, mais que ces exécutions se faisaient après une enquête juridique et solennelle. On citait le vampire devant le tribunal, on entendait les témoins, on examinait l'accusation, on inspectait son cadavre. Si l'on y trouvait des signes annonçant qu'il avait fait réellement le mal dont il était accusé, on le livrait au bourreau. Il y avait cependant des vampires qui se laissaient voir trois ou quatre jours après avoir été brûlés. Pour prévenir ces malheurs, on laissait six ou sept semaines sans sépulture les corps des gens qu'on soupçonnait, et s'ils ne se corrompaient pas pendant ce temps, on les brûlait.

Scherz raconte aussi qu'on rencontrait des vampires en Bohême et dans le Bannat. Dom Calmet rapporte dans sa dissertation que la plupart de ceux qui dans ces pays eurent à souffrir de ce mal croyaient voir un fantôme blanc qui les suivait partout; ils s'affaiblissaient et maigrissaient de jour en jour, perdaient l'appétit, et mouraient au bout de huit, dix ou quinze jours, sans fièvre ni d'autres symptômes que l'amaigrissement et la consomption. Deux cavaliers de la compagnie à laquelle appartenait le rapporteur cité par dom Calmet étaient morts de ce mal; plusieurs autres étaient tombés malades, et seraient morts comme eux si l'on n'avait employé le remède usité dans le pays : c'était de prendre un jeune garçon et de le faire aller à cheval dans le cimetière à dos sur un étalon noir qui n'avait encore sailli aucune jument. Si, malgré tous les efforts de son cavalier, il s'arrêtait devant une tombe, on l'ouvrait, et l'on était sûr d'y trouver un vampire bien gras et paraissant endormi. Cette coutume est tout à fait dans les mœurs du peuple serbe, et existait probablement dès les temps du paganisme. La légende raconte aussi qu'un homme chassa un vampire en lui prenant son suaire, qu'il avait laissé au sortir de sa tombe, et en l'emportant avec lui dans le clocher. Le vampire, ne le trouvant point à son retour, voulut monter au clocher pour le lui arracher, mais l'autre le jeta du haut en bas. Une autre légende parle aussi du vampire Grando, dans la marche de Kring en Carniole, qu'on trouva tout rongé longtemps après sa mort, et dont le visage fit des mouvements comme s'il riait : même il ouvrit la bouche comme pour aspirer l'air frais. Comme on lui présentait un crucifix, il versa des larmes. Enfin, lorsque, après avoir prié pour sa pauvre âme, on lui coupa la tête, il poussa un cri, se tourna et se tordit comme s'il eût été vivant et remplit tout le cercueil de son sang.

Un fait général sert de base à tous ces récits et à tous ces phénomènes, c'est que dans le vampirisme le cadavre est préservé pendant quelque temps de la corruption. La mort, c'est-à-dire la séparation de l'âme avec le corps, est indubitable. Dans le cours ordinaire des choses, la décomposition devrait survenir aussitôt; au lieu de cela, non-seulement le corps reste intact, mais un sang pur et fluide coule dans le cœur, dans les veines et les instestins, et, continuant jusque dans les ombres du tombeau les fonctions qu'il remplissait pendant la vie, il sécrète encore la graisse dans le tissu cellulaire; de sorte que le corps semble acquérir quelquefois après la mort un embonpoint qu'il n'avait jamais connu pendant la vie. Dans cette turgescence générale du tissu cellulaire, les cheveux croissent, une nouvelle peau et de nouveaux ongles se forment, à peu près comme l'on voit le serpent et d'autres animaux encore changer leur peau chaque année. Ce n'est pas la nature du sol qui produit ces effets; car à côté des vampires sont enterrés d'autres corps qui n'échappent point comme eux à la corruption : c'est donc la nature du corps lui-même qui produit ces phénomènes. Ce qui conserve celui-là, ce n'est pas la simple adhésion de ses parties, comme dans les momies d'Égypte par exemple, mais c'est un principe actif, un acte vital qui le dispute à la mort dans le tombeau, et qui n'est lui-même que le résultat d'un état maladif antérieur. Toute sécrétion qui se produit dans les vaisseaux capillaires suppose un mouvement du sang dans ces parties. Or ce mouvement ne peut être après la mort ce qu'il était pendant la vie; car l'âme supérieure une fois séparée du corps, tous les esprits élémentaires qui tiennent à elle la suivent et ne peuvent plus animer les nerfs ni les muscles. Ceux-ci restent avec la masse du corps, et gardent en partie les forces vitales physiques et plastiques d'un ordre inférieur qui résident en eux : or ce sont ces dernières qui produisent les phénomènes singuliers que nous étudions en ce moment. Le sang et les vaisseaux ne sont plus animés, il est vrai, par l'esprit, ni même par la vie animale; mais ils ont encore la vie végétale, peut-être même un degré de plus, à savoir la vie du zoophyte.

La vie végétale qui pénètre encore le sang l'empêche de se coaguler, entretient sa mobilité et la faculté qu'il a de stimuler les vaisseaux et d'exciter leur réaction. Mais ce n'est plus le sang chaud de la vie, c'est le suc froid de la plante qui monte lentement au cœur par les veines, et y redescend par les poumons pour retourner aux vaisseaux capillaires à travers les artères, lesquelles opèrent ici à la manière des veines. Il augmente sa masse par l'humidité qu'il absorbe de l'air du tombeau, et s'assimilant les éléments qu'il a puisés du dehors, il donne lieu à des sécrétions et à des formations organiques de l'espèce la plus infime. Cette rougeur des joues du vampire est comme une fleur de la mort que pousse sous la terre un reste de vie, et son embonpoint est comparable à celui des plantes qui croissent dans les mines, pâles il est vrai, mais plus larges, plus grosses et mieux fournies que celles de la même espèce qui s'épanouissent au soleil. La quantité du sang qui s'amasse de cette façon s'explique par des exemples analogues, qui prouvent que le sang peut quelquefois se reproduire d'une manière prodigieuse. Ainsi Seb. Brand écrit qu'il a connu une femme qui, dans l'espace d'une année, avait vomi quatre cents pots de nuit pleins de sang, et qui avec cela avait été saignée cinquante fois : le sang lui sortait par la peau. Dernièrement encore, dans le Tyrol, une formation d'eau non moins considérable s'est produite chez une jeune fille. Ceux qui croyaient apercevoir un souffle, ou des battements de cœur, ou des contorsions des traits chez les vampires n'étaient donc pas tout à fait dans l'erreur. C'était tantôt l'air extérieur, tantôt l'afflux du sang vers le cœur qui y produisait ces mouvements analogues à ceux de la vie.

Le vampire, du fond de sa tombe, exerce sur les vivants une action qui fait des vampires de tous ceux qu'elle touche. Tous en effet tombent malades, et leur mal est contagieux; l'appétit disparaît, la vie se dessèche, la consomption survient; ils meurent au bout de quelque temps sans fièvre, et deviennent vampires après leur mort. Le mal auquel ils succombent est d'une nature entièrement opposée à l'état où ils se trouvent après la mort. Ici les vaisseaux capillaires semblent développer un surcroît d'énergie, tandis qu'avant la mort la vie épuisée avait peine à remplir ses fonctions, et semblait avoir perdu cette puissance plastique sans laquelle le corps ne saurait réparer les pertes de chaque jour. La masse du sang diminuait et son mouvement s'accélérait dans les grands vaisseaux ; or, à peine la mort est-elle survenue que, par une réaction inexplicable, la vie végétale, qui semblait arrêtée, revient avec une nouvelle force et reparait dans les vaisseaux capillaires. Le vampire mis en rapport avec sa victime produit en elle un état contraire au sien, de même que l'aimant se donne dans le fer un pôle opposé. Dans les deux cas il y a une action à distance, et le sentiment qui l'accompagne témoigne de la nature de l'opposition qui la détermine. Pendant que le vampire regorge de sang, ceux qu'il tourmente croient au contraire qu'il leur suce le leur. Il est donc un suceur de sang, comme l'indique son nom chez les Turcs. Il ne fait après tout que s'assimiler un élément qui lui manque, un élément différent de ceux qu'il possède lui-même. Cet élément ne peut être que l'esprit nerveux dont il est privé, pendant que la vie végétale au contraire déborde en lui. Il a faim de cet élément comme la plante de la lumière; aussi pendant que, d'un côté, on aperçoit dans le vampire un sang extravasé, et dans ses victimes des taches bleues marquant l'endroit où elles ont été sucées, on remarque dans ces dernières des crampes nerveuses correspondant dans un sens opposé à l'appauvrissement nerveux du premier.

Le cauchemar accompagne donc ordinairement cette maladie singulière. Le cauchemar est un fantôme blanc, une ombre muette ou une forme d'animal qui poursuit le malade, l'étrangle avec d'horribles souffrances, en lui pressant le cou et l'estomac. Toute son action semble dirigée vers les ganglions solaires et les nerfs qui les entourent. Ces parties de l'organisme, au reste, sont particulièrement accessibles à toutes les influences magiques. On remarque la même chose dans les animaux atteints de ce mal. Chez les vaches, le vampire attaque particulièrement la colonne vertébrale et sa continuation, par les nerfs qui y conduisent. Il mêle leur queue par des mouvements spasmodiques. Chez les chevaux destinés à traîner et à porter, dont le système musculaire est très-développé et dont la nature est très-accessible aux accidents nerveux, il attaque de préférence le dos et le système moteur. Il les monte en croupe, de sorte qu'on les trouve le lendemain essoufflés, écumants et ruisselants de sueur. C'est donc une action nerveuse exercée à distance, qui établit un rapport entre le vampire sous la terre et ceux qu'il visite. Le vampire, tant que son corps échappe à la décomposition, sécrète, à l'aide de ce reste de vie cadavéreuse et venimeuse qu'il a gardée, un virus lequel, pénétrant la terre, cherche un organisme qui soit déjà dans un rapport harmonique avec lui, afin de lui communiquer sa propre contagion. Or, c'est surtout parmi ceux qui lui sont attachés par les liens du sang qu'il trouve cette harmonie. De même que le métal qui gît au fond de la terre cherche pour ainsi dire à se montrer au grand jour; de même que l'eau cherche la lumière par une sorte d'instinct mystérieux; de même que l'un et l'autre sucent en quelque façon celui qui, se trouvant dans un rapport particulier avec eux, entend leur langage muet, de même aussi ce qui a vécu autrefois et garde encore un reste de vie se sent quelquefois attiré vers les lieux qu'il a habités, et cherche à y renouer des liens qui lui sont encore chers. S'il réussit, il entre à l'égard des êtres vivants auxquels il s'adresse dans les mêmes rapports que le magnétisé à l'égard de son magnétiseur. Il reçoit d'eux une vie véritable; puis, se l'assimilant, il la change en une vie factice; et à la place de la vie qu'il prend il donne la mort, appauvrissant ainsi les autres sans s'enrichir soi-même. Les hommes en butte aux vampires sont donc vraiment possédés par les morts ; et le peuple, avec son bon sens, a vu plus clair en cette matière que les savants avec leur esprit sceptique. Il a d'ailleurs trouvé dans l'usage de brûler les cadavres le seul remède efficace contre cette contagion, qui, se reproduisant de temps en temps d'une manière épidémique, semble, avec la plique, se rattacher principalement à la race slave, de même que la peste à celle des Turcs ; car c'est parmi les Slaves que se sont produits tous les cas connus en ce genre. Le crétinisme, dans lequel l'homme vit de la vie des zoophytes, offre quelques analogies avec cette maladie singulière, et peut y disposer.

CHAPITRE XV.

Le bon œil et le mauvais œil. Faculté de donner la mort ou la santé avec le regard. Elle se trouve particulièrement en Espagne. On la trouve encore dans certaines populations entières.

Dans le vampirisme la mort est communiquée à un être vivant par un autre déjà mort, mais possédant une vie factice et anormale. D'autres fois, cette contagion mortelle réside non plus seulement dans un corps privé de vie, mais dans des organes vivant d'une vie réelle et véritable. C'est particulièrement en Espagne que l'on trouve des hommes ou des femmes doués de cette faculté singulière. Une dame française nommée d'Aulnoi écrit à ce sujet dans son *voyage en Espagne*, t. II, qu'il y a dans ce pays des gens qui ont un tel venin dans les yeux que lorsqu'ils regardent fixement quelqu'un, et surtout un enfant, celui-ci meurt de consomption. Elle dit avoir connu un homme qui avait un œil contagieux, et qui rendait malades tous ceux qu'il regardait de cet œil ; de sorte qu'on le força à le couvrir d'un emplâtre ; car l'autre œil n'avait rien de contagieux. Quelquefois, quand il se trouvait chez ses amis, on lui apportait des coqs, et il disait : « Lequel voulez-vous que je tue? » Il regardait fixement celui qu'on lui désignait, et bientôt la pauvre bête tournait en cercle comme prise de vertiges, et tombait morte au bout de quelques instants. Vida connaissait un vieillard à Viterbe qui possédait aussi la faculté de tuer de son regard tous les reptiles, les petits oiseaux et tout ce qui avait une vie chétive. Son mauvais œil avait des taches de sang, ses cheveux gris étaient hérissés sur sa tête et tout son extérieur était repoussant. Au printemps, lorsque les germes commencent à pousser et que les arbres fleurissent, s'il entrait dans un jardin, c'était une véritable désolation; car toutes les fleurs qu'il regardait se flétrissaient et mouraient comme empestées par le souffle de la mort. (Vida, *Bombycum* l. 2.) Le médecin Borel a connu aussi dans sa pratique plusieurs hommes dont le regard était tellement contagieux que non-seulement ils tarissaient le lait dans le sein des nourrices, mais endommageaient encore les feuilles et les fruits des arbres, que l'on voyait se dessécher et tomber. La chose allait si loin qu'ils n'osaient plus sortir avant d'avoir donné le temps d'avertir les petits enfants et les nourrices de leur approche, et d'écarter les animaux nouvellement nés, et en général toutes les choses auxquelles ils pouvaient nuire. Il en a connu d'autres dont le regard usait peu à peu les verres et les miroirs dont ils se servaient, de sorte qu'ils étaient obligés d'en changer de temps en temps, et que souvent même il se formait des trous dans le verre. (Borel, observ. 67, centur. 3.) Saint André connaissait une femme qui ne pouvait se servir longtemps des mêmes lunettes ; elle lui en montra une paire qui était toute rongée au milieu et qui avait une multitude de petites cavités.

On peut ranger dans cette classe ceux dont le souffle ou la respiration donne des maux de tête, des angoisses de cœur ou même la fièvre aux personnes qui sont disposées d'une manière spéciale à recevoir leurs influences; comme aussi les femmes qui, à l'époque de leurs règles, font tourner le lait, le vin, le moût, etc. Ce phénomène n'était pas inconnu des anciens ; et Pline, au l. VII, c. 2 de son *Histoire naturelle*, rapporte, d'après Isigone et Nymphodore, qu'il y avait en Afrique des familles dont les membres gâtaient tout ce dont ils faisaient l'éloge, desséchaient les arbres et faisaient mourir les enfants. Il y avait de ces personnages singuliers chez les Triballes et les Illyriens, dont les yeux avaient un charme, et qui tuaient tous ceux qu'ils regardaient longtemps, surtout avec colère, et particulièrement les enfants ; et ce qui était singulier en eux, c'est qu'ils avaient deux prunelles dans chaque œil. D'après Apollonide, il y avait aussi des femmes de ce genre chez les Scythes, qui les appelaient Bythies ; et d'après Philarque il y avait dans le Pont la tribu des Thibiens et plusieurs autres encore qui possédaient la même faculté, et qui avaient deux pupilles dans un œil, et dans l'autre l'image d'un cheval. Ils avaient aussi la propriété de ne jamais enfoncer dans l'eau, même avec des habits très-lourds. Il en était de même, d'après Damon, de la tribu des Pharnazes en Éthiopie, dont la sueur rendait malade tous les membres qu'elle touchait ; et Cicéron regarde comme funeste le regard des femmes qui ont deux prunelles dans un œil. Plutarque, dans son *Symposion*, V, c. 7, parlant de ce charme des yeux, dit qu'il est surtout préjudiciable aux enfants, à cause de leur complexion molle et fluide. Puis il ajoute que ces habitants du Pont, que l'on nommait autrefois Thibiens, pouvaient nuire, d'après Philarque, non-seulement aux enfants, mais encore aux hommes, et qu'ils rendaient malades tous ceux vers lesquels ils dirigeaient leur regard, leur souffle ou leurs paroles ; que cette contagion semblait être venue dans le pays par ceux qui y faisaient le commerce et en emmenaient des esclaves.

C'est là le mauvais œil contre lequel les anciens cherchaient à prémunir leurs enfants par les *fascines*, comme aujourd'hui encore les Espagnols par les *higas*, et les mères italiennes par les paroles qu'elles adressent à ceux qui louent leurs enfants : *Di grazia non gli date mal d'occhio.* La double prunelle et les images de cheval, que l'on remarque dans l'œil des hommes qui ont cette propriété, correspondent aux pattes de chat et aux pieds de crapaud que l'on a observés quelquefois dans les yeux des sorcières. Ces signes viennent de spasmes dans la prunelle, et indiquent la disposition spasmodique des personnes de ce genre. La faculté de surnager dans l'eau se retrouve dans les procès des sorcières. Aussi les peuples slaves se défient des yeux profonds, très-convexes, au regard sombre, et ils cherchent un secours contre leurs mauvaises influences auprès de ceux qui passent pour avoir la faculté d'enlever leurs charmes.

C'est là cette maladie que la jalousie des Telchines envoyait aux mortels, et dont l'antiquité grecque nous raconte tant de choses. Les Telchines, ces chiens d'Actéon changés en hommes, gâtaient tout ce qui approchait d'eux. La colère et l'envie étaient donc les deux principales sources du mal, qui se communiquait par une certaine fascination. Celui qui possédait cette puissance pouvait la tourner contre soi-même. C'est ainsi que l'antiquité nous raconte qu'Euthélide perdit sa beauté en la regardant d'un œil d'envie dans le cristal d'une source. La légende n'a pas manqué de s'emparer de cette croyance générale : elle nous parle d'un noble polonais qui demeurait seul dans une maison blanche, sur le bord de la Vistule. Ses voisins l'évitaient et le fuyaient avec épouvante, parce que son regard frappait de maladie ou de mort les hommes ou les troupeaux, mettait le feu aux greniers, et ne pouvait être lié pour un temps que par la vue d'un faisceau de pois desséchés. Il épouse enfin la fille d'un autre gentilhomme, qui, poursuivie par les loups, avait été forcée de chercher près de lui un refuge. Mais comme son regard allait être funeste aussi à sa femme et à la fille qu'elle lui avait donnée, il s'arrache les yeux, et les enfouit près du mur de son jardin. Mais bientôt ils acquièrent sous la terre une nouvelle énergie, et finissent par donner la mort à un ancien serviteur, le seul qui eût pu jusque-là rester auprès de son maître, et qui par curiosité les avait déterrés.

Le fond de vérité sur lequel reposent tous ces récits, c'est une affection interne et maladive des yeux, de cet organe qui est dans un rapport si intime avec la vie et toutes les affections. L'esprit vital qui réside en lui peut dégénérer jusqu'au point de devenir un principe de contagion, dont le cercle est d'autant plus étendu que l'action de cet organe est plus puissante. Dans la phthisie, le poumon malade peut exercer à distance son action contagieuse, tandis que dans la syphilis la contagion exige le contact immédiat de l'organe infecté. Il en est ainsi des hautes régions de l'organisme, relativement aux affections de l'âme dont elles sont le siége. Celles-ci, acquérant un degré d'énergie extraordinaire, préparent quelquefois dans les organes qui leur correspondent un virus corrosif, ou des effluves narcotiques qui infectent les êtres vivants à une distance plus ou moins grande, selon que la partie qui sert de foyer à la contagion avait dans la santé une action plus ou moins étendue. Or, les courants qui partent de l'œil sont plus puissants et vont plus loin que ceux de tout autre organe. L'expérience a prouvé, comme nous l'avons vu plus haut, que ses émanations développent en certaines circonstances, par suite de quelque dégénérescence maladive, je ne sais quelles émanations corrosives, à peu près dans le genre de l'acide de spath fluor, auxquelles la dureté même du verre ne peut résister. Si donc quelque affection interne vient à produire dans l'œil une altération de ce genre, les effluves dont il est le foyer, rayonnant au dehors, peuvent être dirigées par une intention positive sur un point déterminé, et y produire des effets pernicieux, semblables à ceux dont nous venons de parler. Heureusement cette influence contagieuse ne se développe que très-rarement et dans des circonstances extraordinaires. Au reste, l'œil n'est pas le seul organe qui puisse ainsi darder la mort : tout autre organe capable d'agir à distance peut acquérir la même propriété ; la bouche, par exemple, et la parole qui en sort avec le souffle ; la peau et les exhalaisons invisibles qui s'en échappent ; la main enfin et les émanations qui en sortent, et que la volonté peut facilement diriger à son gré. L'homme tout entier peut donc prendre, pour ainsi dire, la nature du serpent, et devenir un foyer de contagion pour tout ce qui l'approche.

Mais toute infection suppose un organe sain où elle s'engendre. Or celui-ci peut, saisi par une action violente et pernicieuse, acquérir une puissance négative plus élevée, et devenir ainsi lui-même un foyer de contagion pour les autres, comme il peut, au contraire, excité par une action bienfaisante, acquérir une puissance positive plus grande, et devenir un principe de bénédiction et une source d'influences salutaires. A côté de ceux qui ont la triste faculté de propager autour d'eux la contagion et la mort, nous trouvons donc d'autres hommes doués de la propriété plus heureuse de guérir certains maux, certaines maladies. Ces derniers étaient assez communs autrefois, particulièrement en Espagne, où le peuple les connaissait sous le nom de *saludadores, qui donnent la santé*, et d'*ensalmadores, qui conjurent les maladies*. Ils formaient une espèce de confrérie, dont les uns étaient sédentaires, tandis que les autres parcouraient les bourgs et les villages pour y exercer leur art. Ils portaient sur la poitrine une croix qu'ils faisaient baiser à ceux qui désiraient être guéris. Ils récitaient avec cela certaines formules, soufflaient doucement sur le malade ou le baisaient ; ou bien encore, dans les empoisonnements, dans la rage, ils leur donnaient un morceau de pain qu'ils avaient mordu eux-mêmes. Ils touchaient les plaies d'une certaine manière, et il leur arrivait souvent d'en retirer de petits morceaux de fer et de les guérir ensuite. Ils prétendaient que, pour réussir dans leur profession, ils avaient besoin de boire beaucoup de vin. C'était sans doute un moyen de donner une nouvelle énergie à la faculté organique qui résidait en eux. Ceci, joint à d'autres désordres inséparables de la vie errante, donna à beaucoup d'entre eux une mauvaise réputation. Il n'y avait cependant entre leur vie et le don qu'ils avaient reçu aucun rapport nécessaire; d'où l'on peut conclure que ce don était physique et naturel dans sa source. Plusieurs portaient sur leur corps l'image d'une roue, signe du martyre de sainte Catherine. Ils prétendaient qu'un saludador qui en rencontre un autre le reconnaît aussitôt à certains signes naturels, sans même l'avoir jamais vu auparavant. Ils se vantaient aussi de pouvoir impunément prendre des charbons ardents, ou rester dans un four enflammé. L'événement ne justifia pas cependant cette prétention dans ce saludador que Vair connut, et qui brûla dans un four, parce que son compagnon, ignorant qu'il y était, avait fermé la porte sur lui. Ils se vantaient aussi de voir à distance, et Torquemada cite à ce sujet un exemple remarquable de cette faculté.

Torquemada. Au troisième livre de son *Jardin de Flores*, 1577, p. 159, après avoir parlé de ces hommes en général, il dit qu'ils avaient surtout le don de guérir la rage, et de préserver de tout dommage les hommes et les animaux ; qu'ils prétendaient porter empreinte sur leur palais, ou sur une autre partie du corps, la roue de sainte Catherine ; mais qu'ils se vantaient de faire plus qu'ils ne pouvaient réellement ; qu'ils appartenaient la plupart à la classe du peuple, et qu'il était curieux d'entendre les formules ou les prières mal digérées, souvent inintelligibles et ridicules, dont ils se servaient pour pratiquer leur art: que, comme la conduite de plusieurs d'entre eux n'était pas très-édifiante, beaucoup doutaient de la nature de leur don, mais que cela pouvait venir aussi de ce que plusieurs se donnaient pour des saludadores sans l'être en effet. Il raconte un exemple remarquable de guérison qui était arrivé à son père lui-même. Dans un long voyage que fit celui-ci lorsqu'il était jeune encore, un chien lui mordit la jambe à travers sa botte, et il sortit de la plaie une ou deux gouttes de sang. Il continua son voyage pendant trois ou quatre jours encore sans penser le moins du monde à ce qui lui était arrivé. Étant entré un matin dans une église de village pour y entendre la messe, il vit venir à lui un paysan qui l'accosta par ces paroles : « Dites-moi, Monsieur, un chien vous a mordu ? » L'étranger, qui avait déjà oublié la chose, lui répondit : « En effet, un chien m'a mordu il y a quelques jours; pourquoi cette demande ? » Le paysan lui dit en souriant : « Remerciez Dieu de vous avoir amené ici; car je suis un saludador : le chien qui vous a mordu était enragé; et si vous aviez attendu le neuvième jour, vous étiez perdu. Pour vous convaincre que je dis vrai, je vais vous décrire le chien qui vous a mordu. » Il le fit, en effet, et Torquemada ne put s'y tromper. Le paysan ajouta : « Pour vous guérir, il faut que vous restiez ici quelque temps. » Il l'emmena donc chez lui, récita certaines formules sur lui et sur tout ce qu'il mangeait, et après le repas encore. Puis il lui dit : « Il faut que vous supportiez patiemment le traitement que je vais vous faire subir. » — L'étranger se montrant prêt à tout, le paysan lui fit une petite entaille au nez, en trois endroits, avec la pointe d'un couteau. Il en sortit quelques gouttes de sang qu'il mit chacune à part sur un plat : puis il fit laver la plaie avec du vin qu'il avait conjuré, ayant toujours les yeux sur les gouttes de sang jusqu'à ce qu'il eût vu un petit vers se remuer en chacune d'elles. « Vous êtes guéri, grâce à Dieu, Monsieur, lui dit-il : remerciez-le de vous avoir amené ici. » — Il y avait aussi dans les Ardennes une famille qui prétendait descendre de saint Hubert et avoir reçu de lui la faculté de préserver et de guérir de la rage. C'est ainsi que les rois de France faisaient remonter à saint Robert, leur aïeul, et les rois d'Angleterre à saint Édouard le Confesseur le don de guérir les écrouelles.

CHAPITRE XVI.

Le cauchemar. L'incube et le succube des anciens. Ils apparaissent encore aujourd'hui sous la même forme. Explication de ce phénomène.

Les influences que nous avons considérées jusqu'ici agissent sur l'homme parfaitement éveillé : les phénomènes que nous allons étudier se produisent, au contraire, dans le sommeil naturel et maladif à la fois; de sorte qu'ils forment comme le point de transition entre ceux des états précédents et ceux du magnétisme. Comme ces influences échappent tout à fait à la volonté, à la conscience et à l'observation de celui qui les éprouve, elles supposent en ce dernier un état passif. Cet état, c'est ce que les Allemands appellent *alp*, et qui est à peu près ce que nous nommons *cauchemar*. Nous le considérons ici surtout comme indiquant ou produisant un certain rapport entre les deux sexes, et comme affectant, à cause de cela, les systèmes nerveux où ce rapport a son siége. Les Romains, ayant égard à la diversité de ces rapports et à leur opposition, appelaient le cauchemar *incubus* et *succubus*, *ab incumbendo et succumbendo*. Les Grecs l'appelaient *ephialtes*, c'est-à-dire *insultor*, qui saute, qui se jette sur quelqu'un. Les peuples gaulois et germaniques, supposant dans cet état une influence spirituelle, l'attribuaient, les premiers aux Duses ou Tauses, les seconds aux Elfes. Les médecins, le considérant, à leur manière, comme maladie ou suite d'une maladie, ont cherché de tout temps à le guérir par des moyens naturels, tandis que les anciens théologiens étaient plutôt disposés à y voir, dans les cas les plus graves, l'effet d'un charme. Il peut être l'un et l'autre à la fois; mais il peut tenir aussi à une disposition prenant sa source dans un lien qui se rattache aux organes sexuels et qui agit magnétiquement à distance.

Paul Eginète, qui était médecin, nous en donne la description suivante, l. III, c. 15. « L'éphialtes, dit-il, tire son nom, selon quelques-uns, d'un homme qui s'appelait ainsi, ou bien encore de ce que ceux qu'il attaque se croient dominés par un esprit. Thémison néanmoins, au douzième livre de ses Épitres, l'appelle *Pnigalion*, parce qu'il étouffe la voix et l'estomac. Cette maladie vient de trop boire, et d'une digestion trop lente. Le malade a peine à respirer; ses sens sont hébétés et paralysés; il se sent étouffé dans le sommeil, et est surpris par un malaise subit. Sa voix est liée, et ne peut que balbutier quelques mots inarticulés. Il lui semble, à son grand étonnement, qu'un homme ou une femme lui ferme la bouche pour l'empêcher de crier. Il agite ses bras et ses jambes dans son lit pour les chasser, mais en vain. Il croit même les entendre parler et le porter au crime; bien plus, il les voit monter sur son lit, et essayer de lui faire violence. » Paul Éginète ajoute que l'on doit attaquer le mal de bonne heure, parce qu'il peut conduire à l'apoplexie ou à l'épilepsie. Cette description se trouve encore, après tant de siècles, parfaitement exacte. Un médecin plus moderne, Jas. Pratensis, *de Cerebri morbo*, c. 26, nous dépeint cet état dans le récit suivant : « Dernièrement, dit-il, un ecclésiastique eut recours à moi, implorant mon secours, et se croyant perdu. «Voyez, me dit-il, comme je suis maigre! Je ressemble à un squelette, moi qui avais autrefois si bonne mine. Presque toutes les nuits, une femme que je connais bien vient me trouver, se couche sur ma poitrine, me presse la gorge; de sorte que je puis à peine respirer. Si je veux crier, elle me ferme la bouche; si dans mon effroi je veux me lever, je ne puis remuer ni les mains pour la chasser ni les pieds pour m'enfuir, tellement elle me tient lié sous son charme. »

Le médecin, qui reconnut aussitôt le mal, se mit à sourire, et lui dit : « Tout cela n'est qu'une illusion de votre imagination. — Comment, répond le malade, vous appelez imagination ce que je vois de mes yeux, ce que je fais avec mes mains, parfaitement éveillé et ayant l'usage de mes sens ? car je la vois devant moi, je souffre ses attaques, je cherche à me défendre ; mais tout est inutile, parce que je suis retenu par l'épuisement, la crainte, l'angoisse et la violence que j'endure. J'ai couru partout comme un insensé, demandant à chacun secours et conseil ; je me suis adressé à un Franciscain très-habile, qui m'a indiqué pour unique remède de prier Dieu avec ferveur ; je l'ai fait longtemps, mais en vain. Après cela, je suis allé trouver une vieille femme renommée comme magicienne. Elle m'a donné un remède connu depuis longtemps, qui devait me faire voir le jour même la personne qui me tourmentait ainsi. Ma conscience a refusé longtemps l'emploi de ce remède, que je regardais comme inutile et impie ; mais enfin la patience m'a abandonné, et je me suis décidé à en faire usage. La femme qui me tourmentait est bien venue en effet chez moi, se plaignant de douleurs de vessie ; mais, malgré mes prières et mes menaces, elle a continué à me visiter la nuit ; car elle voulait me faire mourir. » — « J'eus beaucoup de peine, ajoute le rapporteur, à lui ôter de l'esprit cette imagination. Cependant, dès la seconde ou la troisième visite, il était déjà plus gai, et commençait à entrevoir la nature du mal et la possibilité de la guérison. » — Le rapporteur ne nous dit pas s'il l'a vraiment obtenue. Cette maladie s'est produite partout et toujours, si bien que les anciens avaient un mot pour l'exprimer. « La Drude pèse sur moi, » disaient-ils. C'est le *malum dæmoniacum* de Pline. Les confesseurs rencontrent bien souvent aussi dans leur pratique cet état singulier, avec des circonstances qui le compliquent quelquefois d'une manière étrange.

Nous n'avons pas besoin de nous y arrêter longtemps ici ; car il n'est qu'une autre forme du mal que nous avons étudié dans les chapitres précédents. En effet, si l'élément qui exerce sur l'homme une action magique est un élément naturel, il saisit alors la partie élémentaire de son être. Si cette influence lui vient de quelque plante vénéneuse, elle infecte la partie végétale en lui, de sorte que celle-ci absorbe pour ainsi dire toutes les autres puissances. Si, au contraire, l'homme est en proie à quelque influence animale, la bête en lui acquiert un développement monstrueux, et toutes ses puissances sont dirigées vers l'espèce animale dont il a pris les instincts. Il se produit dans le cauchemar un effet du même genre, avec cette différence qu'ici ce sont deux personnes humaines d'un sexe différent, dont l'une s'empare de l'autre et la tient comme liée sous son charme. C'est le cerveau ganglionnaire inférieur qui est le foyer de toutes ces affections ; mais elles se produisent tantôt dans tel plexus nerveux, tantôt dans tel autre, suivant la différence des états ; et, après avoir donné naissance dans les autres plexus à des réactions diverses, celles-ci se concentrent toutes dans tel ou tel ganglion. Ce sont donc les plexus du système sexuel qui reçoivent la première impression, tandis que les autres systèmes, ceux qui servent aux fonctions des sens et au mouvement, sont liés au contraire. Cependant quelquefois, rarement il est vrai, c'est le contraire qui a lieu. Ainsi nous lisons dans le *Livre des superstitions*, d'un savant théologien, Martin d'Arles, qu'un prêtre le consulta au sujet d'une dame pieuse dont il était le confesseur. Il semblait souvent à celle-ci pendant le sommeil qu'elle chevauchait à travers les champs, les prairies et les ruisseaux, et que pendant ce temps un homme était près d'elle et péchait avec elle. La chose lui arrivait très-souvent. Ces excursions prouvent que dans le cas dont il s'agit le cauchemar, au lieu d'être couché sur la personne qu'il tourmentait, la portait au contraire sous la forme d'un cheval, et produisait en elle la sensation du dégagement du système musculaire. Au reste, cet état est accompagné, de même que toutes les autres surexcitations du système ganglionnaire, d'une vision qui prend diverses formes. Si dans le vampirisme il se produit sous celle d'un spectre qui suce le sang, il prend ici celle d'un fantôme qui séduit par des charmes trompeurs, qui pèse avec force sur la poitrine, ou qui entraîne avec fureur. Et comme tous les systèmes de l'organisme sont liés par une sympathie générale, la surexcitation qui se produit ici dans l'un s'étend bientôt à tous les autres : à l'esprit sous la forme d'une vision ; au système moteur en liant ou en dégageant son activité ; aux systèmes de la vie inférieure sous la forme d'un poids qui oppresse le cœur, ou d'une volupté qui le dilate. On conçoit, au reste, que cet état peut être entièrement passif en celui qui l'éprouve lorsqu'une autre personne se trouvant avec lui dans un rapport magnétique s'est emparée de lui et l'a comme absorbé. Mais il peut surgir aussi d'une manière spontanée ; et le patient, dans ce cas, joue un rôle actif, et cherche à se mettre dans un rapport magnétique avec d'autres. Le plus souvent, néanmoins, cet état n'est qu'un jeu et un rêve de l'imagination, allant d'une personne à une autre, et les mettant ainsi dans un rapport factice sans aucune réalité.

CHAPITRE XVII.

Des rapports magnétiques. Du lien magique qui existe entre le somnambule et ceux qui sont en rapport avec lui. Marie Goffe de Rochester. De la faculté de se dédoubler. Le jeune homme de Londres cité par Morton. Comment le corps est enlevé à certaine distance. Élisabeth Wedering à Halberstadt.

Nous voici arrivés au magnétisme vital, à ce premier degré où il forme un lien magique entre le somnambule et ceux qui sont en rapport avec lui. Dans cet état, l'âme passe tout entière pour ainsi dire dans le monde interne des songes ; la vie extérieure se ferme, tout disparaît, tout s'efface, et il ne reste plus à l'homme, de tout cet univers, que la personne avec laquelle il se trouve en rapport. Celle-ci peut à son gré le rappeler de cet état et l'y plonger de nouveau. Elle exerce sur lui un empire souverain, et placée, pour ainsi dire, aux limites des deux mondes, elle est pour lui, selon les circonstances, un guide ou un séducteur. Elle est en dehors du cercle où le somnambule est renfermé; car elle reste dans le monde extérieur et ordinaire; mais de là elle agit sur le somnambule, qui vit, de son côté, dans un autre monde; de sorte que les souvenirs qu'il a gardés de sa vie antérieure et les visions qui lui arrivent des nouvelles régions où il se trouve sont réglés et déterminés par elle. Ainsi, ce qui caractérise ce premier degré, c'est la puissance absolue du magnétiseur et l'asservissement complet du magnétisé. Le somnambule ne voit rien du monde extérieur avec ses propres yeux, et n'entend rien avec ses oreilles; ces deux sens sont entièrement fermés pour toutes les choses du dehors. Il ne voit qu'avec les yeux et n'entend qu'avec les oreilles de celui qui le domine, et rien n'arrive à son esprit captif sans avoir passé par l'esprit de ce dernier. Il en est ainsi des sens extérieurs. Ce que le magnétiseur goûte et sent, ce qui affecte chez lui le sens commun est perçu par celui qu'il tient en sa puissance. Son empire s'étend jusque sur sa volonté. Le somnambule a perdu en quelque sorte sa personnalité, qui est comme absorbée, d'une manière extérieure seulement, il est vrai, par son maître. Sa volonté est toujours libre dans son fond; mais au dehors elle est liée, et comme possédée par celle du magnétiseur, qui, devenant pour elle une seconde cause efficiente, la dirige et la détermine à son gré du dedans au dehors. Les pensées, les sentiments et les affections de l'un se reflètent dans celles de l'autre. Dans ce commerce réciproque, il s'établit un double courant allant de l'un à l'autre, et traversant toutes les régions de la personnalité humaine; de sorte que partout cependant ce qui vient du dehors est plus fort que le dedans et le domine, sans toutefois faire à l'âme aucune violence et sans employer autre chose qu'un certain attrait ou une certaine impulsion qui la séduit et l'enchante. Cette action du magnétiseur sur les somnambules ne tient pas toujours à sa présence immédiate ; mais elle se produit à distance, comme toute action magique ; car dans tous les rapports d'un ordre supérieur il ne faut tenir nul compte de la quantité, qui s'exprime par le temps et l'espace, par la proximité ou la distance, mais seulement de la qualité, qui se manifeste par l'harmonie ou le désaccord, l'antipathie ou la sympathie. Comme le magnétiseur, tout en restant dans le domaine de la vie ordinaire, agit néanmoins sur le somnambule, qui vit dans un monde séparé du premier par une distance infinie, on peut conclure de là que toute vie a une action à distance ; et que, si cette action passe inaperçue, c'est qu'ordinairement elle ne trouve point autour d'elle d'organisation assez mobile et assez impressionnable pour qu'elle puisse se manifester en elle.

Mais ce rapport par lequel le magnétiseur domine et tient sous sa puissance ceux qu'il magnétise en appelle bientôt un autre tout opposé, où le premier est lié par ceux-ci. Dans ce cas, le *sensorium commune*, foyer de la vie, n'est plus dans le magnétiseur, mais dans les somnambules ; et ceux-ci peuvent dominer la personne du premier, et d'une manière d'autant plus énergique que les forces internes, étant plus centrales et ayant à cause de cela une périphérie plus étendue, ont aussi une action plus puissante que les forces extérieures. Dans le premier cas, le magnétiseur, même lorsqu'il est à une très-grande distance de ses somnambules, est visible pour eux sans qu'ils le soient pour lui. Dans le second cas, ce sont eux qui, à toutes les distances, sont près de lui et visibles pour lui. Leurs pensées, leurs images, leurs résolutions, aussi bien celles qui sont le produit d'une impulsion interne que celles qui sont le résultat de quelque excitation extérieure, leurs affections se reflètent dans son âme ; de sorte que, dans toutes les directions, la vie ordinaire sert d'instrument à la vie extraordinaire qui s'est produite. Le premier rapport est le plus fréquent dans la magie naturelle, et le second ne se manifeste que rarement et dans les degrés supérieurs. Le magnétiseur peut élever artificiellement ses somnambules au-dessus de la vie ordinaire, ou les y rappeler à son gré; et ceux-ci, quoique leur personnalité soit élevée à une plus haute puissance, ne peuvent se défendre à l'égard du premier. Il leur faudrait pour cela une force surhumaine, capable de faire équilibre à la force humaine et naturelle de l'autre, capable de triompher des influences naturelles qu'ils en reçoivent et de dominer leur magnétiseur, qui n'est après tout à leur égard que le représentant de la nature et dont toute la puissance vient de celle-ci. Nous avons rencontré ce pouvoir dans un grand nombre de saints extatiques, et nous le retrouverons encore plus tard dans les phénomènes diaboliques. Il se produit plus rarement dans la magie naturelle; on le rencontre quelquefois néanmoins dans cette sorte d'extase qui a coutume de se manifester au moment de la mort. Parmi un grand nombre d'exemples de cette sorte que nous pourrions citer, nous nous contenterons de rapporter ici un fait très-remarquable et parfaitement authentique.

Marie, femme de J. Goffe de Rochester, est attaquée d'une maladie de langueur et conduite à Westmulling, à neuf milles de sa demeure, dans la maison de son père, où elle mourut le 4 juin 1691. La veille de sa mort, elle ressent un grand désir de voir ses deux enfants, qu'elle a laissés chez elle aux soins d'une bonne. Elle prie donc son mari de louer un cheval, pour qu'elle puisse aller à Rochester, et mourir près de ses enfants. On lui fait observer qu'elle n'est pas en état de quitter son lit et de monter à cheval. Elle persiste, et dit qu'elle veut au moins essayer : « Si je ne puis me tenir, dit-elle, je me coucherai tout du long sur le cheval; car je veux voir mes chers petits. » Un ecclésiastique vient la voir encore vers dix heures du soir. Elle se montre parfaitement résignée à mourir et pleine de confiance dans la miséricorde divine : « Toute ma peine, dit-elle, c'est de ne plus voir mes enfants. » Entre une et deux heures du matin, elle a comme une ex-

Marie Goffe.

tase. D'après le rapport de la veuve Turner, qui veillait près d'elle pendant la nuit, ses yeux étaient ouverts et fixes et sa bouche fermée. La garde approcha les mains de sa bouche et de ses narines, et ne sentit aucun souffle : elle crut donc que la malade était évanouie, et ne savait trop si elle était morte ou vivante. Lorsqu'elle revint à elle, elle raconta à sa mère qu'elle était allée à Rochester, et qu'elle avait vu ses enfants : « C'est impossible, dit la mère; vous n'êtes pas sortie tout ce temps de votre lit. — Eh bien, dit l'autre, je suis pourtant allée voir mes enfants cette nuit pendant mon sommeil. » La veuve Alexandre, bonne des enfants, affirma de son côté que le matin, un peu avant deux heures, elle avait vu Marie Goffe sortir de la chambre voisine de la sienne, où l'un des enfants dormait seul, la porte ouverte, et venir ensuite dans la sienne; qu'elle était restée environ un quart d'heure près du lit où elle était couchée avec l'enfant le plus petit. Ses yeux se remuaient et ses lèvres semblaient parler; mais elle ne disait rien. La bonne se montra prête à confirmer par serment devant les supérieurs tout ce qu'elle avait dit, et à recevoir ensuite les sacrements. Elle ajouta qu'elle était parfaitement éveillée, et qu'il commençait déjà à faire jour : car c'était un des plus longs jours de l'année. Elle s'était assise sur son lit, avait regardé et observé attentivement l'apparition, et avait entendu sonner deux heures à la cloche qui était sur le pont. Au bout de quelques instants elle avait dit : « Au nom du Père, du Fils et du Saint-Esprit, qui es-tu? » A ces mots l'apparition s'était évanouie.

La bonne jeta vite sur elle ses vêtements pour suivre le fantôme; mais elle ne put découvrir ce qu'il était devenu. C'est alors qu'elle commença à être saisie d'un certain effroi. Elle sortit de la maison, qui était située sur le quai, se promena quelques heures en allant voir les enfants de temps en temps. Vers cinq heures du matin, elle frappa à la porte de la maison voisine; mais on ne lui ouvrit qu'une heure plus tard, et elle raconta ce qui s'était passé. On lui dit qu'elle avait rêvé ; mais elle répondit : « Je l'ai vue cette nuit aussi clairement que je l'ai vue jamais dans toute ma vie. » Une des personnes qui l'entendaient parler ainsi, Marie, femme de J. Sweet, apprit le matin que madame Goffe était à la dernière extrémité et qu'elle voulait lui parler. Elle alla donc à Mulling le même jour, et la trouva mourante. La mère de la malade lui raconta, entre autres choses, que sa fille avait beaucoup désiré de voir ses enfants, et qu'elle prétendait même les avoir vus. Marie se rappela les paroles de la bonne ; car jusque-là elle n'en avait point parlé, croyant qu'il y avait eu illusion de sa part. Th. Tilson, curé d'Aylesworth, près de Maidstone, qui a publié ce fait, l'apprit d'une manière détaillée le jour de la sépulture de J. Carpenter, père de M. Goffe. Le 2 juillet, il fit une enquête très-exacte auprès de la bonne et des deux voisins qu'elle était allée trouver le matin. Le lendemain la chose lui fut confirmée par la mère de M. Goffe, par l'ecclésiastique qui était venu la voir le soir et par la garde qui l'avait veillée la nuit. Tous furent unanimes dans leur témoignage ; tous étaient des personnes intelligentes, calmes, incapables de tromper et qui d'ailleurs n'avaient aucun intérêt à le faire. Ce fait réunit donc toutes les conditions qui peuvent le rendre incontestable. (*The spectre, or news from the invisible world*; London, 1836, p. 184.) Tilson raconte ce fait dans une lettre du 6 juillet 1691 à un théologien très-connu, nommé Barter, qui l'a inséré dans son livre publié en allemand, à Nuremberg, sous le titre de : *la Certitude des esprits démontrée par des histoires incontestables.*

Pour bien comprendre ce fait, nous devons nous rappeler ce que nous avons déjà dit sur la manière dont le corps est construit. Il est bâti pour ainsi dire sous la direction de l'âme, par les esprits élémentaires, qui sont donnés à celle-ci comme instruments, et d'après un plan déterminé en grande partie, pour chaque individu, par la constitution des parents. Mais cette construction est de deux sortes. Elle se fait d'abord d'une manière typique, par le moyen des esprits supérieurs, avec les éléments appelés impondérables, lesquels, quoiqu'ils soient partagés en forces actives et en facultés passives, participent cependant davantage à l'unité et à la nature de l'activité spirituelle. Puis, cet édifice typique une fois bâti, les esprits inférieurs et plus grossiers qui participent davantage à la composition et à l'état passif de la matière bâtissent le second édifice, qui revêt le premier et est plus terrestre et plus grossier que lui. Le corps est donc composé de deux corps pour ainsi dire, réunis en un troisième, et dont le premier réside dans le système et agit par le fluide nerveux, tandis que l'autre, qui vient principalement du sang, s'empreint dans le système circulatoire, et que le lien qui les unit tous les deux se produit dans le système musculaire.

La première construction de l'édifice est le type, et donne le plan de l'autre ; et toutes les deux sont l'image de l'âme qui réside en elles ; de sorte qu'on pourrait appeler en un certain sens la première le spectre de l'âme, et la seconde son enveloppe plastique. Tant que ces deux corps sont unis, dans le cours ordinaire des choses, par le lien de la personnalité, ils se pénètrent et se lient réciproquement. Mais si ce lien est dissous par la mort, ils se séparent : l'un, celui qui a plus d'affinité avec l'âme, la suit, tandis que l'autre, plus rapproché de la nature terrestre, est absorbé par elle. Mais entre ces deux extrêmes, c'est-à-dire entre la vie ordinaire et la mort, il y a des états mitoyens dans lesquels le lien se relâche sans se rompre ; de sorte que les deux natures qu'il attache ensemble s'écartent l'une de l'autre par une sorte de mouvement excentrique. Si dans ce mouvement le premier corps, celui qui est le plus élevé et qui sert de type à l'autre, se détache de celui-ci par un surcroît d'énergie, et, sortant de l'état latent où il le retient, franchit ses limites sans toutefois le quitter tout à fait, alors le spectre, se dégageant de l'enveloppe qui le recouvre, apparaît d'une manière visible, à peu près comme l'éclair qui déchire le nuage. Ainsi délivré, il acquiert une unité plus élevée et une action plus puissante et plus centrale. Plus concentré, il devient présent, non partout, ce qui ne convient qu'à Dieu, mais en plusieurs lieux, selon la mesure du dégagement qui s'est opéré en lui. L'espace disparaît dans la sphère où s'étend son pouvoir, et il peut ainsi être présent là où le portent ses désirs, dans toute l'étendue de cette sphère. Tout en étant présente dans la partie qui est encore enveloppée sous la matière, l'âme est présente ailleurs encore par la partie typique et centrale, et se rend ainsi visible dans les éléments et les forces de cette dernière.

On voit que la catalepsie et le somnambulisme, en produisant une séparation de cette sorte dans les éléments dont se compose la personnalité humaine, permettent quelquefois à celle-ci d'être vue en plusieurs lieux à la fois. Mais cet état peut être aussi l'effet d'une disposition naturelle, comme le prouvent plusieurs exemples de personnes qui, quoique réunissant tous les signes d'une santé parfaite, ont cependant éprouvé cette division singulière. Un jeune homme de Londres, que connut Morton, était, d'après le témoignage de celui-ci, sobre, religieux, sensé, d'une imagination calme et modérée, instruit, réfléchi et sérieux; on n'avait jamais remarqué en lui ni goût pour le merveilleux ni dispositions à la folie, aux songes, aux illusions, comme il arrive si souvent chez ceux qui voient des fantômes; et cependant voici ce qui lui arriva. Il était apprenti chez un marchand de Londres, et était sur le point de s'embarquer pour l'Amérique, où son maître avait un comptoir. Le vaisseau était prêt; son maître, ayant à faire des lettres et d'autres préparatifs nécessaires, ne put le prendre à table avec lui pour manger, et lui dit de rester dans son cabinet jusqu'à ce qu'il vînt le remplacer. Après avoir mangé, il descendit pour l'envoyer manger à son tour, et le vit par la porte du cabinet assis près du teneur de livres, comme il l'avait laissé auparavant. Obligé à l'instant même de remonter dans la salle à manger, d'où il venait de descendre, il laissa le jeune homme dans son cabinet sans lui parler; mais quand il fut en haut il l'aperçut à table avec les autres gens de la maison. La chambre où ils étaient assis ouvrait sur l'escalier, de sorte que de celui-ci on pouvait très-bien y voir et qu'aucune illusion n'était possible. Le jeune homme n'avait donc pu monter l'escalier, et passer à côté de lui d'une manière naturelle, sans parler de l'inconvenance qu'il aurait commise en agissant ainsi. Le maître ne lui adressa pas la parole, ce dont il se repentit dans la suite; mais comme il était bouleversé, il entra dans la salle à manger, qui était située à droite de celle des gens de la maison. Il envoya aussitôt quelqu'un voir si le jeune homme était réellement à table avec ceux-ci, et on l'y trouva en effet; de sorte que ce qu'il avait vu dans son cabinet ne devait être que son image.

D'autres faits qui arrivèrent plus tard prouvent que c'était chez lui une disposition naturelle. Écrivant à son maître, de la ville de Boston, où il était depuis quelque temps, il lui demanda en post-criptum des nouvelles de son frère ; car, disait-il, « dernièrement, le 20 du mois de juin, à six heures du matin, étant dans mon lit parfaitement éveillé, j'ai vu mon frère au pied du lit, ouvrant mes rideaux et me regardant sans rien dire. Quoique effrayé, j'eus cependant le courage de lui dire : Qu'as tu, mon frère? Il avait la tête entourée d'un linge sanglant; il était très-pâle et d'un aspect terrible. Il me répondit : J'ai été tué indignement par tel et tel, il faut que je sois vengé; puis il disparut. » Son frère, en effet, étudiant à Londres, avait été assommé quinze jours avant la date de la lettre dans une batterie avec un tisonnier, et était mort bientôt après de sa blessure. Morton lut la lettre une heure après son arrivée à Londres : il connaissait très-bien la personne, l'écriture et le frère, et ne pouvait par conséquent être trompé. (Morton, on *Apparitions*.)

Si le fait que rapporte Tharsander de même que plusieurs autres du même genre sont vrais, la seconde figure peut être aperçue et par celui à qui elle appartient et par les autres en même temps. La femme d'un employé entre dans le cabinet de son mari, et, le voyant assis à sa place ordinaire, elle doute si c'est bien lui, car elle venait de le laisser dans sa chambre en bas. Elle descend bouleversée, et lui raconte ce qu'elle a vu en haut. Celui-ci, voulant juger de la chose par ses propres yeux, monte avec sa femme, et trouve le fantôme avec sa propre forme, habillé comme lui, assis et écrivant à sa place ordinaire. Il s'avance vers lui, et lui dit : « Camarade, ce n'est pas là votre place, mais la mienne ; vous n'avez rien à faire ici ; allez-vous-en donc. » Comme il tirait la chaise en disant ces mots, le fantôme disparut. C'est là une espèce de *fée Morgane* d'une espèce toute spirituelle, dans laquelle l'âme regarde par ses organes le jeu des esprits nerveux que le spectre projette hors du corps, au lieu de les renfermer en lui.

Dans les cas que nous venons de citer, c'est une image du corps seulement qui est projetée au loin ; mais il peut arriver que le corps lui-même soit enlevé à certaines distances déterminées par une sorte de tempête intérieure, résultant d'un dérangement dans l'équilibre des forces mécaniques de l'organisme. Fincelius raconte qu'à Halberstadt, en 1557, le 25 novembre, Élisabeth Wedering, femme respectable et craignant Dieu, âgée de vingt-quatre ans, accoucha d'une fille qu'elle garda et soigna avec une attention toute maternelle. Dans la nuit de l'Immaculée Conception elle avait levé et allaité son enfant, puis l'avait couché dans son berceau en le recommandant à Dieu, et s'était mise au lit, ayant une servante à côté d'elle. Au bout d'un quart d'heure l'enfant se mit à crier si fort que la servante fut obligée d'appeler la mère. Celle-ci n'entendit rien ; de sorte que la servante, étonnée, pensa qu'elle devait avoir quelque chose pour dormir aussi dur, elle qui auparavant entendait les moindres cris de sa fille. Elle s'avance

E. Wedering.

donc près du lit, et lui dit : « Madame, n'entendez-vous pas votre enfant crier ? » Point de réponse. Elle met la main sur le lit, et ne sent rien. Effrayée, elle appelle le mari, qui dormait dans une chambre à côté, et lui dit : « Madame est partie. — Dieu garde, » répond le mari. Il allume une lumière, prend son enfant, parcourt avec la garde tous les coins de la maison, appelle sa femme, et voit qu'elle n'a pu sortir ni par la porte de la cour ni par celle de la maison, car la terre était couverte de neige et l'on n'y apercevait aucune trace de pas. Il court au cellier et l'appelle, mais il n'entend qu'un bruit dans l'eau : il y avait en effet dans le cellier un puits qui communiquait avec la cour des voisins ; mais comme les portes étaient fermées, il ne fit pas attention à ce bruit. On court dans la rue, on éveille à grands cris les voisins, on leur raconte ce qui est arrivé. Le voisin Schade entend ouvrir sa porte de derrière, que l'on ouvrait très-difficilement dans le jour, et dit à sa femme : « Entends-tu ? il doit y avoir un voleur dans la maison. » La femme cherche à lui persuader qu'il se trompe.

Ceux qui cherchaient Élisabeth, entendant quelqu'un remuer dans la maison de Schade, croient que c'est sa femme qui s'est levée, et frappent à sa porte pour l'avertir. La porte s'ouvre, et ils aperçoivent celle qu'ils cherchaient. Ils lui demandent ce qu'elle fait et ce qu'elle est devenue. Tremblante et fondant en larmes, elle a à peine la force de leur dire qu'elle est sortie du puits, et ses cheveux et tout son corps prouvaient qu'elle disait vrai. On lui demande comment elle a pu entrer dans le puits et en sortir, mais elle ne peut donner aucune réponse. Le puits, en effet, était couvert dans la cour, et il n'y avait qu'un petit trou par où elle eût pu y entrer. Quoiqu'on ne vit pas la trace de ses pas sur la neige, on trouva cependant ses pantoufles à côté du puits ; d'où l'on pouvait conclure qu'elle était entrée dans le puits en cet endroit, et qu'elle en était sortie par la porte qui donnait dans la maison du voisin : mais comment cela s'était-il fait, personne ne le savait. Elle resta très-faible pendant les quatre ou cinq jours qui suivirent cette aventure. Cependant le sixième jour elle se trouva assez bien, mangea, but, se promena et soigna son enfant, de sorte qu'on put espérer qu'elle irait mieux désormais; pourtant elle se plaignait toujours d'avoir un poids sur le cœur et s'inquiétait de son état. On la consola, en l'engageant à avoir confiance en Dieu et à tâcher de dormir, ce qui lui était devenu très-difficile. Elle était persuadée elle-même qu'elle serait bientôt mieux si elle pouvait dormir. Elle désirait beaucoup de la bière d'absinthe, croyant que si elle en pouvait boire elle dormirait, et elle ne cessa d'en parler pendant tout le jour le 13 décembre.

Le lendemain, entre sept et huit heures, elle prit de nouveau son enfant, l'allaita, l'emmaillota et le mit dans son berceau en le baisant et le caressant; puis elle se mit à table pour déjeuner sans son mari. Elle envoya ensuite sa servante au couvent de Saint-Bernard chercher de la bière d'absinthe, de sorte qu'elle resta seule à la maison. Son frère, Hans Otto, vint pour avoir de ses nouvelles. Comme il entrait dans la chambre, il la trouva au lit couchée sur le dos, les yeux fermés. Il en fut très-content, croyant qu'elle dormait, et s'en alla vite, ne voulant pas la réveiller. Ayant rencontré la servante qui revenait avec la bière, il lui défendit d'entrer; mais elle lui dit : « Il faut que je la réveille, car elle me l'a ordonné. » Elle entre donc, va droit au berceau pour voir l'enfant, mais elle ne le trouve pas. Elle pense aussitôt au puits, y court, trouve l'enfant dans l'eau et ses langes pendant autour de ses jambes, quoique sa mère l'eût bien serré dans son maillot. Il fut retiré mort du puits, et visité par les deux échevins et par M. Conrad Perca, curé de Sain-Jean. Pour la mère, elle resta en extase vingt heures de suite sans bouger ni respirer. On la laissa donc tranquille, et l'on se mit à prier Dieu pour elle. Vers le matin elle fit quelques mouvements; le curé et son mari approchèrent de son lit; ils eurent beau l'appeler et la secouer, elle ne répondit rien.

Mais au bout de quelque temps elle ouvrit les yeux, et leur dit : « Dieu vous assiste. » Le curé lui répondit : « Qu'il vous assiste toujours et vous aide ainsi que nous tous. — Amen, » reprit-elle. Son mari lui demanda si elle le connaissait. « Oui, dit-elle en pleurant, vous êtes mon cher mari, et celui qui est près de vous c'est le curé de Saint-Jean. » Puis elle leur dit en pleurant de prier pour elle, ce qu'ils firent. « Pourquoi m'avez-vous réveillée, leur dit-elle, j'étais si heureuse ! J'ai vu mon Sauveur et les saints anges; pourquoi ne m'avez-vous pas laissée dormir. » Elle se plaignit aussi que la bouche lui faisait mal : c'est qu'on la lui avait frottée avec du vinaigre et des parfums, parce qu'on croyait qu'elle était évanouie. Elle se plaignit également d'une grande fatigue et d'un grand poids sur le cœur. Après cela elle se reposa quatre heures, pendant lesquelles le curé resta toujours près de son lit. Après ce temps, elle se leva, mit la main sur le berceau à côté, et se mit à pleurer et à soupirer. On lui demanda ce qu'elle voulait; elle répondit qu'elle avait mis là son enfant, et qu'elle voulait l'avoir n'importe où il était. On chercha à éloigner cette pensée de son esprit; mais elle y revenait toujours et disait : « Je n'ai qu'un enfant, mon lait est bon; donnez-moi donc mon enfant; » et elle ne se remit un peu que lorsqu'on lui eut promis de le lui donner le lendemain. Depuis le 14 jusqu'au 21 décembre, elle resta tranquille, parla peu, mais soupira beaucoup et ne demanda plus son enfant. Les témoins du fait sont Conrad Perca, curé de Saint-Jean ; Simon Becker, Laurent Schade.

Tel est le récit de Fincelius, qui, comme il est facile de le voir, porte tous les caractères de la vérité, quoique l'on puisse regretter cependant qu'il ne se soit pas expliqué plus clairement sur certaines circonstances particulières. La femme dont il s'agit ici n'était ni une sainte ni une magicienne ; car on n'aperçoit dans toute cette histoire aucune trace d'influence diabolique ni de supercherie, et aucun soupçon d'ailleurs ne s'est élevé contre elle sous ce rapport. C'est donc tout simplement un malheur ; un malheur naturel, il est vrai, mais extraordinaire en même temps. Cette femme était malade par suite de ses couches, comme le prouve ce poids sur le cœur dont elle se plaignait. Son mal était nerveux, comme le démontre l'insomnie continuelle dont elle souffrait. Ce sommeil de vingt heures, sans souffle ni mouvement, qui survient après l'insomnie, indique que son état était une catalepsie, compliquée de somnambulisme spontané. Dans cet état, comme on le sait, les spasmes toniques, où tous les membres sont tendus et deviennent roides comme des barres de fer, alternent avec la souplesse du système musculaire tout entier et une légèreté telle que le moindre effort suffit pour exécuter de grands mouvements, ou même pour maintenir le corps dans une position singulière. L'exemple précité prouve que dans ces états, certaines circonstances étant données, il peut survenir parfois comme une tempête interne qui enlève ceux chez qui elle se déclare, et les pousse corporellement vers un point quelconque, comme ici vers l'eau du puits. Les portes fermées par dehors et l'absence de tout vestige sur la neige démontrent que la malade n'est point arrivée au puits en marchant sur la terre, mais qu'elle est sortie probablement par la fenêtre, qui était ouverte, en planant dans l'air ; qu'elle est descendue dans le puits et qu'elle en est remontée de la même manière, par suite de l'impression que l'eau aura faite sur elle ; et la grande souplesse de ses membres explique comment elle a pu pénétrer à travers l'ouverture si étroite du puits. Quant au second fait, qui eut pour l'enfant de si tristes résultats, comme personne n'était présent, on ne peut savoir si sa mère l'emporta dans le puits de la même manière, ou si, par suite d'un rapport intime avec elle, il ne fut point enlevé comme elle par une tempête interne et transporté ainsi jusqu'au puits.

CHAPITRE XVIII.

Rapports magiques de l'homme à l'égard de soi-même, ou du somnambulisme spontané.

Les phénomènes que nous venons d'étudier nous conduisent à de nouvelles régions dans la magie. Ici ce n'est plus un homme qui exerce sur un autre une action magique, mais c'est un état qui se produit de soi-même, et dans lequel le sujet et l'objet sont identiques, de sorte que les phénomènes qu'il produit apparaissent comme quelque chose d'inhérent à l'individualité. On désigne cet état sous le nom de somnambulisme spontané, et c'est lui que nous allons étudier dans ce chapitre. La terre a au-dessus de soi le soleil et le monde sidéral, au-dessous la lune et le monde inférieur. De même aussi l'homme a au-dessus de soi le monde invisible des esprits, au-dessous le monde extérieur et visible. Son être a deux côtés, l'un spirituel, l'autre corporel; il présente le premier au monde des esprits et le second au monde de la nature; et de même que celui-ci est divisé en deux parties, l'une située au-dessus de la terre, l'autre au-dessous, de même aussi l'esprit humain peut entrer dans un commerce spirituel soit avec les intelligences plus élevées que lui, soit avec les puissances de l'abîme. La terre, outre l'élément terrestre qui la caractérise, a un élément sidéral par lequel elle entre en rapport avec les astres, et un élément souterrain par lequel elle est en rapport avec les régions inférieures de la nature. Il en est de même de la personnalité humaine. Le corps, dans ses relations avec la nature visible qui l'entoure, prend un caractère terrestre et s'établit en elle comme dans sa patrie. Mais, outre cet élément terrestre qui est en lui, il a aussi un élément sidéral par lequel il aspire en quelque sorte la lumière du firmament, et un élément inférieur et souterrain par lequel il peut pénétrer jusqu'aux sources mêmes de l'abîme.

L'homme intérieur et invisible, de son côté, a aussi, outre l'élément terrestre qui forme dans la vie ordinaire comme le noyau de son être naturel, deux autres éléments spirituels, l'un supérieur et l'autre inférieur à cette terre, et c'est par eux que les deux mondes invisibles entre lesquels il est placé peuvent solliciter son adhésion. Ainsi, les deux parties dont se compose la personnalité humaine, l'une visible et l'autre invisible, sont partagées chacune en trois régions; de sorte que l'homme apparait partout, et dans toutes les directions, comme un médiateur ayant pour mission de rapprocher tous les extrêmes, de concilier toutes les oppositions, et les réunissant toutes à cause de cela dans l'unité de son être. L'esprit, l'âme et la vie, ces trois éléments de l'homme invisible, ont chacun une région particulière qui les attire. L'âme se plait sur la terre et y établirait volontiers sa patrie; l'esprit aspire vers les régions où habitent les intelligences supérieures, et la vie descend volontiers dans les abimes des puissances inférieures. D'un autre côté, ces trois éléments ont chacun dans le corps humain un organe marqué particulièrement de leur empreinte. Ainsi, la tête est affectée à l'esprit, le torse à l'âme, et le système vasculaire à la vie. L'âme est donc le lien entre l'esprit et la vie, de même que le torse lie et met en rapport les deux systèmes qui leur sont spécialement affectés. Mais pour cela l'âme doit participer à la nature des deux termes qu'elle unit : il faut donc qu'elle puisse agir et sur l'esprit et sur la vie; car elle est dans l'organisme le lien qui met en rapport l'homme supérieur avec l'homme inférieur, et l'homme intérieur avec l'homme extérieur. Il faut qu'elle puisse pénétrer partout, en haut, en bas, au dedans et au dehors, afin de remplir partout la fonction qui lui est départie, et servir de lien non-seulement entre les trois éléments de l'homme invisible, mais encore entre chacun d'eux et l'organe corporel qui lui est affecté.

Mais, outre ces rapports qui existent dans l'homme entre les divers éléments de son être, il en est d'autres qui le rattachent, d'un côté, à Dieu et à tout ce qui est divin, de l'autre à la nature et à tout ce qui est naturel ; de sorte qu'il appartient à la fois et au monde invisible supérieur et au monde visible de la nature. Il résulte de là diverses relations. Et d'abord, l'esprit se connaît ; il a une puissance et une vie qui lui est propre ; il peut, il veut, il se meut lui-même. La vie, au contraire, est privée de ces nobles facultés, et soumise dans tous ses domaines aux lois de la nécessité, tandis que l'âme, participant jusqu'à un certain point à la nature de l'un et de l'autre, a des instincts obscurs et aveugles qui remplacent pour elle les splendeurs de l'intelligence, et des mouvements spontanés qui lui tiennent lieu des libres déterminations de la volonté. L'esprit a pour organe le système nerveux supérieur, et la vie le système nerveux ganglionnaire inférieur à son point de jonction avec le système de la circulation. L'esprit et la vie ont un double mouvement, par lequel ils montent et descendent tour à tour. La vie va, d'un côté, du système vasculaire au système nerveux, et de l'autre du cervelet, support de la vie plastique, au cerveau, qui est à proprement parler l'organe de la vie spirituelle. Or, de même que l'esprit et la vie sont mis en rapport par le moyen de l'âme, de même que le système ganglionnaire et le cerveau sont mis en rapport par la moelle épinière, ainsi c'est dans l'âme que les divers mouvements de l'esprit et de la vie se rencontrent, se croisent et s'unissent. Comme l'esprit est en rapport avec la nature extérieure par la vie corporelle qui lui est unie, et qu'il est assujetti à ses nombres et à ses périodes, nous voyons l'homme osciller continuellement entre la veille et le sommeil. Le monde est sorti de l'obscurité de la nuit ; c'est aussi par le sommeil que la vie commence, et la veille ne vient qu'après. Pendant le sommeil, l'esprit descend pour ainsi dire dans le cervelet ; il s'y rafraîchit quelque temps, pour remonter ensuite, et déployer les trésors de sa puissance et de son activité. La même chose se produit dans les régions inférieures. La vie du système nerveux inférieur descend à son tour dans le système vasculaire, pour s'y refaire de son épuisement; puis, une fois restaurée, elle remonte à sa place pour recommencer son travail. De plus, la vie, s'affaissant dans le système ganglionnaire pendant le sommeil, attire l'esprit des hauteurs du système nerveux où il se tient volontiers, tandis que pendant la veille, se dégageant des liens qui le retenaient, il remonte, conformément à sa nature, à sa place accoutumée.

Ce mouvement de va-et-vient, qui se produit avec un parallélisme parfait à travers toutes les régions de l'homme intérieur et de l'homme extérieur, son organe, n'est pas le seul qui nous frappe dans la personnalité humaine. L'homme intérieur est lié avec l'homme extérieur par un lien qui, partant de l'âme, met en rapport l'esprit avec la vie, l'esprit avec son organe, la vie avec son support, et enlace tout l'homme intérieur et extérieur dans le nœud de la vie. Ce nœud, formé dans la génération, se dissout par la mort. A peine l'homme est-il conçu dans le sein de sa mère qu'un sommeil profond s'empare de lui, et favorise le développement de l'embryon. A peine, au contraire, la mort est-elle survenue que le corps se décompose, et marche vers une dissolution complète. Entre ces deux termes s'écoule la vie dans un doux bien-être si le nœud en est bien formé. Mais ce nœud peut être ou relâché ou trop serré au contraire. Dans le premier cas, l'esprit se dégage du corps, et la vie anticipe jusqu'à un certain point la mort, tandis que dans le second cas, au contraire, l'esprit s'enfonce plus avant dans le corps, et l'homme retourne, pour ainsi dire, vers l'état du fœtus. Il résulte de là une seconde oscillation, par suite de laquelle l'esprit s'affranchissant toujours davantage des liens du corps, il en résulte un recueillement et une concentration plus grande de l'être tout entier, tandis qu'il peut, en se jetant sans mesure au dehors, s'y disperser en quelque sorte. Il peut sortir de là une nouvelle série d'états d'une variété infinie. L'esprit, en effet, qui se disperse au dehors finit par devenir plus ou moins captif et enseveli dans son organe, tandis qu'il peut, au contraire, en se concentrant toujours davantage, se dégager plus ou moins de celui-ci et rayonner plus librement. Dans l'un et l'autre cas, il se produit un état maladif, parce que la santé consiste dans un juste milieu entre ces deux points extrêmes. Ces deux états peuvent être la suite d'une certaine disposition naturelle, et l'on voit souvent alors se développer ou le somnambulisme spontané d'un côté, ou le crétinisme de l'autre. Ils peuvent être aussi la suite de quelque désordre physique ou moral qui s'est introduit dans la vie, soit par un accident, soit par une faute. Si au milieu de ce désordre l'homme conserve encore une étincelle d'énergie, celle-ci peut produire une réaction, et par suite un bouleversement dans toute la vie, qui finit ou par la guérison, ou par la mort physique ou morale. Dans l'un et l'autre cas, le mouvement commence par le système vasculaire et ganglionnaire, qui est proprement l'organe de la vie, et en suit les ramifications. Il est donc nécessaire de jeter ici un coup d'œil sur ce système, qui joue un rôle si important dans tous les phénomènes de ce genre.

Le système ganglionnaire, organe de la vie, s'élève par trois degrés des régions inférieures jusqu'aux régions les plus élevées d'une manière parallèle aux trois degrés par lesquels l'organe de l'esprit descend, au contraire, vers les systèmes inférieurs. La première division du système ganglionnaire a pour centre le ganglion de forme semi-lunaire situé vers l'artère céliaque, devant l'aorte descendante, et sa périphérie dans le tissu des fibres nerveuses les plus fines qui revêtent les vaisseaux capillaires des intestins. Puis, du plexus solaire de ce ganglion rayonnent d'autres plexus : en haut celui des poumons, en bas et à gauche celui de la rate et les deux du foie, puis ceux des reins, et tout à fait en bas les plexus spermatiques; formant tous des centres nerveux subordonnés aux organes du même nom qui servent immédiatement à l'assimilation. Tous ces plexus, groupés autour du ganglion central, sont traversés par d'autres tissus nerveux, destinés au système musculaire de cette région, laquelle s'étend depuis le pharynx et le larynx, par l'estomac, jusqu'à l'anus, et sert à l'exécution des mouvements involontaires de tout ce système. Cette série se prolonge depuis les plexus qui forment le nerf vague, le nerf secondaire dans les deux plexus coronaires de l'estomac, les deux plexus mésaraïques et le plexus hypogastrique jusqu'au plexus coccigien. Tous ces centres de second et de troisième ordre, compris avec leurs rayonnements dans un centre commun, appartiennent à la première division, dont les dernières extrémités des nerfs forment les limites.

La seconde division a pour centre principal le plexus ganglionnaire du cœur, situé à l'endroit où la trachée-artère se partage à droite et à gauche vers l'arc de l'aorte. Ce plexus est en rapport, par en haut, avec les deux nerfs de la langue et les nerfs cervicaux inférieurs; par en bas, avec le ganglion semi-lunaire. Il rayonne par le nerf cardiaque dans le premier ganglion fusiforme du cou, par le nerf moyen dans le second ganglion, et par le nerf inférieur dans le troisième; et enfin il se rattache encore aux ganglions pectoraux par d'autres rayons qui partent de lui. Toute la série des ganglions qui, partant des ganglions cervicaux, passe par les pectoraux et les lombaires va jusqu'aux ganglions céliaques, en longeant la colonne vertébrale et l'aorte, et forme dans chacun d'eux des centres subordonnés au centre commun, c'est-à-dire au plexus cardiaque; toute cette série peut donc être considérée comme le système qui, à ce degré, appartient immédiatement au cœur. La périphérie se termine aux extrémités nerveuses qui, rayonnant de tous ces ganglions sympathiques, revêtent les vaisseaux capillaires du tronc tout entier, depuis la face jusqu'aux dernières extrémités. La troisième division appartient au système cérébral. Les deux carotides, partant de l'aorte et pénétrant par l'os des tempes dans la cavité intérieure, forment avec les vertébrales, lesquelles, sortant de l'artère sous-clavière, arrivent à la même cavité par la grande ouverture de l'occiput, et là s'unissent dans l'artère basilaire, forment une opposition qui demande à être conciliée. Elle l'est en ce que les carotides, à la surface inférieure du cerveau, projettent vers les basilaires une artère dans laquelle les deux systèmes s'unissent en un faisceau, et envoient à leur tour trois branches en avant au cerveau, deux autres par derrière au cervelet, et du milieu l'artère cérébrale, qui pénètre dans les parties les plus intimes de l'organe. Les paires de nerfs qui, montant du ganglion cervical supérieur, suivent le cours des carotides et des vertébrales pénètrent avec elles et par elles dans le cerveau, et là s'unissent en un faisceau qui correspond au faisceau formé par les artères, et se divise peut-être en de petits ganglions qui n'ont pas été encore observés ; et de même qu'il est lié par des fils avec la cinquième, sixième et septième paire de nerfs, de même aussi il suit, par en haut, avec ses ramifications, jusque dans l'intérieur du cerveau, le réseau véneux triparti. Revêtant de son tissu ténu et délicat les extrémités des vaisseaux du cerveau, il y forme la troisième division autour de ce centre.

Mais une métamorphose magique va commencer, rappeler et recueillir au-dedans de lui-même l'homme dispersé dans la nature pendant la veille. Or toute métamorphose naturelle commence par un état qui rapproche les oppositions et les ramène à l'indifférence. C'est l'état où se trouve l'embryon lorsque, confié comme un germe au sein maternel, et se développant dans sa première métamorphose, il doit passer de l'eau où il nage à l'air atmosphérique. C'est l'état où se trouve aussi la chrysalide lorsque de chenille elle doit devenir papillon, et passer de la vie intestinale à la vie pulmonaire. Ces deux états sont liés avec le sommeil : c'est dans le sommeil que les forces qui doivent être métamorphosées s'affaissent, et c'est sous son voile que s'accomplit l'œuvre mystérieuse. Mais cette œuvre suppose l'éveil de tout le système ganglionnaire et du système nerveux spirituel qui correspond à celui-ci. Cet éveil doit commencer dans la région inférieure des deux systèmes, dans cette région où résident les forces plastiques, massives et grossières de la vie, lesquelles, soustraites à la conscience humaine, travaillent en quelque sorte dans le silence et l'obscurité le tissu compacte du corps. Ce procédé de concentration, quand il commence, trouve l'homme dispersé dans la nature et troublé par les soins incessants de la veille, et il doit faire cesser la lutte des oppositions qui se produisent pendant le jour. Il participe donc tout d'abord à ces agitations, et ne rétablit l'ordre et le calme dans l'organisme que peu à peu. L'homme, aux premières atteintes du sommeil, flotte donc entre ces deux mouvements, dont l'un le porte au dehors, tandis que l'autre cherche à le rappeler au dedans. Tantôt la vie, refoulée dans son fond avec une certaine énergie, commence à s'y recueillir ; tantôt, repoussée avec violence au dehors, elle se disperse de nouveau dans le monde extérieur. La lumière et l'obscurité, le froid et le chaud se succèdent pendant quelque temps ; et cet état d'agitation se manifeste quelquefois au dehors par des crampes et des efforts convulsifs, auxquels succède, à de courts intervalles, un état soporeux. Mais bientôt la concentration des forces de la vie s'étend, jusqu'à ce qu'enfin le sommeil, remportant la victoire, appesantit les sens et les organes. Dès lors le côté interne de la vie est éclairé par une lumière intérieure, de même que dans l'état de veille le côté extérieur est éclairé par la lumière de la nature.

Lorsque l'homme passe du sommeil à la veille, les puissances de la vie sortent de l'indifférence où il les tenait ; leurs oppositions, leurs pôles, pour ainsi dire, se produisent de nouveau, et recommencent à lutter ; et les puissances supérieures absorbent les inférieures. Quand l'homme passe de la veille au sommeil, c'est le contraire qui arrive : ce sont les puissances inférieures qui absorbent les autres, et qui acquièrent un nouveau degré d'énergie. Dégagées davantage des organes qui les contiennent, devenues moins matérielles, elles sont par là même plus puissantes; car c'est une loi que plus une chose se rapproche de l'esprit, plus elle est forte : c'est dans les ganglions, et particulièrement dans le ganglion semi-lunaire, que leur action se manifeste. Ainsi, concentrer les forces de la vie inférieure, et par suite polariser davantage les puissances qui tiennent à elle, tel est le résultat général de cet état. Le cours du sang autour du cœur et des esprits nerveux autour du centre du système ganglionnaire se resserre, et son cercle se rétrécit. Par suite de cette concentration plus grande du système nerveux, le mouvement des fluides qui traversent l'organisme devient moins rapide; le cours du sang vers les régions extérieures semble presque arrêté tout à fait; la respiration a de plus longs intervalles; les besoins naturels ne sollicitent plus l'organisme : mais, d'un autre côté, le mouvement des esprits nerveux est plus accéléré dans le cercle où ils se sont retranchés, et l'on dirait que la circulation nerveuse va remplacer celle du sang.

La partie la plus basse du système nerveux supérieur, c'est-à-dire le derrière et le bas de la moelle épinière, s'éveille aussi de son côté; et comme cette partie sert aux fonctions les plus intimes de l'esprit, celles-ci doivent acquérir une nouvelle énergie. Ainsi, tandis que d'un côté les forces inférieures qui président aux mouvements demi-volontaires reçoivent leur direction du plexus solaire comme dans le somnambulisme, la même chose a lieu pour les fonctions des sens. Ceux-ci, saisis dans la partie tournée vers le monde visible, par ce charme magique qui frappe tout ce qui est extérieur dans l'homme, semblent fermés et liés au dehors, et n'avoir plus de rapport avec le cerveau; mais en revanche ils s'ouvrent au dedans, et dépendent, pour leurs opérations, du ganglion semi-lunaire. C'est à lui qu'ils sont soumis tant que dure cet état. Ils sont comme sa bouche; il est pour eux comme l'estomac, qui reçoit et digère tout ce qu'ils lui apportent. En effet, dans l'état de veille chaque sens a son courant particulier; mais dans le sommeil le goût et l'odorat d'abord, puis l'ouïe et la vue s'unissent, se concentrent, et forment tous comme un sens unique et général placé autour de l'œsophage et de l'épigastre, et qui n'a plus besoin pour percevoir les objets d'un organe particulier; car, par suite de cette nouvelle énergie qu'il a acquise, il pénètre la matière et l'espace, et perçoit les objets sous la forme du sens le plus élevé et par le moyen de la lumière organique propre à cette région. C'est à l'aide de ce sens général que l'homme distingue l'eau magnétisée de celle qui ne l'est pas, qu'il sent la corruption dans les profondeurs de la terre, et pénètre les mystères des règnes minéral, végétal et animal, et ceux même de l'homme son semblable. Tous les autres mouvements vitaux se trouvant également développés et dans leur intensité et dans l'étendue de leur action, tous les actes de la vie jusqu'à la reproduction prennent un caractère magique, tandis que l'on voit s'établir au dehors ces rapports nombreux et mystérieux qui comprennent depuis le rhabdomantie jusqu'à cette union magique, laquelle lie le somnambule à son magnétiseur.

Mais le plexus solaire n'est qu'un centre relatif auquel se rattachent seulement les organes et les fonctions de la vie inférieure. L'union qu'il produit n'est donc aussi qu'une union relative, qui ne s'applique qu'à cette région. Or, le mouvement une fois commencé ne s'arrête pas encore; des abîmes les plus profonds de la vie, il monte à des régions plus élevées. Une nouvelle crise va donc surgir à la suite de nouvelles tempêtes, plus impétueuses encore que celles qui ont amené la première. Le mouvement s'étend à cette partie du système ganglionnaire située immédiatement au-dessus de la première, et qui a pour cercle tout le système du nerf sympathique avec ses ramifications dans le torse, et pour centre le plexus cardiaque. De même que le tronc renferme les intestins, ainsi le système du nerf sympathique renferme les nerfs intestinaux, qui prennent de lui leur point de départ. Et tandis que le ganglion semi-lunaire est seulement le centre du dernier système nerveux, le plexus cardiaque est à la fois le centre et des ganglions sympathiques et du ganglion semi-lunaire : il a donc une unité plus haute et plus large. Et l'éveil qui se produit en ce système est d'une nature supérieure aussi ; de sorte que le premier comparé à lui est comme un sommeil. Le premier résultat de ce second éveil dans une région plus élevée, c'est que les régions inférieures de la vie deviennent pour l'homme un objet qu'il peut voir et contempler par un regard intérieur. Les somnambules en effet, arrivés à ce point, voient quelquefois le plexus cardiaque, et distinguent les filets blancs et massifs de ce tissu nerveux. Un autre résultat, c'est que tous les phénomènes qui accompagnent cet état sont proportionnés à la nature des régions où il a lieu. Ce mouvement, suivant le cours du système sympathique dans ses ganglions, le long de la colonne vertébrale, éveille tout le côté postérieur de la moelle épinière qui s'étend jusqu'au pont de Varole, et atteint de cette manière le domaine des mouvements spontanés. Il n'est donc pas étonnant que le changement qui s'accomplit se manifeste dans ce domaine. Aussi, c'est dans le système musculaire que la lutte des oppositions se concentre ; et l'on voit alors succéder tour à tour à la roideur cataleptique une souplesse extraordinaire, qui s'étend quelquefois jusqu'aux os. De là des crampes violentes qui contractent le corps, tantôt en avant, tantôt en arrière, et le font tourner tantôt autour d'un axe, tantôt autour d'un autre. De là encore tantôt ce poids qui entraîne le corps vers la terre, tantôt cette agilité qui semble lui donner des ailes comme à l'oiseau. Les régions inférieures se trouvant ainsi transportées dans les régions moyennes de l'organisme, les fonctions de la vie supérieure se produisent sous les formes de celles-ci : les sens se détachent du plexus solaire, qui leur servait de centre dans le premier état, et se groupent autour d'un centre nouveau, à savoir le plexus cardiaque. Le sens général participe à cette élévation; il est moins grossier, plus clair, plus libre dans son cours, plus pénétrant, plus étendu. Il n'est plus fixé à l'épigastre; mais il peut se transporter indistinctement aux doigts des mains ou des pieds, au bout du nez ou à toute la surface de la peau, et apporter ainsi de partout les perceptions attachées aux divers sens dans l'état ordinaire. Les forces actives de l'organisme prennent part de leur côté à ce mouvement de concentration. Plus dégagées de leur organe matériel, plus rapprochées de la volonté, elles sont en même temps plus puissantes, plus indépendantes : aussi opèrent-elles d'une manière plus magique, et sont infatigables dans leur action.

Mais la lutte n'est pas encore terminée, car l'union la plus haute n'est pas accomplie; il faut pour cela que le côté nocturne de la vie passe dans le côté diurne, et que ces deux états n'apparaissent plus que comme deux aspects différents d'un être identique. Le plexus cardiaque réunit bien, il est vrai, les ganglions sympathiques avec le ganglion céliaque; mais au-dessus de lui, dans le système cérébral, se produit une autre opposition qu'il faut réconcilier encore. De nouvelles tempêtes annoncent donc l'approche d'une nouvelle crise, dans laquelle les forces et les puissances de la vie se concentrent davantage, et qui, à travers des oscillations nombreuses et profondes, conduit enfin au plus haut degré de l'état de veille intérieure, c'est-à-dire à la clairvoyance proprement dite. Le centre de tout ce mouvement n'est plus dans les plexus du cœur, mais dans le cerveau, et sa sphère s'étend dans le tissu des nerfs sympathiques les plus déliés et jusque dans les dernières extrémités des fibres médullaires du cerveau. L'autre système nerveux, depuis la moelle épinière postérieure jusqu'au pont de Varole et au cervelet, s'éveille aussi pendant que le cerveau est plongé au contraire dans le sommeil extérieur. L'homme parvenu à ce degré voit comme au-dessous de lui ceux qu'il a parcourus jusque-là. L'intérieur de son corps devient visible pour lui; les régions inférieures de l'organisme lui apparaissent dans une lueur faible encore comme celle du crépuscule, les régions moyennes dans une clarté parfaite, et les régions supérieures dans une lumière qui leur est propre. Les sens retournent à leur place, mais la lumière qui éclaire l'œil vient du dedans, et non plus du dehors. Il voit par une vision centrale et en esprit, par une vision qui est à elle-même sa propre lumière. Il entre dans un rapport immédiat avec les objets. Voir et connaître sont pour lui une seule et même chose; et, pénétrant au delà du voile des apparences et des formes, il s'attache à l'essence même des choses. Il se sert pour penser d'une sorte de symbolique pénétrante et mystérieuse, comme d'un voile spirituel. Ce qui distingue les fonctions de l'esprit dans la clairvoyance, c'est qu'au lieu de saisir les objets comme il le fait dans la vie ordinaire, il est saisi par eux. Or, ce caractère se retrouve aussi dans les fonctions de la volonté; de sorte que tous ses actes portent l'empreinte de l'inspiration, et la lutte finit ou par une crise salutaire, qui amène la guérison, ou par la mort.

CHAPITRE XIX.

Bases physiques de la mystique diabolique. De la seconde vue et de la vue à distance. Disposition à la seconde vue chez certains insulaires du Nord, en Islande. Les lumières dans le pays de Wales. Cette faculté se retrouve chez les Gaulois, les Germains, les Slaves et les Finnois.

S'il est vrai que tous les domaines de l'être se tiennent par un lien qui leur est commun, les régions invisibles doivent être aussi dans un rapport réciproque avec la partie invisible de l'homme. C'est sur cette relation mutuelle qu'est fondée la communion des deux Églises, militante et triomphante. De même que la doctrine sur les anges gardiens et sur les prières pour les morts s'appuie sur la communion des saints, ainsi la foi au monde des esprits doit être justifiée par des faits ayant rapport à celui-ci ; et tout nous mène à reconnaître la Providence divine dans le gouvernement de l'univers. Mais comme ces rapports sont d'une nature toute spirituelle, ils sont ordinairement inaccessibles aux sens. Il peut arriver néanmoins que les deux termes de ce rapport se rencontrent et se reconnaissent d'une manière sensible. Dans ce cas, le rapport appartient, en partie du moins, au domaine de la nature, et donne lieu à un ensemble de faits qui, naturels d'un côté, surhumains de l'autre, portent en eux le caractère de faits psychiques et magiques à la fois. Nous avons constaté jusqu'ici une multitude de faits de cette sorte dans les régions inférieures de l'être ; il serait donc étrange que nous ne les trouvassions pas dans les régions supérieures. La terre, il est vrai, forme un tout ; elle est comme une île flottant dans les espaces, où toutes les parties sont liées par des instincts communs. Mais la terre n'est pas seule dans le monde comme en un désert ; elle se trouve sympathiquement en rapport avec d'autres corps, et tous ensemble sont attirés autour du soleil comme autour d'un centre commun. Pourrait-il en être autrement dans le royaume des esprits ?

L'homme peut entrer de deux manières dans un rapport visible avec les esprits. Et d'abord, il n'est pas tellement renfermé dans son corps que son regard ne puisse en certaines circonstances percer son enveloppe, pénétrer jusqu'au fond des choses, et considérer ce qui est caché sous le voile grossier des phénomènes extérieurs. Cette faculté, dans ses degrés inférieurs, est à la vérité bornée aux objets matériels, dans lesquels l'esprit contemple les puissances naturelles et invisibles qui y résident ; mais lorsqu'elle est arrivée à un degré plus élevé, l'homme peut quelquefois contempler l'esprit d'un autre homme sous le voile du corps qui le cache, deviner ses secrets et lire dans son avenir. Il peut aller plus loin encore : son œil intérieur peut acquérir une telle perspicacité et une telle énergie que, semblable à un télescope puissant, il aperçoive dans un immense lointain les formes les plus délicates et les plus insaisissables. Il n'a plus besoin alors d'un corps étranger, comme d'un point de départ pour sa vision ; mais il peut contempler les âmes séparées et les reconnaître plus ou moins clairement. En effet, quoique la mort ait brisé les liens qui attachaient ces âmes à leur corps, elles n'ont pas perdu néanmoins toutes les forces de la vie corporelle ; mais il leur en est resté quelque chose qui doit servir plus tard, lors de la résurrection générale, à recomposer ces organes dont elles ne sont pas séparées pour toujours. Elles peuvent donc, à l'aide de ces forces qui leur sont restées, se rendre sensibles aux hommes qui vivent sur la terre, et converser avec eux. Bien plus, elles peuvent, par certaines opérations naturelles, en faisant usage de ces forces, manifester leur présence, même à ceux dont le regard intérieur ne se distingue par aucune disposition extraordinaire.

Cependant les faits de ce genre ne peuvent être très-fréquents : c'est même la facilité avec laquelle on a débité et cru une multitude d'histoires fausses ou douteuses en cette matière qui a contribué à l'obscurcir ; et par une réaction nécessaire, après avoir cru trop légèrement, on a refusé de croire, même à ce qui était incontestable. Ce monde et le monde des défunts ne se touchent que rarement, et par quelques points seulement ; pour tout le reste, ils sont séparés par un abîme infranchissable. Mais quelque rares que soient ces conjonctions de deux personnes d'un monde différent, elles ont lieu quelquefois néanmoins, soit parce que le regard de l'homme, par suite de quelque développement extraordinaire, voit dans une lumière naturelle ce qu'il ne peut voir ordinairement, soit parce que l'âme séparée se rend visible à l'homme, à l'aide des forces physiques qui lui sont restées. Dans les deux cas, ces faits seront plus ou moins rares, selon la condition des personnes qui sont acteurs dans ces sortes de scènes ; de telle façon, néanmoins, que dans le premier cas la position de l'homme qui voit, et dans le second celle de l'âme qui est vue a plus d'influence.

Les régions invisibles renferment plusieurs ordres d'esprits. Plus ceux-ci sont rapprochés de nous, plus aussi nos rapports avec eux doivent être fréquents et faciles. Or il n'en est point qui soient plus voisins de l'homme que ceux qui ont une nature commune avec lui, qui ont été autrefois ce que nous sommes nous-mêmes, et qui doivent par conséquent tenir toujours à nous par les liens d'une sympathie particulière. On conçoit donc que l'homme puisse quelquefois, sans même avoir besoin que son regard intérieur soit élevé à une très-grande puissance, que l'homme puisse converser avec les esprits de cet ordre. Le somnambulisme spontané peut donner lieu aussi à des rapports de ce genre, en aiguisant le sens général et en lui donnant une perspicacité extraordinaire. Mais pour monter plus haut dans la hiérarchie des esprits, pour entrer en rapport avec les anges, le somnambulisme et la magie naturelle ne suffisent plus : il faut une élévation mystique de l'âme, produite par une ascèse longue et sévère, telle qu'on la trouve dans la vie d'un grand nombre de saints. Les apparitions d'esprits ne diffèrent pas seulement par les degrés où sont placés ces derniers, mais encore par leur opposition. Parmi eux en effet, les uns sont bons et servent à propager le bien, tandis que les autres sont mauvais et s'efforcent de porter l'homme au mal ; et de là résultent des rapports entièrement opposés.

Nous commencerons par considérer ici la faculté de seconde vue, parce qu'elle se rapproche le plus de celles dont nous avons constaté jusqu'ici l'existence, et qu'elle peut à cause de cela servir de point de transition aux nouvelles études que nous allons entreprendre. Ce don se retrouve comme disposition naturelle dans le nord de la

Grande-Bretagne. Il est plus rare chez les habitants des montagnes, plus fréquent chez les insulaires, et il y est connu sous le nom de *second sight* ou seconde vue. Ceux qui le possèdent s'appellent en langue gaëlique *Taishatrim* et *Phissichin*. Ce dernier mot vient de la racine *Phis*, savoir d'avance, et le premier de *Taish*, qui signifie une ombre que l'on ne peut toucher avec les mains, qu'on peut cependant voir avec les yeux. Dans l'île de Faroë, où cette disposition est assez commune, on les appelle *hommes creux*. Ce don n'est pas seulement d'hier dans les îles et les montagnes de la Grande-Bretagne, mais il y a existé de tout temps; il était plus fréquent au commencement du siècle dernier, et bien plus encore avant que le christianisme se fût répandu dans ces contrées. Il ne se montre pas seulement d'une manière sporadique en tel ou tel village, mais on le retrouve en même temps dans des lieux éloignés de cinquante milles et plus encore les uns des autres, et dont les habitants n'avaient pas le moindre commerce ensemble. Il ne dépend ni du sexe, car les hommes et les femmes le possèdent également; ni de l'âge, car on a vu des enfants crier d'effroi dans leur berceau lorsqu'un adulte avait une vision tout près d'eux. On a vu même des chevaux, des vaches, des chiens s'agiter, et trahir quelque trouble en ces circonstances; et l'on a conclu qu'ils participent aussi à cette faculté. Mais la conclusion n'est pas rigoureuse, et il est plus probable qu'ils ressentent seulement l'émotion du voyant sans voir ce qu'il voit.

Cette disposition ne dépend point non plus du tempérament ni de l'état de la santé. Ceux en qui elle se trouve ne sont point des gens mélancoliques, des rêveurs, des enthousiastes dont l'imagination se laisse facilement tromper. Elle n'est point non plus considérée comme une faveur par ceux qui la possèdent, mais plutôt comme un don fâcheux et désagréable dont ils voudraient bien être délivrés. Ils sont simples dans leur vie, sobres et tempérants, comme le sont tous ces habitants des îles et des montagnes, exempts par conséquent des maladies chroniques et hystériques. Ce don ne recherche pas davantage les natures faibles et maladives, mais il descend sur qui il lui plaît; et on l'a vu quelquefois passer dans les familles, comme un héritage, de père en fils, tandis que d'autres fois au contraire il disparait dans une maison pour apparaître dans une autre. On le reçoit quelquefois dans la vieillesse, sans savoir comment il est venu. On a remarqué aussi que ces visions n'ont jamais lieu dans l'ivresse. Ceux qui ont ces apparitions sont ordinairement des gens simples, ignorants, sincères; ils racontent ce qu'ils ont vu sans y attacher aucune importance. Ceux qui ajoutent foi à leurs visions ne se laissent pas non plus tromper facilement; ils remarquent auparavant si la vision s'accomplit réellement: et dans ce cas ils ne font point violence à leurs sens ni à leur raison, et ne rejettent point l'évidence. Il s'agit donc ici, on le voit, d'une faculté naturelle, qui, pour être éveillée, n'a besoin d'aucune préparation extérieure, et qui paraît se rattacher à une disposition particulière du système nerveux. En effet, on a remarqué que ceux qui commencent à exercer cette faculté tombent souvent en défaillance lorsque après avoir eu une apparition la nuit hors de la maison ils approchent ensuite du feu. Il est encore remarquable que, lorsque plusieurs de ces voyants sont ensemble, ils n'ont pas tous en même temps la même vision; mais si l'un d'eux voit quelque chose, et touche un de ses confrères, ou lui met le pied sur le sien, celui-ci a la même vision que lui, ce qui prouve que ce don peut être communiqué. On peut conclure de là que, si plusieurs voyants se tenaient par la main et formaient une chaîne, tous verraient la même chose, ce qui semble indiquer que cette faculté a son siége dans l'épigastre et dans les plexus solaires.

Cependant elle ne paraît pas tellement fixée sur cette région qu'elle ne puisse résider aussi dans les divers sens. Ainsi plusieurs sentent d'avance avec l'odorat le poisson que l'on doit apporter à la maison. Ce n'est là, il est vrai, que le degré le plus infime de cette faculté. D'autres fois, un cri annonce la mort prochaine de quelque personne; et ce cas est si fréquent que ce cri a un nom particulier, *taisk*, et dans les Pays-bas *wrath*. Mais c'est le plus souvent par les yeux que s'exerce ce don. Lorsque la vision se produit dans toute sa force, les paupières s'écartent; quelquefois même elles rentrent et se replient d'une manière convulsive, de sorte que l'œil regarde fixement devant lui. L'apparition s'empare tellement alors du voyant qu'il ne peut rien voir autre chose, ni penser à quoi que ce soit. Il paraît pensif ou gai selon la nature de sa vision. Celle-ci ordinairement est très-courte, et ne dure qu'autant de temps que le voyant peut regarder fixement et sans cligner. Ceux qui ont de l'expérience s'appliquent à tenir les yeux immobiles, afin de faire durer plus longtemps l'apparition; mais les novices, timides encore, ne la voient qu'en passant, et l'agitation de leurs paupières prouve assez la frayeur dont ils sont saisis.

Le voyant ne sait d'avance ni l'objet, ni le temps, ni le lieu de la vision qu'il doit avoir : elle le surprend, et il ne fait rien pour l'amener. Quelquefois aussi la même apparition est vue en même temps par différentes personnes qui vivent assez éloignées les unes des autres. Parfois le voyant voit à des distances considérables et jusqu'en Amérique. Souvent ce sont des objets de la nature ou de l'art, des maisons, des jardins, des arbres, des vaisseaux, etc., qu'il aperçoit dans des lieux où ces objets n'existent pas encore, mais où ils doivent se trouver plus tard. Son regard pénètre même parfois jusque dans les régions invisibles, et voit les esprits sous la forme de femmes, d'animaux ou de globes de feu, quoique cette espèce de vision soit devenue très-rare depuis cent cinquante ans, époque où le don de seconde vue a commencé d'ailleurs à disparaître peu à peu. Les esprits se font reconnaître par le son d'une harpe ou d'un fifre ou par le cri d'un coq. Quelquefois aussi on a entendu dans l'air pendant la nuit des voix chanter des chants irlandais, dont quelques-uns, dit Martin, se sont conservés dans la mémoire des hommes les plus croyants. Un de ces chants rappelait la voix d'une femme morte depuis peu, et se rapportait à son état dans l'autre vie. On aperçoit souvent dans ces récits quelques reflets de sorcellerie, comme chez le voyant de Knockow, qui est tout à coup renversé de son siége, parce qu'il a vu une femme demeurant loin de là, qui est éprise d'amour pour lui, et qui, la colère sur les traits, l'injure à la bouche, le menace de la tête et des mains jusqu'à ce qu'il tombe.

D'autres ont à côté d'eux un esprit. Il en est un en particulier, bien connu parmi le peuple sous le nom de Brownie, lequel apparaissait souvent dans les familles considérables, soit des îles, soit du continent, sous la forme d'un homme svelte, avec les cheveux bruns. Il était toujours présent sous la forme d'un jeune homme près de l'un de ces voyants, en compagnie avec un autre nommé Meigmalloch, qui avait la forme d'une jeune fille; et l'on croyait qu'ils appartenaient tous les deux à une ancienne famille, nommée Granz, d'où était issu ce voyant et chez laquelle le don de seconde vue était très-prononcé. On racontait de ce dernier que, lorsqu'il regardait le feu, il savait d'avance les étrangers qui devaient venir le voir le lendemain ou les jours suivants. Il indiquait leurs vêtements, leur armure et quelquefois même leurs noms. S'il perdait quelque pièce de bétail, il disait à son domestique où il pouvait la trouver, si elle était couchée dans la boue ou sur la terre sèche, si elle était déjà morte ou si elle devait mourir avant qu'on pût la retrouver. Quelquefois l'hiver, lorsqu'il était assis auprès du feu avec d'autres, il leur disait de faire place pour quelqu'un qui se trouvait au milieu d'eux, quoiqu'ils ne le vissent point. Il voyait toujours ces deux esprits près de lui, et quelquefois il en voyait d'autres encore. Tantôt il paraissait irrité, tantôt soucieux, quoique rien de ce que voyaient ceux qui étaient présents ne fût de nature à l'émouvoir.

Ordinairement ce sont les hommes, ou les diverses positions dans lesquelles ceux-ci peuvent se trouver, la naissance, le mariage, des querelles, des guerres, des batailles, tel ou tel genre de vie ou de mort, la sépulture, etc., qui sont l'objet de ces visions. Pour ce qui concerne les hommes, il n'est pas nécessaire qu'ils soient connus d'avance du voyant. Il n'est pas nécessaire davantage que l'objet de sa vision appartienne au cercle ordinaire des images qui occupent son esprit. Archibald Macdonald, dans l'île de Skye, voyant célèbre, arrivant un jour au village de Knockow, raconta aux gens de la maison, avant le souper, qu'il avait vu dans le jour une chose singulière qui ne lui était encore jamais arrivée. Il avait vu un homme avec un grand bonnet, et qui branlait continuellement la tête. Ce qu'il y avait de plus bizarre, c'est qu'il portait une petite harpe à quatre cordes seulement, au bout de laquelle étaient deux bois de cerf. On se moqua de lui en lui disant qu'il avait rêvé ; mais il insista, et dit que son tour de rire viendrait bientôt. Quatre jours plus tard, il revint dans son village. Or, trois ou quatre jours après son retour, un homme se présenta chez lui, tel qu'il l'avait vu d'avance, avec un bonnet, une harpe, et branlant la tête quand il jouait, car il avait deux sonnettes à son bonnet. C'était un pauvre homme qui faisait de la musique pour vivre, et qu'on n'avait encore jamais vu dans le pays. Lorsque Macdonald avait eu sa vision, cet homme se trouvait dans l'île de Barray, éloignée de plus de vingt milles de l'endroit où se trouvait le voyant. Tous les habitants du lieu confirmèrent la vérité du fait.

Les visions qui ont pour objet les divers états de la vie humaine sont accompagnées de signes symboliques qui indiquent les circonstances particulières de l'événement, de sorte que l'interprétation de ces visions suppose une certaine habileté, qui ne s'acquiert que par l'étude ou l'expérience. L'époque où l'événement doit arriver est ordinairement indiquée par celle du jour où se montre l'apparition. Si celle-ci a lieu le matin, c'est un signe que son accomplissement aura lieu dans quelques heures ; si c'est à midi, il aura lieu dans le cours de la journée; si c'est le soir, l'événement arrivera la nuit ; si c'est la nuit enfin, il s'écoulera entre elle et son accomplissement autant de semaines, de mois ou même d'années qu'il s'est déjà écoulé d'heures dans la nuit. Quelquefois cependant les visions ne s'accomplissent point pendant la vie du voyant; d'autres fois elles ne sont comprises qu'après l'événement. Vers le milieu du siècle dernier, un fermier de Glenary revenait à midi avec son fils, pendant l'été, de Glenshiray, où l'avaient appelé ses affaires. Arrivé au pont de Gairan, comme ils tournaient du côté d'Inverness, ils voient arriver vers eux un grand nombre d'hommes armés. L'avant-garde avait atteint déjà Kilinalieu, et marchait en bon ordre, entourée de beaucoup de femmes et d'enfants. Le soleil était clair et brillant, de sorte que l'éclat des armes éblouissait nos deux voyageurs. Ceux-ci s'arrêtent de temps en temps, et comptent jusqu'à seize paires d'étendards. Le père, qui avait servi autrefois dans les Montagnards, explique à son fils étonné et qui l'accablait de questions ce que c'était que cette armée. Il croyait qu'elle venait d'Irlande, qu'elle avait débarqué à Kyntyre, et qu'elle allait descendre en Angleterre; qu'elle pouvait être, d'après son calcul, plus nombreuse que les deux armées à la bataille de Culloden. Au détour du chemin, ils se trouvent si près de l'avant-garde qu'ils distinguent très-bien les traits et le costume de celui qui marchait à cheval à la tête de la troupe; et le père conseilla à son fils de se détourner un peu pour ne pas être entraîné par elle. Celui-ci grimpe par-dessus une digue de pierre qui se trouvait de côté, à une certaine distance de la route, et va plus loin, caché par elle. Lorsqu'il se crut en sûreté, il revint trouver son père, qui, plongé dans une mé-

Le fermier de Glenary.

ditation profonde, ne pensait plus à l'armée. Et voici qu'à leur grand étonnement ils ne voient plus rien. Ils rencontrent un homme à cheval qui avait dû traverser les rangs de la troupe, mais qui n'avait rien remarqué ; il se plaignait seulement de la chaleur et de l'air étouffant qui l'empêchait de respirer, et accablait tellement son cheval qu'il était obligé de le conduire. La vision ne s'est pas accomplie jusqu'à cette heure. (*News from the invisible world*, p. 382.) D'autres signes symboliques accompagnent encore ces visions. Si quelqu'un doit mourir tranquillement dans son lit, il apparaît avec son suaire, qui le couvre de bas en haut, et d'autant plus que sa mort est plus prochaine. S'il doit mourir de mort violente, il apparaît ayant de l'eau jusqu'au cou, ou une épée dans la poitrine, ou une corde autour du cou, ou sans tête, selon le genre de mort dont il doit mourir, tandis que les mariages sont annoncés par une ou plusieurs femmes qui apparaissent à côté d'un homme.

Cette symbolique, signe caractéristique de toute vision, se produit également ailleurs. Les Islandais, qui ont le don de seconde vue, prétendent que dès l'enfance, sans le secours d'aucun art ni d'aucun moyen extérieur, sans être malades ni de corps ni d'esprit, par une disposition purement naturelle, ils voient d'une manière claire et distincte apparaître l'ombre d'un homme, ou l'esprit de la nature qui est en lui, sous la forme d'un animal, et connaissent d'après celle-ci ses inclinations et ses penchants. Ils savent plusieurs heures d'avance que telle ou telle personne absente doit arriver ; et quand on leur demande comment cela peut se faire, ils répondent que l'ombre de celui qu'on attend marche souvent devant son corps, et que c'est cette ombre qu'ils voient. Ils peuvent aussi, d'après la forme qui leur est devenue visible, deviner les pensées les plus secrètes, ou du moins les dispositions et le caractère. Ainsi, par exemple, lorsqu'ils voient un homme sous la forme d'un loup, ils en concluent qu'il a l'intention de commettre un vol, ou que du moins il est porté au vol de sa nature. Si c'est sous la forme d'un renard, ils jugent que c'est un homme rusé, perfide ou dissimulé, tandis que la forme du lion indique le courage et les résolutions généreuses. Souvent ils avertissent les marchands danois qui viennent faire le commerce chez eux de prendre garde à telle ou telle personne, parce qu'ils ont vu leurs deux esprits se quereller, et qu'ils en ont conclu qu'il devait bientôt éclater entre eux quelque inimitié ; et l'expérience confirme ordinairement leurs prévisions.

Dans le pays de Galles, les signes de mort prennent une autre forme. Ce sont des lumières, appelées dans la langue du pays *canhwillan cyrth*, c'est-à-dire des petits corps, que l'on observe surtout dans les comtés de Cardigan, de Carmarthen et de Pembrock. Ces lumières ressemblent à celle d'une lampe, avec cette différence qu'elles brillent et s'éteignent alternativement, surtout lorsque quelqu'un vient vers elles ; après quoi, elles se remettent à briller de nouveau derrière lui. Elles sont si fréquentes en ces contrées qu'il existe à peine un homme âgé qui ne les ait vues au moins une fois pendant sa vie. De tout cela on peut conclure que ce sont des feux follets qui forment la base de cette sorte de vision. Mais il paraît que la clairvoyance des habitants du pays s'est emparée de ce phénomène naturel, l'a transporté pour ainsi dire du domaine physique dans le domaine psychique, et s'en est fait une sorte de séméiotique donnant des résultats assez sûrs. Car il ne s'agit pas seulement, comme on peut le conclure du grand nombre de lumières visibles dans ces contrées, il ne s'agit pas seulement ici de visions grossières, accessibles aux sens dans l'état ordinaire ; mais il s'agit encore d'apparitions subtiles et délicates qui ne sont visibles que pour des yeux très-développés.

Ces lumières ne voltigent pas seulement autour des champs et des prairies, mais elles pénètrent encore dans l'intérieur des maisons. Ainsi l'on raconte qu'à Cardigan un des habitants du lieu, s'étant mis au lit avec toute sa famille, se réveilla après minuit, et vit entrer dans sa chambre une de ces lumières, puis une seconde, puis une troisième, jusqu'au nombre de douze, avec la forme d'hommes, excepté deux ou trois qui ressemblaient à des femmes portant de petits enfants dans leurs bras. Bientôt après il lui sembla que la chambre devenait plus claire et plus grande, et que les lumières se mettaient à danser. Puis elles s'assirent autour d'un tapis, comme pour manger, et, le regardant en souriant, l'invitèrent à manger avec elles, quoique cependant il n'entendît aucune voix. Il invoqua la protection divine, jusqu'à ce qu'enfin une voix lui dit, dans la langue du pays, d'être tranquille. Après avoir regardé ainsi pendant quatre heures, il chercha à éveiller sa femme; mais il n'y put réussir. Après que la danse eut duré quelque temps encore dans une autre chambre, les lumières disparurent, et lui se leva; mais, quoique la chambre fût petite, il ne put trouver la porte, jusqu'à ce que ses cris eussent éveillé les gens de la maison. Le juge de paix du lieu rend à cet homme le témoignage que c'est un père de famille pauvre, mais honorable et jouissant de la meilleure réputation. Comme il ne demeurait qu'à deux milles de chez lui, il le fit venir et lui fit croire qu'il lui déférerait le serment relativement à ce fait; mais il se montra très-disposé à faire ce qu'on lui demandait. (Barter, *la Certitude des esprits*, p. 152.)

La femme de charge du baronnet Budds, à Llangathen, entre dans la chambre où dorment les servantes, et y aperçoit cinq lumières. Quelque temps après on peint de nouveau la chambre, et, pour la faire sécher plus promptement, on y place un grand bassin avec du charbon. Cinq des servantes se mettent au lit dans cette chambre le soir, selon leur coutume; mais il était trop tôt, et on les trouva étouffées le lendemain matin. (*Ibid.*, p. 143.) — Quelquefois ces lumières sont un présage pour le voyant lui-même. Cath. Wyat, dans la ville de Tenby, se trouvant un soir dans sa chambre à coucher, aperçoit droit au-dessous d'elle deux lumières. Elle veut les écarter avec la main, mais n'y peut réussir, et elles disparaissent ensuite d'elles-mêmes après quelques instants; mais Catherine accouche bientôt après de deux enfants morts. — Davis, après avoir prêché un sermon solennel devant le jury, revenait chez lui. Vers le crépuscule du soir, lorsque le ciel était encore très-clair, il lui sembla par deux ou trois fois voir voler derrière lui, entre l'épaule et la main, quelque chose de blanc de la grosseur d'une noix; et la même sensation revenait toujours de nouveau après qu'il avait fait soixante-dix ou quatre-vingts pas. Il n'y fit pas d'abord grande attention, et crut que c'était le collet de son habit qui produisait cet effet. Mais l'objet devenait toujours plus rouge. C'était, dit-il, un feu d'une lumière et d'une couleur pure et claire. Il détourna son cheval deux ou trois fois pour voir d'où cela venait et ce que c'était; mais il ne put rien apercevoir. Dès qu'il se retournait pour continuer son chemin, le même phénomène recommençait. On pourrait croire qu'il ne s'agissait ici que d'un phénomène électrique; mais ce qui suit contredit cette supposition. En effet, comme Davis traversait le bourg de Llaurislid sans s'y arrêter, la lumière qui l'avait accompagné jusque-là le quitta comme pour entrer dans une auberge située à l'entrée du village, au moment où il passait devant la porte. Il ne la vit plus, mais il fut inquiet, et s'arrêta dans une autre auberge à l'autre bout du village. Là il raconta à l'hôte ce qui lui était arrivé. Celui-ci le redit le lendemain à quelques-uns des membres du jury, et ceux-ci à d'autres, de sorte que bientôt il ne fut plus question que de cette histoire. Or, il arriva pendant cette même session qu'un gentilhomme, Guillaume Lloyd, tomba malade, et fut attaqué en retournant chez lui d'un accès si violent qu'il fut obligé d'entrer dans la maison devant laquelle la lumière avait quitté

Davis, et il y mourut au bout de quatre jours. (*Ibid.*, p. 142.)

Morris Griffith, prédicateur très-pieux, se trouvant à Tre-Daveth, vit une grande lumière descendre de la colline dans le vallon : elle était très-rouge, et se tenait à un quart de lieue environ sur le chemin qui mène à l'église de Lanferchllawddoy. Morris passa promptement de l'autre côté de la colline pour mieux voir. Il aperçut la lumière se diriger vers le cimetière, s'y arrêter quelques instants et entrer dans l'église. Il attendit un peu, la vit ressortir de l'église et s'arrêter encore quelque temps à un certain endroit du cimetière, après quoi elle disparut. Peu de temps après mourut le fils d'un habitant du lieu, nommé Higgon. La bière s'arrêta un quart d'heure au lieu où s'était arrêtée la lumière, à cause d'une rivière qu'il fallait passer, et le corps fut enterré ensuite au lieu même où la lumière avait disparu auparavant.

Ces apparitions se reproduisant dans ces contrées d'une manière aussi fréquente et sous des formes si diverses, on se mit à comparer ces signes avec les événements qui en étaient l'accomplissement, et l'on se fit ainsi, comme dans le Nord, certaines règles dont on se servit pour interpréter ces visions. Lorsque la lumière est petite, pâle ou bleuâtre, elle signifie un accouchement prématuré ou le cadavre d'un enfant. Si elle est grande et forte, c'est un adulte. S'il y en a deux ou trois grandes, ou plus encore, mêlées avec de petites, elles signifient un nombre égal de morts, pris les uns parmi les enfants, les autres parmi les adultes. Si deux lumières viennent de lieux différents, la même chose arrive pour les cadavres. Si l'une se détourne un peu du chemin qui conduit à l'église, elle annonce un obstacle qui arrêtera la marche du convoi funèbre. Au reste, ces lumières se retrouvent non-seulement dans le pays de Galles, mais encore dans l'île de Man. Le commandant de Belfast, Leathes, en 1690, ayant perdu sur mer treize hommes dans une tempête, un vieux prêtre le lui dit au moment où il débarquait. Le commandant lui demanda comment il le savait. Il répondit que c'était par treize lumières qu'il avait vues se diriger vers le cimetière. Une mort prochaine est annoncée quelquefois aussi par les ténèbres. Martin rapporte que de son temps, à Bommel en Hollande, il y avait une femme qui voyait une fumée obscure autour de la tête de ceux que menaçait une mort prochaine. Et comme l'événement justifiait souvent ces prévisions, cette faculté lui attira en même temps et beaucoup de visiteurs et de grandes persécutions.

Ce don ne se borne pas à la Grande-Bretagne, mais on le retrouve ailleurs parmi le peuple bien plus souvent qu'on ne croit. Les montagnes de la Grande-Bretagne, de même que les Hébrides et le pays de Galles, sont habitées par les restes de la race gallo-bretonne. On peut donc conjecturer de là que ces visions se produisant surtout chez eux elles sont comme un privilége du peuple gaulois, et que par conséquent nous devons les retrouver parmi les autres branches de ce peuple. En effet elles se sont montrées fréquemment encore au commencement du siècle dernier dans le Dauphiné et les Cévennes, et la révolte qui eut lieu à cette époque dans ces contrées était en partie fondée sur des visions de cette sorte. Les peuples germaniques n'ont point été étrangers à cette faculté, qui jouait un rôle important parmi les Alrunes. Encore aujourd'hui, on la trouve souvent en Westphalie, par-ci, par-là en Suisse et en Souabe, aux environs de Salzbourg et ailleurs. Elle se montre aussi chez les peuples slaves; on la voit du moins se produire à un haut degré en Bohême, pendant les guerres de religion. Mais c'est surtout chez les peuples finnois d'origine que cette faculté semble avoir acquis son plus grand développement, et c'est là ce qui a rendu célèbres dans la magie ces peuples, non-seulement en Europe, mais encore dans tout le nord de l'Asie, où ils se sont établis. On voit que ce sont principalement les peuples du Nord et dans le Sud les habitants des montagnes qui possèdent à un plus haut degré ce don; parce que, placés davantage sur la limite du monde intérieur et du monde visible, leur âme oscille plus aussi entre le sens intérieur et le sens extérieur, et que par conséquent les visions des deux mondes alternent plus facilement chez eux que chez les habitants des grasses vallées, qui sont plus attachés au monde extérieur.

<small>Note du traducteur.</small> « Qu'il me soit permis de rapporter ici un fait de seconde vue que nous avons connu avant son accomplissement, et qui a par conséquent pour nous tous les caractères d'un fait incontestable. Presque toutes les personnes, d'ailleurs, qu'il concernait sont encore vivantes. Je me trouvais dans l'automne de 1839 en Pologne, dans le duché de Posen, au château de R., chez madame la comtesse M., une des femmes les plus remarquables du pays sous tous les rapports et dont la mort a été sentie comme un malheur public. Elle avait confié ses trois filles aux soins d'une gouvernante écossaise, miss R., qui passait pour avoir le don de seconde vue et qui paraissait, il faut en convenir, très-peu flattée de la faculté qu'on lui attribuait. L'année précédente, le comte W., père de la comtesse M., avait épousé la princesse S. Pendant la cérémonie du mariage, qui se faisait à la chapelle du château, la jeune comtesse M., nièce du fiancé, fut prise d'un accès de sensibilité qui la força de sortir avec sa mère et miss R., sa gouvernante. Celle-ci, la voyant pleurer, dit à sa mère: « Pauvre Marie! elle n'a qu'à pleurer; car avant un an son oncle sera veuf; avant deux ans il épousera la princesse T., sa belle-sœur, et Marie épousera elle-même le prince S., père de celle-ci. » La mère et la fille n'attachèrent, comme on le pense bien, aucune importance à cette prophétie; et lorsqu'elles me la racontèrent, huit mois après environ, elles ne faisaient encore qu'en rire; car rien jusque-là n'avait fait pressentir encore qu'elle dût être accomplie. Cependant, vers la fin de mon séjour au château de R., une lettre annonça que la comtesse W. ve-

nait de mettre au monde un fils; et deux jours plus tard une seconde lettre annonçait que sa santé donnait de graves inquiétudes. Pour la première fois, nous commençâmes tous à considérer d'une manière sérieuse la prophétie de miss R. La comtesse M. partit pour aller donner ses soins à sa belle-sœur, et je repartis moi-même pour Paris, après l'avoir priée de me donner des nouvelles de sa sœur. Quelques jours après mon arrivée à Paris, je reçus une lettre qui m'apprenait sa mort. La comtesse M. vint avec sa famille passer l'hiver de 1840 à Paris. Il y avait à peu près deux mois qu'elle y était lorsque son frère arriva, avec l'intention d'aller à Rome demander les dispenses nécessaires pour épouser sa belle-sœur. Le mariage se fit au bout de l'année, et trois ans plus tard environ la jeune comtesse Marie épousait le prince S.: de sorte que la vision de miss R. était accomplie jusqu'au bout. Je demandai souvent à miss R. de quelle manière, par quel procédé elle avait ces sortes de visions ou de pressentiments. Elle me répondit toujours qu'elle ne pouvait l'expliquer; qu'elle se sentait saisie par une image ou par un sentiment dont elle ne pouvait se rendre compte, et qui la forçait à parler. Au reste, elle ne paraissait attacher aucune importance à ce don : bien loin de là, elle le regardait comme quelque chose de très-pénible et de très-gênant, dont elle aurait bien voulu être délivrée. Il était, disait elle, héréditaire dans sa famille; et elle avait déjà été bien des fois avertie de cette manière des événements qui devaient arriver plus tard. »

Le don de seconde vue nous a conduit aux limites du monde des esprits. Ce don n'est après tout que la faculté de voir à distance; mais il n'élève point le regard de l'homme au-dessus du monde ordinaire; car ce sont ou des hommes vivants ou des événements qui doivent s'accomplir sur la terre que voient dans leurs visions ceux qui ont reçu cette faculté. Celle que nous allons étudier maintenant a bien une autre portée; car elle tire l'homme qui la possède du cercle de cette vie et du monde où nous vivons, pour l'élever jusqu'aux régions habitées par les intelligences. Ce commerce, avons-nous dit, de l'homme avec les esprits peut avoir lieu de deux manières : ou par un développement extraordinaire du regard intérieur de l'homme, ou par une certaine condescendance de la part des esprits, qui, prévenant ce dernier, se rendent visibles pour lui à l'aide des forces naturelles qui leur sont restées. Dans ce cas, les esprits peuvent entrer en rapport avec l'homme, ou par le moyen de certaines images visibles pour les sens, même dans l'état ordinaire, ou par le moyen de certaines opérations naturelles qui frappent son attention. La première catégorie comprend à peu près toutes les apparitions de fantômes, et la seconde tous ces bruits singuliers qu'on ne sait comment expliquer ni à qui attribuer (1). Dans les degrés inférieurs, ces deux choses sont ordinairement séparées : mais lorsque l'une de ces deux classes de phénomènes se produit d'une manière plus frappante, l'autre ne tarde pas à se manifester. Déjà bien avant le christianisme le peuple croyait aux apparitions de fantômes ; mais ce n'est que depuis la prédication de l'Évangile que l'on a commencé à saisir la tendance spiritualiste de ces faits extraordinaires. L'histoire des premiers temps de l'Église nous raconte un grand nombre d'apparitions de défunts. Déjà saint Martial, évêque de Limoges, voyait monter au ciel sous la forme de flamme ardente l'âme de sainte Valère lorsqu'elle souffrit le martyre sous Vespasien ; et tous les Pères de l'Église, depuis saint Justin, confirment la vérité de ces apparitions par quelques exemples particuliers. Elles n'ont point cessé

(1) Le nom d'esprits frappeurs explique très-bien la nature des agents qui produisent ces sortes de phénomènes. C'est donc le nom que nous emploierons pour les désigner, et que l'auteur aurait sans doute employé lui-même s'il avait été connu au moment où il écrivait, d'autant plus qu'il traduit mieux que tous les autres le mot dont se servent les Allemands pour exprimer ce genre de phénomènes.

(*Note du traducteur.*)

jusqu'à nos jours, et de tout temps elles ont occupé l'attention par quelques nouveaux phénomènes plus ou moins frappants. Mais comme ce sujet, à cause des illusions auxquelles il pouvait donner lieu, surtout dans ses degrés inférieurs, a suscité de nombreuses controverses qui, sans écarter les doutes, semblent avoir épuisé la matière, et qu'aux degrés les plus élevés les faits sont tellement frappants qu'ils portent avec eux leur propre justification, nous ne nous arrêterons point à les étudier ici, mais nous passerons immédiatement à l'autre classe de phénomènes qui, se produisant au grand jour, prêtent moins au doute et à l'erreur.

CHAPITRE XX.

Des esprits frappeurs. Ces esprits apparaissent dès les temps les plus anciens. Des esprits qui apparaissaient à Hasparius Eubedi, dans le diocèse de saint Augustin, et chez le médecin Elpide au temps de Théodoric, roi des Ostrogoths. Les faits de ce genre ne sont admis qu'après un examen attentif. Ce qui s'est passé à Salamanque, à Munchhof près de Gratz.

De tout temps et chez tous les peuples il s'est produit dans le voisinage de l'homme des effets qu'il s'est vu contraint d'attribuer à l'opération des esprits, parce qu'aucune cause physique ne pouvait lui en donner l'explication. Comme les manifestations de ces esprits ont en général quelque chose d'indéterminé, de singulier, quelquefois même de bruyant et d'espiègle, les Allemands ont employé pour les désigner un nom qui exprime bien ce caractère. La familiarité avec laquelle les plus innocents parmi ces êtres approchent de l'homme, et l'aident dans les soins du ménage, se tenant soit à la maison, soit dans la cour, les a fait confondre dans l'opinion du peuple avec les anciens nains ou génies familiers, lesquels, pénétrant la matière, se frayent partout un libre accès et savent aussi se rendre invisibles. Les Grecs les appelaient καϐάλλοι, et ils avaient beaucoup de rapport avec les Cabires. Dans le Nord on les a appelés *Kobold*, à cause des services qu'ils aiment à rendre aux hommes. Ils s'appellent *Trulles*, chez les Suédois; *Gobelins* et *Lutins*, chez les Français; *Tratgos*, chez les Espagnols; *Farfarelli*, chez les Italiens; *Coltren*, chez les Russes. Le peuple les connaît partout, comme on le voit, et partout aussi ils jouissent d'une assez bonne réputation, et passent pour des lutins familiers, avec lesquels, surtout avant le christianisme, on vivait dans des relations intimes et dont on récompensait les services par de petites offrandes.

La légende, chez les peuples du Nord, raconte que lorsqu'un lutin veut s'établir dans une maison, il ramasse en tas des morceaux de bois, et met dans le baquet au lait de la fiente de plusieurs animaux. Si le lendemain le maître de la maison boit du lait avec sa famille, ou s'il ne défait pas le bois qu'il a mis en tas, le lutin reste près de lui, demeure dans le bûcher, et cherche à gagner la faveur des gens de la maison en apportant du blé qu'il prend dans les greniers des autres, ou du bois, ou en faisant quelque autre chose de ce genre. Ces rapports familiers excitèrent bientôt après l'apparition du christianisme quelques scrupules; ils disparurent peu à peu, et de familiers qu'ils étaient ces esprits semblent être devenus jaloux et méchants, et prendre plaisir à tourmenter les hommes par des bruits singuliers et inexplicables. Nous trouvons sur ce sujet, chez tous les peuples, une multitude de récits, tous plus extraordinaires les uns que les autres, attestés par des témoins irrécusables, offrant par conséquent tous les caractères de vérité que l'on peut désirer. Il est donc nécessaire que nous nous arrêtions quelque temps sur ce sujet, et que nous cherchions à découvrir la cause cachée sous ces phénomènes extérieurs.

Nous avons dit que les faits de ce genre sont fréquents déjà dès les premiers siècles du christianisme, sans parler des temps qui l'ont précédé. En effet, saint Augustin dans la *Cité de Dieu*, l. XXII, c. 8, raconte que des esprits de cette sorte inquiétaient la maison de campagne d'Hasparius Eubedi, dans le diocèse d'Hippone, et qu'il y envoya un de ses prêtres, qui les conjura et fit cesser tous les bruits. Au temps de Théodoric, roi des Ostrogoths, la maison du médecin Elpide était aussi habitée par des lutins qui lui jetaient souvent des pierres. Il pria saint Césaire d'Arles à son passage de le délivrer de ces esprits. Le saint purifia la maison avec de l'eau bénite, et cette plaie disparut pour toujours. (*Act. S.*, 27 aug.) Le même saint, visitant son diocèse, arriva dans un canton nommé *Succentriones*. Il y avait là un établissement de bains magnifique; mais tous les passants s'entendaient appeler de là par leurs noms, après quoi on leur jetait de grosses pierres; de sorte que personne n'osait plus passer par cet endroit. L'ecclésiastique qui écrivit plus tard la vie du saint, et qui avait coutume de porter devant lui le bâton pastoral, ayant oublié celui-ci dans l'église voisine, les habitants du lieu, joyeux de cette circonstance, le suspendirent aux murs des bains, et la plaie disparut. (*Ibid.*)

Elpide.

Le prêtre George, disciple de l'archimandrite Théodore, raconte dans la vie de celui-ci que de son temps, dans la maison d'un tribun nommé aussi Théodore, les hommes et les animaux étaient importunés en diverses manières par des lutins. Lorsque les gens de la maison étaient à table, on y jetait des pierres, de sorte qu'ils étaient tous épouvantés. On brisait aussi le fil sur le métier des servantes, et enfin toute la maison se remplit d'une telle quantité de serpents et de souris que personne n'osait plus y demeurer. Le serviteur de Dieu, y étant venu, y passa la nuit dans les chants et la prière, y jeta partout de l'eau qu'il avait bénite, et la délivra ainsi de cette calamité. Sigebert, dans sa *Chronique*, à la date de l'année 958, parle

Théodore.

aussi des apparitions qui eurent lieu à Camnuz, près de Bingen. On y jetait des pierres et l'on faisait du bruit jusqu'à ce qu'enfin l'archevêque de Mayence y eût envoyé des ecclésiastiques qui mirent fin à tout ce désordre. Trithème parle, à la date de l'année 1130, d'un lutin nommé Hütchen, qui était à la cour de Bernard d'Hildesheim, aidant les gens de la maison de ses conseils, de son concours et de ses avertissements. Il est devenu célèbre dans la légende, qui montre encore le sentier par lequel il accourut un jour du château de Winzenburg à Hildesheim. Plus tard il est question du lutin qui, d'après Guillaume de Paris, s'était établi dans une maison de la paroisse de Saint-Paul, à Poitiers, lequel brisait les fenêtres et les vitraux, et jetait des pierres, sans toutefois blesser personne. A partir de cette époque, les récits de ce genre deviennent toujours plus nombreux et plus détaillés. Il ne faut pas croire cependant qu'ils fussent alors adoptés sans aucun examen. Partout, même en Espagne, que l'on se représente ordinairement comme le pays de la superstition, partout on cherchait à se rendre un compte exact de ces faits.

Histoire arrivée à Salamanque. Voici ce que nous raconte à ce sujet Antoine de Torquemada, dans son *Jardin de Flores* : « Il y a environ dix ans, lorsque j'étais encore à l'université de Salamanque, il y avait dans cette ville une femme considérable, veuve et déjà âgée et qui avait chez elle quatre ou cinq servantes, dont deux jeunes et bien faites. Le bruit se répandit qu'il y avait dans la maison qu'elle habitait un trazgo ou lutin, qui y faisait toute sorte de tours. Entre autres, il jetait du haut du toit des pierres en telle quantité que, quoiqu'elles ne fissent aucun mal, elles étaient cependant fort incommodes pour les gens de la maison. Les choses en vinrent au point que le corrégidor en eut connaissance, et voulut aller au fond de l'affaire. Il vint donc à la maison, accompagné de plus de vingt hommes qui se trouvaient présents, et chargea un alguazil avec quatre hommes de visiter aux flambeaux, avec le plus grand soin, tous les coins où un homme pourrait trouver à se cacher. Ils firent exactement ce qu'on leur avait ordonné, et il ne manquait plus que de lever les parquets; car du reste il n'y avait pas un coin qu'ils n'eussent fouillé. Ils retournèrent donc vers le corrégidor, et déclarèrent que personne ne pouvait être caché dans la maison. Celui-ci s'adressa à la veuve et chercha à lui persuader qu'on la trompait; que c'étaient probablement ses jeunes servantes qui entretenaient des amants, et que le meilleur moyen de se débarrasser de cette plaie, c'était d'observer attentivement toutes leurs démarches. La bonne dame fut toute bouleversée, et ne savait que répondre. Elle persistait néanmoins à croire qu'il y avait quelque chose de réel dans ces pierres que l'on jetait à chaque instant, et que l'on ne pourrait s'en préserver malgré toutes les précautions. Le corrégidor et ceux qui étaient avec lui la quittèrent en continuant de se moquer d'elle; mais à peine étaient-ils au bout de l'escalier qu'ils entendirent un grand bruit, et virent rouler à leurs pieds le long des degrés une telle masse de pierres qu'il semblait qu'on en avait jeté trois ou quatre paniers. Ces pierres leur tombèrent entre les pieds, sans toutefois faire de mal à personne. Le corrégidor ordonna à ceux qu'il avait déjà envoyés auparavant de remonter bien vite, pour prendre sur le fait celui qui avait osé leur jouer ce tour; mais, après avoir bien cherché, ils ne purent rien trouver. Pendant qu'ils cherchaient encore, des pierres commencèrent à pleuvoir en grand nombre au portail d'entrée. Après avoir frappé le haut de celui-ci, elles semblaient rebondir et tombaient en bas. Comme tous étaient confondus d'étonnement, l'alguazil ramassa une des plus grosses pierres, et la jeta par-dessus le toit de la maison située en face, en disant : « Que ce soit le diable ou un trazgo, qu'il me renvoie cette pierre. » Au même instant, à la vue de tout le monde, la pierre, revenant par-dessus le toit, vint frapper contre son bonnet, au-dessus des yeux, et tous durent enfin reconnaître qu'on ne les avait pas trompés. Quelque temps après, un des ecclésiastiques qu'on appelle *Torres Menudas* vint à Salamanque et prononça quelques exorcismes dans la maison, après quoi tous ces phénomènes singuliers disparurent aussitôt. »

<small>Histoire arrivée à Munchhof.</small> Afin de donner à cette étude une base plus sûre encore, nous raconterons ici une série de faits qui ont eu lieu il y a peu de temps, et qui ont été heureusement observés par un homme impartial, sérieux, attentif et instruit, dont le témoignage doit paraître irrécusable. Ces faits se sont passés à Munchhof, à une lieue de Voitsberg et à trois lieues de Gratz. Ils ont été observés par H. J. Aschauer, alors administrateur à Kamach, très-savant dans la physique et les mathématiques, et qui est devenu plus tard professeur de mathématiques techniques au Johanneum à Gratz. Je suivrai mot à mot le récit qu'il a fait lui-même de ses expériences, le 21 janvier 1821, dans une lettre écrite à l'un de ses amis. Je me contenterai seulement de le compléter de temps en temps, dans des détails de peu d'importance, à l'aide d'un autre récit postérieur qu'il a eu la bonté de me communiquer il y a environ neuf ans. Il proteste qu'il est prêt à confirmer par serment la vérité de ce qu'il raconte, et qu'il consent à passer pour un imposteur à la face du monde entier si l'on peut trouver dans sa description un seul mot exagéré. Il commence par ce que lui avait raconté son gendre Obergemeiner, propriétaire de la maison; à savoir qu'au mois d'octobre 1818 des pierres avaient été jetées plusieurs fois l'après-midi et le soir contre les fenêtres de la chambre du rez-de-chaussée; que des vitres avaient été brisées de temps en temps, mais que le bruit cessait dès que les gens de la maison faisaient la prière du soir et allaient se coucher. Obergemeiner crut d'abord que c'étaient des écoliers qui en passant lui jouaient ce tour; mais comme, malgré toutes les mesures qu'il prit, il ne put découvrir personne, et que l'on commença à entendre du bruit à la porte de devant et à celle de derrière,

qui étaient fermées toutes les deux, sans que le chien aboyât, il crut que c'étaient des voleurs qui voulaient l'attirer dehors, et il se garda bien d'ouvrir les portes. Ses gens commençaient à avoir peur, et lui-même était fatigué de ce bruit ; il résolut donc de traiter l'affaire plus sérieusement. Il alla trouver vers la fin du mois, sans le dire à ses gens, les paysans des environs, en prit à peu près trente-six avec lui, bien armés, les plaça en cercle autour de la maison à une certaine distance, et, après leur avoir bien recommandé de ne laisser venir ni sortir personne, il entra dans la maison avec Koppbauer et quelques autres, réunit tous ses gens pour bien se convaincre que personne ne manquait, et visita toutes les pièces depuis le toit jusqu'à la cave. Il était environ quatre heures et demie du soir.

Les paysans avaient rétréci toujours davantage leur cercle, et n'avaient trouvé personne ; mais personne aussi, ni homme ni bête, n'avait pu pénétrer. Cependant on avait commencé à jeter des pierres contre les fenêtres de la cuisine. Koppbauer se plaça à l'une de ces fenêtres et regarda par dehors pour tâcher de voir dans quelle direction les pierres étaient jetées. Pendant qu'il était dans cette position, et qu'Obergemeiner était dans la cuisine avec plusieurs autres, une grosse pierre fut lancée contre la fenêtre même où il était : de sorte que plusieurs vitres furent brisées derrière lui. Il en fut très irrité, croyant que c'était ceux qui étaient dans la cuisine qui avaient jeté la pierre pour lui jouer pièce. Mais Obergemeiner lui ayant ôté cette pensée, ils crurent tous que les pierres devaient être jetées de l'intérieur ; et c'était en effet dans cette direction qu'elles le furent jusqu'à six heures et demie du soir, où la chose cessa tout à coup. Cependant on avait continué de visiter la maison, le four, les poêles, les cheminées, en un mot, tous les endroits dans lesquels un homme ou une bête aurait pu se cacher, et les paysans de leur côté avaient continué de monter la garde autour de la maison.

Tout resta tranquille jusqu'à huit heures du matin ; mais alors les pierres recommencèrent à tomber de plus belle en présence de plus de soixante personnes. On se convainquit qu'elles partaient de dessous les bancs de la cuisine, et venaient frapper les fenêtres d'une manière tout à fait inexplicable, en décrivant une ligne courbe contraire aux lois du mouvement.

On se mit alors à lancer dans toutes les directions contre les autres fenêtres des pierres à chaux, et qui pesaient depuis un quart de livre jusqu'à quinze livres. Bientôt on ne se borna plus aux pierres ; mais tous les ustensiles de la maison, les cuillers, les pots, les plats vides ou pleins, etc., étaient lancés au milieu des gens qui étaient là, contre le plancher, contre les fenêtres et avec une vitesse incroyable. Plusieurs de ces objets brisèrent les vitres ; d'autres, quoique très-gros et lancés avec force, restèrent fixés au milieu des carreaux ; d'autres ne firent que toucher le verre, et tombèrent ensuite à l'intérieur et perpendiculairement au bas de la fenêtre. Plusieurs, quoiqu'ils eussent été frappés par de grosses pierres lancées avec force, ne ressentirent le coup que faiblement, à leur grande surprise ; et ces pierres, après les avoir frappés, tombaient aussi perpendiculairement à leurs pieds. Il fallut songer à enlever de la cuisine les pots et tous les ustensiles. Or, pendant qu'on était occupé à cette opération, plusieurs de ces objets furent enlevés des mains de ceux qui les portaient, ou renversés en présence de tous de dessus la table où on les avait placés. Rien ne fut respecté sur cette table, à l'exception d'un crucifix ; mais les flambeaux eux-mêmes qui brûlaient à côté furent jetés avec une grande force. Au bout de deux heures, il ne restait pas une seule vitre dans la cuisine, et tous les objets fragiles, même ceux qu'on en avait emportés, furent mis en pièces. La maîtresse de la maison avait sauvé un plat de salade qu'elle avait mis dans le garde-manger au premier étage. Étant montée avec une servante, elle ouvrit la porte et envoya la servante chercher la salade. Mais comme celle-ci prenait le plat, il lui fut arraché des mains. La servante se sauva ; la maîtresse crut qu'elle l'avait laissé tomber par peur et par maladresse, et voulut le lui reprocher, lorsque tout à coup le plat avec la salade qui était dedans, lancé du fond du garde-manger, passa devant elle et tomba dans le vestibule. Le désordre ayant cessé vers onze heures, le maître de la maison était assis dans la salle à manger, au rez-de-chaussée, ayant devant soi une bouteille vide avec un bouchon poli à l'émeri. Tout à coup le bouchon est élevé en l'air et tombe sur la table, à côté de la bouteille. Il le remet à sa place et le presse fortement dans le cou de la bouteille ; mais au bout de deux ou trois secondes il est enlevé une deuxième fois, puis une troisième ; de sorte que le maître prit le parti de renfermer la bouteille, car il avait remarqué qu'on ne touchait à rien de ce qui était renfermé. Les jours suivants, la maison fut assez tranquille. Il fallut cependant tenir bien solides les vases où l'on voulait cuire, et éloigner ceux qui étaient fragiles, une fois la cuisine faite.

Le témoin, auteur de ce récit, apprit ce qui s'était passé au marché de Voitsberg du maître de la maison lui-même, et le pria de l'avertir s'il arrivait quelque chose de nouveau. En effet, on l'envoya chercher vers la Toussaint, et il accourut aussitôt. A son arrivée, il trouva la maîtresse de la maison et Koppbauer seuls à la cuisine, occupés à recueillir les morceaux d'un pot qu'il avait entendu tomber à terre pendant qu'il entrait. Comme il était dans la cuisine avec les deux autres, chacun à deux pas environ de son voisin, une grosse cuiller de pot en fer fut lancée de la planche où elle était avec une incroyable vitesse contre la tête de Koppbauer, et tomba perpendiculairement à ses pieds. Cette cuiller pesait bien trois quarts de livre ; de sorte que, lancée avec force comme elle était, elle aurait dû causer une forte contusion ; mais Koppbauer dit qu'il n'avait senti qu'un attouchement très-léger. Le témoin resta deux jours dans la maison, mais ne vit rien jusqu'au second jour à quatre heures après midi. Comme il ne pouvait rester toujours dans la cuisine à cause de la fumée et d'un mal d'yeux, plusieurs fois pendant son absence des pierres furent jetées dans les fenêtres. Il examina les paratonnerres et tous les objets au moyen d'un électromètre qu'il avait apporté avec lui, mais ne trouva nulle part d'accumulation de fluide électrique. D'ailleurs, même lorsque les objets étaient lancés avec le plus de force, il n'y avait ni dégagement de lumière ni bruit. La cuisine était tellement placée qu'aucun homme ne pouvait agir d'une manière médiate ou immédiate sur les objets qu'elle contenait; et le témoin, à la vue des phénomènes qui se passaient sous ses yeux, eut beau chercher une cause naturelle pour les expliquer, il n'en put découvrir aucune. Obergemeiner avait de son côté proposé un prix de mille florins à celui qui trouverait la cause de ces événements singuliers.

Le second jour, vers quatre heures après-midi, le témoin était au bout de la cuisine, ne sachant que penser de tout ce qu'il voyait. Il y avait au-dessus et vis-à-vis de lui une grande planche où étaient les plats. Entre lui et son œil, qui regardait par hasard de ce côté, il n'y avait rien qui pût intercepter le regard. Or, il vit tout à coup se détacher sans bruit de la planche une soupière en cuivre revêtue de fer, et qui pouvait contenir de la soupe pour douze hommes environ. Elle vint vers lui presque horizontalement, avec une incroyable vitesse, et passa si près de sa tête que le courant d'air lui souleva les cheveux sans qu'aucun bruit, aucun sifflement se fît entendre; après quoi elle tomba avec un grand bruit, mais sans aucun dommage. Tous ceux qui étaient présents furent confondus d'étonnement, et il ne manquait pas de témoins; car on accourait de toute part pour voir ces choses extraordinaires. Quelques instants après, la servante voulut râper du pain; comme elle se détournait pour mettre le pain et la râpe dans un plat de bois, celui-ci se mit en mouvement avec une vitesse modérée, effleurant le foyer jusqu'au bord. Là, il fut jeté par terre, comme s'il avait été lancé avec une grande force, de sorte qu'il rebondit plusieurs fois, et le pain râpé se répandit par toute la cuisine. Le témoin assure que personne de ceux qui étaient présents n'y avait mis la main, et qu'il en est aussi sûr que de son existence.

Vers cinq heures, il vint un étranger qui prétendit que la cause de tout ce mouvement était un homme caché dans le tuyau de la cheminée, quoique celle-ci fût remplie de fumée à l'intérieur. Le témoin, impatienté d'une explication aussi ridicule, le mena vers la porte, dans un endroit où, de son propre aveu, personne ne pouvait viser du tuyau de la cheminée. Il y avait là un plat de cuivre, sur une planche basse, où personne, hormis eux ne pouvait atteindre. Le témoin dit à l'autre : « Que diriez-vous si ce plat, sans que nous y missions la main, était jeté de l'autre côté? » A peine avait-il fini de parler que le plat s'envola, et l'étranger resta confondu. A partir de ce moment, jusqu'à neuf heures et demie du soir, il ne fut plus rien jeté en sa présence. Seulement lorsqu'il voulut suspendre son chapeau à un long clou, dans la chambre à coucher du maître de la maison, son chapeau lui fut jeté par terre quatre fois de suite. Tous les mets étant cuits, ils résolurent de vider, en cinq qu'ils étaient, la cuisine, et n'y laissèrent que trois objets : un emporte-pièce de fer blanc pour les pâtes, à la fenêtre de derrière; un plat de fonte plein d'eau au foyer et un seau d'eau en bois avec deux branches de fer vis-à-vis de l'emporte-pièce par terre. Les portes et les fenêtres grillées étaient fermées comme toujours, et il n'y avait que quatre personnes dans la cuisine. Il n'y eut rien pendant longtemps; et comme ils avaient veillé toute la nuit précédente, ils voulurent aller se coucher; mais comme ils étaient à la porte, l'emporte-pièce fut jeté horizontalement au milieu d'eux; ils le remirent à sa place, et fermèrent les portes.

Au bout de dix minutes environ, le seau d'eau, pesant environ quinze livres, qu'ils avaient laissé par terre, tomba perpendiculairement du haut de la voûte de la cuisine, sans qu'ils pussent comprendre comment il y était monté, puisqu'il n'y avait rien en haut où l'on pût suspendre quoi que ce soit. La moindre déviation aurait suffi pour le faire tomber sur une des personnes présentes. Ils se placèrent autour du foyer ayant chacun une lumière à la main; de sorte qu'aucun ne pouvait toucher le pot de fer sans être vu. Celui-ci fut tout à coup renversé, jusqu'à ce que la dernière goutte d'eau se fût écoulée. La chute n'avait point suivi les lois ordinaires; mais elle avait été beaucoup plus lente, comme lorsqu'on veut vider un vase peu à peu; et il se releva de la même manière. Après cela il ne tomba plus rien pendant quelque temps. Quatre des assistans sortirent de la cuisine, le cinquième y resta seul renfermé, tandis que les autres voyaient par une ouverture tout ce qui se faisait autour de lui; car ils pouvaient l'apercevoir ainsi qu'une grande partie de la cuisine. Comme il était assis tranquillement, une lumière à la main, des coques d'œuf furent jetées de tous les coins sans qu'ils pussent comprendre d'où elles venaient, puisqu'ils avaient tout emporté, jusqu'aux moindres choses. Ceci dura environ une heure, avec quelques courtes interruptions; puis il ne se fit plus rien pendant toute la nuit et les jours suivants. Le témoin partit le lendemain, après être resté trois jours dans la maison, et c'est par d'autres qu'il apprit ce qui suit.

Au bout de quelques jours de calme, les roues du moulin, qui était à six minutes environ de chemin de la maison, s'arrêtèrent de temps en temps. Le meunier fut jeté de son lit avec le lit lui-même, les lumières s'éteignirent, et différents objets furent jetés devant la porte. Au bout de quatre ou cinq jours, tout ce désordre cessa; mais les pots ou d'autres objets étaient encore de temps en temps jetés par terre dans la cuisine. Après cinq ou six semaines d'interruption, un dimanche, avant midi, pendant que tous les autres étaient à l'église, la mère d'Obergemeiner et sa femme étaient devant le foyer, s'entretenant de ce qui s'était passé, et se montrant la place où la plupart des pots étaient tombés. Tout à coup le pot le plus grand passe devant elles et tombe par terre. A partir de ce moment il n'arriva plus rien; du moins le maître de la maison, qui n'aimait pas en général à parler de cette affaire, n'en dit plus rien au rapporteur. Au reste, ces événements avaient fait sensation auprès des employés du gouvernement, et le district d'Ober-Greiffeneck envoya son rapport au cercle de Gratz le 7 novembre 1818. Ce rapport est caractéristique. On y lit entre autres choses : « Quoique nous ne soyons plus dans ces temps d'ignorance où chaque phénomène dépassant l'intelligence du vulgaire était attribué à la magie ou au démon, tandis que les hommes plus habiles et initiés aux sciences naturelles mettaient souvent à profit cette croyance superstitieuse, et, au lieu de se servir de la supériorité de leur science pour combattre l'erreur, cherchaient plutôt leur avantage dans la propagation des opinions les plus erronées, il est remarquable néanmoins qu'à une époque où le flambeau de la civilisation a mis depuis longtemps en fuite tous les démons, où les nouveaux progrès de la physique et de la chimie ont mis au grand jour les forces de la nature cachées auparavant, il est remarquable que l'on voie se produire des phénomènes inaccoutumés, et que les hommes compétents n'ont pu expliquer malgré l'observation la plus attentive. »

Le rapport s'accorde dans tous les points essentiels avec le récit d'Aschauer. Il y est fait mention de la présence de ce dernier en compagnie du chapelain Hötzel, et de sa parfaite compétence en ces sortes d'affaires. Il y est parlé aussi d'une enquête faite sur l'invitation des magistrats par le sieur Gayer, fabricant de verres à Oberudorf, avec son appareil électrique; après quoi le rapport finit en ces termes : « Le magistrat du cercle, pouvant charger les savants de la capitale de faire de nouvelles enquêtes, daignera d'autant plus prendre les mesures nécessaires pour découvrir ces phénomènes singuliers que cette histoire a déjà fait ici une sensation générale. La superstition chez les uns, l'hypocrisie chez les autres, voit avec joie cet événement, et l'explication naturelle de ces prétendus miracles peut seule combattre un préjugé auquel le vulgaire s'attache par ignorance ou par malice. » La décision du gouvernement fut que c'était un homme caché dans le tuyau de la cheminée qui était probablement l'auteur de toute cette histoire. On chargea cependant trois professeurs du Johanneum, ceux de géologie, de minéralogie, de chimie et de botanique, de procéder à une enquête; mais ils crurent au-dessous de leur dignité de chercher un lutin, et ils refusèrent la commission. Plus tard, lorsqu'il ne se passait plus rien dans la maison, un employé de la police s'y rendit, et trouva naturellement un champ ouvert à toutes les suppositions; mais la plus amusante est assurément celle qui prétendait que tous ces événements n'étaient que des tours de physique qu'Aschauer avait joués aux gens de la maison. On ensevelit ainsi dans l'oubli une chose qui ne laissait pas que d'être embarrassante.

Nous avons heureusement dans le récit de ce témoin tout ce qui constitue un témoignage solide et incontestable. L'auteur est un homme véridique, respectable, digne de foi, qui, bravant la plaisanterie, n'a pas craint de se mettre en avant; un mathématicien, sachant par état ce qu'il faut pour un jugement exact et concluant; un homme connaissant parfaitement les forces de la nature, et sachant ce qui doit lui être attribué. Il a commencé ses observations avec la défiance d'un homme raisonnable, et les a continuées sans prévention. Elles ont été répétées souvent et dans des circonstances différentes, et ont duré assez longtemps pour conduire à un résultat positif. Bien plus, tenant compte de toutes les suppositions, il a fait ses essais avec intelligence, et observé leurs résultats avec attention. Il ne manque donc rien à ses observations; et pour tout esprit impartial elles ont la même valeur qu'a pour tout savant une série d'observations astronomiques faites à l'observatoire de Greenwich. Lorsqu'un homme comme notre témoin, cédant à l'évidence, déclare qu'il est convaincu qu'aucun appareil physique, aucun prestidigitateur, quelque habile qu'on le suppose, n'a pu produire les choses qui se sont passées sous ses yeux, c'en est assez pour que l'on doive, bon gré malgré, ajouter foi à sa parole, et chercher d'autres causes que les causes physiques ordinaires.

Or, comme aucune de ces causes n'est visible, il faut nécessairement la chercher dans le domaine invisible. Une force motrice a agi, on ne peut en douter. Cette force n'agissait pas par nécessité, mais en beaucoup de choses elle s'est évidemment déterminée d'après son bon plaisir; c'était donc une force libre. Cette force pouvait se mettre en rapport avec ceux qui étaient présents, car elle entendait ce que ceux-ci se disaient, et agissait en conséquence, comme on a pu s'en convaincre lorsqu'elle a si bien réduit à néant, sur l'invitation du témoin, l'explication singulière donnée par un étranger à ces phénomènes et dans plusieurs autres circonstances encore. C'était donc une force intelligente et spirituelle : mais elle était en même temps capable de motifs moraux; car pendant qu'elle brisait les fenêtres et les ustensiles de la cuisine, ne craignant pas de porter ainsi préjudice au propriétaire de la maison, elle évitait avec soin de blesser aucun des assistants. Les motifs religieux ne lui étaient même pas étrangers; car pendant que ses caprices s'exerçaient sur tous les objets, nous l'avons vue respecter le crucifix placé sur la table, quoiqu'elle eût renversé les flambeaux qui brûlaient à ses côtés. Cette puissance intelligente et morale était douée aussi, ou d'une plus grande habileté, ou d'un empire tout particulier sur les forces physiques dont elle disposait; car elle faisait par elles des choses que l'homme le plus fort aurait pu à peine exécuter. C'est ainsi que nous avons vu les pierres jetées par elle décrire une ligne spirale, contrairement à toutes les lois de la physique. Elle était douée aussi d'une énergie singulière, car les objets étaient mis en mouvement par elle avec une vitesse incroyable; une fois même avec une telle rapidité que l'œil n'avait pu la suivre, comme par exemple lorsque ce seau d'eau fut enlevé à la voûte sans que personne pût comprendre comment cela s'était fait.

Les masses mises en mouvement étaient souvent considérables, et la vitesse très-grande; et cependant le résultat en était si médiocre à la fin que ces objets restaient quelquefois arrêtés dans les vitres, ou tombaient perpendiculairement aux pieds des personnes qu'ils avaient frappées. La force qui les mettait en mouvement pouvait donc augmenter ou diminuer à son gré, et il était facile de voir qu'elle ne suivait point les caprices du hasard, mais qu'elle était dirigée par un but raisonnable, qui était de ne faire de mal à personne. Si l'on suppose que cette force était bonne de sa nature, il faut admettre qu'elle se réglait et se modérait elle-même; et si elle était mauvaise, elle devait être gouvernée par une loi supérieure. Dans l'un et l'autre cas, c'était donc une force libre, dirigée par la raison. S'il en est ainsi, si les faits sont incontestables, si ces conclusions sont rigoureuses, il faut reconnaître qu'il y avait là en jeu ou des esprits immatériels et invisibles, ou du moins des hommes capables de se rendre invisibles ou d'agir à distance. Or, quelque hypothèse que l'on admette, ces faits, on le voit, appartiennent à la magie. Tout cela n'est que la conclusion rigoureuse de prémisses incontestables, tandis que nier les faits parce qu'on ne peut les expliquer, c'est une folie; et les laisser de côté, sans se donner la peine de les étudier, c'est une indigne lâcheté d'esprit.

CHAPITRE XXI.

L'esprit frappeur de Tedworth.

Aux faits que nous venons de raconter nous en ajouterons un autre non moins intéressant, qui nous est rapporté dans le plus grand détail par Glanvil, chapelain du roi Charles II d'Angleterre, dans son livre intitulé *Sadducismus triumphatus*. Glanvil, né à Plymouth en 1636, avait fait ses études à Oxford, et mourut en 1680, après avoir rempli plusieurs fonctions ecclésiastiques. Il était contemporain du fait qu'il raconte, et jouissait d'ailleurs de la réputation d'un homme véridique, honorable et intelligent. Nous ne ferons que traduire ici, en l'abrégeant, le récit qu'il nous a laissé de cette histoire singulière, qui paraît indiquer une action à distance. Pendant un séjour que fit dans la ville de Lugarspal, au mois de mars de l'année 1661, M. Mompesson de Tedworth, dans le comté de Wilts, il entendit battre du tambour dans la rue, et demanda au bailli de la ville, chez qui il se trouvait précisément alors, ce que cela signifiait. Celui-ci lui répondit que depuis quelques jours un mendiant qui avait, croyait-il, un faux passe-port, leur fatiguait les oreilles du bruit de son tambour. M. Mompesson envoya quérir cet homme, et lui demanda qui l'avait autorisé à parcourir ainsi le pays avec son tambour; sur quoi le mendiant lui montra son passe-port et son autorisation signés de William Cawley et du commandant Ayliff de Gretenham. Mompesson, qui connaissait très-bien l'écriture de ces deux messieurs, se convainquit que le permis et le passe-port étaient faux. Il fit donc saisir le tambour, et chargea l'huissier de conduire le mendiant devant le juge de paix le plus voisin pour être puni. Le drôle avoua son imposture, et pria seulement qu'on lui rendît son tambour. Mompesson répondit que, si le commandant Ayliff lui donnait un bon témoignage, il le lui rendrait, mais qu'il le garderait jusque-là. Il laissa donc cet homme entre les mains de l'huissier; mais il paraît que celui-ci, effrayé par ses menaces, le laissa s'échapper.

Vers le milieu du mois d'avril suivant, comme Mompesson se préparait à faire un voyage à Londres, le bailli de Lugarspal lui envoya le tambour du mendiant. Lorsqu'il fut de retour, sa femme lui raconta que pendant son absence elle avait eu grand' peur des voleurs. A peine avait-il passé trois nuits à la maison que les mêmes choses qui avaient effrayé sa famille se renouvelèrent. On entendait de grands coups à la porte et du côté extérieur de la maison. Il prit ses pistolets, visita tous les coins, ouvrit la porte où l'on frappait; mais le bruit passa vers une autre. Il ouvrit aussi cette dernière, et fit la ronde autour de la maison sans rien pouvoir découvrir; seulement le bruit devenait toujours plus fort et plus creux. Après qu'il se fut remis au lit, il entendit sur le toit de la maison un bruit de tambour qui dura quelque temps, et se perdit ensuite dans l'air.

Ce bruit devint fréquent; il se renouvelait ordinairement cinq nuits de suite, et cessait pendant trois nuits. Il se faisait au côté extérieur de la maison, qui était presque tout entier lambrissé, et il commençait au moment où on allait au lit. Un mois plus tard, il se mit à retarder un peu, et ne commença plus qu'une demi-heure après qu'on était couché; il continuait cinq nuits sur sept, pendant deux heures de temps et dans la chambre où avait été déposé le tambour. Ce bruit s'annonçait par un gémissement dans l'air au-dessus de la maison, et se terminait par un coup de tambour comme quand on relève la garde. Ceci dura deux mois, pendant lesquels Mompesson se tint toujours dans la chambre où se faisait le bruit, afin de mieux voir ce que ce pouvait être. Sa femme étant accouchée sur ces entrefaites, il se fit très-peu de bruit dans la nuit, et on n'entendit plus rien pendant trois semaines. Mais le tapage recommença bientôt plus fort qu'auparavant, et tourmenta particulièrement les enfants. En effet, leurs lits étaient frappés avec une telle force qu'il semblait qu'ils allaient être mis en pièces. Si on y mettait la main, on ne recevait aucun coup, mais on les sentait violemment secoués. Pendant une heure de temps on entendait frapper des marches guerrières bien connues ; puis il semblait qu'on grattait avec des griffes de fer sous les lits des enfants. L'esprit soulevait ces derniers et les poursuivait de chambre en chambre, laissant tous les autres tranquilles. On les porta en plein jour au lit dans le grenier, où aucun bruit ne se faisait entendre jusque-là ; mais l'esprit les y suivit bientôt.

Le 5 novembre 1661, on entendit un bruit terrible. Un des domestiques qui était dans la chambre des enfants, voyant deux planches remuer, en demanda une ; sur quoi la planche s'avança vers lui à une coudée de distance sans qu'il vît personne la porter. Il cria aussitôt : « Mets-la-moi dans la main ; » et à l'instant même elle approcha plus près de lui, et vingt fois de suite avança et recula de la même manière, jusqu'à ce que Mompesson lui eût interdit cette familiarité. Ceci arriva en plein jour, en présence des gens qui remplissaient la chambre. On sentit aussi cette fois une odeur de soufre très-forte. Vers la nuit, un ecclésiastique, M. Gregg, vint à la maison avec plusieurs voisins, et se mit en prière avec eux à côté du lit, au milieu du vacarme. Tant que la prière dura, le bruit se retira dans le grenier ; mais, la prière une fois finie, il revint dans la chambre où était le lit. Tous virent alors les sièges danser en rond, les souliers des enfants leur voler par-dessus la tête, et tout ce qui était mobile se remuer dans la chambre. Un bois de lit fut jeté contre l'ecclésiastique, et l'atteignit à l'épaule, mais aussi doucement que l'aurait pu faire un peloton de laine. Mompesson, voyant que l'esprit s'acharnait contre les enfants, les transporta dans une maison voisine, à l'exception de sa fille aînée, âgée de dix ans, qu'il fit dormir dans sa propre chambre. Mais dès que l'enfant était au lit, le bruit recommençait, et il dura ainsi pendant trois semaines. On remarqua que l'esprit répondait exactement, en battant du tambour, à toutes les questions qu'on lui faisait. Comme il venait beaucoup d'étrangers dans la maison où étaient les enfants, leur père les fit revenir et fit placer leur lit dans le salon de réception, qui n'avait point été inquiété jusquelà; mais l'esprit les y suivit encore, se contentant toutefois de les tirer par les cheveux et par leurs vêtements de nuit.

On remarqua que, lorsque le bruit était plus fort, aucun chien ne bougeait autour de la maison, quoiqu'il fût quelquefois si violent qu'on l'entendait dans les champs à de grandes distances, et qu'il réveillait les voisins, bien que la maison ne tînt à aucune autre habitation. Souvent les domestiques étaient enlevés avec leurs lits, et déposés doucement à terre sans avoir aucun mal; quelquefois aussi ils sentaient un poids très-lourd sur leurs pieds. Vers la fin de décembre 1661, le bruit du tambour devint plus rare; mais on entendit à la place un bruit comme si quelqu'un eût compté de l'argent, ce que l'on attribua à une parole de la mère de Mompesson. La veille, en effet, celle-ci, parlant avec un de ses voisins des fées et de l'or qu'elles avaient coutume de laisser après elles, avait ajouté qu'il serait bien juste qu'elles en fissent autant cette fois pour les dédommager de tous les ennuis qu'elles leur avaient causés. Après cela le bruit devint moins fort et moins à charge, et l'esprit se contenta de quelques espiégleries. Le jour de Noël, avant l'aurore, comme un des enfants se levait, on lui jeta au talon le loquet de la porte, quoiqu'il fût attaché avec une pointe tellement fine qu'il était très-difficile de la tirer. La nuit après Noël, les vêtements de madame Mompesson furent traînés autour de la chambre, et sa Bible cachée dans la cendre. Les tours de ce genre se répétaient souvent. Plus tard, l'esprit tourmenta d'une manière très-pénible un des domestiques de Mompesson, nommé Jean. C'était un garçon vigoureux et intelligent. Plusieurs nuits de suite l'esprit chercha à lui ôter ses couvertures, pendant qu'il était au lit, et il y réussit quelquefois, quoiqu'il les retînt avec force. On lui jetait ses souliers à la tête ; d'autres fois il lui semblait qu'on lui liait les mains et les pieds. Il avait remarqué cependant que, lorsqu'il pouvait faire usage de son épée et en frapper autour de lui, l'être invisible qui le tenait s'en allait. Bientôt après, le fils de Th. Bennet vint à la maison, et raconta à Mompesson quelques paroles qu'avait dites le tambour dont il a été parlé plus haut, et qui avait travaillé comme journalier chez son père. Il paraît que l'esprit en fut très-mécontent, car à peine furent-ils au lit que le tambour commença à battre, de sorte que l'étranger se leva, et réveilla son domestique, qui dormait avec Jean. Dès que celui-ci fut seul, il entendit du bruit dans la chambre, et vit se diriger vers son lit quelque chose qui était revêtu de soie. Il prit son épée, mais sentit comme une force qui la retenait. Il fut obligé de faire un effort pour s'en rendre maître, et le fantôme sortit à l'instant. Il avait déjà remarqué que les armes lui faisaient peur.

Au commencement de janvier 1662, on entendit quelque chose qui chantait dans la cheminée et descendait ensuite. On aperçut aussi une nuit des lumières dans la maison. Une d'elles vint dans la chambre où couchait Mompesson. La flamme paraissait bleue et brillante, et produisait une certaine fixité dans les yeux de ceux qui la regardaient. Après la lumière, on entendit quelqu'un monter sans souliers dans les escaliers. La lumière parut encore quatre ou cinq fois dans la chambre des enfants, et les servantes assurèrent que la porte en avait été fermée et ouverte au moins dix fois devant leurs yeux, et qu'à chaque fois il leur avait semblé que cinq ou six hommes entraient, que quelques-uns faisaient le tour de la chambre, et que parmi eux se trouvait une personne qui faisait du bruit comme avec de la soie. Pendant que l'esprit frappait fort, en présence d'un grand nombre de gens, un des assistants lui cria : « Satan, si c'est de toi que se sert celui

qui tambourine, frappe trois coups, et pas davantage. »
Les trois coups eurent lieu, et l'on n'entendit plus rien.
L'homme frappa ensuite lui-même, pour voir s'il n'obtiendrait pas de réponse comme d'habitude; mais l'esprit
garda le silence. Pour s'assurer davantage de la chose, il
dit à l'esprit de frapper cinq fois si c'était lui qui tambourinait, et de se taire tout le reste de la nuit. Il en fut ainsi
en effet. Ceci arriva en présence de Th. Champerlam, du
comté d'Oxford, et de plusieurs autres témoins.

Le samedi matin, 10 janvier, une heure avant le jour, on
tambourina devant la porte de la chambre de Mompesson.
Puis le bruit passa à l'autre bout de la maison, devant la
porte des étrangers qui y dormaient. On y joua quatre ou
cinq marches militaires, après quoi le bruit se dissipa. Une
nuit que le forgeron du village était couché avec Jean, ils
entendirent tous les deux un bruit, comme si l'on eût ferré
un cheval, puis quelqu'un sembla prendre avec une pince
le nez du forgeron. Un matin, Mompesson entendit un
grand bruit dans la chambre qui était au-dessous de lui
et où dormaient les enfants. Il descendit vite un pistolet à
la main, et comme il entrait il entendit une voix qui criait:
« Une sorcière, une sorcière! » Puis tout resta tranquille.
Une nuit, l'esprit, après avoir hanté le lit de Mompesson,
se dirigea vers un autre où était sa fille; et passant pardessous, d'un côté à l'autre du lit, il l'enlevait à chaque
fois, et l'on entendait dans le lit trois sortes de bruits. On
chercha à atteindre l'esprit avec une épée, mais il évita le
coup en se cachant sous l'enfant. La nuit suivante, il revint
haletant comme un chien essoufflé. Quelqu'un essaya de le
frapper avec une tringle de lit, mais on la lui arracha des
mains, et on la jeta par terre. Plusieurs personnes étant
venues, la chambre se remplit d'une odeur de fleurs très-désagréable, et devint très-chaude, quoiqu'elle n'eût pas été
chauffée et que l'on fût en plein hiver. L'esprit continua
une heure de temps encore de haleter et de gratter, et se
retira ensuite dans une chambre voisine, où il frappa un

L'ESPRIT FRAPPEUR DE TEDWORTH. 331

peu, et fit entendre comme un bruit de chaînes. Ceci se répéta deux ou trois nuits de suite. Bientôt après, la Bible de madame Mompesson fut trouvée dans la cendre, les pages en bas, ouverte au troisième chapitre de saint Marc, où il est parlé des esprits impurs qui se prosternèrent devant le Sauveur, et de la puissance donnée aux apôtres de chasser les démons. La nuit suivante, on répandit de la cendre dans la chambre, et le matin on trouva dans un endroit l'empreinte d'une forte griffe, dans un autre celle d'une griffe plus petite, et dans un troisième endroit quelques lettres qui ne signifiaient rien et dans lesquelles on ne vit qu'un griffonnage inexplicable.

C'est vers ce temps que Glanvil arriva pour étudier les faits extraordinaires dont il avait entendu parler. Le tambourinage et les grands bruits avaient déjà cessé; mais les voisins lui confirmèrent une grande partie des choses qu'il avait apprises et dont ils avaient été témoins. A cette époque, c'était aux enfants qu'en voulait l'esprit, et il commençait à les tourmenter du moment où ils étaient au lit. Le soir de son arrivée, vers huit heures, la chose recommença comme de coutume, et une servante descendit aussitôt pour l'annoncer à Glanvil. Celui-ci, accompagné de Hill, son ami, qui était venu avec lui, et de Mompesson lui-même, monta dans la chambre. Comme ils étaient encore sur l'escalier, ils entendirent un grattement singulier, et, une fois qu'ils furent dans la chambre, Glanvil s'assura que le bruit se faisait derrière l'oreiller des enfants et contre la taie : il ressemblait à celui que ferait un homme en grattant avec ses ongles. Il y avait dans le lit deux petites filles de sept à huit ans, bien tranquilles; leurs mains étaient hors de la couverture, et le grattement sous leurs têtes ne pouvait venir d'elles. Elles étaient tellement accoutumées à ces sortes de choses qu'elles n'en paraissaient pas très-effrayées. Elles avaient d'ailleurs toujours quelqu'un près d'elles. « Me tenant à la tête du lit, dit Glanvil, je passai la main sous l'oreiller, à l'endroit où l'on grattait. Mais dès que j'y avais la main le bruit passait à un autre endroit du lit, puis revenait à la première place dès que la main n'y était plus. On m'avait dit que l'esprit imitait les bruits qu'on faisait. Je voulus voir si c'était vrai ; je grattai donc contre le bois du lit cinq fois, sept fois et dix fois de suite, et à chaque fois l'esprit répéta le même nombre de coups. Je cherchai avec soin sous le lit et derrière, j'ôtai toute la garniture jusqu'aux sangles ; j'examinai le mur derrière le lit ; bref, je fis tout pour découvrir s'il n'y avait point là quelque supercherie. Mon ami en fit autant de son côté, mais nous ne pûmes rien trouver ; de sorte que je fus alors convaincu, comme je le suis encore aujourd'hui, que le bruit venait d'un esprit ou d'un démon. Après une demi-heure environ, l'esprit passa au milieu du lit sous les enfants, et se mit à haleter comme un chien essoufflé. Je mis ma main à l'endroit, et je sentis le lit frapper ma main comme si quelque chose le soulevait du dedans. Je saisis les plumes pour voir s'il n'y avait point là quelque chose de vivant ; puis je regardai partout dans la chambre s'il n'y avait point de chien ou de chat ; les autres en firent autant, mais nous ne trouvâmes rien. Le mouvement que faisait l'esprit en haletant était si fort que les fenêtres en tremblaient visiblement. Ceci dura une demi-heure en notre présence et plus longtemps encore après notre départ. Pendant que l'esprit haletait ainsi, je vis se remuer dans un sac qui était près d'un autre lit quelque chose que je pris pour une souris ou un rat. J'allai, je pris le sac par un bout avec une main, et de l'autre je tâtai jusqu'à l'autre bout sans rien trouver. Il n'y avait personne dans la chambre qui eût pu produire ce mouvement, car il paraissait venir de l'intérieur du sac. »

Pendant tout ce temps Glanvil n'eût pas un moment de peur. Comme il dormait la nuit dans une chambre avec son ami, il fut éveillé avant le jour par le bruit de quelqu'un qui frappait très-fort devant sa porte, et il réveilla son compagnon. Il adressa plusieurs questions à l'esprit ; mais celui-ci continua de frapper sans rien répondre. « Au nom de Dieu, dit Glanvil, qui es-tu? et que veux-tu?— Je ne veux rien, » répondit une voix. Tous les deux crurent que c'était un domestique de la maison, et se rendormirent. Mais lorsqu'ils racontèrent le matin au maître de la maison ce qui était arrivé, celui-ci leur dit que personne de la famille ne dormait là, ou n'avait eu quelque chose à faire en cet endroit, et que ses gens ne venaient que quand il les appelait, ce qu'il ne faisait jamais avant le jour. Ses gens confirmèrent son dire, assurant que ce n'était pas eux qui avaient fait le bruit. Le matin, son domestique vint lui annoncer que le cheval qu'il avait monté était tout en nage, comme s'il avait marché toute la nuit. Ils se rendirent à l'écurie, et trouvèrent que la chose était ainsi. Ils s'assurèrent que ce cheval, qui du reste s'était toujours bien porté depuis longtemps, avait été soigné convenablement par le palefrenier. Celui-ci ayant plus tard fait avec lui un ou deux milles de chemin dans une plaine, le cheval devint boiteux; et une autre fois, après avoir ramené péniblement son maître à la maison, il tomba malade le second ou le troisième jour sans qu'on pût savoir ce qu'il avait.

Un jour Mompesson, ayant aperçu quelques morceaux de bois remuer dans la cheminée, tira un coup de pistolet, après quoi on vit quelques gouttes de sang au foyer et dans l'escalier. Le calme revint dans la maison pour deux ou trois nuits; mais l'esprit reparut ensuite et se mit à tourmenter un petit enfant, de telle manière qu'il ne pouvait dormir tranquille deux nuits de suite. L'esprit ne pouvait souffrir aucune lumière dans la chambre; mais il les emportait dans la cheminée ou les jetait sous le lit. Le pauvre enfant avait tellement peur qu'il fallait des heures entières pour le rassurer; et l'on fut obligé de l'emporter une seconde fois avec les autres hors de la maison. La nuit suivante, vers minuit, l'esprit monta l'escalier, frappa à la porte de Mompesson, puis alla trouver son domestique, et lui apparut au pied de son lit. Celui-ci ne put distinguer exactement sa forme : il crut voir cependant une grande figure avec deux yeux rouges et étincelants, qui le regardèrent fixement, et disparurent ensuite. Une autre nuit, en présence de plusieurs étrangers, l'esprit se mit à filer comme un chat dans le lit des enfants ; en même temps la garniture du lit et les enfants eux-mêmes furent soulevés avec une telle force que six hommes ne pouvaient les arrêter. On emporta donc les enfants afin de défaire le lit; mais à peine les avait-on mis dans un autre lit que celui-ci fut secoué plus encore que le premier. Ceci dura quatre heures. Les jambes des enfants étaient poussées si fort contre les colonnes du lit qu'ils furent obligés de se lever et de rester debout toute la nuit. L'esprit se mit à verser les vases de nuit dans les lits et à y jeter de la cendre. Il mit dans le lit de Mompesson une longue fourchette de fer, et dans celui de sa mère un couteau dont le tranchant était par dehors. Il remplit les plats de cendre, jeta de côté et d'autre tous les objets, et le bruit continua ainsi sans interruption. Au commencement d'avril 1653, un étranger étant venu dans la maison passer quelque temps, tout son argent lui fut noirci dans sa poche, et Mompesson trouva un matin dans son écurie son cheval étendu par terre avec une de ses jambes de derrière si bien encalée dans sa bouche que plusieurs hommes eurent beaucoup de peine à l'ôter avec un levier. Il se passa beaucoup d'autres choses remarquables encore; mais le récit de Glanvil ne va pas plus loin. Mompesson ne lui écrivit qu'une fois depuis, pour lui annoncer que la maison avait été inquiétée plusieurs nuits de suite par sept ou huit figures de forme humaine, mais qui toutes s'étaient sauvées dans le jardin dès qu'on avait tiré un coup de pistolet.

Cependant le tambourineur dont nous avons parlé fut traduit devant les assises de Salisbury. Il avait été d'abord mis dans les prisons de Gloucester pour vol. Là un homme du comté de Wilt étant allé le voir, il lui demanda ce qu'il y avait de nouveau dans le pays. Le visiteur répondit qu'il ne savait rien. « N'avez-vous pas entendu parler, dit le prisonnier, du tambour que l'on entend dans la maison de ce monsieur de Tedworth? — Certainement, dit l'autre. — Eh bien! c'est moi qui le tourmente ainsi, et il n'aura de repos qu'après m'avoir donné satisfaction du tort qu'il m'a fait en me prenant mon tambour. » — Il fut traduit comme magicien devant les assises de Sarum. Tous les faits cités plus haut furent attestés avec serment par le curé de la paroisse et plusieurs habitants des plus distingués de l'endroit, qui en avaient été témoins de temps en temps pendant plusieurs années; et le drôle fut condamné au bannissement. Il fut embarqué; mais il échappa, on ne sait comment, profitant, dit-on, d'une tempête et de l'effroi des marins. Il est remarquable que pendant le temps qu'il fut absent et en prison tout fut tranquille dans la maison, mais que le bruit recommença dès qu'il fut échappé. Il avait servi sous Cromwell, et parlait souvent de livres qu'il avait reçus d'un vieillard qui passait pour magicien.

Cette affaire, on le pense bien, fit grand bruit et excita, comme il arrive toujours en pareil cas, de grandes contradictions. Ceux qui connaissaient Mompesson ne pouvaient douter de sa véracité. Son témoignage ne pouvait être récusé, car il possédait toutes les qualités d'un bon témoin. Les choses s'étaient passées dans sa maison, non pas deux ou trois fois, mais plus de cent fois, pendant trois années de suite, et il les avait observées avec la plus grande attention. Il n'avait pu être trompé par un de ses domestiques, et l'imposture, si elle avait eu lieu, n'aurait pu manquer pendant un si long temps de se trahir à la fin. Attribuer toute l'affaire à une disposition mélancolique de Mompesson est tout aussi impossible; car il faudrait supposer qu'il avait communiqué ses dispositions à toute sa famille. Il n'est pas plus raisonnable de supposer qu'il eût connu la supercherie. Sa réputation, sa fortune, l'état de ses affaires, la paix de sa maison, tout souffrait de ces événements extraordinaires. Ceux qui étaient incrédules le regardaient comme un imposteur ; les autres voyaient dans cette calamité un jugement de Dieu, qui voulait punir en lui quelque crime secret. Sa fortune souffrait de ce concours immense de peuple qui accourait de partout chez lui. Ses affaires étaient arrêtées, ses domestiques découragés, de sorte qu'à la fin il pouvait à peine en trouver pour le servir, sans parler de l'émotion continuelle de sa famille, de l'obligation de transporter sans cesse les enfants d'une chambre ou d'une maison à l'autre et des bruits qui duraient pendant des nuits entières. Il était impossible de supposer qu'il se fût incommodé lui-même pendant si longtemps, uniquement pour le plaisir de tromper et de faire parler de lui. Comment d'ailleurs, parmi les hommes toujours si nombreux qui ne croient point à ces sortes de choses et qui étaient venus avec l'intention de découvrir l'imposture, ne s'en est-il pas trouvé un seul qui ait trouvé la véritable cause de ces événements, d'autant plus que tous avaient la plus grande liberté sous ce rapport, et pouvaient fouiller tous les coins de la maison ? Bien loin de là, plusieurs s'en retournèrent avec des idées bien différentes de celles qu'ils avaient apportées.

La nouvelle de ce qui se passait dans le Wiltshire parvint bientôt à la cour, et le roi Charles II envoya plusieurs personnes pour examiner la chose de plus près. Or, il n'y eut rien pendant la nuit que les envoyés du roi passèrent dans la maison. Dès lors tout fut fini. Comme cet Espagnol qui, n'ayant point vu le soleil pendant les vingt jours qu'il avait passés en Angleterre, en conclut qu'il n'y avait point de soleil dans le pays, on dit aussi que, les seigneurs de la cour n'ayant rien remarqué dans la maison pendant la nuit qu'ils y avaient passée, il n'y avait rien de réel dans tout ce qu'on avait publié ; et devant ce témoignage négatif tous les témoignages positifs devaient se taire. Glanvil avait publié ce qui s'était passé dans les trois premières éditions de son livre sans trouver de contradicteurs. Il lui arriva désormais de tout côté que l'on savait bien qu'il n'y avait rien de vrai dans toute cette affaire, que lui Glanvil et Mompesson avaient avoué eux-mêmes que toute cette histoire n'était qu'une invention et une duperie. On accourut de toute part chez Glanvil pour lui demander s'il avait fait sérieusement cet aveu ; et il se fit bientôt autant de bruit dans sa maison, par tout ce concours de gens, qu'il s'en était fait dans celle de Mompesson ; de sorte que, fatigué de toutes ces questions, il se décida enfin à donner une seconde édition de son ouvrage. Cependant, comme il tarda quelque temps encore à la publier, cet aveu prétendu de sa part prit consistance et devint un fait acquis. Glanvil, de son côté travaillait à sa nouvelle édition lorsqu'il fut surpris par la mort, en 1680 ; mais elle ne fut publiée que plus tard, et contenait dans l'introduction une lettre que Mompesson avait écrite le 8 novembre 1672, où il disait entre autres choses : « On m'a souvent demandé si je n'avais pas avoué à Sa Majesté, ou à quelque autre, que tout ce qui s'était passé chez moi n'avait été qu'une duperie. J'ai répondu, comme je le ferais encore sur mon lit de mort, que je serais un imposteur et un parjure si j'admettais une supercherie là où il n'a pu y en avoir aucune, comme je l'ai affirmé par serment devant les assises, avec le curé du lieu et deux témoins honorables. Si le monde refuse de croire à ce que je dis, ceci ne me regarde pas ; mais je prie Dieu de me délivrer à l'avenir de ce malheur ou d'autres semblables. » On se tut, et l'on chercha à ensevelir le plus possible la chose dans l'oubli. C'est ainsi qu'on agissait alors dans ces sortes d'affaires ; c'est ainsi qu'on a continué d'agir pendant tout le dix-huitième siècle, et encore aujourd'hui on ne sait pas faire autre chose.

CHAPITRE XXII.

L'esprit frappeur de Wesley; celui du château de Hudmühlen, de Drepano, celui de Stratford-Bow, celui d'André Wels à Döttingen, celui de Callo à Mélita, celui de Saint York, celui de la cure de Groben; etc.

L'esprit frappeur de Wesley.

Aux faits que nous venons de raconter nous en ajouterons plusieurs autres du même genre, qui montreront comment les esprits frappeurs ont la faculté de connaître les pensées de l'homme et d'entrer dans ses vues. Au commencement du siècle précédent, un esprit de cette sorte hanta la maison paternelle de Wesley, fondateur de la secte des Méthodistes. Cette maison était située à Epworth, dans le Lincolnshire, où le père de Wesley était alors senior; et le bruit commença le 1er décembre 1716, par des gémissements devant la porte de la salle à manger, et dura jusqu'au 27 janvier 1717; de sorte qu'on eut tout le temps de bien étudier cette affaire. Tous les membres de la famille étaient sans peur et sans préjugés. Ils firent tout ce qu'on peut faire en pareil cas pour découvrir l'erreur ou la supercherie; et Samuel, fils du senior, homme sincèrement religieux, comme on le sait, nous a conservé les résultats de l'enquête tels qu'il les avait trouvés dans le journal de son père, dans les lettres de sa mère, de ses frères et sœurs. Cette histoire réunit donc tous les signes d'une authenticité parfaite. La famille de Wesley pria le père d'adresser la parole à l'esprit qui les tourmentait. Un soir donc, vers six heures, il entra dans la chambre des enfants, où il entendait des gémissements et des coups. Il conjura l'esprit de parler, s'il en avait le pouvoir, et de lui dire pourquoi il hantait ainsi sa maison. L'esprit ne répondit pas, mais frappa trois coups, selon sa coutume. Wesley prononça un nom, et lui dit que, si c'était le sien, il eût à frapper, dans le cas où il ne pourrait parler. Mais l'esprit ne frappa plus tout le reste de la nuit. Wesley répéta plusieurs fois la même chose plus tard, suivant l'esprit de chambre en chambre, de jour et de nuit, avec ou sans lumière, et lui adressant la parole quand il le sentait approcher. Mais il n'entendit jamais une voix articulée. Une ou deux fois seulement, il entendit deux ou trois sons très-faibles, un peu plus distincts que le sifflement d'un oiseau, mais très-différents du bruit que font les rats. Une fois, comme il était dans la cuisine et qu'il frappait avec un bâton les poutres du plancher, l'esprit lui répondit en frappant à chaque fois aussi fort que lui. Wesley fit alors ce qu'il avait coutume de faire en entrant dans une chambre : il frappa, d'après une série régulière, 1-2, 3, 4, 5, 6-7 coups. L'esprit parut être embarrassé, et ne répondit point de la même manière. Il était remarquable que lorsque la famille était réunie autour de Wesley pour prier, et que celui-ci était arrivé à la prière pour le roi et son héritier, l'esprit frappait très-fort au-dessus de leurs têtes, et que ce bruit se répétait quand ils répétaient la prière, tandis qu'il n'avait point lieu quand on l'omettait, de sorte que les enfants disaient qu'il était Jacobite.

Si nous pouvons ajouter une foi entière au récit que le curé Feldmann nous a laissé sur l'esprit familier qui demeura de 1584 à 1588 dans l'ancien château de Hudemühlen, dans le Lunebourg, ce dernier parlait bien plus volontiers que celui de Wesley. Il avait commencé aussi par faire du tapage ; puis il s'était mis à parler en plein jour avec les domestiques, qui d'abord en avaient été très-effrayés, mais qui plus tard s'étaient accoutumés à lui. Il se mit ensuite à parler en présence même du maître de la maison, aux repas de midi et du soir, avec les personnes présentes, aussi bien les étrangers que les autres. Il riait, jouait toute sorte de tours, faisait des vers, chantait des cantiques. C'est ainsi qu'il chanta une fois à la Pentecôte un cantique au Saint-Esprit d'une voix très-haute et assez agréable, qui ressemblait à celle d'une jeune fille ou d'un jeune garçon. Il disait qu'il était chrétien comme un autre, qu'il espérait bien aller au ciel ; qu'il n'avait

L'esprit de Hudemühlen.

rien de commun avec les lutins; que ceux-ci étaient les fantômes du diable. Comme on lui disait un jour que, s'il était un bon chrétien, il devait prier Dieu, il se mit à réciter le *Pater*. Mais quand il fut arrivé à ces paroles : « Délivrez-nous du mal, » il les prononça tout doucement. Il balbutiait aussi beaucoup en récitant le *Credo*, et prononçait d'une voix enrouée et très-peu distincte ces paroles : « Je crois à la rémission des péchés, à la résurrection de la chair et à la vie éternelle. »

L'esprit de Drepano.

Il y avait aussi vers le même temps, en 1585, à Drepano, chez les habitants de ce lieu, un esprit familier qui parlait avec les gens de la maison, et leur faisait des niches. Il jetait des pierres, mais sans faire de mal; il lançait en l'air les ustensiles du ménage sans les briser. Cependant une fois, comme un jeune homme jouait d'un instrument à cordes, il l'accompagna en chantant des chansons scandaleuses. Le maître de la maison étant allé avec sa femme dans une autre ville, l'esprit les y accompagna; et comme ils revenaient à la maison, trempés de pluie, il les précéda, et avertit avec de grands cris les gens d'allumer du feu, en leur disant que le maître arrivait trempé de pluie jusqu'aux os. Mais celui-ci prit très-mal la chose, et le menaça de faire venir un père jésuite pour le chasser de la maison. Là-dessus l'esprit se mit à faire beaucoup de tapage et de menaces, et dit que, tant que le père jésuite resterait dans la maison, il se cacherait. Malgré cela, l'homme alla trouver le père, et lui raconta toute l'affaire, en implorant son secours. Celui-ci ne crut pas devoir aller lui-même dans la maison, à cause du bruit que cela pourrait faire; mais il l'exhorta à se purifier lui et sa famille par les sacrements de pénitence et d'eucharistie. Il leur défendit en même temps de parler avec l'esprit, et de lui demander des choses cachées, en leur disant qu'ils devaient bien plutôt regarder tout ce qu'il disait comme des mensonges. Il donna au père un *agnus dei* pour le suspendre au cou de sa fille, qui était plus inquiétée que les autres.

Ils firent ce qu'il leur avait conseillé, et furent délivrés. (Delrio, l. VI, c. 2.)

Lorsque l'esprit qui hantait la maison de Wesley commença son tapage, les parents n'avaient point voulu croire au récit de leurs enfants à ce sujet; et la mère en particulier avait attribué tout ce bruit à des souris ou à des rats, qui les avaient déjà troublés auparavant, et qu'elle avait chassés alors avec le bruit d'une corne. Elle eut donc recours de nouveau à l'instrument dont les sons avaient si bien réussi; mais cette fois il ne produisit aucun effet; à partir de cette même nuit au contraire le bruit devint beaucoup plus considérable, et la nuit et le jour, et elle se convainquit qu'il ne pouvait provenir d'aucun homme, tant il était extraordinaire. Il était manifeste, comme le dit une des filles de Wesley, que le grand inconnu était blessé de l'interprétation que l'on donnait à son langage inexplicable, et voulait montrer à toutes les personnes de la maison qu'elles n'y entendaient rien. La même chose est arrivée souvent ailleurs, mais surtout dans le fait qui s'est passé à quatre milles de Londres, près de Stratford-Bow, au commencement du siècle précédent, et qui nous est rapporté par Glanvil. Le docteur Gibbs, prébendier de Westminster, homme calme et intelligent, passant par cet endroit en allant de Londres à Essex, se rendit sur la demande d'un ami dans une maison hantée par des esprits. Il ne s'y était passé encore rien de très-extraordinaire, si ce n'est qu'une jeune fille avait senti l'attouchement d'une main froide, et était morte peu de temps après. Mais comme le docteur revenait de son voyage quelques semaines plus tard, et passait par le même endroit, il trouva la maîtresse de la maison à la porte, et elle lui raconta que depuis qu'elle l'avait vu ils avaient eu beaucoup à souffrir; de sorte qu'ils avaient été contraints de se loger au rez-de-chaussée. Comme il ne croyait point aux choses de ce genre, il put à peine s'empêcher de rire de ce qu'elle lui disait. Mais pendant

L'esprit de Stratford-Bow.

qu'il parlait encore avec elle une fenêtre des appartements supérieurs s'ouvrit tout à coup, et l'on aperçut voler en l'air un morceau de vieille roue, après quoi la fenêtre se referma. Elle se rouvrit au bout de quelques instants, et il en sortit cette fois un morceau de tuile. Le docteur impatienté sentit un vif désir d'étudier la chose de plus près et de prendre sur le fait le drôle qui s'était permis de lui jouer ce tour. Il offrit donc d'entrer dans la chambre, si on voulait l'y conduire; mais comme personne dans la maison n'osait le faire, il se décida à monter seul. Comme il entrait dans la chambre, il trouva jetés pêle-mêle sur le plancher les siéges, les bancs, les flambeaux, les lits, etc. Mais il ne vit personne. Comme il réfléchissait sur ce que cela pouvait être, il voit un lit se remuer et tourner en cercle pendant quelque temps, puis se poser doucement à terre. Surpris à ce spectacle, il attend quelques minutes; et dès que le lit ne remue plus, il s'avance, le soulève, et regarde attentivement si on n'y a point attaché quelque fil très-mince ou même un cheveu; ou s'il n'y trouvera point un trou ou une cheville qui aurait pu servir à y fixer quelque chose. Il examine avec la même attention s'il n'y avait point au plafond de fil ni de trou; mais il s'assure après une inspection très-exacte qu'il n'y a rien de tout cela. Il va du côté de la fenêtre, et attend là quelques instants. Il voit un autre lit se lever de lui-même en l'air, et faire mine de marcher sur lui. Il commence à croire qu'il y a là-dessous plus qu'il n'avait conjecturé d'abord. Il se retire promptement vers la porte, sort, et la ferme après lui pour plus de sûreté. A peine est-il sorti que la porte s'ouvre de nouveau, et il voit les bancs, les flambeaux, les lits, les siéges se lancer après lui, comme si on en voulait à sa vie; mais aucun de ces objets cependant ne le blessa. Il vit bien alors que ce n'était pas sans motif que la maîtresse de la maison avait peur. Lorsqu'il fut en bas, et pendant qu'il parlait avec d'autres de cette affaire, une pipe fut jetée de la table contre le mur, et brisée. Les habitants de la maison furent obligés de la quitter plus tard tout à fait. Glanvil, qui rapporte cette histoire, la tenait de Henri More, à qui le docteur Gibbs l'avait racontée lui-même.

Si les esprits frappeurs voient ainsi et entendent ce que les hommes font ou disent, ils peuvent aussi quelquefois se faire voir et entendre de ces derniers. La famille de Wesley avait entendu plusieurs fois l'esprit qui hantait la maison marcher comme un homme vêtu d'une robe de chambre très-large. Il se montra enfin à la mère. Elle entendit un jour frapper dans la chambre des enfants sous un lit. Comme elle regardait pour voir ce que c'était, il lui sembla que quelque chose courait et s'en allait; mais elle ne put décrire exactement la forme de l'objet; il lui sembla pourtant qu'il ressemblait à un chien basset. Une autre fois le domestique était assis seul en bas à la cuisine, auprès du feu. Il vit sortir du trou où était la cendre et courir autour de la cuisine quelque chose qui ressemblait à un lapin, mais plus petit encore, dont les oreilles étaient rabattues sur le cou et la queue relevée. Il courut après lui avec les pinces; mais comme il ne put le trouver, il eut peur et sortit de la cuisine. L'esprit de Hudemuhlen se montra une fois aussi sous la forme d'un serpent enroulé, une autre fois comme un enfant de trois ans, ayant deux couteaux en forme de croix dans le cœur. Il jouait avec les enfants sous la forme d'un petit enfant ayant les cheveux blonds et une robe de velours rouge; une autre fois il tendit une main d'enfant au maître du château, qui l'avait souvent prié de se faire voir; une autre fois enfin, il lui apparut comme une tête de mort.

Ramond, comte de Corasse, dans les Pyrénées, avait, d'après Froissard, un esprit familier nommé Orton, qui le visitait le soir et à minuit et causait avec lui, ce qui effrayait grandement sa femme. Le comte le pria souvent de se montrer. Après un long refus, il lui apparut enfin sous la forme de deux épis qui paraissaient s'entrelacer.

Le comte en colère l'ayant grondé, il se présenta à lui un matin sous la forme d'un porc très-grand, mais aussi très-maigre. Le comte lança ses chiens sur lui, et Orton ne revint plus. L'an 1689, vers la Saint-Jacques, un esprit familier s'annonça chez André Welz, à Döttingen, dans les domaines du comte de Hohenlohe. Il jouait toute espèce de tours. Dans les commencements il était invisible; une fois pourtant il se montra sous la forme d'un oiseau gris qui volait dans la chambre. Bientôt les enfants prétendirent qu'ils le voyaient sous toute espèce de formes, avec une tête de chien, tantôt debout, tantôt marchant à quatre pattes. Plus tard, il prit la forme d'une femme avec un jupon gris et une robe noire et courte; le visage tantôt voilé, tantôt découvert; et il paraissait alors laid, vieux, ridé et menaçant; mais les enfants n'avaient point peur de lui. Tantôt, lorsqu'une des filles voulait boire, il lui apparaissait du fond du pot sous la forme d'un chat; tantôt il se jetait du haut du toit, et disparaissait dans l'air; tantôt il se rapetissait jusqu'à la forme d'un œuf de poule. Un nommé François, qui servait chez le comte, a puisé ce récit dans les actes et l'enquête faite par les magistrats du lieu. L'esprit frappeur du couvent de Maulbrunn, dont les feuilles de Prevorst ont parlé dernièrement, apparut aux soldats qui le poursuivaient sous la forme d'un chat noir descendant les escaliers. Ceci rappelle les figures d'animaux sous lesquelles l'homme apparaît quelquefois dans la seconde vue. Ici c'est le caractère qui se reflète chez le voyant dans ses différentes formes, tandis que les esprits familiers semblent prendre la forme qui répond le mieux à leur inclination dominante, ce qui s'accorde très-bien d'ailleurs avec la nature de ces esprits intermédiaires, qui, placés sur la limite des deux règnes, se cachent volontiers sous une forme empruntée au règne inférieur.

Ordinairement les esprits familiers sont dans un rapport particulier avec un des membres de la famille, soit par une inclination naturelle, soit par l'effet de quelque contrainte; ou bien encore parce qu'ils ont besoin d'un rapport de ce genre pour se soutenir dans une région qui leur est étrangère. L'esprit frappeur qui hanta en 1665, pendant trois mois de suite, la maison de Goldner, marchand à Thorn, en voulait surtout à son fils âgé de treize ans. Il lui apparaissait sous la forme tantôt d'un bouc ou d'un chevreuil, tantôt d'un oiseau ou d'une autre bête, le jetait par terre et l'inquiétait de mille autres manières. (Zernaka, *Chronique de Thorn*.)

L'esprit de Wesley en voulait principalement à l'une de ses filles nommée Hetty. Il changeait de lieu avec elle, et c'était sous elle que se faisaient entendre le plus souvent les coups. Parmi les cas de ce genre, un des plus frappants est celui qui eut lieu à Mélita, au commencement du dix-huitième siècle. Là vivait V. Callo, canonier, qui avait une fille de neuf ans, laquelle avait vu en songe pendant un mois des fantômes qui lui promettaient de grandes richesses. Elle raconta à ses parents ce qui lui était arrivé, et leur décrivit les fantômes qui se présentaient à elle. Bientôt ils lui apparurent même le jour. Elle n'en vit qu'un d'abord, puis deux, puis davantage encore; et parmi eux elle reconnut des femmes qu'elle avait vues antérieurement dans ses songes. Ces fantômes se firent connaître à elle sous les noms de Jean, de Bernard, etc., et continuèrent de lui promettre de grandes choses. Ils lui dirent que, si elle le voulait, elle et sa famille parviendraient aux honneurs, qu'ils les enrichiraient et leur donneraient de l'or et des pierres précieuses qu'ils gardaient dans des églises abandonnées. Spes, c'était le nom de la jeune fille, était la seule de la maison qui vit et entendit ces hôtes singuliers. Ils lui firent d'abord quelques petits présents en fruits, en argent et autres choses semblables, qu'elle recevait dans les commencements avec une certaine crainte. Mais elle devint plus hardie lorsqu'ils lui eurent dit qu'ils étaient des créatures de Dieu comme elle, qu'ils connaissaient des trésors cachés dans les églises de Sainte-Catherine de Tierba, de

L'esprit de Mélita.

Sainte-Sophie et de Saint-André ; qu'il lui serait facile de les avoir, si elle voulait tuer dans l'une d'elles un coq blanc, porter du miel dans la seconde, et un poisson dans la troisième. Ceci dura environ deux ans. Ils lui apportèrent un jour des figues dans le mois de janvier. Elle les vit plusieurs fois manger à table comme elle ; ils lui guérirent même une fois avec un onguent un ulcère qu'elle avait à la tête.

Comme il ne lui arrivait rien de mal, son père tolérait tout cela comme un jeu ; il désirait seulement voir aussi ces esprits familiers, et dit à sa fille de leur demander qu'ils se fissent voir à lui. Ils répondirent qu'il ne pouvait les voir maintenant, mais qu'il le pourrait peut-être à l'heure de la mort. Il y avait dans la maison un fils qui servait tous les jours comme clerc le prêtre à l'autel. C'était le seul de la famille qu'ils ne pussent souffrir ; et s'il venait pendant qu'ils parlaient avec la jeune fille, ils lui faisaient la moue, et disaient du mal de lui. Cette circonstance donna des soupçons au père ; et comme d'ailleurs sa fille grandissait, il ne voulut pas souffrir plus longtemps ces visites équivoques. Il chargea donc son arme et convint avec sa fille qu'elle l'avertirait par un signe lorsqu'ils viendraient parler avec elle sous l'arbre qui leur servait de rendez-vous. Ils vinrent, mais courroucés cette fois et se plaignant des mauvaises dispositions du père à leur égard, quoiqu'ils n'eussent jamais fait que du bien à la famille ; et ils lui montrèrent la clef de son arquebuse, qu'ils avaient emportée. Le père reconnut alors que c'étaient des esprits ; il raconta la chose au curé, qui bénit la maison. Pendant la cérémonie, la jeune fille entendit les esprits qui s'enfuyaient de l'étage supérieur dans le jardin, et qui l'appelaient par son nom en poussant des plaintes. On était arrivé à l'année 1603, et la jeune fille avait onze ans. Or, un père jésuite ayant été envoyé dans le canton pour y prêcher le carême, le père lui raconta tout ce qui s'était passé. Le bon religieux recommanda à la famille tout entière de se purifier par le sacrement de pénitence, et donna à la jeune fille une image de saint Ignace en lui disant de la présenter aux esprits quand ils reviendraient, en renonçant à eux pour toujours. Elle le promit, et eut le courage de le faire. Dès que les esprits virent l'image, ils entrèrent en fureur, vomirent force injures, surtout contre les jésuites, et se cachèrent dans les ténèbres. Ils se montrèrent cependant encore, non plus sous forme humaine, mais comme des monstres vomissant du feu; mais ils furent chassés de nouveau par l'image, et ne parurent plus pendant tout le temps que vécut la jeune fille. Elle fut malade au lit pendant un mois entier, par suite de la peur qu'elle avait eue, et la famille fut éprouvée dans la suite par beaucoup de malheurs. (*Gloria posthuma. S. Ignatii*, p. III, p. 221.)

Les phénomènes qui accompagnent l'apparition de ces esprits frappeurs sont de plusieurs sortes. Ainsi, par exemple, le contrôleur des mines d'Olaus Borrichius, qui avait chez lui des provisions considérables de blé, de fruits et d'épiceries, parce qu'il demeurait loin de la ville, toutes les fois qu'il assistait à l'église au service divin, ou qu'il était aux mines, trouvait à son retour le blé, l'orge, les pois, la moutarde par terre dans sa chambre, chaque chose à part, et formant des pyramides ou de petites tours si artistement faites et gardant si bien l'équilibre que tous ceux qui les regardaient en étaient dans l'admiration. Les voisins du contrôleur lui dirent que c'étaient les esprits souterrains des mines qui voulaient plaisanter, et lui annoncer ainsi le bonheur qui l'attendait, ce que l'événement justifia plus tard. (*In Actis Medicis D. Thom. Bartholini*, vol. III, obs. 68.) L'esprit frappeur de Wesley commençait ordinairement ses scènes par un bruit que Wesley comparait à celui que fait une meule de moulin qui tourne lorsque le vent change tout à coup, mais que ses enfants comparaient à celui que fait de la ferraille que l'on remue. D'autres fois il semblait qu'un menuisier rabottait des planches. Puis l'esprit frappait trois coups une fois, deux fois, trois fois et ainsi de suite pendant plusieurs heures. Tous les membres de la famille entendaient ces coups à la même place, tantôt dehors, à la porte du jardin, puis une demi-minute après au-dessus de leurs têtes. Les coups étaient forts et creux, et tels que personne ne pouvait les imiter. Lorsqu'on visitait les chambres, le bruit se faisait entendre chaque fois dans celle qu'on venait de quitter, ouverte ou fermée. Il imitait tantôt le bruit de la danse, tantôt le gloussement d'un dindon; tantôt il semblait qu'on répandait une masse d'argent, tantôt qu'on jetait avec force du charbon par terre. Quelquefois les plats dansaient sur la table en présence de Wesley; les portes s'ouvraient et se fermaient; et comme la clanche du loquet s'élevait et s'abaissait, une de ses filles voulut la tenir une fois par dedans; mais elle s'abaissa malgré tous ses efforts, et la porte frappa violemment contre elle, quoiqu'on ne vît personne dehors. Wesley lui-même se sentit pressé contre le coin de son secrétaire, ou bien contre une porte. Au reste les enfants tremblaient toujours dans le sommeil, avant de se réveiller, quand l'esprit était près d'eux. Un dogue que Wesley s'était procuré, précisément à cause de ces bruits, aboya très-fort la première nuit, mais se tut ensuite, et semblait avoir plus peur que les enfants.

L'esprit de W. York. — Des bruits singuliers commencèrent à se faire entendre l'an 1679, entre dix et onze heures du soir, chez sir William York, à Lessinghal, dans le Lincolnshire. On entendit d'abord un grand tapage au loquet de la porte extérieure; de sorte que la maîtresse de la maison, dans l'absence de son mari, croyant que c'étaient des voleurs, fît sonner du cor vers la ville voisine, pour demander du secours. Le bruit dura jusqu'à ce que l'on fût venu au secours, mais on ne trouva personne. On n'entendit plus rien jusqu'au mois de mai de l'année suivante. Le vacarme recommença à cette époque sans qu'on pût jamais découvrir personne, lors même qu'on regardait par les fenêtres au clair de lune. Le bruit passa du dehors dans la maison. Un soir les gens ayant entendu du bruit sous le vestibule, voulurent voir ce que c'était, et ils trouvèrent les siéges placés tous au milieu. Ils les remirent à leur place, et s'en allèrent dans la cuisine; mais le même bruit les rappela bientôt au même endroit, et ils trouvèrent tous les siéges dans le corridor qui allait de la cuisine au vestibule. C'était surtout à une porte qui s'ouvrait sous l'escalier que le bruit se faisait entendre le plus souvent. William ferma donc la porte, et prit la clef sur lui; mais le bruit continua, même lorsque d'en haut il éclairait la porte. Il l'entendit une fois comme il était à une coudée de distance de celle-ci : il l'ouvrit, visita le lieu avec le plus grand soin, mais ne trouva personne. A peine avait-il tourné le dos que le bruit recommença, pour passer de là dans une chambre vide : il semblait qu'un homme y allait et venait; tantôt qu'il courait, tantôt qu'il marchait sur des échasses, et de plus il frappait de temps en temps cinq ou six coups au plafond. Le bruit devenait toujours plus fort, de sorte que la famille pensa à quitter la maison. William ayant sur les entrefaites fait venir des plombiers pour raccommoder les gouttières, l'esprit imita parfaitement le bruit que faisaient les ouvriers en frappant. Il en fut de même pendant que les charpentiers taillaient du bois dans la cour; si bien que le patron déclara qu'il aurait cru que c'étaient ses ouvriers s'il n'avait su qu'ils étaient à la maison.

Un parent de William étant venu le voir, le tapage augmenta. L'esprit frappait si fort contre la porte qui était sous sa chambre qu'il ne pouvait mieux le comparer qu'au bruit du bélier dont se servaient les Romains; et le charpentier déclara qu'aucun homme ne pouvait employer une telle force sans briser en morceaux les portes les plus solides : cependant aucune n'était endommagée. On entendait aussi tambouriner à la porte dans le vestibule, et le bruit changeait à la manière de ceux qui tambourinent. William ayant placé dans le vestibule une lumière sur un grand chandelier, le bruit continua lorsqu'il fut entré dans sa chambre avec tous les gens de la maison pour faire la prière du soir. Puis, lorsqu'il descendit, il trouva la bougie la mèche en bas et le chandelier jeté dans le corridor de la cuisine. Il eut beau interpeller l'esprit, celui-ci ne lui répondit point, et n'interrompit son jeu que pour le reprendre à un autre endroit. La paix revint dans la maison au bout de trois mois, lorsque William fut forcé d'aller à Londres pour le parlement. Cette histoire réunit toutes les conditions d'une parfaite authenticité. Elle a été écrite par Wiche, qui habitait la même paroisse que William, et qui l'a envoyée, dans le temps même où elle s'est passée, à Richardson, à Cambridge, lequel l'a adressée de son côté au docteur H. More. Celui-ci, après avoir pris les informations les plus exactes auprès d'un témoin oculaire, l'a recueillie dans sa continuation de la collection de Glanvil. William York avait pris des précautions qui rendaient toute supercherie impossible, et il est évident qu'il y avait là un agent invisible. Cette histoire a été publiée du vivant de tous les témoins, et ils étaient nombreux; car il y avait vingt personnes dans la maison et autant de fermiers qui montaient la garde. Elle a donc toute la certitude d'un fait historique.

L'esprit du presbytère de Gröben. Le presbytère de Gröben, après avoir été hanté longtemps par un esprit frappeur, était redevenu tranquille pendant cinq semaines. Mais le curé ayant eu le malheur de dire, le 29 juillet 1718, devant ses moissonneurs, que c'étaient probablement de mauvais drôles qui lui avaient joué ce tour, le bruit recommença aussitôt. Ce qui paraissait le plus extraordinaire au curé, c'est qu'il avait remarqué en plein jour que des pierres étaient lancées sur le toit de l'écurie d'un endroit dans la cour où il n'y en avait point auparavant, et que même plusieurs partaient du mur du presbytère vis-à-vis de l'écurie, et tombaient sur le toit, quoiqu'on n'aperçût dans le mur ni trou ni ouverture. Quelquefois aussi, quand il regardait de sa chambre de travail dans sa cour, des pierres lancées d'en bas passaient devant sa tête; et même une fois, le 2 août, elles partirent de trois endroits en même temps. Ce qui n'était pas moins singulier, c'est que les pierres étaient sèches, même lorsqu'il pleuvait.

Un esprit de ce genre hanta en 1746 la maison du curé de Walsch, dans la basse Alsace, comté de Dachsbourg. Il avait cela de particulier qu'il n'agissait jamais qu'en plein jour. Au commencement, des vitres furent brisées et d'autres pierres lancées ensuite, avec une merveilleuse habileté, à travers les trous déjà faits. Le curé ayant béni sa maison, l'esprit ne fit plus rien aux fenêtres; mais il continua de jeter des pierres aux gens de la maison, sans toutefois les blesser. Il paraissait surtout avoir pris la servante pour point de mire de ses malices. Un jour qu'elle avait planté des légumes dans le jardin, il arracha tous les plants et en fit un tas. On trouva une fois la pioche enfoncée de deux pieds dans la terre. Une autre fois une corde et deux pièces d'argent qu'elle avait serrées la veille dans son tiroir furent trouvées dans un autre endroit. Elle avait beau gronder et menacer, l'esprit continuait toujours ses espiègleries. Il portait dans la cour, ou même dans le cimetière, les plats de la cuisine, remplissait d'herbes, de son et de feuilles d'arbres un pot de fer et le suspendait au-dessus du feu. Un jour que la servante avait cassé deux œufs dans la poêle pour le curé, comme elle se détournait afin de prendre du sel, l'esprit cassa en sa présence deux autres œufs. Quelquefois il dessinait des cercles sur le plancher avec des pierres, du blé ou des feuilles; puis, en un clin d'œil, il défaisait devant tous ceux qui étaient présents ce qu'il venait de faire. Le curé, fatigué de toutes ses malices, fit venir l'administrateur du village, et lui déclara qu'il se voyait forcé d'aller demeurer ailleurs. Au même instant, on vint lui annoncer que l'esprit avait arraché les légumes du jardin et y avait enfoui l'argent qu'il avait laissé dans sa chambre. Ils se rendirent au jardin, et trouvèrent les choses telles

L'esprit du presbytère de Walsch.

qu'on les leur avait dites. Lorsqu'ils revinrent à la maison, ils trouvèrent l'argent dans la cuisine. Enfin, deux employés du comte de Leiningen, étant venus à Walsch et ayant entendu parler de cette affaire, conseillèrent au curé de charger deux pistolets, et de les tirer du côté où il apercevrait ces sortes de mouvements singuliers. L'esprit jeta dans le sac de l'un de ces employés deux pièces d'argent, et disparut pour toujours. Dom Calmet a consigné ce fait dans sa dissertation sur les revenants; il le tenait du curé lui-même, homme respectable et tout à fait digne de foi.

L'an 1583, la maison d'un curé, non loin de Wurzburg, fut aussi hantée par un esprit frappeur. Les gens de la maison et les voisins rapportèrent que tous les ustensiles étaient jetés par terre avec force. Des flambeaux allumés, mis en grand nombre dans une chambre, furent tous éteints à la fois sans qu'il fît du vent. Les oreillers et les couettes étaient enlevés des lits pendant qu'on dormait. On serrait la gorge aux gens de la maison, de sorte qu'ils croyaient étouffer; à chaque instant ils voyaient et entendaient des choses épouvantables. Le curé, effrayé et ne sachant plus que faire, pria le recteur du collége des jésuites de lui envoyer un prêtre. Celui-ci se rendit le soir prudemment à la maison. Pendant qu'il y était, un plat fut lancé avec une telle force contre le mur que les assistants faillirent mourir de peur. Il mit son étole, et passa dans une chambre haute où le tapage était le plus fort. Il y commença les cérémonies usitées par l'Église en pareil cas. Et comme il n'y avait personne pour répondre, il retourna vers la famille, et leur recommanda de renoncer à toute erreur et de se purifier par le sacrement de pénitence. Ils le firent, et la maison resta tranquille. — Lorsque l'esprit familier de Döttingen commença ses manœuvres, les enfants de la maison trouvèrent d'abord dans le fumier quelques pièces d'argent, que leur mère renferma dans un bahut; mais elles disparurent bientôt. La même chose arriva pour des œufs que l'on trouva hors de la maison, entiers ou seulement avec les coques vides. Des habits, le couperet, la pierre à aiguiser, des plats, etc., disparaissaient en plein jour de la chambre ou de dessus la table, et on les retrouvait ensuite, après avoir bien cherché, dans le jardin d'un autre paysan. Un témoin assure que, sous ses yeux et en présence de plusieurs autres personnes, un chaploir fut placé sur la table, les portes et les fenêtres étant fermées ; puis, après être devenu invisible un instant, il parut de nouveau à la porte de la chambre. Souvent l'esprit ôtait aux enfants leur ceinture, leur tablier, ouvrait ou fermait en plein jour le bahut de la maîtresse. Au milieu de tout cela, on ne voyait rien, et l'on ne pouvait deviner d'où venait tout ce désordre.

CHAPITRE XXIII.

Transition des phénomènes naturels aux opérations des mauvais esprits. Le démon de Sigebert à Camuz, près de Bingen. Ce qui s'est passé en 1533 à Schildach dans le Würtemberg, à Riga en 1585, dans l'imprimerie de Labhart à Constance, à Woodstock dans l'ancien palais du roi. Ces phénomènes se rattachent quelquefois à la mort d'une personne, comme à Radwell, près de Halle. Ce qui s'est passé dans la mission d'Itatina dans l'Inde. Quelquefois tout l'effort des esprits tend à empêcher le progrès dans le bien. Ce qui s'est passé sous ce rapport à Pirza au Pérou. Parallèle dans l'Irlande protestante.

Les effets que nous avons considérés jusqu'ici semblent indiquer que la malice et l'espièglerie ne sont pas étrangères au royaume des esprits. On dirait que ceux-ci aiment à regarder de temps en temps à travers ces masques comiques l'empressement et l'agitation des pauvres mortels, à être témoins de leur prétendue habileté, à les voir se pavaner dans leur sotte gravité et s'enorgueillir de leur vaine civilisation, qui ne croit pas, mais qui tremble ; qu'ils aiment à descendre de temps en temps parmi eux dans un moment de bonne humeur, pour les agacer et se moquer d'eux. Ils semblent, au reste, s'acquitter assez bien de cette fonction ; toutefois on voit qu'ils redoutent ceux qui ne badinent pas avec eux. L'ironie a une certaine affinité avec l'esprit malin ; aussi y a-t-il quelque chose de déréglé et de désagréable dans le comique de ces esprits ; et à travers leurs plaisanteries nous avons vu plus d'une fois percer comme un éclair la lumière équivoque du feu qui les dévore, et il a fallu que l'Église employât contre eux ses exorcismes. Déjà leur nature se trahit ici par la préférence marquée qu'ils ont pour les formes des animaux. Mais ce caractère indécis encore, qui ose à peine de temps en temps dépasser les bornes d'une certaine neutralité presque innocente, se produit au grand jour dans une autre série de phénomènes que nous allons étudier désormais, depuis la malice envieuse et la méchanceté de la bête jusqu'à la fureur vraiment satanique, et nous ne pourrons plus douter de la présence des esprits de l'abîme.

Le démon de Camnuz. C'est déjà un esprit de ce genre qui s'est révélé dans le lutin de Camnuz, près de Bingen, dont nous avons parlé plus haut et dont il est fait mention dans la chronique de Sigebert. Il avait commencé aussi, lui, par faire du bruit et par jeter des pierres ; mais il en était bientôt venu jusqu'à mettre le feu aux greniers et aux maisons. Il aimait à se montrer sous une forme humaine, et apprenait à ceux à qui on avait volé quelque chose où était l'objet qu'ils avaient perdu, accusant tantôt celui-ci, tantôt celui-là d'un vice ou d'une mauvaise action qui pouvait le déshonorer, et semant ainsi la discorde parmi les habitants du lieu. Il en était un surtout à qui il semblait en vouloir davantage ; car, après lui avoir brûlé sa maison, il le poursuivit sans relâche ; et afin d'exciter tout le voisinage contre ce pauvre homme, qui n'avait jamais fait de mal à personne, il prétendit que c'était lui qui avait appelé sur ce lieu la malédiction divine. Aussi ses voisins le chassèrent, de sorte qu'il se vit sans abri. Il eut beau prouver son innocence en portant un fer embrasé, l'esprit n'en mit pas moins le feu à ses récoltes pendant qu'elles étaient encore ramassées en tas dans les champs. Ses voisins se virent à la fin dans la nécessité d'instruire de tout ce qui se passait l'évêque de Mayence. Celui-ci envoya quelques prêtres pour bénir les champs et les cours. Dans les commencements, l'esprit parut céder à la force des prières de l'Église, et disparut pour quelque temps. Mais à peine les prêtres furent-ils partis qu'il revint, et dit : « Pendant que cette prêtraille marmottait je ne sais quoi, je me suis caché sous le manteau de l'un d'eux, qui, poussé par moi, a commis un crime cette nuit. » Puis il poussa un grand cri, et quitta ce lieu pour toujours. (*Magica*, Eisleben, 1600, fol. 29.)

Un fait semblable se passa dans le Würtemberg, à Schildach, en 1533, d'après le témoignage du jurisconsulte Camerarius. Un esprit hantait déjà depuis quelques jours l'auberge de l'Étoile d'or, située sur le marché : on y entendait des cris et des sons extraordinaires. Comme on crut que la servante de la maison était complice de ce mauvais esprit, on la renvoya. Mais au bout de quelques jours un incendie épouvantable éclata dans la maison, et se répandit en deux heures par toute la ville avec une telle rapidité que les voisins n'eurent pas le temps d'accourir au secours et de prendre les mesures nécessaires pour éteindre le feu. Ce qu'il y avait de singulier, c'est que des globes de feu pleuvaient çà et là sur les maisons, de sorte que ceux qui étaient accourus pour éteindre le feu chez les autres voyaient derrière eux leur propre maison en flammes. L'incendie était tellement violent qu'on eut beaucoup de peine à préserver le château de Landskrona, bâti en pierres sur la montagne, et loin de la ville. Camerarius apprit cette histoire, quelques années avant de l'écrire, de la bouche du curé de Schildach et de plusieurs autres personnes très-dignes de foi, qui en avaient été témoins oculaires. Le curé, vieillard respectable, ajouta à son récit plusieurs autres détails singuliers sur les ruses et les tours de ce démon, qui savait imiter la voix de plusieurs oiseaux, et charmer l'oreille par les plus

Le démon de Schildach.

douces mélodies. Ce bon vieillard portait sur sa tête grise une couronne de cheveux blancs mêlés de cheveux d'autres nuances. Or, cette couronne lui était venue d'un cercle que le démon lui avait mis sur la tête en lui demandant ironiquement s'il connaissait aussi la voix du corbeau ; après quoi, il avait poussé un tel cri que tous les assistants saisis d'effroi n'auraient pu le supporter longtemps. Le curé ajoutait en rougissant qu'il avait rappelé en détail à plusieurs personnes et à lui en particulier les fautes secrètes qu'ils avaient commises ; de sorte que tous s'étaient retirés confus. (*Operæ horarum subcisivarum*, centuria prima; Francfort, 1602, c. 74.)

Le démon de Riga. — Cinquante ans plus tard, en 1583, une maison de Riga fut hantée aussi par un esprit après la mort d'un de ceux qui l'habitaient. Pendant que les gens de la maison étaient à table, celle-ci leur fut enlevée sans que l'on vît personne. Toute la paille qui était ramassée en tas fut hachée très-menue ; les portes des chambres, quoique fermées au verrou et munies de cadenas, furent ôtées de leurs gonds et d'énormes pierres enduites de poix furent lancées d'en haut. Un Polonais qui était présent alors fut atteint d'une pierre au crâne, de sorte qu'il resta plusieurs jours à demi mort. Un prêtre qui avait été témoin de tous ces faits bénit la maison avec l'encens et l'eau bénite, et tout ce désordre disparut avant même qu'il eût eu recours aux exorcismes accoutumés, ce que les propriétaires de la maison affirmèrent dans la suite avec de grandes actions de grâces. (*Litteræ collegii F. S. Rigensis illius anni.*)

Le démon de l'imprimerie de Labhart. — Ce qui est arrivé en 1746 dans l'imprimerie de Labhart, à Constance, est très-remarquable sous ce rapport. On entendit d'abord des soupirs dans un coin de la chambre des compositeurs, et ceux-ci ne firent au commencement que s'en amuser. Mais dans les premiers jours de l'année suivante, au lieu de soupirs, on entendit dans ce coin des coups très-forts. Les ouvriers eux-mêmes recevaient des soufflets, et on leur jetait à terre leurs chapeaux et leurs bonnets.

On fit donc venir les capucins du lieu pour conjurer l'esprit, et pendant trois jours, en effet, on n'entendit plus rien ; mais ensuite le tapage devint plus fort qu'auparavant, et les caractères s'envolaient de tous côtés par les fenêtres. On appela un célèbre exorciste, qui continua les exorcismes pendant huit jours ; mais malgré cela le désordre continua, et l'exorciste s'en alla. Les compositeurs transportèrent les casses des lettres du mauvais coin où elles étaient au milieu de la chambre, croyant par là se donner un peu de repos ; mais l'esprit les souffleta comme auparavant. On apporta des reliques ; mais le frère qui accompagnait l'exorciste reçut de tels soufflets que tous les deux s'en retournèrent à leur couvent. D'autres vinrent, bénirent de l'eau, du sable et de la cendre qu'ils répandirent dans la chambre et sur le plancher. Puis ceux qui étaient présents tirèrent leurs épées, frappèrent à droite et à gauche, et crurent apercevoir sur le sable des traces de pieds : c'étaient probablement les leurs. Il leur sembla aussi que l'esprit s'était sauvé sur le poêle, puis sous la table. Mais il s'éleva une poussière et une fumée tellement épaisses qu'ils ne se reconnaissaient plus les uns les autres, et prirent tous la fuite. Le désordre continuait cependant ; le conseiller Labhart, propriétaire de l'imprimerie, reçut une blessure grave à la tête. Deux ouvriers qui couchaient ensemble furent tournés sens dessus dessous dans leur lit et jetés par terre. Il fallut à la fin quitter la maison pendant la nuit.

Un paysan d'Ahnansdorf, qui passait pour être très-habile dans l'art de conjurer les esprits, fut appelé ; mais il fut aussi tellement souffleté qu'il reconnut son impuissance. Il en fut de même de la femme du bourreau, qui passait aussi pour très-habile dans cet art ; du curé de Wallburg, qui vint avec quatre autres, et fut obligé de s'en aller au bout de trois jours. Le bourreau lui-même fut reçu par une grêle de pierres et de coups, si bien qu'il se hâta de prendre la fuite. Ainsi le champ de bataille était resté au démon. Il continua pendant quelque temps encore à jeter et à frapper :

il fit même quelques blessures par-ci, par-là, renversant par terre ceux qui venaient visiter la maison par curiosité, leur jetant de l'eau, les accablant de coups, et les poursuivant jusque dans la maison voisine. Enfin, le 8 février, la porte de l'imprimerie s'ouvrit pour la dernière fois; quelques objets furent encore jetés pêle-mêle dans la chambre, puis la porte se referma, et l'on n'entendit plus parler de rien dans la maison. Un religieux, probablement l'un des exorcistes, raconta ces faits, dont il affirme la vérité sur son honneur, dans une lettre du 8 août 1748, adressée à dom Calmet, qui l'a insérée dans sa dissertation sur les apparitions, ch. 39. Il est arrivé dans cette histoire ce qui arrive souvent dans les maladies, où l'ignorance des médecins, celle du malade et de sa famille semblent concourir pour aggraver le mal; de même ici l'esprit, ceux qui le conjuraient et ceux qu'il tourmentait semblent lutter d'inconséquence, de légèreté, de violence et de précipitation.

Le démon de Woodstock. Dans le fait que nous allons raconter, des causes toutes contraires semblent avoir produit les mêmes résultats. En 1649, des commissaires furent envoyés par Cromwell, pour prendre possession du palais royal de Woodstock. Ils y arrivèrent le 13 octobre, et s'établirent dans les appartements royaux, faisant leur chambre à coucher de celle du roi, leur cuisine de l'antichambre, leur brasserie de la salle du conseil et leur cabinet de travail de l'autre salle. Ils firent mettre en tas, dans la salle à manger, le bois de l'ancien chêne royal, qui faisait l'ornement du parc et qu'ils avaient fait couper jusqu'à la racine. Les deux premiers jours, ils furent peu inquiétés; mais le 16 ils crurent voir venir dans leur chambre à coucher quelque chose qui ressemblait à un chien et rongeait les cordons du lit. Comme le lendemain ils les trouvèrent parfaitement intacts, de même qu'un quartier de bœuf qui était par terre sur le plancher, ils commencèrent à réfléchir. La nuit suivante, il leur sembla qu'on jetait de la salle à manger dans la salle d'audience tout le bois du chêne royal, et qu'on lançait en l'air les sièges et les bancs. Puis l'esprit passa dans les deux chambres où ils étaient couchés eux et leurs domestiques, leva si haut le pied de leurs lits que leurs têtes se trouvaient tout à fait en bas, et qu'ils craignirent d'être renversés ; puis il les laissa retomber avec une telle violence que le contre-coup les fit rebondir dans leurs lits. Après cela, ils furent secoués avec une telle force que, de leur propre aveu, il leur semblait qu'ils étaient balancés de çà et de là.

Le 18, ils entendirent dans leur chambre à coucher un tel bruit que cinq cloches n'auraient pu, dirent-ils, en faire davantage. La nuit suivante, on jeta des plats ; et l'un d'eux qui avait été atteint, ayant mis la tête hors du lit pour voir ce que c'était, reçut un second coup. Le 20, leurs lits furent secoués avec force ; huit grands plats d'étain, trois douzaines d'assiettes, des charges entières de bois du chêne royal furent jetés dans leur chambre, et malgré cela ils trouvèrent tout à sa place. Ils prirent avec eux le gardien du château avec son chien. La première nuit ils furent tranquilles ; mais la nuit suivante le tapage recommença, et le chien n'aboya qu'une fois en poussant une plainte épouvantable. Le 24, le bois du chêne fut de nouveau jeté contre leur lit avec un tel vacarme que l'un de ceux qui étaient dans l'antichambre crut qu'on les assommait. Il alla donc pour voir ce que c'était, et trouva tout tranquille. Mais comme il se remettait au lit, il y trouva trois douzaines d'assiettes cachées sous la couverture. Le 25, ils virent voler autour d'eux des morceaux de verre sans qu'aucune vitre fût brisée. Croyant qu'il pleuvait de l'argent, ils allumèrent une bougie, mais ils ne trouvèrent que des morceaux de vitres. Une autre nuit, ils entendirent quelqu'un marcher dans l'antichambre, ouvrir et fermer les fenêtres, puis passer dans la chambre à coucher, où il jeta plus de deux cent quarante grosses pierres, dont une partie tomba sur les lits, et tout cela avec un bruit terrible, comme si on eût tiré quarante coups d'arquebuse à la fois. Deux fois particulièrement, les coups furent tellement violents que tous en furent épouvantés, et crurent qu'on devait les avoir entendus au loin. Les commissaires et leurs domestiques furent tellement effrayés de ce vacarme que chacun implorait le secours de l'autre. L'un d'eux, revenu de son angoisse, ayant pris son épée, faillit tuer un de ses compagnons qui était accouru en chemise, le prenant pour l'esprit qui était cause de tout ce désordre. Ils se remirent à la fin; mais le bruit continua toujours aussi fort, et les murs furent tellement ébranlés qu'ils crurent que le château allait les ensevelir sous ses ruines.

La première nuit de novembre, les pierres qui avaient été jetées la veille furent emportées; mais on jeta du verre à la place. La nuit suivante, ils crurent entendre comme le pas d'un ours qui approchait, et des pierres furent jetées de nouveau avec tant de violence que les murs et les lits en furent endommagés. Ils allumèrent des flambeaux dans toutes les salles, et firent du feu plein les cheminées; mais les lumières et les feux, tout fut éteint, et le bois fut dispersé dans les chambres. En même temps, les rideaux des lits furent arrachés de leurs baguettes, et leurs colonnes emportées, de sorte que le ciel tomba sur eux; et les pieds des bois de lit se fendirent en deux. Ils appelèrent leurs domestiques, qui étaient couchés et trempés de sueur, tant ils avaient peur; mais avant qu'ils pussent reprendre un peu leurs sens, ils furent inondés d'une eau si puante qu'elle semblait venir d'un égout, et si verte qu'elle tacha leurs chemises et leurs lits. Toutes les fenêtres furent brisées dans cette même nuit, et le vacarme fut si terrible que des braconniers, effrayés eux-mêmes, laissèrent leur furet dans les allées du parc, près de la source de Rosamonde. Cependant, au milieu du tumulte, l'un, plus brave que les autres, demanda à l'esprit, au nom de Dieu, ce qu'il était, ce qu'il voulait et ce qu'ils avaient fait pour qu'il les tourmentât de cette manière. Pas de réponse. Le bruit cessa quelque temps, mais revint ensuite bien plus fort qu'auparavant, et, comme ils le disaient eux-mêmes, au lieu d'un démon, ils en eurent sept. Un d'eux alluma une bougie et la plaça dans une porte située entre deux salles. Or, pendant qu'un autre regardait de ce côté, il vit quelque chose pousser les bougies au milieu de la chambre à coucher et moucher trois fois la mèche pour l'éteindre. Il tira son épée; mais une main invisible la lui arracha, et l'en frappa si fort qu'il fut étourdi du coup. Après cela, le bruit devint tel que tous, saisis d'horreur, se sauvèrent dans la salle d'audience, et se mirent à prier et à chanter des psaumes, accompagnés toujours par le bruit qui retentissait comme un tonnerre dans les autres chambres. Enfin ils se décidèrent à prendre leur logement au-dessus de la porte du château, et partirent le dimanche suivant pour Ewelin. Mais lorsqu'ils revinrent le lundi, le diable, c'est ainsi qu'ils s'expriment eux-mêmes, ne les laissa point tranquilles, pas plus que le jour suivant, qui fut le dernier qu'ils passèrent en ce lieu.

Nous devons reconnaître que dans ce fait il pouvait bien y avoir quelque mélange de supercherie, et que ce bruit peut avoir eu pour but d'effrayer les commissaires et de les chasser du château. Mais d'un autre côté ces phénomènes offrent une analogie parfaite avec tous les autres du même genre; et il est difficile de croire que dans une maison où il y avait tant de monde l'imposture n'eût pas été découverte, si elle avait existé. Il est regrettable toutefois qu'une enquête très-exacte n'ait pas mis ce fait au-dessus de tout soupçon. Comme les commissaires se montrèrent très-intrépides et qu'ils ne cédèrent qu'à la force, on doit supposer qu'ils firent pendant le jour tout leur possible pour découvrir la véritable cause de tout ce désordre, et qu'ils ne se retirèrent qu'après s'être convaincus qu'il n'y avait pas moyen de rester plus longtemps. Robert Plot, auteur d'une histoire naturelle, qui le premier a publié cette histoire, avait sous les yeux plusieurs documents de témoins oculaires, parmi lesquels s'en trouvait un écrit par une personne très-instruite et très-digne de foi, qui vivait dans le temps et le lieu où se passèrent ces événements. Il consulta sur certaines circonstances particulières d'autres témoins oculaires, et remit toutes les pièces à l'un des commissaires, qui déclara que ce qu'avait écrit cette personne était la pure vérité. La chose paraît donc à Robert Plot indubitable. Cependant il ne se permet point d'en juger à *priori* le fondement ; mais il discute au contraire les divers phénomènes qui se sont produits, et conclut qu'il est impossible de les attribuer à la supercherie ; et Walter Scott, par sa fantasmagorie mesquine, explique bien moins l'événement en lui-même que l'exposition romanesque et incomplète qu'il en fait.

Les phénomènes de ce genre se rattachent quelquefois à la mort d'une personne et semblent la présager. Il en fut ainsi pour A.-K. Lerchin, servante chez A. Langen, à Radwell, près de Halle. Elle avait mené une vie très-dissolue, et avait fini par ne plus aller à l'église, répondant par des injures aux avertissements du pasteur. A la suite d'une couche, se sentant près de sa fin, elle le fit appeler néanmoins ; mais avant qu'il pût arriver elle tomba morte sur son lit. On l'enterra dans un coin du cimetière, et bientôt le pasteur du lieu, Laitenberger, entendit quelqu'un marcher dans la chambre où il couchait. Le bruit ne durait dans les commencements qu'une heure seulement, à partir de dix heures du soir, et chaque fois le revenant ne faisait qu'un ou deux pas. Plus tard, il commença déjà vers neuf heures, puis vers huit heures, et continuait jusqu'à deux heures du matin, faisant chaque fois 3—5—6 pas ou davantage encore. Le bruit était tel qu'il devait éveiller l'homme le plus profondément endormi. Le pasteur eut recours à la prière, et le bruit cessa pendant quinze jours ; mais il revint ensuite, et aucune prière ne put le chasser. Le pasteur s'adressa à un Thomasien de Halle, et le pria de venir l'aider à découvrir le fond de cette affaire. Ils montèrent ensemble dans la chambre, visitèrent tous les degrés de l'escalier, l'antichambre, la chambre à côté, la

A. Lerchin, à Radwell.

serrure, les fenêtres, les murs, les livres, répandirent du sable et de la cendre sur le plancher et fermèrent la chambre; mais à peine étaient-ils descendus que le revenant se mit à marcher comme auparavant. Ils montent, trouvent la serrure comme ils l'avaient laissée et n'aperçoivent aucunes traces de pas. Le Thomasien reste assis jusqu'à deux heures de la nuit, et remarque que le revenant ne retournait jamais au point d'où il partait, qu'il commençait à marcher par dehors, devant et à côté de la porte de la chambre, et que par conséquent il devait traverser la muraille. Il réfléchit, cherche dans son esprit, mais ne peut trouver aucune explication naturelle qui le satisfasse.

Une fois le revenant descendit quelques degrés de l'escalier, de sorte que la femme et la servante du pasteur, épouvantées, prirent la fuite. Le pasteur, qui était occupé à lire, laisse son livre, appelle sa femme et sa servante, et va avec elles à la rencontre du revenant, qui de son côté descend les escaliers en se dirigeant vers eux. Le pasteur lui défend au nom de Dieu de marcher. Le revenant se tait. « Es-tu un bon esprit? » Silence. « Es-tu un esprit intermédiaire? » Silence encore. « Si tu l'es, fais comme tu faisais tout à l'heure. » Aussitôt il marche comme auparavant. « Si tu es le diable, dit le pasteur, je m'étonne que tu ne fasses pas pis encore. » Le bruit augmente. « Plus fort, misérable que tu es! » Le bruit devient plus fort. Le revenant descend les degrés de l'escalier; le pasteur monte au contraire en lui disant : « Crois-tu que j'aie peur de toi? Fais ce que tu voudras; je suis plus fort que toi dans le Christ. » Le revenant se met à faire les bruits les plus bizarres; de sorte que le pasteur ne put s'empêcher de rire. « C'est bien, lui dit-il; mais ce doit être aujourd'hui la dernière fois; va-t'en donc, et qu'on ne t'entende plus jamais! Essaye encore si tu le peux. » Tout est tranquille. Le revenant fait encore entendre quelques légers bruits sur l'ordre du pasteur, puis il disparaît pour toujours. Ceci arriva en 1719 : le bruit dura trois mois et fit grande sensation dans le pays. (*Acta scholastica*, vol. II, p. 132.)

Les esprits à Italina, dans l'Inde.

Delrio cite, d'après les lettres péruviennes de son ordre, recueillies en 1590, le fait suivant, raconté par F. Bencius et E. Spitillus : « Dans la mission d'Italina, sous le P. Samaniego, est arrivée une histoire remarquable et inouïe, qui a été connue de tous les habitants de la ville, et certifiée par tant de témoins oculaires et auriculaires qu'on ne peut douter de sa vérité. Dans la maison d'une dame considérable se trouvait une jeune fille de seize ans, qui avait été prise pendant la guerre et que l'on avait nommée Catherine au saint baptême. A mesure qu'elle grandissait, elle devenait plus dissolue, quoiqu'elle fût punie souvent par sa maîtresse. Elle en vint à entretenir en secret un commerce criminel avec quelques jeunes libertins. Cependant elle continua malgré cela d'aller à confesse, mais en cachant par honte ses péchés. Étant tombée malade au mois d'août 1590, elle fit venir le prêtre pour se confesser; mais elle le fit superficiellement. Comme le prêtre était venu neuf fois la voir, elle dit devant les autres domestiques qu'elle avait bien été obligée de se confesser; puis elle ajouta d'autres paroles inconvenantes, que les autres tout scandalisés rapportèrent à leur maîtresse. Celle-ci vint, et gronda Catherine comme elle le méritait; puis, prenant une expression et une voix plus douces, elle demanda avec bienveillance à la malade quelle chose elle avait cachée à son confesseur. Celle-ci lui raconta tout sans difficulté, et ajouta que toutes les fois qu'elle avait appelé son confesseur elle avait aperçu à sa gauche un Maure qui lui conseillait de ne pas déclarer ces péchés, parce qu'ils n'avaient aucune importance, et que le prêtre, si elle les lui disait, la tiendrait pour une personne dissolue, tandis que Marie-Madeleine était à sa droite et l'engageait à tout dire.

« La maîtresse fit venir encore une fois le prêtre, et lui raconta tout ce qui s'était passé. Il fit de son côté ce qu'il put pour l'exciter à une pénitence sincère et parfaite; mais tout fut inutile. Plus il l'exhortait, plus elle se montrait rebelle ; de sorte qu'elle ne voulait pas même prononcer le nom de Jésus. On lui présenta un crucifix, pour qu'en le regardant elle se rappelât que Notre-Seigneur était mort pour elle. Mais elle dit avec impatience : « Je sais tout cela ; que voulez-vous donc? » La maîtresse lui répondit : « Que tu t'adresses à Notre-Seigneur, qui te pardonnera tes péchés si tu les confesses sincèrement. — Je vous en prie, dit Catherine, ne m'ennuyez plus de toutes ces choses. » Sa maîtresse étant partie, elle se mit à chanter des chansons amoureuses et impures; et ceci dura plusieurs jours et plusieurs nuits, jusqu'à ce qu'enfin une nuit elle fit venir près de son lit sa maîtresse et les autres servantes, et leur dit : « J'éprouve de cruels remords, surtout à cause de mes confessions sacriléges. » Depuis ce moment jusqu'à minuit tous ses membres devinrent roides, de sorte qu'on la crut morte, et qu'on se préparait déjà à l'ensevelir. Elle revint à elle cependant, et le prêtre ayant été appelé de nouveau, elle persévéra dans son impénitence. Au bout de trois heures, ses camarades l'ayant engagée à prendre dans ses mains le crucifix et le cierge des agonisants en invoquant le nom de Jésus : « Quel est ce Jésus, dit-elle ; je ne le connais pas. » En même temps elle se cacha dans le fond de son lit, où on l'entendit causer avec un personnage invisible. Une autre servante, qui était au lit malade dans la même chambre, pria sa maîtresse de la faire porter dans un autre appartement, parce qu'elle voyait autour d'elle des fantômes noirs qui l'épouvantaient.

« Dans la nuit où mourut Catherine, toute la maison fut remplie d'une odeur tellement infecte qu'on fut obligé d'exposer le cadavre en plein air. Le frère de l'hôtesse fut tiré de sa chambre par le bras ; une servante reçut sur les épaules quelque chose qui ressemblait à de la chaux, de sorte qu'elle en porta les marques pendant plusieurs jours ; un cheval très-tranquille auparavant devint furieux et se mit à frapper des pieds les murs de son écurie pendant toute la nuit ; les chiens, de leur côté, ne firent qu'aboyer et courir. Lorsque le cadavre fut enterré, une des servantes étant entrée dans l'appartement où Catherine avait été malade, vit, sans apercevoir personne, voler vers elle un vase qui était en haut sur une planche. La ville et les environs virent des tuiles et des ardoises lancées à plus de deux mille pas avec un bruit épouvantable, quoiqu'il n'y en eût point dans la maison; car elle était couverte de feuilles de palmier, comme presque toutes les autres maisons de la ville. Une servante fut, en présence de toutes les autres, tirée par la jambe sans qu'on vit personne. Une autre, étant allée, le 7 octobre, chercher un vêtement dans le vestiaire, vit Catherine se lever et prendre un vase. Comme elle se sauvait épouvantée, le vase frappa derrière elle avec une telle force contre le mur qu'il se brisa en mille morceaux. Le lendemain, une croix dessinée sur le papier qui était attaché au mur de cette chambre en fut arrachée en présence de tous et déchirée en trois morceaux. Le même jour, pendant que la maîtresse soupait dans le jardin, une moitié de tuile tomba sur la table et la renversa. Un petit enfant de quatre ans qu'elle avait se mit en même temps à crier : « Maman, maman, Catherine m'étrangle. » On ne put le délivrer qu'en lui suspendant au cou des reliques. Tout cela contraignit la maîtresse à quitter sa maison et à se retirer chez une de ses parentes, après y avoir laissé quelques servantes pour la garder.

« Le 10 du même mois, comme une de celles-ci entrait dans la salle à manger, elle s'entendit appeler trois fois par Catherine. L'épouvante dont elle fut saisie lui ôta toutes ses forces. Les autres lui ayant conseillé d'invoquer le secours de Dieu et de retourner ensuite avec un cierge allumé au lieu où la voix l'avait appelée, elle le fit, accompagnée de deux autres plus courageuses. Lorsqu'elles furent arrivées dans la salle, elles entendirent Catherine dire à la première qu'elle devait éloigner ses compagnes, jeter le cierge, parce qu'il lui faisait mal, et rester seule. Le fantôme exhalait une puanteur incroyable, et jetait des flammes de toutes les jointures; sa tête et ses pieds étaient en feu; et, comme châtiment symbolique de son libertinage, elle avait autour des reins une ceinture enflammée large de huit à dix doigts, et qui allait jusqu'à terre. La servante pâlit et trembla lorsqu'elle entendit le spectre lui dire : « Approche donc, je t'ai déjà appelée tant de fois ! » — Celle-ci lui répondit, sans trop savoir ce qu'elle disait : « Bon Jésus, comment ne pas être épouvantée en te voyant ? » — Comme elles parlaient ensemble, un bel enfant vêtu de blanc apparut à la servante, et lui dit de prendre courage et de bien remarquer ce que Catherine lui dirait, afin de le rapporter aux autres; puis d'aller aussitôt à confesse pour se purifier de toutes ses fautes. Là-dessus Catherine lui dit : « Sache que je suis damnée, et que je souffre horriblement, parce que je n'ai déclaré dans mes confessions que les fautes les plus légères, m'accusant par exemple d'avoir trop parlé, d'être portée à la colère, etc., tandis que je cachais les péchés les plus graves, et particulièrement mes relations criminelles. Apprends donc par mon exemple à te confesser mieux que moi, et à ne rien cacher. C'est Dieu qui m'ordonne de vous donner cet avertissement, pour que vous le rapportiez aux autres. » On entendit alors sonner l'*Angelus*, et le spectre se cacha dans un coin, et disparut : mais l'enfant dit à la servante de retourner vers les siens, et elle le fit. »

Dans l'histoire que nous venons de raconter, l'apparition de Catherine avait pour but de porter au bien ceux qui vivaient encore; mais il est d'autres cas au contraire où, par une permission terrible de Dieu, ceux qui reviennent de l'autre monde ont pour fin d'entraîner dans l'abîme ceux qui sont encore sur la terre. Ce but apparaît d'une manière frappante dans l'histoire remarquable que le P. Chieza de Léon nous raconte dans la première partie de son *Histoire du Pérou*. Près d'Auzerma, à Pirza, un chef indigène avait un frère nommé Tamaracunga, qui était encore jeune. Celui-ci, ayant un vif désir du baptême, nour-

Les esprits à Pirza, au Pérou.

rissait la pensée d'aller trouver les chrétiens, pour jouir de cette faveur. Mais les démons cherchèrent à le retenir par des apparitions singulières, en se rendant visibles à lui sous la forme d'oiseaux. Le jeune homme, remarquant leur fureur, fit venir un chrétien qui demeurait dans le voisinage. Ce dernier, ayant appris ce qu'il voulait, fit le signe de la croix sur son front ; mais les malins esprits n'en devinrent que plus furieux, de telle sorte néanmoins qu'ils n'étaient visibles que pour le Péruvien, tandis que le chrétien seul, au contraire, entendait leurs sifflements, et voyait les pierres qu'ils jetaient. Heureusement il se trouva là par hasard un autre Espagnol nommé Pachieco, qui s'adjoignit au chrétien dans cette nécessité. Ils virent Tamaracunga frémir, pâlir d'effroi, être lancé en l'air en poussant des cris de détresse, au milieu des sifflements et des hurlements des démons. Une fois, comme il tenait à la main une coupe remplie de vin, celle-ci fut emportée en l'air, vidée du vin qu'elle contenait, après quoi elle fut versée de nouveau d'en haut comme si elle eût été pleine. Ils virent en même temps l'Indien se cacher le visage pour ne point voir les spectres effrayants qui l'assiégeaient. Pendant qu'il avait ainsi le visage couvert, les démons, sans écarter son manteau qu'il pressait sur sa bouche, lui remplirent celle-ci de craie afin de l'étouffer. Les chrétiens, qui priaient pendant ce temps-là, se décidèrent à le conduire à Auzerma, pour qu'il y fût baptisé. Plus de trois cents Indiens l'accompagnèrent, mais avec une telle frayeur qu'ils n'osaient pas approcher de lui. Le chemin passait par un endroit escarpé et difficile. Là les démons cherchèrent à l'enlever pour le précipiter ensuite du haut en bas : mais il conjura à haute voix les chrétiens de venir à son secours. Ceux-ci accoururent ; et comme les Indiens s'étaient enfuis de peur, ils le prirent au milieu d'eux, le lièrent fortement avec des cordes, qu'ils attachèrent à leurs ceintures, portèrent trois croix devant lui, et ne cessèrent de prier pour sa délivrance. Ils parvinrent à l'emmener de ce lieu. Mais ils ne furent pas délivrés pour cela des attaques des démons. Il fut souvent jeté par terre; et comme ils montaient un endroit escarpé, ils eurent beaucoup de peine à l'arracher aux mains des mauvais esprits, qui voulaient l'enlever.

Lorsqu'ils furent arrivés à Auzerma, tous les chrétiens du lieu se rendirent chez Pachieco, et là ils virent une grêle de pierres lancées du haut des toits, et entendirent les démons crier : Hu! hu! hu! et exprimer leur mauvaise humeur par des bruits sauvages et souvent répétés. Ils le menacèrent de mort s'il recevait le baptême. Les chrétiens, au contraire, priaient Dieu qu'il ne permit pas aux démons de tuer en même temps son âme et son corps. Pendant qu'ils allèrent à l'église, ils furent accablés continuellement d'une grêle de pierres. Comme l'église n'était couverte que de branches et de paille, on n'y gardait point l'Eucharistie. Quelques-uns prétendirent qu'avant d'entrer ils avaient entendu comme des pas d'hommes qui marchaient. Lorsque les portes furent ouvertes, et pendant que la procession entrait, l'Indien vit les démons sous les formes les plus horribles, ayant la tête en bas et les jambes en l'air. Comme le frère Jean, de l'ordre de Notre-Dame, se préparait à lui administrer le baptême, les démons, tout en restant invisibles aux chrétiens qui étaient présents, l'enlevèrent en l'air sous les yeux de tous, et lui mirent la tête en bas, comme ils l'avaient eux-mêmes. Les chrétiens, forts dans la foi, crièrent à haute voix : « Jésus, secourez-nous; » ils l'arrachèrent aux démons, qui le retenaient avec force; et après qu'on lui eut mis une étole autour du cou, il fut aspergé d'eau bénite. Cependant l'église était pleine des sifflements et des hurlements des malins esprits. L'Indien les voyait continuellement, et ils l'accablaient de coups. Ils lui arrachèrent une fois des mains le chapeau qu'il tenait devant son visage, et lui couvrirent la figure de crachats d'une odeur infecte. Ceci s'était passé dans la nuit. Mais dès que le prêtre eut revêtu le matin ses ornements pour dire la messe, les sifflements, les hurlements et la fureur des démons cessèrent tout à coup. Après la fin de la messe, l'Indien demanda le baptême avec sa femme et ses enfants ; et lorsqu'il l'eut reçu il se trouva tellement fortifié qu'il pria qu'on le laissât libre, pour voir ce que les démons pouvaient encore contre lui, maintenant qu'il était devenu chrétien. Il fit trois ou quatre fois le tour de l'église en criant avec joie : « Je suis chrétien, je suis chrétien. » Et à partir de ce moment il ne fut plus inquiété.

Les esprits mauvais dans l'Irlande protestante.

Nous trouvons dans l'Irlande protestante un pendant de cette histoire. Le cellérier d'un gentilhomme qui demeurait dans le voisinage du comte Orery, ayant été envoyé par son maître pour faire une commission, aperçut dehors un grand nombre d'hommes assis autour d'une table et faisant bonne chère. Ceux-ci le saluent et l'invitent à venir prendre place parmi eux ; mais quelqu'un lui dit à l'oreille : « Ne fais rien de ce qu'ils te demandent. » Il refuse donc de se rendre à leur invitation. La table disparait alors ; mais la société se met à danser et à faire de la musique, et l'invite de nouveau à prendre part à leurs jeux. Ils le pressent et lui font en quelque sorte violence ; mais comme il refuse de céder à leurs instances, tout disparait encore. Se trouvant seul, il prend la fuite et court épouvanté chez lui. Là il tombe épuisé, n'en pouvant plus ; et, après avoir perdu connaissance pendant quelques instants, il revient à lui, et raconte à son maître ce qui lui est arrivé. La nuit, il voit un des personnages mystérieux de la bande joyeuse qui le menace de l'enlever s'il ose mettre un pied dehors. Pour échapper au danger, il se tient renfermé dans la maison. Le soir cependant, pressé par un besoin, il ose, accompagné toutefois de plusieurs personnes, mettre un pied sur le seuil de la porte. À peine l'a-t-il fait que les autres s'aperçoivent qu'on lui jette une corde autour du corps et qu'on l'enlève avec une incroyable rapidité, de sorte que, malgré leur empressement, ils ne purent l'atteindre et le ramener. Ils aperçoivent enfin un cavalier qui venait à leur rencontre, et lui crient d'arrêter celui qu'on emporte. Le cavalier voit un homme courir vers lui. Il aperçoit aussi les deux bouts de la corde, mais ne voit personne qui la tienne. Il saisit un des deux bouts de la corde, mais au même instant il reçoit sur le bras un coup très-douloureux de l'autre bout; il parvient cependant à retenir et à ramener le malheureux qu'on avait enlevé.

Le comte Orery, ayant appris cette aventure singulière, prie le maître de cet homme de le lui laisser. Le maître y consent. Mais le lendemain ou quelques jours après l'homme dit au comte que le spectre lui a apparu de nouveau pendant la nuit, en l'avertissant qu'il serait très-certainement enlevé ce jour-là même et qu'aucun effort ne pourrait le préserver du danger. On le conduit dans une grande chambre, et on lui donne pour le garder plusieurs personnes, parmi lesquelles se trouvait aussi le célèbre Borer Greatrix, le plus proche voisin du comte. Il y avait encore au château, avec d'autres hommes considérables, deux évêques qui attendaient avec angoisse l'issue de cette affaire. Pendant longtemps, jusque bien après midi, il n'arriva rien; mais tout à coup on aperçoit cet homme enlevé en l'air. Greatrix et un autre, très vigoureux aussi, lui jettent leurs bras autour de ses épaules, l'un par devant, l'autre par derrière, et le retiennent de toutes leurs forces. Mais ils sentent qu'ils sont trop faibles, et il leur échappe. Ils le voient balancé en l'air pendant quelque temps au-dessus de leurs têtes. Plusieurs de la société courent et se placent sous lui, pour qu'il ne se fasse point de mal en tombant. Il tombe enfin, et ils le reçoivent heureusement avant qu'il ait touché la terre; de sorte qu'il échappe sans blessure au danger.

Tout reste tranquille jusqu'au soir. Avant d'aller se coucher, le comte donne à cet homme deux de ses serviteurs pour passer la nuit avec lui. Celui-ci raconte le lendemain que le spectre lui a pendant la nuit présenté à boire une liqueur grise dans un plat de bois; qu'il s'était efforcé de réveiller ses compagnons, mais que le spectre lui avait dit qu'il se donnait une peine inutile; que d'ailleurs il n'avait rien à craindre, parce qu'il était son ami; qu'il lui avait déjà donné de bons conseils dans le champ où il l'avait rencontré, et que sans lui il serait tombé infailliblement au pouvoir de la société joyeuse qu'il y avait trouvée; qu'il était étonnant qu'il eût échappé la veille au danger, mais que la chose ne se renouvellerait plus à l'avenir; qu'il lui avait apporté cette liqueur pour le délivrer des deux maladies dont il souffrait. Comme il avait refusé d'en boire, le fantôme lui en avait témoigné de l'humeur, et le lui avait reproché comme un manque de fidélité, ajoutant toutefois qu'il ne lui en voulait point pour cela, et que s'il buvait du suc de plantago il serait guéri de l'une de ses maladies, mais qu'il garderait l'autre jusqu'au tombeau; qu'il avait demandé au spectre s'il voulait parler du suc de la tige ou de la racine, et que celui-ci lui avait répondu : « De la racine. » L'esprit s'était donné à lui pour une certaine personne qu'il avait connue; et comme il lui avait répondu qu'elle était morte depuis longtemps : « Oui, lui avait répondu le fantôme, je suis mort il y a sept ans; et parce que, comme tu le sais, j'ai mené une vie dissolue, je suis depuis ce temps traîné par cette société dans un état d'agitation continuelle, et je souffrirai ainsi jusqu'au dernier jugement. » Puis il ajouta : « Si tu avais toujours marché en la présence de Dieu, ce qui t'est arrivé à toi-même n'aurait pas eu lieu. » Il lui reprocha ensuite d'avoir omis sa prière la veille, lorsqu'il était allé dans les champs; puis il disparut. Les évêques, consultés sur l'usage du remède qui avait été prescrit, en défendirent sévèrement l'emploi.

Cette histoire fut envoyée au docteur More par M. C. Fowler, et Glanvil l'avait destinée pour la seconde partie de son ouvrage, où elle se trouve, p. 356. Fowler ajoute que Greatrix raconta lui-même en ces mêmes termes cette histoire à mistress Forcraft, à Ragley, et la répéta encore une fois à table, sur la demande de celle-ci. L. Roydon, qui était présent, prit plus d'une fois des informations à ce sujet auprès de lord Orery, qui lui confirma la vérité de cette histoire jusque dans ses moindres détails, à l'exception d'une seule circonstance. More ajoute de son côté, dans une lettre à Glanvil, qu'il a entendu Greatrix raconter ce fait chez lord Conway, à Ragley; qu'il s'est enquis d'une manière spéciale s'il était vrai que cet homme eût été enlevé en l'air, et que Greatrix lui a affirmé de la manière la plus positive qu'il l'avait vu de ses propres yeux. Or, Barter, qui connaissait personnellement le comte Orery, autrefois lord Broghil, dit de lui que c'était un homme intelligent, et qui n'était nullement disposé à la crédulité. Il est à regretter que toutes les circonstances de ce fait n'aient pas été certifiées d'une manière authentique par la signature des témoins, comme cela devrait toujours se faire dans les faits de ce genre; mais le récit, tel qu'il est, n'a rien, d'après tout ce que nous avons vu en ce genre, qui puisse nous le rendre incroyable. L'Irlandais, qui déjà auparavant était dans un rapport moral avec cette mauvaise société, entra plus tard dans un rapport physique avec elle, par ce que le spectre appelait ses accès, et la corde qui lui apparut était l'expression symbolique de ce rapport et de la puissance avec laquelle il se sentait entraîné. Ce camarade qui se présente à lui pour le guider dans les régions inconnues où il est tombé l'avertit de ne pas rendre ce lien plus fort encore en participant au festin ou du moins aux danses de cette mauvaise société. Puis, voyant qu'il suit ses conseils, il veut rompre complètement le charme, et lui présente dans ce but un aliment spirituel. Mais son protégé, concevant quelques soupçons, refuse également le secours qu'il lui offre, et c'est alors que l'autre lui propose, comme moyen physique de rompre le charme, la racine de plantago, déjà connue dans la magie. Cependant, comme il a refusé le remède spirituel et plus efficace qui lui était offert, le moyen physique et plus faible aussi ne peut le guérir qu'à moitié.

Note du traducteur. — Aux faits que vient de citer l'auteur qu'il nous soit permis d'en ajouter deux autres qui se sont passés de nos jours, que nous avons appris de la bouche même de ceux qui en ont été les témoins, et qui réunissent pour nous toutes les conditions qui peuvent en garantir la vérité. L'un de ces faits s'est passé dans la maison même de mon père, vers l'an 1812. Un soir, vers dix heures, ma mère fut éveillée par un bruit inaccoutumé dans la cuisine, séparée par la salle à manger de la chambre où elle dormait avec mon père. Elle le réveilla en lui faisant part de ses inquiétudes, et le pria d'aller voir si la porte de la cuisine, qui donnait dans la cour, avait été bien fermée; car elle croyait que c'était le chien qui était entré et avait causé tout ce bruit. Mon père, certain d'avoir fermé la porte le soir, attribua à un rêve ou à une illusion les impressions de ma mère, et l'engagea à se rendormir, comme il le fit lui-même. Mais au bout de quelques minutes ma mère entendit de nouveau le même bruit, et réveilla une seconde fois mon père. Elle ne put cependant parvenir à le convaincre; et, ne voulant croire qu'à soi, il se mit sur son séant pour ne pas s'endormir, attendant que le bruit recommençât. Il n'attendit pas longtemps, et finit par croire que sa mémoire l'avait mal servi, qu'il avait effectivement oublié de fermer en dedans la porte de la cuisine, que le chien de garde y était entré et frappait les uns contre les autres les pots, les plats, les casseroles et tous les autres instruments de ménage; car c'était un bruit de cette sorte que l'on entendait. Il se leva donc, prit une lumière, visita la cuisine, y trouva tout en ordre et la porte fermée; de sorte qu'il finit par croire qu'il avait été trompé par ses sens, et qu'il n'était pas peut-être parfaitement éveillé lorsqu'il avait cru entendre le bruit.

Il se remit au lit, laissant toutefois sa bougie allumée

pour voir si le bruit recommencerait. A peine était-il couché qu'un tapage bien plus considérable encore se fit entendre. Certain que ce ne pouvait être dans la cuisine, il visita toutes les autres chambres de la maison, depuis la cave jusqu'au grenier. Le vacarme continuait toujours, mais rien ne paraissait. Il réveilla les domestiques qui dormaient dans un autre corps de logis, visita de nouveau avec eux toute la maison, entendant toujours, mais ne voyant jamais rien. Le bruit avait changé de place et de nature; il avait passé dans la salle à manger, où il semblait que des pierres de vingt à trente livres tombaient de huit ou dix pieds sur un meuble qui était appuyé contre le mur. Après huit ou dix coups de cette sorte, un dernier coup beaucoup plus fort que les autres annonçait une pause; puis, aussitôt après, il semblait qu'une main vigoureuse remuait une barre de fer entre des pavés. Plusieurs voisins, réveillés par le bruit, vinrent à la maison pour savoir ce que cela voulait dire, et aidèrent mon père à faire de nouvelles recherches; car il croyait si peu aux revenants que l'idée même ne lui en était pas venue à l'esprit, et toute sa crainte était que ce ne fussent des voleurs. Il se disait d'un autre côté que des voleurs avaient tout intérêt à se cacher, et qu'il était bien peu habile de leur part de manifester leur présence d'une manière aussi bruyante. Il pensa donc que ce pouvaient être des rats. Mais comment des rats pouvaient-ils faire un tel vacarme et des bruits si divers? Tout cela le jetait dans de grandes incertitudes, et il ne savait à quoi s'arrêter. Vers trois heures du matin, il congédia ses voisins et ses domestiques, en les invitant à se remettre au lit, certain que ce ne pouvait être des voleurs, et c'était là le point capital pour lui. Le bruit avait donc duré quatre heures environ, et avait été entendu par sept ou huit personnes. Il cessa vers quatre heures du matin.

Vers sept heures un exprès vint annoncer à mon père qu'un de ses parents, nommé F., était mort dans la nuit, entre dix et onze heures, et que, près de mourir, il avait exprimé de nouveau le désir que mon père se chargeât de la tutelle des enfants qu'il laissait après lui. Il avait en effet manifesté bien souvent ce désir à mon père dans le courant de sa maladie sans pouvoir jamais vaincre sa résistance. En vain mon père lui avait opposé la multiplicité de ses affaires et des soins dont elles étaient pour lui la cause ; en vain lui avait-il désigné d'autres personnes mieux en état que lui de se charger de la mission qu'il voulait lui confier ; il n'avait pu, malgré toutes ses représentations, le détourner de cette idée qu'il avait emportée avec lui dans l'autre vie. La coïncidence de cette mort avec le bruit qui s'était fait entendre pendant la nuit frappa ma mère, et lui fit penser qu'elle n'était pas seulement l'effet du hasard. Elle insista donc auprès de mon père pour l'engager à accepter la tutelle des enfants du défunt. Mon père, ne partageant pas ses craintes, opposa toujours la même résistance. Cependant pour la tranquilliser, et croyant par là ne s'engager à rien, il lui promit que si le bruit recommençait la nuit suivante, il accepterait la charge qu'on voulait lui imposer. Croyant toujours que ce bruit provenait de quelques hommes qui lui en voulaient ou qui avaient l'intention de se jouer de lui, il résolut de prendre toutes ses précautions pour découvrir leurs artifices. Il fit donc coucher dans sa chambre deux hommes très-forts, et qui passaient pour très-courageux ; et il attendit patiemment dans son lit. A minuit, le bruit recommença mais bien plus fort et bien plus terrible que la veille. Mon père se lève, et dit aux deux hommes qui couchaient dans sa chambre de se lever aussi et de l'aider à visiter tous les coins de la maison. Mais ils étaient saisis d'une telle frayeur que rien ne put les décider à sortir de leur lit, et qu'une sueur froide coulait de tout leur corps. Mon père parcourut donc seul avec ses domestiques toute la maison sans rien découvrir. Le bruit dura très-peu, mais fut beaucoup plus violent que la première fois. Mon père, de retour dans sa chambre, céda aux instances de ma mère, plutôt pour lui faire plaisir que parce qu'il croyait que ces bruits venaient d'une cause extra-naturelle; et l'on n'entendit plus rien dans la maison. Trois ou quatre témoins de ce fait vivent encore aujourd'hui, et peuvent en attester la vérité. Je l'ai entendu raconter bien souvent par mon père, qui jamais cependant n'a pensé qu'il eût rien de surnaturel. Une chose cependant l'avait frappé, et lui avait donné quelque crainte. La première nuit, au moment où le tapage était le plus fort, il avait appelé son chien en lui criant : A moi, à moi! Ce chien était énorme, très-fort, très-méchant, et ce cri de mon père suffisait ordinairement pour le faire bondir et hurler d'une manière horrible. Mais cette fois, au lieu de sauter comme d'habitude, il se traîna en rampant jusqu'aux pieds de mon père, comme saisi d'épouvante. Cette circonstance fit sur mon père une impression très-vive, et déconcerta ses pensées sans changer néanmoins sa conviction.

Un autre fait plus récent encore m'a été raconté l'an dernier en Pologne par la princesse M. S. Elle habite dans le duché de Posen un immense château qui avait été bâti pour le roi Stanislas Leczinski. Il y a quelques années, des bruits extraordinaires se firent entendre chaque nuit dans une des chambres occupées par les jardiniers; de sorte que ceux-ci ne pouvaient dormir. Ces chambres étaient séparées du château par les jardins. Les jardiniers avaient remarqué que le bruit avait commencé depuis l'arrivée d'un jeune garçon de quinze ou seize ans. Ses camarades n'avaient rien voulu dire au prince S., dans la crainte de lui faire tort et ne sachant pas d'ailleurs si c'était lui qui était réellement la cause ou l'occasion de ce tapage. Mais enfin, fatigués, ennuyés et ne pouvant dormir, ils allèrent trouver un soir vers dix heures le prince pour lui raconter ce qui se passait. Le prince, la princesse, les femmes de chambre, tous les domestiques prirent des flambeaux et des lanternes pour se rendre sur les lieux. Après avoir traversé une partie des jardins, ils commencèrent déjà à entendre le bruit, qui devint toujours plus clair à mesure qu'ils approchaient davantage. Rendus sur les lieux, il leur sembla que les meubles et tous les objets qui se trouvaient dans la chambre du jeune garçon sautaient et dansaient; mais dès qu'ils ouvraient la porte le bruit cessait, et ils ne voyaient rien. Au bout de quelque temps, la princesse pensa que c'était peut-être la lumière qui produisait cette interruption subite du bruit. Elle proposa donc de prendre des allumettes chimiques, d'éteindre les lumières, et de laisser la porte entr'ouverte. Puis, quelques personnes devaient regarder dans la chambre, pendant qu'une autre ferait prendre les allumettes. On fit ce qu'elle désirait; elle et son mari se placèrent à l'ouverture de la porte. Or, au moment où les allumettes jetèrent de la lumière, ils virent très-distinctement le lit, les bottes, un balai, etc., sauter dans la chambre, pendant que le garçon était au lit. Ils aperçurent aussi sur le lit du garçon et par terre des morceaux de tuile qui étaient tombés du toit, et qui ne lui avaient fait aucun mal. Ils l'interrogèrent à ce sujet, et il leur dit que depuis quelque temps déjà il était poursuivi par cette calamité, et qu'il ne savait à quoi l'attribuer. Le prince le garda quelques mois encore; mais les jardiniers ayant appris que ce jeune homme passait dans le pays pour avoir des rapports avec les sorciers et être en commerce avec le diable, le prince se décida à le renvoyer, et le bruit cessa avec son départ.

CHAPITRE XXIV.

L'action du démon paraît d'une manière certaine et positive. Des expériences faites à ce sujet par les directeurs de séminaires et les maîtres des novices dans les couvents. Les expériences d'Olivier Manareus, recteur à Lorette. Ce qui s'est passé à Madel en Thuringe et dans la maison du tisserand Gilbert Campbel en Écosse, en 1654.

Pendant qu'Olivier Manareus était recteur de la maison des Jésuites à Lorette, celle-ci fut inquiétée par diverses apparitions relativement auxquelles ce vieillard de quatre-vingt-six ans fit les dépositions suivantes (*In processu remiss. Flandr.*, f. 11, p. 932-39) : D'abord, un Maure parut avec un vêtement gris à un novice belge, et essaya de le faire apostasier. Celui-ci ne voulant point céder à ses perfides suggestions, il lui souffla sur le visage une vapeur tellement infecte qu'il en garda l'odeur pendant deux jours. Il fut plus heureux auprès d'un autre novice sarde, lequel quitta et la compagnie et la ville. Il commença bientôt à faire du bruit dans une chambre éloignée ; il semblait que tous les meubles étaient jetés pêle-mêle, et cependant tous étaient à leur place. Lorsque les frères priaient, il frappait contre leur escabeau ; quelquefois, du haut du plancher, il imitait le bruit d'un chat qui dort. Une fois, au souper, un jeune homme de vingt-trois ans reçut au côté un coup si violent qu'il jeta un cri et tomba à la renverse. D'autres fois, pendant que les frères étaient couchés, il grimpait comme un chat, puis retombait de tout son poids sur eux, ce qui leur causait une grande frayeur. Manareus avait donc pris la coutume de se promener des heures entières pendant la nuit, dans le corridor sur lequel s'ouvraient les chambres des novices, afin de pouvoir à chaque instant leur donner les secours nécessaires. On employa des cierges bénits, des reliques, les prières, les exorcismes ; on commanda à l'esprit, s'il voulait quelque chose, de s'adresser au recteur. Plus d'une fois, en effet, l'esprit envoyé vers le recteur au nom de la sainte obéissance vint frapper à sa porte. Il lui devint plus à charge dans une fièvre qu'il eut, et pendant laquelle le sommeil l'abandonna plusieurs jours et plusieurs nuits de suite. Enfin, comme il s'était un peu endormi, l'esprit frappa de nouveau à sa porte vers minuit. Le recteur, croyant que c'était un frère, dit d'entrer ; mais l'esprit se mit à frapper de nouveau, de sorte que le père, jugeant que c'était le démon, lui cria : « Ouvre au nom du Seigneur, et fais ce que Dieu t'a permis de faire contre moi. Il ouvrit alors la porte et les fenêtres avec une telle force qu'il sembla qu'elles étaient brisées. Le père éveilla son voisin pour qu'il vînt les refermer. Une fois, vers minuit, comme il se promenait dans le corridor, il entendit du bruit comme si on enfonçait le toit, et il lui sembla que quelque chose approchait toujours de lui davantage. Il se mit à regarder avec attention, et vit un chien noir se jeter sur lui avec les yeux flamboyants, et passer trois fois devant lui en aboyant. Le démon fut chassé enfin par l'intercession de saint Ignace.

Le berger de Madel. — Il se passa en Thuringe un fait très extraordinaire qui fit une grande sensation en Allemagne vers la moitié du seizième siècle, et donna lieu à plusieurs écrits. « Il y avait un pauvre homme, berger de son état, qui servait à Madel en Thuringe, chez un gentilhomme nommé Junker Velten de Harris. Un autre berger de Borstendorf, à un demi-mille au-dessous d'Iéna, vint le trouver dans les champs le jour de la Saint-Jean-Baptiste en 1559. Après lui avoir demandé quel était son maître et ce qu'il gagnait, il lui dit que s'il le désirait il lui procurerait un bon maître. Là-dessus, le pauvre berger répondit qu'il gagnait cinq schocks, mais qu'il avait un maître pieux, et qu'il ne désirait point en changer. Le berger de Borstendorf lui dit : « Ce que tu gagnes n'est rien, je veux t'enseigner un maître qui te donnera dix florins par an. » Il sut si bien gagner le pauvre berger par ses discours que celui-ci lui promit de servir un an le maître dont il lui parlait. Après quoi il reçut deux morceaux de pain, l'un blanc et l'autre bleuâtre. Ce pain n'avait point un goût naturel; il avait été pétri avec du sang de cinq animaux sauvages différents, comme le berger de Borstendorf l'avoua avant de mourir, lorsqu'il fut brûlé à Weimar, pour cause de blasphème. Aussi, dès que le berger de Madel en eut mangé, il se sentit très-mal disposé. Interrogé s'il voulait encore s'engager au service de son nouveau maître, il répondit que oui. Le berger de Borstendorf l'emmena donc dans un bois, où il vit courir autour de lui un grand nombre de lièvres ; puis l'autre berger le quitta. Revenu le soir chez lui, il se trouva mal. Pendant qu'il était assis sur un banc chez son maître Velten, qui avait une nombreuse compagnie ce soir-là, il fut attaché avec des liens sans qu'on vît personne près de lui. Puis le démon le tourmenta en mille manières, soit au dedans, soit au dehors, le liant avec des cordes, le garrottant avec des crochets pointus dont les pointes étaient tournées vers la gorge, et personne ne pouvait voir celui qui le liait ainsi.

« On l'envoya, au commencement de l'année 1560, pour servir comme berger chez Hans Poster, à Schobelau, pour voir s'il ne se trouverait pas mieux en changeant de lieu. Mais le démon le tourmenta bien davantage encore, comme peuvent l'attester un grand nombre d'hommes pieux qui sont venus le voir d'Iéna et d'ailleurs. Une nuit, à Schobelau, le diable porta dans le grenier une grande quantité de vieux bois, de vieux morceaux d'escalier qu'il arrangea en forme d'édifice bizarre auquel personne ne comprenait rien. D'un côté, il y avait une échelle avec des chaînes de chariot attachées de la manière la plus extraordinaire à une colonne. Le pauvre berger y était étendu avec une grosse pierre attachée au pied, comme on a coutume de faire pour les malfaiteurs. Le pauvre homme fut souvent emporté à travers et sur les toits, où l'on voyait très-distinctement les traces de ses pieds sur la paille qui servait de toiture; de sorte qu'on ne pouvait comprendre comment il avait pu passer par des ouvertures aussi étroites. Souvent aussi on le laissait tomber à travers les toits; mais, par une protection particulière de Dieu, son corps ne reçut jamais aucun dommage. Il n'y a pas longtemps encore qu'on plaça sur lui une grande porte, que l'on frappa avec un grand arbre, de sorte qu'elle se brisa, et que le sang lui sortait du cou. Toutes ces choses ont été vues en plein jour. Une fois aussi, douze hommes forts et vigoureux furent obligés de le tenir, de sorte que les gens qui demeurent dans le même lieu racontent des choses merveilleuses sur tout ce que souffre ce pauvre homme en son corps. On a envoyé plusieurs théologiens et prédicateurs d'Iéna et d'autres lieux pour chasser le démon; mais ils n'y ont pu réussir. Dernièrement encore, le malin esprit a, pendant l'été, mêlé et gâté dans les champs tous les blés du gentilhomme Poster; et la nuit il se fait un tel bruit dans la cour de Schobelau que personne ne veut y rester. Le démon a osé bâtir de nuit dans ladite cour une tour en pierre, et l'avait élevée au-dessus de terre à peu près de la hauteur d'un homme; mais le jour on n'aperçoit ni matériaux ni travailleurs. Bref, on ne saurait ni écrire ni lire tout ce que ce malheureux a souffert et souffre encore du malin esprit. Que Dieu daigne le secourir et le délivrer de ces horribles tentations. Donné le 8 juin 1560. »

Gilbert Campbel. L'action du démon apparaît surtout d'une manière frappante dans les faits qui se passèrent depuis le mois d'octobre 1654 dans la maison d'un tisserand nommé Gilbert Campbel, demeurant dans l'ancienne paroisse de Glenluce, comté de Galloway, en Écosse. « Un mendiant insolent, Al. Agne, qui plus tard fut pendu à Dumfrweis pour crime de blasphème, n'avait pas trouvé suffisante l'aumône que Gilbert lui avait donnée, et lui avait, à cause de cela, fait des menaces. A partir de ce moment, le malheur sembla s'attacher à lui. Et d'abord, tous les outils dont il avait besoin pour son état furent brisés; puis, à partir du milieu de novembre, des pierres furent lancées avec force et en grand nombre contre les fenêtres, les portes et les cheminées. Gilbert déclara la chose au curé du lieu et aux voisins; mais elle continua comme auparavant. Il trouvait souvent la trame et la chaîne coupées comme avec des ciseaux sur le métier; il en était de même des habits, des bonnets, des souliers, même pendant que les gens de la maison les portaient sur le corps. Cependant leur personne était épargnée, si ce n'est qu'ils ne pouvaient dormir la nuit. Les boîtes, les coffres étaient ouverts, et les objets qu'ils contenaient coupés, éparpillés ou cachés; de sorte que le pauvre homme fut obligé de renoncer à son état, qui était sa seule ressource, et de mettre en sûreté le reste de son avoir chez ses voisins. Pour lui, il resta encore dans sa maison. On lui conseilla d'éloigner sa famille; il le fit, et le calme revint pendant quatre ou cinq jours. D'après le conseil du curé, il rappela ses enfants, et la paix continua jusqu'à ce que l'un de ses fils, Thomas, qui avait été envoyé plus loin que les autres, fût aussi de retour. Le bruit commença de nouveau, et dès le lendemain, qui était un dimanche, le feu fut mis à la maison. Il fut éteint cependant sans beaucoup de dommage par les gens qui revenaient de l'église. On ordonna pour le lendemain un jeûne et des prières, mais malgré cela le feu fut mis encore à la maison le mardi vers neuf heures du matin, et éteint heureusement. Camphel, tourmenté ainsi jour et nuit, alla trouver le curé, et le pria de prendre chez lui pendant quelque temps son fils Thomas. Le curé y consentit, en lui disant d'avance que cela ne servirait de rien. En effet, quoique l'enfant fût hors de la maison, la famille fut inquiétée jour et nuit; de sorte que jusqu'à minuit, et bien souvent même la nuit tout entière ils étaient obligés de veiller; et pendant ce temps-là leurs habits étaient déchirés, cachés et jetés çà et là.

« Les prêtres du canton s'étant réunis à l'occasion d'une fête, ils persuadèrent au tisserand de reprendre chez lui son fils Thomas, quoi qu'il pût arriver. L'enfant dit qu'il entendait une voix qui lui défendait d'entrer dans la maison. Il entra néanmoins, mais il fut tellement maltraité qu'il fut obligé de retourner chez le pasteur. Le lundi 12 février, la famille entendit aussi une voix, sans distinguer d'où elle venait, et une conversation assez frivole s'engagea depuis le soir jusqu'à minuit. Le pasteur vint le lendemain, accompagné de quelques personnes; et, la prière une fois achevée, tous entendirent sortir de dessous un lit une voix qui disait dans le dialecte du pays : « Voulez-vous connaître les magiciennes de Glenluce, je vous les nommerai. »

Puis il leur nomma quatre ou cinq personnes mal famées. Campbel ayant remarqué qu'une de celles-ci était morte depuis longtemps : « C'est vrai, répondit la voix ; mais son esprit vit avec nous dans le monde. » Le pasteur répondit : « Que Dieu te punisse, Satan, et te réduise au silence! Nous ne voulons point apprendre de toi ce que sont les gens. Tu ne veux que tromper cette famille ; car la division est toujours dans le royaume de Satan. » Là-dessus tous se mirent de nouveau à prier ; et pendant ce temps la voix se tut. Mais la prière terminée, elle cria à l'enfant qui était revenu que s'il ne partait de la maison il y mettrait le feu. Le pasteur répondit : « Dieu la préservera et cet enfant aussi ; car il appartient à cette famille, et a droit de demeurer ici. » La voix dit : « Il ne restera pas ici : il en a été chassé une fois, il ne peut plus y demeurer, devrais-je le poursuivre jusqu'au bout du monde. » Le pasteur répondit : « Le Seigneur le défendra contre ta malice. » Ils se remirent à prier, et la voix dit : « Donnez-moi des bêches et des pelles ; tenez-vous éloignés d'ici pendant sept jours, et je creuserai une tombe où je me coucherai, et je ne vous dérangerai plus. » Le tisserand répondit : « Avec le secours de Dieu, tu n'auras pas un brin de paille, quand même nous pourrions obtenir par là le repos. » Le pasteur ajouta : « Dieu t'éloignera en temps convenable. » La voix dit : « Vous ne me ferez pas bouger d'ici, car j'ai mission de la part du Christ pour hanter cette maison. » L'autre dit là-dessus : « Dieu saura bien en son temps t'ôter cette permission. » La voix : « J'ai une mission qui durera peut-être plus longtemps que la vôtre. » Le pasteur et un autre se levèrent, et allèrent à l'endroit d'où la voix paraissait venir, pour voir s'ils ne trouveraient point quelque chose. Ils eurent beau chercher, ils ne trouvèrent rien. « Il semble, dit l'autre au pasteur, que la voix vient des enfants. » Quelques-uns des enfants étaient en effet au lit. La voix répondit : « Vous mentez; Dieu vous en punira ; moi et mon père nous viendrons, et nous vous emporterons en enfer. »

La voix imposa silence à l'autre en lui disant : « Laisse celui-ci parler ; il a une mission, et il est le ministre de Dieu. »

« Tous deux s'asseyent près de l'endroit d'où la voix paraissait venir. Une sorte de dispute s'engage entre le presbytérien et le personnage invisible, s'appuyant en grande partie sur des textes de la sainte Écriture. Lorsque l'une des parties opposait à l'autre un texte embarrassant, celle-ci lui rendait la pareille. La dispute s'échauffe ; enfin, comme le pasteur se tenait un peu en arrière dans la chambre, la voix cria : « Je ne connaissais pas ces passages jusqu'à ce que mon père me les eût appris. Je suis un mauvais esprit: Satan est mon père, et je suis venu pour tourmenter cette maison. » — On vit apparaître aussitôt une main et un bras nus depuis le coude. La main frappa le plancher, de sorte que la maison en trembla. Puis la voix dit en poussant un cri effroyable : « Viens, mon père, viens! Je veux vous envoyer mon père. Ne le voyez-vous pas derrière vous? » — Le pasteur dit : « Pendant que j'entendais le coup, j'ai vu en effet une main et un bras. » — La voix : « Eh bien, ce n'était pas ma main, c'était celle de mon père ; ma main est plus noire à l'extérieur. Si vous voulez me voir, éteignez la lumière, et je paraîtrai au milieu de vous comme un globe de feu. » Pendant cet entretien le soir était venu, et l'on se préparait à s'en aller. La voix cria : « Que le pasteur ne parte pas, ou bien je brûle la maison. » — Comme il était parti malgré cela, le tisserand le conjura de revenir. La voix dit alors : « Vous avez fait ce que je demandais. — Ce n'est pas à cause de toi, mais pour obéir à Dieu, et tenir compagnie à ce pauvre homme. »

« On se mit à prier, et le pasteur défendit à la famille d'ouvrir la bouche et de parler avec le malin esprit, en leur recommandant, s'il venait à leur parler lui-même, de se mettre à genoux et de prier Dieu. Là-dessus la voix cria : « Comment, vous ne voulez pas parler avec moi?

Eh bien, je brûlerai la maison, et je vous ferai toute sorte de peines. » — On ne lui répondit point. On n'entendit plus rien pendant longtemps. Mais Gilbert fut encore inquiété souvent : il n'avait pas deux jours de libres dans la semaine, et ceci dura jusqu'au mois d'avril. A cette époque, il survint un peu de mieux, jusqu'au mois de juillet. Mais de nouveaux accès revinrent alors, et la pauvre famille fut bientôt réduite à la plus grande misère; car même ce qu'elle mangeait ne lui portait pas de profit. Gilbert s'adressa donc au synode qui devait se réunir au mois d'octobre 1655, et lui demanda s'il devait quitter la maison ou rester. Le synode envoya une commission à Glenluce, et ordonna au mois de février 1656 un jour de pénitence et des prières pour cette pauvre famille dans tout le canton. Les choses allèrent un peu mieux jusqu'au mois d'avril, et à partir de cette époque jusqu'au mois d'août on n'entendit plus rien. Mais bientôt le mal reparut de nouveau. On cachait sous le seuil de la porte les mets apprêtés pour le repas; on versait les plats sous les lits ou même dedans, ou bien on emportait tout, même le pain et l'eau. Pendant tout le mois d'août, personne ne put dormir dans la maison à cause du bruit continuel qui s'y faisait. Celui-ci augmenta encore, et de plus, l'esprit se mit à jeter des pierres et à donner des coups. Le 18 septembre, vers minuit, on entendit une voix crier : « Je vais brûler la maison; » et trois ou quatre nuits plus tard en effet on mit le feu à l'un des lits; mais il fut éteint heureusement. Gilbert continua d'être tourmenté jusqu'au jour où fut rédigé ce document. »

G. Sinclare, mathématicien très-connu, publia le premier cette histoire dans son *Hydrostatique*. Ce n'était guère, il semble, le lieu pour des communications de ce genre; mais comme il voyait dans ce fait une preuve mathématique en quelque sorte de l'existence des esprits, il se mit au-dessus de toute considération, et l'inséra dans son livre. Quant au récit lui-même, il fut rédigé par le fils du tisserand lui-même, qui connaissait parfaitement toute l'affaire; et D. G. Burnet, qui a écrit l'histoire de la Réforme en Angleterre, assure qu'ayant vécu plusieurs années à Glascow il a trouvé tout le peuple de la ville et des environs parfaitement convaincu de la vérité du fait, et qu'il n'a jamais entendu exprimer le moindre doute sur le récit qu'en a fait Sinclare; qu'on lui reproche seulement d'être trop court; mais qu'à la vérité il aurait fallu un volume tout entier si l'on avait voulu raconter tout ce qui s'est passé; qu'au reste on a de ce même fait une histoire complète, attestée par la signature de témoins oculaires, aux témoignages desquels Ant. Horneck, qui l'a publiée plus tard, a ajouté encore celui de plusieurs autres personnes du pays qui lui en ont garanti la véracité.

Comme la rédaction de ce document et la manière dont il se termine prouvent qu'il a été composé lorsque les faits étaient tout frais encore, il n'est pas possible de supposer qu'il y ait eu tromperie. Celle-ci n'a pu venir des enfants, puisque ces faits extraordinaires se sont produits aussi bien dans leur absence que pendant qu'ils étaient présents. Il serait possible toutefois que la voix fût venue d'eux, à leur insu, par suite de quelque état extraordinaire où ils se seraient trouvés; mais en ce cas la chose n'en serait pas moins merveilleuse. On ne peut pas soupçonner davantage le clergé, auquel l'on a coutume de s'en prendre d'abord dans les cas de ce genre; car il ne pouvait en trompant se proposer aucun but, et d'ailleurs l'issue de toute cette affaire n'a pas été assurément très-brillante pour lui. Le pasteur John s'est conduit très-bravement, il est vrai, mais il n'a pu venir à bout de l'ennemi. Le synode n'a pas été plus heureux. On ne peut d'ailleurs faire à l'esprit humain cette injure de croire qu'un désordre aussi bruyant, qui s'est produit en tant de manières, en présence de tant de témoins, de jour et de nuit, qui est devenu un spectacle pour tout le pays, ait pu être continué pendant deux années entières par l'effet de quelque supercherie, sans que ni les personnes de la maison, ni les voisins, ni le pasteur, ni les témoins oculaires, ni la commission du synode aient pu découvrir la moindre trace de duperie. C'est pour cela, et aussi parce que cette histoire s'est passée dans un pays protestant, que nous avons cru devoir la rapporter ici, laissant au lecteur à juger si ce n'est pas là encore une garantie de plus pour sa véracité. C'est peut-être aussi pour cela que les protestants ont cherché à l'ensevelir dans l'oubli.

Ainsi, en faisant la part des falsifications que le caprice, la malice, l'imposture réfléchie peuvent avoir introduites dans les histoires de ce genre, il reste encore en ce domaine une masse de faits incontestables, qui prouvent qu'il existe un monde invisible, lequel peut disposer à son gré des forces physiques nécessaires pour la manifestation de ces phénomènes. Mais à côté de cette manière tumultueuse et saisissable dont les puissances invisibles entrent en rapport avec nous, il en est une autre encore qui se rattache principalement au sens de la vue, qui demande le silence et ordinairement aussi l'obscurité de la nuit, et qui donne lieu à une nouvelle série de manifestations que nous devons étudier maintenant. Mais les expériences de cette sorte sont si nombreuses, les légendes et les histoires où ces faits sont racontés sont si multipliées que les bornes de ce livre ne suffiraient pas pour en contenir seulement la partie la plus importante, et que, si nous voulions épuiser la matière, nous serions infini. En effet, d'un côté, la nuit et l'obscurité apportent toujours quelque incertitude et quelque doute qui provoque la critique, tandis que, d'un autre côté, la solitude où se trouvent ceux à qui ces sortes de choses arrivent rend cette critique difficile, ou même tout à fait impossible. Nous devons donc abandonner la discussion de ces faits aux écrits qui se sont proposé ce but d'une manière toute spéciale, et, au milieu de cette masse de récits qui se présentent à nous, nous borner à un cercle très-étroit, et nous contenter de rapporter ce qu'ont vu les saints en ce genre. Chez eux en effet la vue est plus pénétrante, l'image plus distincte, plus précise et par conséquent plus sûre. Et d'un autre côté, quoiqu'ils soient exposés aussi à l'illusion, celle-ci doit être plus rare et moins probable chez eux; et il n'est pas permis en tout cas de supposer qu'ils aient voulu tromper sciemment. Mais comme il y a entre le monde invisible et les saints des rapports réciproques, ils peuvent se rencontrer de deux manières, selon que ce rapport vient principalement ou du premier ou des derniers. Nous l'étudierons à ce double point de vue. Mais, d'un autre côté, le monde invisible se partage en trois royaumes, l'un bon, l'autre mauvais, et un troisième situé entre les deux. Nous n'avons point à nous occuper ici du premier, en ayant déjà parlé dans la mystique divine; nous ne considérerons donc que les phénomènes qui se rattachent au premier et au troisième.

CHAPITRE XXV.

Comment Dieu permet que les démons tentent les saints pour les exercer et les purifier. Les tentations des Pères du désert, et en particulier de saint Antoine. La même chose se reproduit dans les temps plus récents. Tentations de Jean de Castillo et de Madeleine de Pazzi.

Nous avons plus haut, à l'occasion du somnambulisme spontané, exposé le côté physique de cette magie qui naît du rapport de l'homme extérieur avec la nature physique; puis nous avons étudié les phénomènes psychiques qui résultent de ce rapport; et nous avons ainsi parcouru le cercle entier de la magie naturelle. L'homme, avons-nous dit, a un côté diurne ou lumineux qui s'exprime dans le corps par toute cette moitié tournée vers le dehors, laquelle comprend les systèmes nerveux, depuis le cerveau et la partie antérieure de la moelle épinière jusqu'à cette portion du système ganglionnaire qui se rattache à celle-ci ; et un autre côté nocturne ou ténébreux, qui comprend la partie postérieure de ce même système ganglionnaire et de la moelle épinière jusqu'au cervelet. Par le premier côté l'homme est dans un rapport réfléchi, scientifique et pratique avec le monde physique, et le monde psychique placé sur la même ligne que lui, tandis que par le second, lorsqu'il s'éveille en son temps, il est dans un rapport magique ou mystique avec les mêmes domaines de la nature. Mais ce double rapport, l'un réfléchi, l'autre magique ou mystique, peut encore exister entre l'homme et Dieu, ou tout ce qui sert à Dieu d'instrument volontaire ou involontaire. Au point de transition qui conduit du premier de ces rapports au second, nous trouvons cette série de phénomènes, si fréquents dans la vie des saints, par lesquels les puissances de l'abîme, servant en cela d'instrument à la divine Providence, concourent à la perfection des élus de Dieu par les tentations qu'elles leur suscitent et les victoires qu'elles leur ménagent. Ces attaques, quoiqu'elles aient un bon résultat, viennent néanmoins d'un mauvais principe. Elles forment donc comme la transition naturelle à cette ascèse qui fraye les voies au mal, tandis que, d'un autre côté, les nouvelles régions qui s'ouvrent ici semblent se rattacher à celles que nous venons de quitter. Ainsi l'exposition de ce genre de phénomènes ne peut trouver nulle part mieux qu'ici sa place. Nous allons entrer dans une région plus profonde : aussi tout ce qui s'est présenté à nous jusqu'ici dans un cercle plus étroit va se reproduire sous nos yeux avec des proportions plus larges, mais aussi d'une manière plus intelligible et plus instructive à la fois. Si donc nous n'avons pu refuser de nous rendre à l'évidence des faits dans le domaine plus borné et purement extérieur que nous venons de parcourir, nous serons forcés de reconnaître comme bien plus certains encore les faits que nous allons étudier, attestés comme ils le sont par des témoins pour qui la mort aurait été préférable au mensonge.

On ne peut prononcer le mot de tentation sans que le nom de saint Antoine se présente aussitôt à l'esprit; car les tentations de cet homme illustre sont devenues proverbiales, et ont fourni aux arts un sujet inépuisable de compositions. Sa biographie authentique rapporte qu'à l'âge de trente ans, pendant qu'il demeurait enfermé dans un tombeau, les malins esprits le pressèrent et le maltraitèrent tellement que la grandeur des souffrances qu'il endurait l'empêchait de marcher et de parler. Une fois même, le frère qui avait coutume de lui porter à manger le trouva étendu par terre comme un mort, et l'emporta chez lui. Mais à peine ce saint homme fut-il revenu à lui qu'il fallut le reporter au lieu d'où on l'avait amené. Les démons, voyant qu'il bravait ainsi leur fureur, n'en devinrent que plus irrités. Ils excitèrent tout à coup autour de lui un tel tapage qu'il semblait que les murs s'entr'ouvraient pour donner passage à des multitudes d'esprits mauvais. Tout le lieu où il était fut bientôt plein de bêtes féroces, de serpents, de lions, de taureaux, d'ours, de panthères et de scorpions. Tous ces animaux élevèrent la voix, sifflant, hurlant ou mugissant autour de lui; de sorte que le pieux solitaire souffrit de grandes douleurs, et fut réduit à une terrible extrémité. Mais son courage ne ploya point sous l'effort de cette tempête. Bien loin de là, il accueillit avec des paroles de mépris et de dérision ces fantômes qui fondaient sur lui, jusqu'à ce qu'enfin une lumière brilla au-dessus de sa tête et chassa tous ces monstres, pendant qu'une voix mystérieuse lui promettait secours et protection. A l'instant même, toutes ses douleurs disparurent, et son corps reprit sa première énergie.

Plus tard, comme il habitait un ancien château dans le désert, plusieurs personnes qui étaient venues pour le voir entendirent devant la porte la voix des démons qui se moquaient de lui, quoiqu'elles ne vissent personne par les fentes

S. Antoine.

de sa porte. Il raconte lui-même que Satan, sous la forme d'un géant, frappa un jour à la porte de son couvent, et se plaignit à lui de la destruction de son pouvoir par le Sauveur. Plus tard il le vit dans une vision, élevant sa tête jusqu'aux nuages, tel que Job le décrit. Devant lui, les âmes ailées des défunts cherchaient à s'élancer vers le ciel. Celles dont le vol était plus puissant et qui pouvaient s'élever au-dessus de sa tête parvenaient au but; mais celles qu'il pouvait atteindre avec les mains, il les jetait vers l'abîme, dans un lac immense de feu qui était à ses pieds. (*Lausiaca*, c. 27.) Plus tard encore, pendant que le saint habitait la montagne bien avant dans le désert, les visiteurs qui venaient en grand nombre le trouver dans sa solitude entendaient souvent autour de lui un mélange confus et effroyable de voix de toute sorte, un bruit de chevaux et d'armes, comme s'il eût été assiégé par une armée d'esprits invisibles, qu'il mettait en fuite à chaque fois par sa prière. Tantôt ils lui apparaissaient sous la forme de bêtes, tantôt environnés d'éclat: mais sa parole suffisait pour dissiper ces fantômes et pour éteindre cette lumière menteuse.

D'autres saints ont encore éprouvé la même chose. Ainsi l'auteur inconnu de la Vie de saint Pacôme, abbé de Tabenna, que Denys le Petit a traduite du grec en latin, raconte que, lorsque le saint revenait au couvent, après en être sorti pour prier, les démons allaient à sa rencontre en procession, se disant les uns aux autres : « Faites place à l'homme de Dieu. » Souvent ils faisaient autour de sa cabane un tel vacarme qu'il semblait qu'ils voulussent la détruire de fond en comble. Mais dès qu'il se mettait à chanter, ils s'évanouissaient comme la fumée. Quelquefois plusieurs d'entre eux faisaient comme s'ils eussent voulu coudre une feuille d'arbre avec une corde, afin de lui arracher au moins un sourire. Quand il était à table, ils lui apparaissaient souvent sous la forme de femmes impudentes qui voulaient manger avec lui. — Le diacre Éphrem raconte dans la *Vie de saint Abraham* que le démon lui apparaissait tantôt comme une lumière éclatante, d'où sortait une voix qui louait sa vie pieuse ; tantôt avec une hache à la main, comme pour enfoncer sa cellule ; tantôt il mettait le feu à la natte sur laquelle il priait, tantôt une troupe de mauvais esprits se jetait sur lui, afin de le précipiter dans un fossé. Le démon apparut à Jean, Père du désert, sous la forme d'un prêtre qui était venu lui apporter la communion ; mais le saint le reconnut bientôt et le chassa.

Des faits semblables sont arrivés fréquemment dans la vie des mystiques, jusqu'en ces derniers temps. Nous citerons d'abord un fait attesté par un ordre que son fondateur, après avoir parcouru lui-même les voies mystiques et être entré dans la vie active, a destiné principalement à celle-ci. Cet ordre, fidèle à l'esprit de son fondateur, n'a jamais approché qu'avec crainte et prudence de ces régions mystérieuses ; et, toujours en garde contre les apparences, si souvent trompeuses en cette matière, il ne s'est jamais rendu qu'à l'évidence. Cet ordre, c'est la compagnie de Jésus. Ce fait est raconté par Mathias Tanner, jésuite, dans un livre où il décrit les vertus et actions remarquables de ceux qui se sont occupés dans cette partie du monde du salut des fidèles. L'ouvrage parut à Prague, en 1694, après sa mort. Il raconte, à la page 318, ce qui est arrivé à Jean de Castillo, mort en 1599 à Vallisolet. Attaché d'abord à la personne de l'évêque d'Astorga, il était entré dans l'ordre, et avait été envoyé dans la maison professe de Villa-Garcia. Les premiers six mois de son noviciat, il ne se passa rien, si ce n'est qu'il fit des progrès rapides dans la vie intérieure, et reçut pendant ses extases des consolations et des lumières merveilleuses. Dans l'un de ses ravissements, il sentit au fond de son âme comme une voix qui lui disait que, s'il voulait, par amour pour Notre-Dame et son divin Fils, se conformer entièrement à la volonté divine, il devait être prêt, si cela plaisait à Dieu, à tomber sous la puissance des démons et à souffrir de leur

Jean de Castillo.

part toute sorte de persécutions et de tourments. Il recula d'abord devant cette pensée : incertain, il ne pouvait prendre sur lui de consentir à une lutte aussi terrible. Comme cette pensée ne le quittait point, et qu'elle se représentait surtout pendant la prière, accompagnée de vifs reproches, il résolut enfin de recommander la chose à Notre-Seigneur et à sa Mère, et de leur demander la lumière dont il avait besoin dans sa détresse. Un jour qu'il renouvelait cette résolution pendant la messe, tenant en main la sainte hostie, il lui sembla entendre au fond de son âme Notre-Seigneur lui dire : « Est-ce donc quelque chose de bien difficile pour toi de te montrer prêt à être livré aux démons par amour pour moi, certain comme tu l'es de ma protection et de mon secours? Ces paroles le consolèrent et lui donnèrent du courage; et il s'abandonna entièrement à la volonté de Dieu, prêt à souffrir même les tourments de l'enfer, s'il le voulait ainsi. Quelques jours plus tard, il fut fortifié dans sa résolution par une apparition de sainte Agnès, et assuré de nouveau du secours de Dieu dans une lutte qui devait tourner également à la gloire de celui-ci et à son propre salut. Il se trouva donc disposé à souffrir toutes sortes de combats et d'angoisses.

A peine l'apparition s'était-elle évanouie qu'il vit se précipiter dans sa chambre des troupes de démons qui l'entourèrent en poussant des cris de joie, et l'assiégèrent de la manière la plus pénible. Troublé et bouleversé à cette vue, il se sauve chez le maître des novices, et lui raconte ce qui vient de se passer. Celui-ci, non moins troublé que lui, ne savait que penser de ces conduites inaccoutumées, ni quel conseil donner. Il le consola cependant en lui disant qu'il recommanderait la chose à Dieu, et implorerait sa lumière pour discerner un esprit si singulier. A partir de ce moment, la lutte avec les mauvais esprits devint toujours plus acharnée, et le novice souffrit en son âme et en son corps les mêmes choses qu'un possédé, quoique Dieu ne permît jamais au démon de s'emparer de son corps; mais il multiplia au contraire ses consolations et ses faveurs, à mesure qu'il souffrait davantage. Au commencement, ce qui l'affligeait le plus, c'était la tentation de quitter la compagnie, tentation qui ne lui donnait de repos ni le jour ni la nuit. Une voix perfide lui disait sans cesse au fond du cœur : « Quitte cet ordre, et choisis-en un autre, et je ferai de toi un prodige de science, de sorte que personne ne te surpassera en sagesse et en érudition, et tu seras élevé aux plus hautes dignités. » Comme cela ne servait de rien, le démon le menaça de le poursuivre sans relâche jusqu'à ce qu'il eût été chassé malgré lui de la société. Voyant qu'il ne réussissait pas mieux de ce côté, et que Castillo s'appliquait avec plus de zèle encore à la prière et aux autres exercices, il s'efforça, autant que possible, de l'en distraire. Quand il voulait méditer, il entendait autour de lui une musique bruyante; ou bien il voyait apparaître devant ses yeux des fantômes qui cherchaient à détourner son attention par les poses les plus bizarres. Souvent le matin, quand il voulait se lever, il se trouvait lié à son lit par les mains et les pieds, de sorte qu'il ne pouvait assister aux exercices de la communauté. Tout cela embarrassait singulièrement son directeur; aussi Dieu permit qu'il fût éprouvé de la même manière. Un jour qu'il était sorti dans la campagne avec Jean, comme ils descendaient ensemble une montagne, il se sentit lié en même temps que lui dans tous ses membres, de sorte que ni l'un ni l'autre ne purent bouger de place, jusqu'à ce qu'ils fussent déliés de nouveau, après une pause assez longue, au grand étonnement du directeur, qui s'amusa beaucoup de la chose. Lorsque le novice était seul dans sa chambre, les démons l'importunaient tellement de leurs cris qu'il en était tout abasourdi, et qu'il avait la tête comme brisée de leurs horribles blasphèmes.

Les attaques des mauvais esprits devinrent tellement violentes et si nombreuses que son directeur crut enfin qu'il était possédé, et qu'il fit venir en secret de Salamanque le P. Garcia, qui avait un don particulier pour chasser les démons. Pendant que celui-ci prononçait sur lui les exorcismes, Jean fut, pour son humiliation, tiré, jeté deçà et delà, renversé par terre, comme s'il eût été vraiment possédé, de sorte que les pères n'eurent plus aucun doute, surtout lorsque le démon, sommé de partir et de donner un signe de son départ, fit ce qu'on lui commandait en éteignant tout à coup la lampe de la chapelle où se faisait l'exorcisme. C'était une grande humiliation pour le pauvre novice, car il ne lui restait plus aucun espoir de triompher des ruses du démon après tant de signes de sa présence. Il mit donc toute sa confiance dans la sainte Vierge. A son retour dans sa cellule, il fut accueilli par les rires et les cris de joie des mauvais esprits, qui s'applaudissaient de l'avoir fait passer pour un possédé, et de s'être joués de son guide en lui faisant croire qu'il était délivré. Le mal revint, et l'on reconnut que tout cela n'arrivait que par une permission divine. Mais comme il paraissait que les exorcismes ne menaient à rien, les pères jugèrent que le novice ne convenait point pour la société, et on l'aurait renvoyé sans une protection spéciale de Dieu. Cependant, malgré ses tentations, on continua de l'employer aux fonctions de la compagnie, soit au dedans, soit au dehors de la maison; et si aucun jour ne s'écoulait sans un gain spirituel pour lui, aucune nuit ne se passait non plus sans qu'il eût à lutter contre l'enfer, qui semblait conjuré contre lui. Dès que l'aurore l'appelait à de nouveaux travaux, il quittait sa couche, fortifié par le secours d'en haut, comme s'il eût dormi profondément toute la nuit.

Un jour qu'il était allé, à la fête de sainte Madeleine, prêcher dans une église voisine un sermon destiné à la conversion des pécheurs endurcis, lorsqu'il fut descendu de chaire, il tomba malade d'une fièvre chaude, et fut de plus tourmenté de nouveau par les démons, de sorte qu'il fut obligé de se mettre au lit. Comme la maladie paraissait mortelle, on en informa le collège des Jésuites, qui envoya le P. Sébastien Sarmiento, lequel fut témoin de la plupart des faits que nous venons de raconter, et qui en apprit beaucoup d'autres de la bouche même du novice. Il avait mission de ramener le malade au collége. Le médecin Oliva apporta la plus grande attention à suivre la maladie, qui fit de grands progrès jusqu'à la veille de la fête de sainte Anne, que Jean honorait d'une manière spéciale comme mère de la sainte Vierge. Il se recommanda donc, en cette circonstance, à sa protection. Les démons, s'en étant aperçus, lui dirent d'attendre la nuit, en lui promettant de la rendre joyeuse pour lui. Lorsque la communauté fut couchée, les démons se jetèrent sur lui avec un bruit épouvantable. Ils commencèrent par éteindre sa lampe; ils arrachèrent de son lit ses habits et sa couverture, et les traînèrent dans la chambre. Leur fureur n'épargna pas même sa personne; ils le déchirèrent avec leurs griffes et le battirent; et le lendemain le P. Sarmiento vit à ses mains et à ses pieds les marques des coups qu'il avait reçus. Jean, recueillant ses forces, ramasse ses couvertures et ses habits dispersés dans sa chambre, afin que personne dans la maison ne sache ce qui s'est passé. Mais les démons se jettent de nouveau sur lui, lui arrachent ses habits, le fouettent, le poussent deçà et delà, jusqu'à ce que la cloche donne le signal du lever. Le P. Sarmiento court à la chambre du malade, le trouve épuisé, respirant à peine, et déchiré par les griffes des démons. Il apprend bientôt ce qui s'est passé. Le médecin arrive de son côté, tâte le pouls, déclare l'état du malade très-dangereux, et prescrit un remède sudorifique. Il revient le soir, et trouve, à son grand étonnement, le malade sans fièvre, sans chaleur, et le pouls dans un état parfait. Il demande quel est ce malade. On lui dit que c'est un prêtre du collége, un homme comme les autres. « C'est impossible, répond-il, ce doit être un homme du ciel; car, d'après les principes les plus sûrs de la science, il n'a pu, sans un miracle, passer de l'état où il était ce matin à celui où je le vois ce soir. » Le P. Sarmiento, ayant passé quelques nuits auprès de lui pendant sa convalescence, entendit la première nuit un bruit singulier dans sa chambre. La seconde, comme ils s'entretenaient pieusement ensemble de la sainte Vierge, il entendit les démons qui murmuraient ces mots : « Taisez-vous, chiens, ne parlez pas de cette femme. Pourquoi nous tourmentez-vous ainsi ? »

Madeleine de Pazzi.

Il en fut de même de Madeleine de Pazzi. Huit jours avant la Pentecôte 1585, elle entend une voix qui l'appelle. Elle est aussitôt ravie, et répond, selon sa coutume : « Me voici ; je viens, je viens, je viens. » Puis, après quelques instants de silence, elle se parle au nom du Verbe fait chair, et se répond à soi-même. « Sache, se dit-elle, que jusqu'à la fête que vous allez célébrer en bas, dans laquelle tu t'es liée si intimement à moi, et je me suis communiqué moi-même à toi avec tant de profusion, tu me resteras unie dans la jouissance des trésors du ciel. (Elle avait fait sa profession l'année précédente, le jour de la Pentecôte.) Mais sache aussi que, ce temps une fois écoulé, je t'ôterai, comme je te l'ai déjà dit, le sentiment de ma grâce ; quant à la grâce elle-même, elle sera toujours avec toi. Cette privation t'arrivera d'après les décrets de mon père, pour la joie des esprits bienheureux qui se tiennent devant le trône du Très-Haut, pour l'exemple et l'édification des créatures mortelles, pour le supplice et la confusion des démons, pour le rafraîchissement et la consolation des âmes souffrantes et de la tienne. Car je veux agir avec toi comme un vaillant général, qui avant d'élever un guerrier le fait passer par de nombreuses épreuves. Veille donc avec plus de soin encore qu'auparavant à garder toujours le sentiment de ton néant. Chaque vendredi, à l'heure où j'ai rendu mon esprit à mon Père, tu recevras le Saint-Esprit, lors même que tu n'en aurais pas le sentiment. Tu me seras ensuite toujours unie, et ma paix sera avec toi, même au milieu des luttes continuelles que tu auras à souffrir. Car, pendant tout le temps que durera l'épreuve à laquelle je veux te soumettre, des lions sortant de l'enfer viendront en grand nombre t'attaquer, et ils soulèveront d'horribles tempêtes non-seulement au dehors, mais bien plus encore au dedans de toi. Ne perds pas courage, je ne permettrai pas qu'ils deviennent maîtres de toi ; ma grâce sera toujours avec toi ; et plus leurs assauts seront violents, plus mon secours sera près de toi, quoique tu n'en aies ni le sentiment ni la perception. » Elle répondit aussitôt, parlant en son propre nom : « Votre grâce me suffit. » Puis elle parla de nouveau au nom de Notre-Seigneur, qui lui annonça cinq grandes tentations, mais en même temps cinq moyens de les combattre, et finit par ces paroles : « Laisse avec assurance tous les démons s'élever contre toi pour t'effrayer, et que jamais la crainte ne trouve accès dans ton cœur. Au milieu des luttes les plus terribles, lorsque tu ne sauras de quel côté te tourner, et que tu croiras que je ne suis plus avec toi, tiens pour certain que je ne t'abandonnerai jamais. » Elle répondit : « O Verbe fait chair, ô Verbe fait chair, qui peut accomplir vos œuvres si grandes ? Elles sont petites pour vous, mais grandes pour moi. Cependant votre grâce me suffit, et, fortifiée par elle, je ne serai jamais ébranlée. »

L'extase de huit jours qui lui avait été prédite arriva, et elle eut pendant ce temps un avant-goût de ce qui lui était réservé. Elle vit la fosse aux lions où elle devait être jetée ; ce que l'on reconnut clairement à ses paroles, à la pâleur de son visage et à son état vraiment lamentable. Elle vit une multitude innombrable de démons qui lui préparaient les plus terribles tentations. Elle entendit les mugissements effroyables des bêtes les plus féroces. Dans son angoisse, elle se prosterna et exhala des plaintes qui arrachèrent des larmes à tous ceux qui étaient présents ; elle invoqua le ciel et la terre et tous ses habitants. Puis s'adressant à Notre-Seigneur : « Où est, lui dit-elle, où est, ô mon Dieu ! le soleil de votre grâce ? Il est obscurci pour moi, et votre grâce m'est enlevée. Je suis comme un corps qui ne peut remuer aucun de ses membres. Ces monstres horribles m'environnent, et lorsque j'entends leurs mugissements épouvantables, je sens le besoin de crier vers vous ;

car si vous ôtez de moi votre bras tout-puissant, ils vont me dévorer. »

Elle fut néanmoins pendant ces huit jours fortifiée pour la lutte terrible qui l'attendait; et lorsque le jour de la Pentecôte fut arrivé, et qu'elle revint de son extase, elle perdit le sens et le goût de la grâce divine. Alors commencèrent les apparitions affreuses des démons, et elle fut tellement assaillie par leurs tentations que les âmes les plus saintes en auraient frémi d'horreur. Les démons lui apparaissaient sous diverses formes, et lui mettaient sous les yeux l'horrible multitude des crimes des hommes; et l'impression qu'elle en ressentait lui était insupportable. A chaque instant retentissaient à ses oreilles des hurlements affreux et d'épouvantables blasphèmes; et elle en était tellement assourdie qu'elle avait peine à entendre les discours des sœurs. Les démons n'épargnèrent pas son corps : tantôt ils la jetaient du haut en bas des escaliers, tantôt ils la mordaient sous la forme de serpents venimeux, et lui causaient d'affreuses souffrances. Lorsque, le soir, épuisée, elle voulait donner quelque repos à son corps, ils la tourmentaient pendant quatre ou cinq heures de toutes manières. Un jour lorsqu'elle fut au lit, ils lui serrèrent tellement la poitrine et la gorge que tous les traits de son visage en étaient contractés, et que sa voix affaiblie pouvait à peine faire entendre une plainte. Les sœurs la consolèrent; mais la douleur augmentait toujours, jusqu'à ce que, après une lutte de trois heures, une éruption parut sur tout son corps, et lui donna quelques moments de repos. Le démon se présenta à elle sous la forme d'un monstre qui voulait la dévorer, et son angoisse dura deux heures. Ces épreuves continuèrent sans interruption pendant quatorze mois, au bout desquels elle apprit dans une extase qu'elle jouirait pendant trois mois de quelque soulagement. Pendant ce temps, en effet, elle fut mieux, quoique toujours persécutée par les démons. Ayant voulu jeûner quinze jours au pain et à l'eau, un soir, comme elle était couchée sur son sac, elle fut déchirée et battue de la manière la plus cruelle pendant cinq longues heures. Il lui sembla plusieurs fois qu'on lui dépeçait les membres l'un après l'autre; de sorte qu'elle s'écriait, comme saint Antoine en pareille circonstance : Où êtes-vous donc, Seigneur? Mais elle sortit toujours victorieuse de chaque épreuve, et fut dédommagée par une grande abondance de grâces.

Mais rien ne lui était aussi pénible que les tentations proprement dites qu'elle eut à souffrir. Elles étaient telles qu'il lui semblait qu'il n'y en avait aucune au fond de l'enfer qui n'eût fondu sur elle, et ne lui eût causé d'insupportables douleurs. Aussi, au plus fort de la tempête, elle s'écriait : Vraiment, je ne sais plus ce que je suis, si je suis une créature raisonnable ou non; car je ne trouve en moi rien de bon, si ce n'est un peu de bonne volonté de ne point offenser Dieu. Je suis devenue comme un bourbier de tous les vices, et comme une occasion de tous les péchés; de sorte que je m'étonne quelquefois que Dieu veuille bien me supporter encore. Elle avait un profond dégoût pour tous les exercices de piété. Elle était tentée contre la foi d'une manière horrible : le démon cherchait à lui persuader qu'il n'y a point de Dieu, point d'autre vie ; de sorte qu'elle pouvait à peine regarder les images des saints, et qu'elle entendait sans cesse au chœur des blasphèmes ou des hurlements qui l'empêchaient d'entendre le chant des sœurs. Lorsqu'elle voulait aller à la communion, elle tombait en défaillance à la vue du démon, qui semblait vouloir la tuer. Puis vinrent les tentations du côté de la sensualité, telles que les ont éprouvées Catherine de Foligno et beaucoup d'autres. Cette lutte lui donna une fièvre inflammatoire qui dura vingt jours. Le genre de vie sévère qu'elle mena pendant ce temps et qu'elle fut obligée d'interrompre par l'ordre de ses supérieurs la plongea dans d'autres tentations, et la fit douter si cette rigueur était agréable à Dieu. Les démons cherchèrent à lui persuader que tout cela venait chez elle de pure hypocrisie, et ne l'empêchait point de satisfaire en secret toutes ses convoitises. Pour la consoler et pour lui représenter en même temps que le temps de ses souffrances n'était pas encore écoulé, Notre-Seigneur lui apparut au carême de 1588, par conséquent juste à la moitié de son temps d'épreuves, comme *Ecce homo*, pendant une extase, et lui présenta un faisceau de myrrhe. Comprenant bien que ce symbole lui annonçait de nouvelles souffrances, elle les accepta volontiers en disant avec l'épouse du Cantique : *Mon bien-aimé est pour moi un faisceau de myrrhe; il reposera sur mon sein.* Puis, tremblant de tout son corps, elle fut renversée à terre, faisant bien voir par là qu'elle était en proie au dedans et au dehors aux douleurs les plus amères.

Elle fut ensuite attaquée du côté de la pauvreté ; et s'étant délivrée de cette épreuve par l'obéissance, elle fut tentée d'abandonner le couvent. Elle alla chercher du secours auprès de Notre-Seigneur, en remettant les clefs du couvent entre les mains d'un crucifix. Une autre fois, comme elle était tentée de se faire du mal, elle plaça dans le sein d'une statue de la sainte Vierge qui était sur un autel le couteau que le démon voulait lui faire tourner contre elle-même. Tout cela ne l'empêchait pas d'être tourmentée corporellement par les démons, qui la tiraient deçà et delà, la jetaient par terre sous les yeux des sœurs, épouvantées et attristées à la fois. Quelquefois, lorsqu'elle passait par les lieux où l'on gardait les mets, les portes des armoires qui les renfermaient s'ouvraient devant elle, et elle se sentait violemment tentée de prendre quelque chose, ce qui l'humiliait étrangement. Puis le soin qu'elle avait de son salut lui donnait des tentations de désespoir ; et à peine celles-ci étaient-elles calmées qu'elle était tentée contre l'obéissance ; de sorte que, lorsque sa supérieure lui commandait quelque chose, elle se sentait portée à la contredire, quoique intérieurement elle fût disposée à lui obéir.

Elle surmonta cette tentation par la mortification et l'humilité, fortifiée par un grand nombre d'apparitions, et chaque victoire lui procurait de nouvelles grâces. Mais les épreuves et les attaques des démons revenaient toujours. Lorsqu'ils lui apparaissaient sous quelque forme hideuse, on la voyait pâlir, et tout son corps était inondé de sueur. Plusieurs fois elle fut jetée violemment la tête contre le sol; de sorte que son visage enflait, et qu'elle devait se soumettre au traitement prescrit par le médecin. On la vit quelquefois prendre un fouet, et en frapper vivement à droite et à gauche, afin de repousser ainsi les démons. Les cinq années s'écoulèrent enfin. Le jour de Pâques 1590, elle eut une extase où on lui prescrivit un jeûne de cinquante jours pour expier les fautes légères qu'elle pouvait avoir commises pendant le temps de son épreuve. Elle obéit après en avoir reçu la permission de ses supérieurs. Elle jeûna pendant tout ce temps au pain et à l'eau; et au moment où elle chantait au chœur avec les sœurs, le jour de la Pentecôte, le *Te Deum*, elle eut un ravissement. Son visage devint resplendissant, et l'on reconnut à ses paroles qu'elle sentait les ardeurs de l'esprit. Les saints lui apparurent, la délivrèrent de la fosse aux lions, ôtèrent au démon le pouvoir de l'attaquer à l'avenir, la comblèrent de dons que lui envoyait son bien-aimé; et elle parcourut triomphalement avec eux tout le couvent, afin de célébrer la victoire qu'elle avait remportée sur les puissances infernales. (*Sa Vie*, par V. Puccini, c. IV-VII.)

CHAPITRE XXVI.

Christine de Stumbèle. Dominique de Jésus-Marie.

Une des vies les plus extraordinaires sous ce rapport est celle de Christine de Stumbèle, écrite par Pierre de Dacie ou de Danemark, qui avait été témoin d'une partie des faits qu'il raconte, et qui avait appris les autres soit d'elle-même, soit de ceux qui vivaient avec elle. L'Église ne s'est jamais prononcée, il est vrai, sur ces faits; ils n'ont donc d'autre garantie que celle que leur donnent et leur propre physionomie et la véracité des témoins qui les attestent. Les compilateurs des Actes des Saints ont trouvé ces témoignages tellement valables qu'ils n'ont fait aucune difficulté d'admettre dans leur collection les actes de la vie de Christine et ses lettres, et ils ont eu parfaitement raison. En effet, aucun homme impartial ne peut les lire sans être pénétré de l'esprit de sincérité qu'ils respirent. La simplicité du récit et la difficulté de comprendre comment des âmes si simples auraient inventé de telles choses écartent tout soupçon de supercherie. Christine, dès sa jeunesse, semble avoir été dans une sorte de rapport naturel avec les puissances de l'abîme, et ce rapport devint plus tard bien plus sensible encore. A la première visite que Pierre de Danemark lui fit chez ses pauvres parents, le 21 décembre 1267, au moment où il la saluait, elle fut jetée à la renverse la tête contre le mur avec une telle violence que celui-ci en fut ébranlé. La même chose se répéta jusqu'à sept fois pendant leur entretien, sans qu'elle laissât échapper une plainte ou un soupir. Mais au bout de quelque temps on vit la vierge frémir comme sous le coup d'une douleur soudaine; et comme on lui demandait ce qu'elle avait, elle répondit qu'elle était blessée. Les femmes qui étaient assises près d'elle trouvèrent en effet à ses deux pieds des blessures d'où coulait un sang frais. Pendant qu'on l'examinait, elle continua de tressaillir, et à chaque tressaillement une nouvelle blessure paraissait dans un autre endroit; de sorte qu'à la fin elle en avait sept, quatre à un pied et trois à l'autre. Pierre la regardait au moment où parurent les deux dernières, et il croit les avoir vues se former pendant les quelques instants qui s'écoulèrent entre leur naissance et la première goutte de sang.

Il apprit à connaître davantage son état dans les autres

visites qu'il lui fit; il découvrit peu à peu ses stigmates, la sueur de sang et le parfum qu'elle exhalait. Il vit avec admiration les extases qu'elle avait de temps en temps. Un jour il la trouva au lit, faible et épuisée; et comme il était allé avec plusieurs autres personnes chez l'abbesse de Sainte-Cécile de Cologne, qui demeurait alors dans une propriété que ce monastère possédait à Stumbèle, un exprès vint dire au curé, qui était de la société, que Christine avait été jetée dans une citerne pleine de boue, et qu'on craignait qu'elle ne mourût. Ils coururent vers elle, et la trouvèrent en effet enfoncée dans la boue jusqu'à la tête, que son amie Hilla de Berg avait beaucoup de peine à tenir au-dessus du bourbier. Pierre, qui était arrivé le premier, voulut aider Hilla à la retirer; mais il n'y put réussir jusqu'à ce que les autres fussent venus; et alors on put la tirer et la porter dans son lit. Cependant elle resta sans connaissance, et ne revint à elle qu'au bout d'une demi-heure. Elle se mit alors à pleurer amèrement, et se plaignit à Dieu de la manière la plus touchante que ces choses lui fussent arrivées en présence de tant de témoins, quoique dans cette circonstance il ne lui fût rien échappé dans son maintien ni dans ses poses qui fût contraire aux bienséances. Elle raconta dans la suite que lorsque Pierre avec ses compagnons l'avaient quittée elle avait ressenti un tel frisson et une telle angoisse de cœur qu'elle ne savait ce qui lui était arrivé, et que, pour se distraire, elle avait ôté son manteau et fait les lits de ses compagnes. Mais voyant que ses angoisses continuaient toujours, elle était sortie de la chambre où celles-ci étaient réunies, et s'était mise à genoux devant un coffre, implorant le secours de Dieu, ou lui demandant au moins pardon. Il lui sembla alors qu'un nuage obscur et terrible était entré par la porte de la maison à l'Est, et s'était posé sur sa tête; mais elle ne savait plus ce qui lui était arrivé depuis ce moment jusqu'à celui où, revenue à elle, elle se trouva dans son lit. Une autre fois, pendant l'Avent, le frère Gérard de Greifen et Jacques d'Andernach étaient venus la voir. Le soir étant arrivé, comme elle devait aller au lit avec Gertrude et Hedwige, sœurs du curé du lieu, que Pierre loue à cause de leur jugement et de leur piété, de même que Hilla de Berg et une aveugle nommée Aleide, qui étaient toujours auprès d'elle, elle pria celles-ci de la laisser se coucher avec elles. Elles y consentirent volontiers. Elle leur dit : « Je veux garder ma fourrure ; » car il faisait très-froid cette nuit-là. Mais à peine étaient-elles endormies qu'elles furent réveillées et effrayées en même temps par un grand bruit. Trois portes de la maison s'ouvrirent : Christine fut enlevée entre ses deux compagnes de lit, et jetée devant la maison. Les frères et toute la famille, réveillés par le bruit, la cherchèrent avec des flambeaux, et la trouvèrent enfin demi-morte au lieu où elle avait été lancée.

Bientôt après commença une nouvelle série de phénomènes. Pierre était allé de nouveau avec le frère Wipert le Bohême rendre visite à Christine pour la consoler. Ils trouvèrent chez elle le bénédictin Godfried, prieur de Brunweiler, avec le cellérier de cette abbaye et le curé du lieu. Après les saluts d'usage, ils laissèrent Christine au lit, et se mirent devant le feu, dans le vestibule, pour sécher leurs habits. Au bout de quelque temps, ils virent une masse de boue tomber sur les pieds du prieur, et ils entendirent en même temps partir un cri de la chambre de Christine, qui avait été salie par ces ordures, comme cela lui était arrivé souvent déjà. Ils retournèrent donc dans sa chambre. Le prieur se plaça à l'Est à la tête de son lit, le cellérier au pied, Pierre et le curé entre eux au Nord ; le mur contre lequel était le lit était situé au Sud. Ils étaient tous si près de Christine qu'ils auraient pu la toucher avec la main : c'est dans cette position qu'ils la virent salie plus de vingt fois sous leurs yeux de la même manière ; et ces ordures produisirent des ampoules sur toutes les parties du corps où elles tombèrent. Le matin les démons se retirèrent, mais ils revinrent le soir. Il en fut de même le lendemain. Dans le cours de la troisième nuit, comme Wipert et le curé s'entretenaient ensemble de Christine, le premier demanda à celui-ci s'il ne savait point d'exorcismes par cœur. Le curé répondit qu'il savait celui qu'on récitait sur les enfants. Wipert lui dit d'en faire usage, que peut-être il procurerait à Christine quelque soulagement. Celle-ci leur répondit que ce serait inutile, et qu'elle devait accepter cette épreuve aussi longtemps que Dieu le voulait. Wipert persista malgré cela dans sa résolution. Le curé récita donc l'exorcisme, et Wipert le répéta mot pour mot. Quand ils furent arrivés à la fin, ils entendirent un bruit dans la chambre, et la lumière, qui était à deux coudées environ au-dessus de la tête de Pierre, s'éteignit. Wipert sauta effrayé de son banc, et voulut courir à la porte; mais comme il était au milieu de la chambre, il fut tellement inondé d'ordures qu'il cria plusieurs fois : « Hélas ! j'ai perdu un œil; » puis il courut au feu où il y avait de l'eau chaude que l'on tenait prête pour ces sortes de cas, qui étaient devenus très-fréquents. Tout un côté du visage, la poitrine, les épaules et les bras étaient sales. Il se lava, et revint ensuite joyeux dans la chambre. Le lendemain matin, la scène changea. Comme ils revenaient de l'église, ils trouvèrent Christine en extase après avoir reçu la communion, et exhalant autour d'elle un parfum délicieux. Cependant les scènes de la veille se renouvelèrent plus tard, et Pierre en fut victime par trois fois différentes; mais il sembla qu'on en voulait surtout au frère Girard, qui, par manière de plaisanterie, s'était donné comme un bon ami du diable.

Cependant Pierre était allé à Paris. Mais il apprit par des lettres du curé, que Christine avait dictées en partie, ce qui s'était passé depuis son départ. Ses épreuves avaient pris une autre tournure. Diverses parties de son corps, ses yeux, son front, ses joues avaient été brûlés, et il s'y était formé des ampoules comme dans les brûlures ordinaires. Un matin on lui trouva le visage tellement enflé et couvert d'ulcères qu'elle ressemblait à une lépreuse et qu'on pouvait à peine la reconnaître. Une nuit, une de ses compagnes fut comme elle tellement maltraitée qu'elle ne voulut plus désormais dormir avec elle. Un crâne fut apporté dans la maison, et marchait dans la chambre, tantôt par terre, tantôt au plafond. Puis on se mit à jeter des pierres autour d'elle, de sorte que son père reçut une blessure à la tête et deux au bras. Gertrude, la sœur du curé, en reçut une au front; et une juive qui s'était vantée que l'esprit ne lui en voulait point fut au contraire fort maltraitée. Mais c'était surtout Christine qui était l'objet de la fureur des esprits mauvais. Une fois elle reçut entre les épaules une pierre qui pesait quatre livres, de sorte qu'elle cracha le sang. Elle était souvent mordue; après quoi tout son corps paraissait couvert de plaies, et le sang lui coulait le long du dos et des flancs jusqu'aux pieds. Mais son entourage n'était pas épargné non plus. Le prieur de Brunweiler reçut onze blessures à la main; le frère Jean de Mussindorp reçut une blessure très-large; le curé fut mordu, et garda au-dessus de la jointure du poignet une cicatrice de trois doigts. La même chose arriva à un autre religieux, à une Béguine de Brunweiler et à d'autres.

Les esprits qui faisaient tout ce mal étaient invisibles aux autres, mais non pour Christine : aussi elle savait ordinairement d'avance ce qui allait lui arriver, et l'annonçait quelquefois quand les circonstances le demandaient. Elle était avec cela tourmentée intérieurement par d'horribles tentations; mais elle supporta tout avec patience et résignation, de sorte qu'elle réduisit au désespoir ses persécuteurs. Une fois, tous les plaisirs du monde lui furent montrés, et elle sentit en même temps le désir de voir un certain homme et de lui parler. « Je connaissais cet homme, dit Pierre; c'était un personnage abominable, un assassin dont la vie n'était qu'une suite de forfaits. » La résistance qu'elle opposa à ce désir lui causa de telles douleurs qu'il lui sembla que son cœur allait se briser. Comme elle ne soupçonnait aucun mal, elle s'étonnait elle-même du désir qu'elle éprouvait de voir un homme qu'elle avait en horreur auparavant et dont la voix lui était odieuse comme Satan lui-même. A partir de ce moment, le démon se présenta chaque nuit près de son lit sous la forme de cet homme, en lui disant : « Me voici, ma bien-aimée ; j'ai trouvé la porte ouverte, et je suis entré à l'insu de ton père et de ta mère; n'aie pas peur. » Puis il essayait de l'embrasser et de lui prendre les mains. Elle, croyant que c'était cet homme lui-même, retirait ses mains, se défendait de toutes ses forces, le conjurait à haute voix dans l'amertume de son cœur, et par la passion du Sauveur, de la laisser. Il lui disait : « Chère âme, je n'ai jamais aimé personne autant que toi. Si tu voulais seulement me donner un regard, je deviendrais bon ; mais si tu me le refuses, je persévérerai dans le mal. Je veux faire de toi une grande dame, te donner des habits et de l'argent en abondance. Tu ne manqueras de rien ; je t'emmènerai, sans que tes parents le sachent, parmi des gens considérables, et là tu seras heureuse. » Christine recueillait ses forces, se rappelant la passion du Sauveur. Le démon, voyant son silence, pleurait et se plaignait en disant : « Tu veux donc me faire mourir ! Je meurs si tu n'as pas pitié de moi ; car je te suis tellement attaché qu'à cause de toi je ne puis ni manger ni boire. » Un jour enfin, comme il ne pouvait vaincre sa résistance, il s'écria : « Quand tu serais Satan lui-même, je ferai de toi ce que je veux. » Il la saisit aussitôt avec violence, de sorte qu'elle crut que c'en était fait d'elle. Dans son angoisse, elle implore le secours de Dieu, les mains jointes et dans les termes les plus tendres. Mais ne sentant aucune consolation, elle croit que sa prière est repoussée. Cependant son persécuteur lui ôte son voile, déchire sa robe, en disant : « Puisque tu ne me donnes aucune réponse, je dirai partout que tu as consenti à mes propositions. » Elle répond : « Ni la mort ni le scandale ne me font peur ; la voix du diable me serait moins pénible à entendre que la tienne. » Là-dessus, il tire un couteau, et le lui mettant sur le cœur : « Je te tue avec ce couteau, crie-t-il, si tu ne me dis pas que tu veux me suivre. — Le Seigneur est mon fiancé, dit-elle ; je lui ai donné ma foi, et je veux mourir en son nom. — Non, répond le démon ; ton père et ta mère y passeront les premiers ; je tuerai tous ceux qui demeurent dans cette maison ; mais je te garderai, toi. » Il tire son épée et se retire. Il semble de loin à Christine qu'il tue toutes les personnes de la maison ; car elle les entend pleurer l'une après l'autre comme des gens que l'on égorge. Elle entend aussi son père dire au meurtrier : « Arrête, je vais l'engager à céder à tes désirs. » — Son père vient en effet la trouver, et lui dit : « Pense, ma fille, que je n'ai jamais aimé personne autant que toi ; donne à cet homme ce qu'il te demande, afin de me sauver la vie ; tu n'en seras pas responsable devant Dieu. — Que dites-vous là, mon père ? répond-elle. Moi, abandonner Dieu, qui est mort pour nous ? Ayez courage, et mourons plutôt. » Le furieux tue le vieillard ; elle le voit baigné dans son sang, et elle entend sortir de sa poitrine le râle de la mort. Le meurtrier vient à elle ; mais elle lui prend son couteau et se l'enfonce dans le flanc, afin que, s'il veut lui faire violence, la douleur la sauve et l'empêche de donner son consentement. Tous ses membres sont inondés de sang : le tentateur s'éloigne d'elle. On trouva l'épée, qu'il avait laissée, et Christine en défaillance. Le sang coula de sa blessure trois jours et trois nuits. Elle craignait de mourir, et était horriblement tourmentée, parce qu'elle croyait s'être donné la mort. Mais comme elle pleurait dans son lit, un beau jeune homme lui apparut, et lui dit : « Ne crains pas, je suis celui à qui tu as juré fidélité. J'ai vu couler ton sang ; tu ne mourras pas de cette blessure, à cause de la foi que tu m'as gardée. » Il fit ensuite le signe de la croix sur la blessure, et le sang s'arrêta aussitôt, et la douleur disparut.

De nouvelles persécutions vinrent l'assaillir ; elle fut enlevée par les cheveux dans sa chambre, et son corps frappa de la manière la plus violente contre le plafond. Une épée fut brandie sans qu'on vît personne la manier. Hilla en ayant été blessée, le père de Christine, qui avait entendu le bruit, accourut, et voyant l'épée brandie en haut au plafond, il prit une échelle pour l'atteindre ; mais il reçut plusieurs blessures à la tête. Il prit une lance ; et alors commença entre celle-ci et l'épée une lutte où la première fut plus souvent victorieuse. Pendant l'Avent de 1271, elle fut fréquemment enlevée en l'air, la tête en bas. Huit jours avant Noël, ses pieds furent attachés avec des branches de saule, et elle fut lancée à travers la fenêtre par-dessus le jardin et la haie qui lui servait de clôture jusqu'à un arbre très-élevé. Puis elle y fut attachée avec les mains et les pieds, et resta ainsi une heure entière, jusqu'à ce que les siens, ne la trouvant point, se mirent à la chercher. Elle raconte elle-même ce fait dans une lettre à Pierre ; et le curé, qui l'avait écrite sous sa dictée, ajoute : « Lorsque j'arrivai sur les lieux, je la trouvai pendue à l'arbre ; sa mère se lamentait près d'elle, parce qu'elle ne pouvait la délier. Tous avaient les larmes aux yeux, et nous la détachâmes de sa croix. La même chose arriva le jour de Saint-Thomas en plein midi. Elle fut jetée par la fenêtre, et attachée à un autre arbre, jusqu'à ce que nous fussions arrivés le cellérier de Brunweiler et moi, et nous la délivrâmes alors. »

Elle fut en proie en même temps à bien d'autres épreuves. Ses parents tombèrent dans l'indigence, et leur bien passa en d'autres mains. La petite maison qu'ils habitaient fut brûlée, et tomba en ruine ; et tous leurs amis moururent l'un après l'autre. Pierre vint encore, pour sa consolation, la voir une fois dans l'année 1279, et il lui fallut faire pour cela un long voyage. Il fut singulièrement édifié de son maintien, de son air, de sa démarche et de toute sa personne ; car une grâce supérieure rayonnait de tout son être. Mais après son départ les épreuves continuèrent, et le récit des choses qu'elle eut à souffrir jusqu'à l'année 1286, où Pierre mourut, remplit encore deux livres de ses actes. Ses souffrances prirent une autre forme. Il lui sembla pendant longtemps que les démons, au milieu de l'hiver, l'arrachaient nue de son lit, la traînaient jusqu'à une potence, dans la forêt ou ailleurs; que là ils la faisaient comparaître devant leur tribunal, et la condamnaient à toutes les tortures imaginables. La sentence, une fois prononcée, était exécutée à l'instant même. Tantôt il lui semblait qu'elle était fendue en deux ou déchirée avec des crocs, puis qu'on lui coupait tous les membres du corps, et la tête la dernière; tantôt il lui paraissait qu'elle était environnée de flammes, et que son corps était tout couvert d'ampoules; qu'un cercle de fer rougi au feu était placé sur sa tête et fixé à coups de marteau autour de ses épaules; tantôt ses membres étaient transpercés de lances. Tantôt elle se sentait jetée deçà et delà par les démons comme une balle; tantôt ils la précipitaient dans une chaudière pleine de soufre et de poix bouillante. D'autres fois elle se voyait traînée nue dans le village de Polhegen, poursuivie par des chiens, tournée en dérision par les habitants, qu'elle distinguait très-bien, et emmenée ainsi de lieu en lieu jusqu'au marché de Cologne, et plongée enfin dans une mare infecte.

Mais chaque nuit, lorsque son angoisse était arrivée au comble, les anges venaient la consoler, guérissaient ses plaies et ses blessures, et la ramenaient chez elle parfaitement rétablie. Les jours de fête, particulièrement pendant l'Avent et le Carême, les démons redoublaient de fureur. Chaque jour, pendant ce saint temps, leur nombre augmentait dans une progression régulière, et leur rage semblait croître dans la même proportion, et montait au comble la veille de la fête. Puis, lorsqu'ils avaient épuisé tout ce que leur suggérait leur malice, ils venaient devant elle, confessaient leur impuissance, et avouaient que chaque victoire qu'elle remportait sur eux ajoutait à leur supplice. Mais avec le jour de la fête commençait pour elle un temps de jubilation.

Ces visions étaient souvent une réalité; et le curé parle de temps en temps des faits dont il avait été témoin dans ce genre. Ainsi elle fut un jour jetée dans un bourbier loin de la maison, de sorte qu'on ne voyait paraître que le bout de son vêtement, et on la rapporta demi-morte et toute déchirée. Une autre fois, par un froid très-vif, elle fut lancée à un jet de pierre environ de sa demeure, sur un tas de bois dans la cour du voisin, et elle y resta jusqu'à ce que la fille de la maison, l'entendant par hasard se plaindre pendant la nuit, alla la trouver et la ramena chez elle. On lui mit dans son lit des crapauds, des serpents et d'autres bêtes. La maison où elle demeurait était remplie des bruits les plus extraordinaires; les plats et les pots étaient emportés de dessus la table pendant que la famille mangeait; on entendait sonner des cloches ou des trompettes, ou bien des voix chantaient autour d'elle : « Où est ton Dieu? où sont tes fous de tonsurés? Je veux les arranger de telle sorte qu'on ne les voie plus. » Les choses continuèrent ainsi sans interruption jusqu'à l'année 1288, où il se manifesta une sorte de crise. Tous les jours en effet, à partir de cette époque, elle nageait dans son sang, et inondait au moins deux draps. Pendant une année et demie auparavant, elle n'avait mangé que du gingembre, et tout ce qu'elle buvait semblait être changé en sang. Toutes ces épreuves cessèrent alors, et pour toujours. Elle vécut encore vingt-quatre ans, jusqu'en 1313, où elle mourut, âgée de soixante-dix ans.

Nous trouvons des phénomènes semblables dans la vie de plusieurs autres mystiques, et particulièrement dans celle de Dominique de Jésus-Marie, de l'ordre des Carmes. Pendant qu'il était à Valence, il allait souvent prier dans deux chapelles qui étaient attenantes à l'église du couvent. Or un jour, les frères le trouvèrent, le matin de bonne heure, enterré jusqu'au cou dans l'une de ces chapelles,

Dominique de Jésus-Marie.

précisément dans un endroit où le sol était argileux et dur, de sorte qu'on ne put le tirer de là qu'avec des pioches. Une autre fois, près d'Alcala, comme il était à table avec d'autres ecclésiastiques chez le curé du lieu, pénétrant de son regard intérieur la conscience de celui-ci, et voyant qu'elle était chargée d'un péché secret, il lui parla après le repas avec tant de force que le curé le prit à part, le remercia et lui promit de se corriger. Mais Dominique lui annonça que s'il retombait dans son péché il mourrait aussitôt après. Le curé retomba malgré sa promesse; et au bout d'un an on fit prier Dominique de venir l'administrer. A peine fut-il entré chez le malade que celui-ci lui dit, plein de joie : « Mon père, j'ai vu de mes yeux Notre-Seigneur crucifié, et je l'ai adoré. » Dominique, reconnaissant aussitôt son état, aperçut l'illusion dont il était victime, et lui dit que ce n'était point là une véritable apparition, mais une tromperie du malin esprit, qui voulait le perdre. Comme il lui parlait, il vit de l'autre côté du lit et en face de lui sa propre image, et entendit le fantôme dire au malade : « Les démons ont bien des manières de tromper les hommes. Sache donc que Dieu a voulu par cette apparition te fortifier et te confirmer dans sa grâce. Mais le démon mécontent, et voyant que tu as envoyé chercher Dominique, a pris lui-même sa forme, afin de chercher à te persuader que c'est le malin esprit qui t'a apparu. Mais ne te laisse pas tromper par lui. Je suis le vrai Dominique, que tu as appelé, qui t'a converti il y a un an; je suis venu te trouver par compassion pour toi, afin de te préserver de la tentation. Celui qui est là vis-à-vis, c'est le démon; ne l'écoute pas et ne crois pas à ce qu'il te dit, si tu ne veux être damné éternellement. » Dominique, indigné de cette audace, employa tous les moyens pour confondre le diable; mais celui-ci soutenait toujours qu'il était le vrai Dominique. Après une lutte assez longue, le malin esprit finit par persuader le pauvre malade, dont l'angoisse et l'incertitude étaient extrêmes, de s'adresser à lui comme au vrai Dominique, et de repousser l'autre comme étant le démon. Ce que voyant Dominique, il se prosterna devant son lit, profondément affligé du danger où il était. Puis, prenant la main qui le repoussait, il la couvrit de ses baisers, en disant : « Je suis Dominique de Jésus-Marie, serviteur inutile et indigne de Notre-Dame du Mont-Carmel. Je ne suis pas digne de baiser cette main consacrée qui a si souvent touché mon divin Sauveur; car je suis le plus grand de tous les pécheurs. Mais je me repens du fond du cœur de tous mes péchés; j'en demande pardon à Dieu, et j'espère l'obtenir de sa miséricorde. » Puis se tournant de nouveau vers le malade, il lui dit : « Maintenant, que l'autre en fasse autant, et nous verrons qui de nous deux est le vrai Dominique. » Le prêtre, qui était instruit, accepta l'épreuve, et dit à l'apparition de prier aussi Dieu, de reconnaître ses péchés, de s'en repentir et de lui en demander pardon. Le démon frémit, et s'écria : « C'est à Dieu de se repentir; qu'il me demande pardon à moi; mais moi le lui demander, jamais. C'est lui qui a péché, et non moi. » Puis il disparut aussitôt. Le malade, saisi d'horreur, demanda pardon à Dominique, reçut de ses mains les sacrements, et mourut dans le Seigneur.

Une nuit que le même Dominique, répandant son âme devant Dieu, lui demandait de nouvelles souffrances, il vit sa cellule remplie de démons de formes horribles, et qui lui criaient furieux qu'ils avaient enfin obtenu de Dieu le pouvoir de se venger de lui. L'un d'eux s'appuya contre la porte pour la fermer; d'autres furent placés en sentinelles, et leur chef s'assit sur une espèce de tribunal, et ordonna qu'on lui amenât Dominique et que l'on fît comparaître ceux qui avaient été les témoins de ses crimes. Il s'éleva aussitôt un mélange confus de voix diverses, qui toutes l'accusaient d'injustices nombreuses qu'il avait commises à leur égard. « Faites de moi tout ce que Dieu vous permettra de faire, répondit Dominique; car mon cœur est prêt. »

Ils l'accusèrent alors d'avoir un jour, en voyage, arraché quelques mûres et de les avoir mangées avec avidité ; d'avoir tenté Dieu par présomption, en priant pour la santé d'un homme atteint d'une maladie mortelle ; d'avoir osé dire la messe après qu'une femme, éprise d'un amour criminel pour lui, avait deux fois, dans une visite qu'il faisait à un malade, mis son pied sur le sien sans qu'il lui eût témoigné son déplaisir. De nouveaux cris s'élevèrent : « Scélérat, réponds maintenant, et justifie-toi, si tu peux, de ces crimes. » Il accepte la proposition, et réfute victorieusement les accusations qu'on lui intente. Mais celui qui est assis sur le tribunal lui adresse la parole, et lui dit : « Impudent ! tu oses contredire tant de témoins qui t'accablent de leurs témoignages ! » Il ordonne en même temps aux bourreaux de s'emparer de lui et de le tourmenter de la manière la plus cruelle. Ceux-ci tombent sur lui comme des furies, le déchirent avec leurs dents et avec des crocs ; de sorte qu'il lui semble que ses muscles, ses veines et ses nerfs sont coupés en morceaux. L'un, sous la forme d'un serpent, s'enlace autour de ses jambes et lui fait deux morsures profondes. Dominique souffre tout avec patience. Les démons, furieux de ne pouvoir le vaincre, vomissent contre lui les plus horribles blasphèmes. Indigné de leur audace, il crache sur la figure de celui qui était sur le siége, et leur présente la croix qu'il portait sur sa poitrine. A l'instant même il fut entouré d'une troupe d'anges, qui mirent en fuite les démons, le consolèrent et guérirent ses plaies. Cependant il garda toute sa vie la cicatrice des deux blessures qu'il avait reçues aux genoux. Les autres religieux avaient entendu tout ce vacarme dans sa chambre, et trois d'entre eux étaient venus à son secours, envoyés par le prieur. Mais quoique la porte n'eût ni loquet ni serrure, ils ne purent l'ouvrir, et restèrent ainsi à genoux devant elle en priant pour lui.

Une autre fois, pendant le carnaval, comme il s'efforçait de prévenir les péchés contre la majesté divine, et de demander pardon de ceux que l'on commettait, la sainte Vierge lui apparut et lui annonça que les mauvais esprits avaient reçu pouvoir de le tourmenter pendant quinze jours; mais qu'elle ne l'abandonnerait jamais, et que, ce temps une fois passé, elle viendrait le délivrer. Fortifié par cette apparition, il se rend dans sa cellule et s'y voit bientôt assailli par des troupes de démons, qui le renversent par terre, le foulent aux pieds et lui lient les pieds et les mains. Les frères entendent le bruit; un grand nombre accourent, et le trouvent les mains et les pieds attachés par des liens invisibles; de sorte qu'on ne pouvait les délier sans lui rompre les os, et qu'il n'y avait aucun moyen de le faire bouger de place. Il resta donc sept jours dans cet état, au bout desquels la sainte Vierge lui apparut de nouveau, et lui promit qu'il serait délivré dans sept jours, une heure avant midi. Cette apparition lui donna de nouvelles forces, et l'enflamma davantage d'amour pour Dieu; mais elle augmenta aussi la fureur des démons; de sorte qu'après l'avoir dépouillé de tous ses vêtements, jusqu'à la chemise de crin qu'il portait sur le corps, ils l'arrachèrent de son lit et le jetèrent deçà et delà comme une balle; et les frères le trouvèrent couvert de plaies et de meurtrissures. Comme l'heure annoncée approchait, le prieur resta près de lui pour voir l'issue de cette affaire, et fut témoin de l'extase où il fut plongé, et pendant laquelle ses mains et ses pieds furent déliés d'une manière merveilleuse. Une fois revenu de son ravissement, il se leva sans difficulté, et célébra le saint sacrifice avec une grande agilité devant la communauté entière, étonnée de cette merveille.

CHAPITRE XXVII.

Les démons tourmentent le Carme Franc sous la forme de lutins. Ils attaquent d'une manière sensible et palpable saint Pierre d'Alcantara et Sébastien del Campo. Les combats de saint Françoise Romaine. Sainte Crescence de Kauffbeyern. La même chose arrive de nos jours à Marie de Moërl.

Les attaques des démons ont eu jusqu'ici un caractère tragique. Il y a cependant, même en ce domaine, des cas où ils se montrent moins cruels, et semblent se produire sous la forme de lutins. C'est ainsi du moins que nous les voyons apparaître dans la vie du Carme Franc. Lorsqu'il priait la nuit dans sa cellule, les bancs qui y étaient prenaient la forme d'un homme ou d'une bête. Ce qui était obscur paraissait clair tout à coup, et ce qui était clair paraissait obscur. Il en était ainsi des couleurs : l'une prenait la place de l'autre, et trompait ainsi ses yeux. S'il voulait parler à l'un des frères, la forme d'un autre lui apparaissait aussitôt. Il lui suffisait, il est vrai, de faire le signe de la croix pour dissiper l'illusion. Il arrivait souvent aussi que des objets qui étaient sous ses yeux et à ses pieds étaient enlevés subitement et cachés dans quelque coin du couvent qu'il habitait. Lorsqu'il faisait la cuisine pour les frères, les pots, les plats, les cuillers et les autres ustensiles étaient enlevés sous ses yeux, et cachés dans des endroits où l'on avait beaucoup de peine à les retrouver. Il semblait que tout cela se faisait pour lui attirer quelque désagrément de la part de la communauté. Quelquefois, lorsqu'il allait puiser de l'eau, il lui semblait que le prieur ou quelque frère l'appelait. Obéissant comme il l'était, il laissait tout là pour courir où on l'appelait; puis, quand il était de retour, il ne trouvait plus au puits les vases qu'il avait apportés, et ne voyait personne qui les eût emportés. Il faisait alors le signe de la croix, ou disait simplement : « Dieu, secourez-moi ! » et il les retrouvait aussitôt. Il s'occupait beaucoup des malades, et les soignait avec une grande charité. S'il avait besoin de quelque chose pour eux, et qu'elle fût là tout près à sa disposition, elle se cachait à ses regards, et il ne la voyait plus. Les malades la lui montraient du doigt en lui disant : « Elle est là sur cette table, sur cette chaise. » Mais lui, comme s'il eût été aveugle, ne l'apercevait point jusqu'à ce qu'il eût élevé ses pensées vers Dieu et dissipé le nuage qui était devant ses yeux. La même chose lui arrivait dans sa cellule : on lui cachait son livre de prières, son rosaire ou d'autres objets qu'il savait très-bien y être ; de sorte qu'il ne les voyait point. Mais dès qu'il élevait la voix et disait : « Au nom de Jésus de Nazareth, retire-toi d'ici, misérable, je te l'ordonne, » il entendait un rire bruyant ou un grand fracas qui ébranlait sa cellule, et il trouvait dès lors sans difficulté ce qu'il cherchait. (*Speculum Carmel.*, t. II, p. 11, c. 25.)

Il en fut de même à peu près de saint Pierre d'Alcantara, avec cette différence que chez lui l'action du démon était plus palpable. Le saint habitait une cellule très-étroite, dans laquelle il dormait un peu plus d'une heure la porte ouverte, afin qu'elle pût toujours être éclairée par la lumière du ciel. Elle était à l'entrée d'un long corridor où il passait en prière le reste de la nuit. C'était là aussi que les démons hurlaient autour de lui, lui apparaissaient sous les formes les plus horribles, et lui jetaient des pierres si grosses que le bruit réveillait les autres frères et leur faisait croire que la maison tout entière allait s'écrouler. Le matin, ils trouvaient la cellule et le corridor remplis des pierres qu'on y avait jetées. (Sa vie ; Lyon, 1670, p. 26.)

S. Pierre d'Alcantara.

On lit dans les actes du P. Sébastien del Campo, jésuite à Sassari, en Sardaigne, qu'il fut toute sa vie persécuté par les démons. Un jour, comme il était en voyage, ils firent pleuvoir sur lui des pierres qui lui causèrent de grandes douleurs, mais sans le blesser. Ils le poursuivaient jusqu'à l'autel pendant qu'il disait la messe, lui cachant son missel

Sébastien del Campo.

ou le jetant par terre, ou confondant les signets. La nuit, ceux qui demeuraient près de sa cellule entendaient dans sa chambre des bruits affreux, des chaînes, des coups, puis, au milieu de tout cela, sa voix qui disait : « Faites tout ce que Dieu vous permet, je suis prêt à tout. »

Ste Françoise Romaine.

Sainte Françoise Romaine eut à supporter des épreuves terribles en ce genre. Les démons, dans sa jeunesse, la prenaient souvent par les tresses de ses cheveux, et l'entraînaient ainsi de la galerie de sa maison dans la rue; de sorte qu'elle fut contrainte de se les faire couper. Elle se vit une fois jetée sur un cadavre en putréfaction, et roulée pendant quelque temps avec lui; et, lorsque la vision fut évanouie, son corps et ses vêtements étaient tellement empreints de l'infection du cadavre qu'on ne put la faire disparaître, même après les avoir lavés plusieurs fois. Pendant longtemps encore, le souvenir seul de cette vision lui donnait des maux de cœur; de sorte qu'elle pouvait à peine prendre le peu qui lui était nécessaire pour vivre. Souvent elle se voyait, sans savoir comment cela lui était arrivé, transportée dans sa maison, sur des planches ou des poutres si élevées qu'elle ne pouvait plus en descendre. D'autres fois elle se trouvait tout à coup dans des lieux fermés, où elle n'avait pu entrer que par la fenêtre. Si elle se mettait à genoux pour prier dans sa cuisine, les démons la tenaient pendant quelque temps suspendue sur des charbons allumés. Lorsqu'ils l'avaient ainsi cruellement maltraitée, ils venaient à elle comme vaincus par sa sainteté et sa constance, se prosternaient devant elle, ou mettaient leurs têtes dans son sein. Elle les repoussait avec force, et les frappait; mais elle sentait qu'elle ne frappait que de l'air. Quelquefois ils venaient à elle sous la forme d'animaux familiers, se couchant à ses pieds, ou bien volant autour d'elle comme de blanches colombes. Si elle ne faisait pas attention à eux, ils se changeaient tout à coup en monstres féroces, en loups, en dragons, en lions qui ouvraient leur gueule contre elle.

Un jour, comme elle se préparait à prier, et qu'elle avait plusieurs livres de prière ouverts à côté d'elle, elle aperçut un singe énorme qui les feuilletait. Comme elle n'y faisait point attention, elle vit de plus un lion qui se mit à lutter contre le singe. Accoutumée à ces sortes de choses, elle n'y prit point garde, et ne se laissa point déranger par eux. Au reste, elle voyait de cette manière non-seulement les tentations dont elle était entourée, mais encore celles des autres avec lesquels elle avait quelques rapports. Elle connaissait les artifices dont le démon se servait pour les tromper, et voyait avec peine comment ils se laissaient prendre à leurs piéges. Cette vue lui donnait ensuite de grandes inquiétudes, parce qu'elle craignait de pécher contre son prochain par jugement téméraire. Souvent le vacarme qui se faisait autour d'elle était si grand que son mari, son fils, sa compagne Rita et ses voisins l'entendaient, et accouraient à son secours. Ils la trouvaient à genoux ou couchée par terre, se tordant ou se courbant sous les coups qui l'accablaient, et ils entendaient le bruit sans voir personne. Ils la voyaient se débattre, et entendaient les paroles que lui arrachait la douleur, sans apercevoir quoi que ce soit. Lorsque les assauts des démons avaient duré leur temps ou atteint leur mesure, l'ange qui se tenait toujours à sa droite faisait un léger signe de tête, et tout disparaissait. (Sa vie par Matteotti, vol. III, p. 1-45.) Beaucoup d'autres encore ont été soumis à ces tristes épreuves. Grégoire Lopez, cet homme si calme, n'y a pas échappé lui-même dans sa cabane solitaire en Amérique; et il avait coutume de dire qu'il s'étonnait d'avoir pu les supporter; car leur seul souvenir lui faisait dresser les cheveux sur la tête. (*Le saint solitaire des Indes;* Cologne, 1717, p. 32.)

La vie de sainte Crescence de Kauffbeyern nous offre dans ces derniers temps un exemple frappant de ce genre de persécutions. Morte en 1744, sa vie fut soumise à un examen sévère, avant la fin du siècle précédent, à cause

Sainte Crescence.

du procès de sa canonisation. Les faits furent confirmés par ceux qui en avaient été témoins, et publiés ensuite dans les deux volumes in-folio du procès. De plus, un de ses confesseurs, le P. Ott, de la compagnie de Jésus, a écrit aussi sa vie, et l'une des sœurs du couvent où elle habitait, Gabrielle Morzin, qui a vécu six ans avec elle, a en 1748, quatre ans après sa mort, écrit ce qu'elle avait vu et appris de la sainte elle-même, ou de celles qui avaient été plus longtemps avec elle. Nous pouvons donc à l'aide de ces deux documents, qui existent encore en manuscrit dans le couvent de Kauffbeyern, être parfaitement renseignés sur la manière dont s'est développée sa vie intérieure. Voici ce que la sœur Gabrielle, à la page 234 de son manuscrit, parlant de la constance héroïque de Crescence, raconte des assauts qu'elle eut à supporter de la part des démons.

« Notre chère mère Crescence n'eut pas seulement à souffrir beaucoup extérieurement de la part des hommes, et intérieurement de la part de Dieu ; mais le démon lui-même exerça d'une manière bien cruelle sa malice sur elle, en lui apparaissant sous la forme des bêtes féroces les plus abominables, soit la nuit, soit le jour. Elle avait toujours caché par humilité cet affreux martyre, sans jamais rien en laisser apercevoir, jusqu'à ce qu'enfin Dieu lui-même la trahit par le moyen d'une autre sœur. Celle-ci, en effet, ayant vu un jour le démon entrer dans la cellule de Crescence, fut grandement effrayée. Elle l'avertit en tremblant, au nom de Dieu, de ne pas entrer dans sa cellule, parce qu'elle venait d'y voir entrer avant elle un homme noir d'une forme hideuse. L'humilité de Crescence s'alarma de ce que cette sœur, nommée Marie-Béatrix, avait été témoin des choses qu'elle voulait cacher. Elle la pria instamment de n'en rien dire à personne ; mais Béatrix, loin de le lui promettre, l'engagea au contraire à aller déclarer la chose à la supérieure, sans quoi elle se croyait obligée à le faire elle-même. Crescence supplia

Béatrix de ne rien dire. Mais celle-ci alla trouver la supérieure, et lui dit ce qu'elle avait vu; après quoi Crescence fut obligée par obéissance de lui tout avouer. J'ai appris ces choses de notre supérieure elle-même, Marie-Jeanne.

« Le démon ne s'arrêta pas là; mais la bonne Crescence eut encore à souffrir de lui bien d'autres tourments, des coups violents, des tentations effroyables, des images affreuses. Elle fut tantôt enlevée, tantôt frappée ou liée; de sorte qu'elle serait morte cent fois si elle n'avait été soutenue par un secours surnaturel de Dieu. Souvent la nuit, l'esprit malin entra dans sa cellule, sous la forme d'un lion furieux, et l'arracha d'une manière cruelle, l'emportant avec un bruit affreux le long des escaliers; de sorte que la tête de Crescence frappait contre les degrés, et que le bruit était entendu des autres sœurs. Tout cela se faisait avec une telle rapidité que celles-ci, malgré leur empressement, ne purent jamais arriver à temps pour voir ce qui se passait; mais quand elles étaient sur les lieux, elle avait déjà disparu avec le démon, qui l'emportait d'un lieu à l'autre, ou même hors du couvent, en la frappant et la tourmentant de mille manières. Tantôt il la déposait sur le toit du monastère ou d'une autre maison, tantôt sur une haute tour de la ville. D'autres fois il l'entraînait jusqu'à la rivière de la Warta, la posait sur le toit du pont, la menaçant à chaque instant de la jeter dans l'eau. Tantôt il l'attachait à un arbre, et la battait cruellement; tantôt il la pendait à ce même arbre, et se moquait d'elle avec une amère dérision. Souvent dans le monastère, il l'a serrée entre de grosses poutres, de sorte qu'elle ne pouvait ni bouger ni respirer; et plus d'une fois on l'a trouvée à demi morte, et les autres sœurs avaient beaucoup de peine à la tirer de là. Par le froid le plus aigu, il la jetait dans le ruisseau qui traverse le couvent, jusqu'à ce qu'elle fût toute trempée; puis il la jetait parmi des tas de bois couverts de neige, après quoi les mauvais esprits poussaient des éclats de rire et se moquaient d'elle, jusqu'à ce qu'enfin nos sœurs, après l'avoir longtemps cherchée, l'eussent trouvée sous la neige et le bois, couchée sur le visage et roidie par le froid.

« Lorsqu'elle montait les escaliers, Satan était souvent là, et la poussait en bas de toutes ses forces; de sorte qu'elle rendait beaucoup de sang par la bouche et par le nez. Une fois, comme elle voulait aller chercher quelque chose au premier étage, le démon la prit et la jeta en bas au rez-de-chaussée avec une telle violence qu'elle se cassa deux dents et que le bruit de la chute fut entendu dans tout le couvent. Les autres sœurs accoururent aussitôt, et la trouvèrent à demi morte. Lorsqu'elle disait au réfectoire le *mea culpa*, selon l'usage de l'ordre, le démon lui frappait la tête contre le sol avec une rapidité inouïe, de sorte que les sœurs témoins de ce spectacle croyaient que sa tête allait se briser; et ceci est arrivé également d'autres fois pendant le repas, ce qui excitait à la fois et la terreur et la compassion dans l'âme de notre supérieure et des autres sœurs. Il n'est sorte de malices que le démon ne lui ait faites pendant qu'elle travaillait, ou qu'elle remplissait quelque emploi. Dans la cuisine, il lui éteignait le feu, versait les mets quand ils étaient cuits, ou faisait d'autres choses semblables. Il lui répandit un jour un plat bouillant sur la tête, ce qui lui causa de grandes douleurs. Une autre fois, il vint la trouver dans la cuisine au moment où elle venait de préparer un mets pour les sœurs, et il le lui emporta. Crescence, sans se laisser déconcerter, et fortifiée par la grâce divine, prit une cueiller à pot, et en frappa le démon de toutes ses forces; de sorte qu'il se mit à hurler et à mugir, et s'enfuit tout confus. Crescence a souffert toutes ces choses et bien d'autres encore avec une patience et une sérénité parfaites, par amour pour Dieu. Non-seulement son zèle ne s'est jamais ralenti dans ces épreuves; mais elle en est toujours sortie plus fervente. Toujours elle a vaincu courageusement les ennemis de

COMMENT LES DÉMONS TENTENT LES SAINTS. 425

Dieu, et souvent elle les a mis en fuite par un simple commandement de sa part. Je tiens ces choses de notre bonne, pieuse et véridique supérieure, Marie-Jeanne Altwoggerin. » Tous les faits racontés dans ce récit ont été prouvés d'une manière authentique dans le procès de la canonisation de Crescence. Toutes ces persécutions avaient déjà commencé dès son noviciat, et avaient en grande partie pour but de la dégoûter du couvent. Elles durèrent quatre ans encore après sa profession, jusqu'à ce qu'enfin elle en fut délivrée à la suite d'un pèlerinage à Mariahilf.

Marie de Moërl a aussi, de nos jours, passé par ces épreuves terribles, que Dieu réserve quelquefois à ses élus. On ne sait pas précisément à quelle époque elles commencèrent chez elle. Ce fut probablement dans le courant de l'année 1830 ou au commencement de la suivante. Déjà en 1832 elle avait presque continuellement à en souffrir plus ou moins. Des fantômes hideux lui apparaissaient dans sa chambre, de jour et de nuit, et même sur le chemin qui conduisait à l'église. Souvent, dans son effroi, elle se cachait sous son lit, ou était renversée par terre en plein jour au milieu de sa chambre; ou bien encore elle était prise tout à coup de convulsions violentes. D'autres fois elle s'attachait, glacée de crainte, au côté de son amie qui ne la quittait jamais, ou au bras de son confesseur, quand il était présent. Voici sous quels traits elle nous dépeint les formes horribles qui produisaient cette impression chez elle. « Ce sont des hommes hideux qui approchent de moi, tantôt seuls, tantôt plusieurs ensemble, et menacent de m'entraîner. Quelquefois je vois parmi eux de pauvres âmes, tantôt plus ou moins noires, tantôt tout en feu, qui demandent des prières. Ces fantômes me crient : « C'en est fait de toi, tu es déjà réprouvée : tu n'as plus besoin de ton confesseur, il ne peut plus te servir de rien; » et à chaque fois mon cœur éprouve une indicible angoisse. Quelquefois ils approchent tout près de moi, veulent me prendre la main, ou mettent ma chambre en feu, de sorte qu'il semble que tout va être brûlé. Tantôt ils me poussent à renier la foi, me mettent sur la langue des malédictions et des blasphèmes contre Dieu ou la sainte Vierge. Tantôt un chat noir s'assied sur la fenêtre, et marche dans ma chambre en plein jour. » Son confesseur entendit une fois, en effet, un chat filer dans sa chambre. Il prit même un balai pour le chasser, mais il ne put le trouver, ce qui amusa beaucoup Marie, qui se mit à éclater de rire en voyant qu'il croyait que c'était vraiment un chat et qu'il ne pouvait l'attraper.

Dans ces apparitions, elle était consolée par la vue d'un bel enfant, qui, dans le dénûment de tout secours extérieur où elle se trouvait, se montrait à elle, une croix ou un petit bouquet de fleurs ou simplement une rose à la main, et se plaçait, tantôt sur son lit, tantôt sur sa table. Quand il était présent, elle se sentait soulagée, quoiqu'elle sût bien par expérience que toutes les fois qu'il se montrait c'était un indice de quelque nouvelle souffrance corporelle ou spirituelle, qui s'annonçait déjà au moment où il s'éloignait. Ces fantômes ne lui causaient pas seulement de cruelles angoisses, ils tourmentaient aussi son corps en diverses manières. Elle était souvent arrachée de son lit, quoique ordinairement elle ne pût se lever sans le secours d'un autre; et, privée de sentiment, elle se frappait la tête contre le mur et le sol de sa chambre, de sorte que l'on aurait pu croire qu'elle allait être couverte de plaies et de blessures. Mais lorsqu'elle était revenue à elle-même, elle sentait seulement des douleurs dans la tête et dans les membres. Quelquefois elle était jetée tout d'un coup sous son lit avec son drap et sa couverture, et sa tête frappait pendant près d'une heure de temps contre le sol et les planches de son lit, agitée par les crampes les plus violentes. D'autres fois les hommes qui lui apparaissaient dans ses visions l'enlevaient jusqu'à la fenêtre de sa chambre, et lui montraient en bas des jardins couverts de fleurs, des bosquets, etc. Une pente douce, large et belle conduisait sous ses pieds à ce délicieux parterre, et de là d'autres hommes l'invitaient à descendre. Elle avouait qu'elle l'aurait fait infailliblement si une force invisible ne l'eût retenue par le talon. Il fallait ordinairement dans ces cas aller chercher son confesseur pour la remettre au lit, et la rappeler à elle. Ces épreuves et d'autres semblables, où il est impossible de méconnaître l'action du démon, ne cessèrent qu'au mois de juin 1833, après qu'on eut, avec la permission de l'évêque, employé les exorcismes de l'Église tout à fait en secret et sans que personne le sût.

CHAPITRE XXVIII.

Comment les saints réagissent sur les esprits. Les visions de l'autre monde accompagnent toujours cette réaction. Les visions de saint Cyrille, patriarche de Jérusalem. Celles de sainte Madeleine de Pazzi et de sainte Catherine de Gênes. Ces visions produisent des rapports entre ceux qui les ont et ceux qui en sont l'objet. Françoise du Saint-Sacrement. Comment les saints prennent quelquefois sur eux les châtiments réservés aux pécheurs. Osanna de Mantoue. Lidwine. Le Chartreux Pierre Petrone. Christine de Stumbèle. Christine l'Admirable. Justification de tous ces phénomènes.

Dans les phénomènes que nous avons étudiés jusqu'ici la présence des esprits se manifeste par des signes sensibles, quoique ces signes ne soient pas absolument nécessaires, et que les esprits puissent agir sans être visibles, comme nous l'avons vu en partie dans les histoires de lutins ou de revenants que nous avons racontées. Mais il n'en est pas de même des phénomènes par lesquels l'homme réagit sur le monde des esprits. Il faut ici de toute nécessité qu'il voie clairement ceux qui sont l'objet de cette réaction. Dans toute action raisonnable, en effet, le but doit être aperçu. Or, ici le but est caché dans les régions invisibles, et inaccessible par conséquent à la conscience humaine dans l'état ordinaire : il ne peut donc être saisi que dans une vision extraordinaire. Si donc ailleurs celle-ci n'est qu'accessoire, elle est essentielle ici. Ces visions ont pour objet le ciel, l'enfer et le purgatoire; or l'imagination s'est emparée de ces régions, comme nous l'avons dit plus haut, ajoutant ses ornements au fond simple et vrai que lui fournissent les visions des extatiques.

S. Cyrille. Ce fond simple et sans parure ressort d'une manière admirable dans la vision que saint Augustin attribue à saint Cyrille, patriarche de Jérusalem, et qu'il nous a conservée dans sa deux cent sixième épître. Sans entrer dans aucun détail sur les lieux qu'habitent les âmes après cette vie, ni sur les supplices ou la félicité qui leur sont réservés, cette vision nous représente les peines de l'enfer comme étant les mêmes que celles du purgatoire; de sorte que la durée seule les distingue; mais les unes et les autres sont telles que nous ne saurions jamais les comprendre, et il en est ainsi des délices du paradis. De même que les joies des saints diffèrent selon le degré de sainteté, et par conséquent de connaissance de Dieu, auquel ils sont parvenus, de même aussi les supplices sont proportionnés aux péchés, de sorte que néanmoins les chrétiens souffrent beaucoup plus que les païens, parce qu'ils ont repoussé la grâce.

Vision d'un frère. Nous remarquons la même simplicité dans une autre vision, racontée à saint Boniface par un frère qui, après être mort dans le monastère de l'abbesse Walburge, revint à la vie, et que le saint raconte après lui à sa sœur dans une de ses lettres. Le bon frère expose dans un récit très-naïf ce qu'il a vu après que son âme s'est séparée de son corps. Il lui sembla d'abord qu'on lui ôtait tout à coup un drap de dessus les yeux, et que tout ce qui lui avait été caché auparavant lui devenait visible : le monde avec ses diverses contrées, ses mers et ses peuples. Puis un ange resplendissant de clarté prit son âme, et l'emporta dans les airs à travers un océan de flammes qui entoure cet univers. Son âme en fut gravement atteinte, mais enfin les flammes s'écartèrent dès que l'ange eut fait le signe de la croix. Son âme est conduite devant le siége du souverain juge, avec les autres qui arrivaient en foule de cette vie. Alors commence une lutte terrible entre les bons esprits et les démons. Tous les péchés que chacun a commis s'avancent contre lui, et l'accusent. Les mauvais esprits s'unissent à eux, et cherchent à aggraver encore le poids de chaque péché. Mais, de l'autre côté, les vertus et les bonnes œuvres que chacun a faites en cette vie opposent leur voix à celle des péchés qu'il a commis. Elles paraissent alors bien plus grandes et bien plus brillantes qu'ici-bas. Elles plaident en faveur de l'âme éperdue, et les bons esprits confirment leur témoignage avec une merveilleuse charité. Le frère subit cette épreuve avec tous ceux qui étaient morts en même temps que lui. Il voit aussi les luttes qu'ont à essuyer ceux qui vivent encore sur la terre, et en particulier Ceolred, roi des Merciens. Puis il voit dans les abimes de la terre des sources de feu : c'est le purgatoire, où une multitude d'âmes obscures errent dans une tristesse lamentable. Au-dessus du fleuve de flammes qui en sort est un pont de bois, sur lequel passent les âmes qui reviennent du jugement. Quelques-unes passent sans broncher ; d'autres tombent dans les flammes, les unes jusqu'aux genoux, les autres jusqu'aux épaules, les autres jusque par-dessus la tête. Mais elles arrivent de l'autre côté du fleuve plus belles et plus brillantes qu'elles n'étaient lorsqu'elles y sont tombées. Sous cette source, dans les abimes les plus profonds, est situé l'enfer, où retentissent des soupirs et des plaintes inexprimables, parce que la miséricorde divine n'a jamais lui dans ces lieux désolés. Enfin, pour consoler son âme profondément attristée à cette vue, on lui montre le paradis, lieu d'ineffables délices, d'où s'exhalent de suaves parfums ; et il aperçoit au milieu la céleste Jérusalem.

Plus tard, les visions des extatiques entrent davantage

dans le détail des choses. La faculté purement intuitive dans l'homme approcha davantage aussi, de cette manière, du domaine de l'imagination, dont l'action devint dès lors inévitable. C'est ainsi que la légende est venue, soit du dehors, soit du dedans, se mêler à la vérité historique, de sorte qu'il est très-souvent difficile de distinguer ce qui appartient à la première de ce que la seconde a ajouté du sien. Toutefois, nous devons en ce genre accorder toujours la préférence aux visions les plus simples, où l'on aperçoit une vue plus intime et plus claire dans ces régions obscures. Telles ont été en particulier celles de Madeleine de Pazzi. Comme elle était un soir avec quelques sœurs dans le jardin, elle eut un ravissement où le purgatoire lui fut montré. On la vit pendant deux heures parcourir lentement le jardin qui était assez grand, s'arrêter ici et là, pour considérer le supplice réservé à tel ou tel péché. Elle se tordait les mains de compassion, pâlissait, semblait ployer sous un lourd fardeau, et paraissait saisie d'une telle horreur qu'on ne pouvait la regarder sans frémir. Lorsqu'elle fut arrivée au lieu où souffrent les prêtres, elle poussa un profond soupir, et dit: Mon Dieu! vous aussi en ce lieu; et elle marcha ainsi au milieu d'eux, soupirant à chaque pas. Ceux qui ont péché par ignorance et qui sont morts à la fleur de leur vie étaient punis moins sévèrement, et leurs anges étaient à leur côté et les consolaient. Mais les hypocrites étaient cruellement tourmentés, et bien plus près de l'enfer. Les impatients et les opiniâtres semblaient chargés d'un lourd fardeau, sous lequel ils étaient près de succomber; et on la vit incliner la tête presque jusque à terre en passant au milieu d'eux. Regardant de cette manière, tantôt ici, tantôt là, elle implora une fois le secours du ciel en tressaillant d'épouvante. Après quelques instants de silence elle avança plus loin, en un lieu où l'on versait du plomb fondu dans la bouche des menteurs, pendant que les avares, qui n'ont pu se rassasier de biens sur la terre, étaient rassasiés de supplices, et que les impudiques habitaient des lieux d'où s'exhalait une odeur insupportable. Elle vit enfin ceux qui n'avaient été adonnés à aucun péché en particulier, mais qui avaient péché un peu dans tous les genres, et qui, à cause de cela, participaient aussi, mais à un moindre degré, aux supplices de tous les autres. Enfin elle revint à elle, après avoir prié Dieu de lui épargner à l'avenir de telles visions, parce que son âme ne pouvait en supporter l'horreur. (*Sa Vie*, part. II, ch. 7.)

Les visions de sainte Françoise Romaine sont plus détaillées encore. Le purgatoire lui parut composé de trois étages, tous remplis d'un feu clair différent du feu de l'enfer, lequel est obscur et noir. L'étage inférieur est partagé de nouveau en trois espaces. Dans l'un, dont le feu est plus pénétrant, sont les prêtres; dans le second, où le feu est moins vif, sont les clercs, et le troisième, où les châtiments sont plus doux encore, est réservé aux laïques les plus coupables. Partout les démons se tiennent à la gauche des pauvres âmes souffrantes, et augmentent encore leurs supplices par des railleries amères, tandis que leurs bons anges sont à leur droite, occupés à les consoler. — Il en est ainsi des visions de Marine d'Escobar, et plus encore de sainte Brigitte, où l'on reconnaît l'influence des visions qui avaient précédé les siennes.

Sainte Françoise Romaine.

Afin de rendre les choses spirituelles plus accessibles à l'esprit de l'homme, toujours plus ou moins esclave des sens, il a fallu de tout temps avoir recours au langage symbolique. Or, les symboles ont cet inconvénient qu'ils finissent très-souvent par se détacher de l'idée qu'ils voilent et par acquérir en quelque sorte une vie et un développement indépendant d'elle. De plus, on a senti de tout temps aussi la nécessité d'opposer à la violence des passions qui entraînent le cœur de l'homme la crainte et l'horreur du châtiment. Cette intention, bonne en soi, a dû se refléter jusque dans les extases des saints, et concourir à enfanter ces peintures terribles qu'ils nous ont laissées. Mais on a plus d'une fois oublié que toute exagération se détruit elle-même. Les faibles furent découragés par là et poussés au désespoir; de sorte que l'Église dut intervenir pour réprimer ces pieux excès. Ceux-ci provoquèrent au contraire une réaction chez les hommes d'une trempe plus forte et plus énergique; de sorte qu'après avoir protesté pendant quelque temps contre eux par une opposition sourde ils finirent par les rejeter hautement, et par ne plus vouloir reconnaître même les choses certaines, ou qui du moins se tenaient dans les bornes d'une juste mesure. Ainsi, en invoquant toujours par un zèle exagéré la justice divine sans faire mention de sa miséricorde, on prépara l'excès opposé de ceux qui, n'ayant égard qu'à la miséricorde, oublient tout à fait la justice. Parmi les modernes, sainte Catherine de Gênes est peut-être celle dont les visions, relativement à l'autre vie, sont les plus dignes, les plus profondes et les plus instructives.

Dès que l'âme entre dans ces régions mystérieuses de l'autre vie, il résulte ordinairement de cet état un certain commerce plus intime entre elle et ceux qui sont l'objet de ses visions, et particulièrement ceux qui sont dans le purgatoire. Ici, en effet, le besoin de secours d'un côté, la compassion de l'autre, surtout chez les femmes, rendent ce commerce plus facile et plus fréquent. Aussi trouvons-nous dans les vies des saints une foule de récits sur la forme de ces rapports mutuels, sur ceux qui servent d'intermédiaires en ces circonstances et sur la charité des âmes dont on réclame les secours. Nous avons eu déjà occasion de citer plusieurs faits en ce genre : nous rapporterons ici comme un des plus remarquables ce qui est arrivé à Françoise du Saint-Sacrement, de l'ordre des Déchaussées. Elle avait hérité de son père une tendre compassion pour les âmes du purgatoire, et cette compassion avait été augmentée encore par les apparitions de sa mère et de ses sœurs, qui étaient venues après leur mort lui demander son secours, et dont les angoisses avaient fait une profonde impression sur elle. A partir de ce moment, elle ressentit un vif intérêt pour tous ceux qui se trouvaient dans la même position ; et il semble que ceux-ci connaissaient ses dispositions à leur égard, car ils s'adressaient continuellement à elle. Chaque jour, à chaque heure, aussi bien le jour que la nuit, ils venaient lui demander le secours de ses prières. Des défunts de toute condition, ecclésiastiques, religieux, laïques, papes, archevêques, abbés, prêtres, moines, nobles, roturiers, les uns qui pendant leur vie avaient montré un grand zèle ou avaient pratiqué dans leur ordre de grandes pénitences, les autres qui avaient pris au contraire les choses moins sérieusement ; de grands personnages qui avaient joui ici-bas d'une bonne réputation, avec d'autres qui avaient été en mauvais renom ; des hommes que l'on avait pleurés à leur mort comme pères des pauvres, avec d'autres qui étaient morts sur l'échafaud, assiégeaient la cellule de Françoise, lui racontaient leurs misères, les fautes qu'ils avaient à expier, et lui demandaient secours et conseil. Comme à leur vue elle était toujours saisie d'un tel effroi que souvent elle tombait en défaillance, afin de ménager sa sensibilité, ils ne se présentèrent plus à elle sous leur véritable forme, mais comme des ombres flottantes, jusqu'à ce qu'elle se fût accoutumée à les voir.

Les diverses conditions se distinguaient par des signes particuliers, qui indiquaient en même temps l'abus qu'on en avait fait. Les notaires avaient une plume et une écritoire, les serruriers un marteau rougi au feu, les ivrognes un verre tout brûlant ; les femmes qui avaient été vaines dans le monde traînaient derrière elles quelques misérables haillons, et leur visage, fardé autrefois, avait la couleur de la cendre. Tout cela n'était naturellement que l'expression symbolique de leur état. Lorsque Françoise était au chœur, toutes ces pauvres âmes se tenaient à l'entrée de l'église, près du bénitier, et l'attendaient avec une grande dévotion pendant le temps que duraient les heures. L'office une fois fini, elles entraient avec elle dans sa cellule, et lui présentaient leur supplique. Lorsqu'elle était avec les sœurs ou à la récréation, elles la suivaient et lui faisaient signe de venir. C'était principalement aux yeux et à l'expression qu'elle reconnaissait leur état intérieur. Le jour des Morts l'affluence était bien plus grande autour d'elle. Elle était entourée surtout des âmes qui avaient obtenu leur délivrance en ce jour, et qui venaient lui raconter confidentiellement les choses les plus secrètes. Lorsqu'elles trouvaient leur bienfaitrice endormie, elles se tenaient autour de son lit, attendant qu'elle se réveillât, pour ne point l'effrayer; mais elle ne pouvait s'empêcher d'avoir peur. Aussi, dès qu'elle voyait le soleil se coucher, elle devenait triste, dans l'attente des visites qu'elle allait recevoir. Les défunts lui donnaient une multitude de commissions, qu'elle exécutait dans les commencements avec une grande exactitude; mais comme ces relations devenaient fort incommodes pour le monastère, ses supérieurs les lui interdirent. Plusieurs venaient lui apporter des messages de la part d'autres âmes qui n'osaient pas s'adresser à elle. Aussi ressentait-elle pour toutes ces âmes une grande compassion, et faisait tout ce qu'elle pouvait pour les secourir, priant presque continuellement pour elles, faisant des communions, engageant les prêtres à dire des messes, jeûnant presque toute l'année au pain et à l'eau, se donnant la discipline des heures entières, offrant à Dieu pour elles son sommeil, ses souffrances, ses peurs, ses travaux, ses incommodités, chaque pas, en un mot, qu'elle faisait, ne se réservant rien pour elle. Aussi leur disait-elle souvent d'une manière touchante : « Chères sœurs, je resterai longtemps en purgatoire à cause de vous, car je vous ai tout donné, et n'ai rien gardé pour moi. » Elles cherchaient alors à la consoler par leurs remercîments, et en lui promettant leur secours. (*Sa Vie*, par M. de Lanuza.) Il en fut de même de Jeanne de Jésus-Marie, de Gertrude de Saint-Dominique, de Bernardine de la Croix et de Bénédicte de Brescia. Toutes ces femmes furent comme les sœurs de charité des pauvres âmes du purgatoire.

L'intérêt que montrent ici les saints en transportant aux autres les fruits de leurs bonnes œuvres, ils peuvent le manifester également en prenant volontairement sur eux les châtiments que méritent les pécheurs. En effet, dans l'Église, la communion des saints, qui met en rapport les régions invisibles avec l'homme qui vit sur la terre, rend possibles ces secours réciproques; et comme, d'un autre côté, le dogme chrétien repose tout entier sur la substitution, ce rapport trouve encore de ce côté de nouvelles facilités. Dans l'Église, tous les éléments se pénètrent mutuellement, et agissent les uns sur les autres. C'est même là le signe distinctif de toute union organique : aussi le trouvons-nous déjà, à un degré inférieur, il est vrai, dans le corps humain, dont toutes les parties et toutes les forces sont liées par un commerce réciproque. Si quelque désordre ou quelque maladie s'y déclare, il s'établit ordinairement dans un membre particulier, qui devient comme le foyer du mal; mais tous les autres prennent part, par une sorte de compassion, à l'état de souffrance où il se trouve, et se hâtent, pour ainsi dire, de venir à son secours. Or, ceci peut arriver de deux manières : ou en donnant à l'organe malade ce qui lui manque, et en produisant ainsi une crise salutaire qui rétablit l'harmonie dans l'organisme entier; ou par une substitution en vertu de laquelle un autre membre prend sur soi pour ainsi dire le mal de celui qui souffre, et satisfait à sa place. Dans ce dernier cas, la maladie quitte l'organe affecté, et se jette par une métastase sur un autre, substitué au premier, et qui devient alors le foyer du mal. L'action des remèdes qui opèrent directement repose sur le premier moyen, tandis que l'action des remèdes qui opèrent d'une manière antipathique repose sur le second.

Comme l'organisme est soumis aux lois de la nécessité, cette substitution n'est pas libre non plus; mais elle s'accomplit nécessairement par les forces vitales. Il n'en est pas ainsi de l'organisme moral, tel que les diverses sociétés humaines. Quoiqu'elles soient formées d'après le type du corps humain, elles sont gouvernées par la loi de la soumission volontaire ; il ne peut donc être question chez elles que d'une substitution volontaire aussi, en ce sens qu'un membre peut, par un acte libre de sa volonté, se substituer à un autre, et se porter caution pour lui. Or, cette caution est acceptée par la société tout entière, parce que chacun des membres qui la composent peut satisfaire également à la place des autres. Cette substitution se borne, dans la société temporelle, aux choses visibles ; mais dans l'Église elle s'étend jusqu'aux régions invisibles. Et comme, d'un autre côté, toutes les régions, sans en excepter les régions naturelles et organiques, appartiennent au royaume de Dieu, cette substitution s'étend aussi à ces dernières. Nous voyons en effet les saints prendre volontairement sur eux les maladies physiques de leurs frères, et c'est là le premier degré de substitution. Au second degré sont ceux qui prennent sur eux le châtiment des péchés des autres.

Un grand nombre de saints se sont chargés volontairement des maladies de leur prochain : nous ne ferons que citer ici quelques faits en passant. Osanna de Mantoue s'était offerte à Dieu, afin de satisfaire à sa justice pour son père. Mais le Seigneur n'avait pas accepté son offre, parce qu'elle en serait morte ; il lui avait permis cependant plusieurs fois de prendre sur elle les maladies de quelques personnes qui lui étaient chères. Ainsi, la princesse Isabelle de Mantoue étant menacée de consomption, et deux Frères Prêcheurs qui allaient au synode étant exposés à contracter quelque maladie dans les contrées insalubres qu'ils devaient parcourir, elle demanda avec larmes au Seigneur la permission de prendre leurs maux sur elle. Sa prière fut exaucée, et elle fut à l'instant même prise d'une fièvre violente qui la mit aux portes du tombeau. Isabelle guérit, et les deux religieux retournèrent bien portants à Rome.

Osanna.

Elle obtint la même chose pour le margrave de Mantoue et pour plusieurs autres personnes. (*Sa Vie*, liv. I, ch. 2.) Devant la porte de la maison de Liduine était assise un jour une femme à qui la souffrance arrachait des larmes. La vierge, l'entendant ainsi pleurer amèrement, appela son confesseur, et lui demanda ce que c'était. Il lui répondit : « C'est une sœur qui souffre horriblement, et qui ne peut trouver de repos. » Liduine la fit venir, et lui dit : « Voulez-vous, ma sœur, que je vous aide dans votre affliction? — Oh! je le voudrais bien, répondit la pauvre femme. Mais vous êtes déjà bien assez malade vous-même; priez seulement Dieu pour moi. » La vierge s'adressa aussitôt au Seigneur, et à l'instant même les souffrances de cette femme passèrent sur elle; de sorte qu'elle fut horriblement tourmentée un jour et une nuit, au grand étonnement des assistants. Souvent aussi, elle prit sur son corps de grandes souffrances, après les avoir demandées à Dieu, afin d'épargner à la ville où elle demeurait quelque danger ou quelque effusion de sang. (*A. S.*, 14 april.) Liduine.

Nous citerons comme exemple de l'autre genre de substitution celui du Chartreux Pierre Pétrone, né en 1311, mort en 1361, à Sienne. Car, premièrement, les faits sont attestés de la manière la plus authentique par des témoins oculaires, et racontés par l'un d'eux, lequel est devenu un saint lui-même à la suite des exhortations de ce saint homme, à savoir saint Colombin, fondateur des Jésuates et auteur de la vie de Pétrone. En second lieu, celui à qui Pierre s'était substitué vivait encore lorsque sa vie fut écrite; de sorte que les faits étaient très-faciles à vérifier. Quinze jours avant sa mort, le bienheureux, qui depuis si longtemps désirait de mourir, eut une vision dans laquelle le Seigneur lui apparut, et, après s'être entretenu familièrement avec lui, lui dit : « Approche plus près, Pierre, afin que tu voies tout de tes propres yeux. » — « Je fus alors, raconte-t-il lui-même, privé de l'usage de mes sens; et comme mon âme était plongée en Dieu avec toutes ses puissances, Pierre Pétrone.

je me trouvai inondé d'une ineffable suavité ; je vis toutes les armées célestes, et j'eus une connaissance claire et distincte de toutes les âmes prédestinées, mais aussi de beaucoup de celles que l'enfer renferme en ses abîmes, ou qui satisfont encore à la justice de Dieu dans le purgatoire. Chacun, quelque peu qu'il eût à souffrir, croyait qu'il souffrait plus que tous les autres ; et de même que les bienheureux, dès qu'ils désirent une félicité plus grande encore, voient aussitôt leurs désirs accomplis, ainsi les réprouvés, lorsque, tournant contre eux-mêmes leur fureur, ils imaginent quelque supplice plus grand encore, voient à l'instant même s'accomplir en eux cette pensée d'une horrible manière. En contemplant le Seigneur, je vis en même temps les œuvres de tous les mortels, les plus intimes secrets de leurs cœurs. Et afin que tu reconnaisses la vérité de ce que je te dis (il parlait à Joachim Élianus, un jeune homme qu'il s'était attaché depuis longtemps et dont il avait fait son intermédiaire entre lui et le monde), je veux te révéler tous les secrets de ton propre cœur et tes œuvres les plus cachées. N'as-tu pas, depuis que je te parle, pensé à exercer telle ou telle vertu ? » Le jeune homme effrayé lui ayant avoué que c'était vrai, le bienheureux, continuant son discours, lui découvrit les pensées secrètes de plusieurs hommes, lesquelles n'étaient connues que de Dieu seul. Il le chargea ensuite de beaucoup de commissions pour telles ou telles personnes, et qu'il devait exécuter en partie avant sa mort, en partie après ; et parmi ces personnes il y en avait beaucoup qu'il n'avait jamais vues. Il devait s'adresser à celui-ci avec un visage serein et des paroles bienveillantes, prier instamment et conjurer celui-là, traiter sévèrement un troisième, et d'autres plus sévèrement encore. Pour le mettre en état de mieux remplir les commissions qu'il lui donnait auprès de ces personnes, il lui fit connaître leurs pensées les plus secrètes, et qui n'étaient connues que d'eux et de Dieu. Puis, pour exciter son zèle, il lui raconta de la vie de plusieurs hommes pieux existant alors tout ce qui pouvait l'édifier et l'inspirer. Il enflamma en même temps son cœur, en s'entretenant longuement avec lui des choses divines, et il semblait en lui parlant respirer les flammes de l'amour divin. Il lui recommanda d'exécuter ponctuellement tout ce qu'il lui avait prescrit dès que Colombin, qui était alors en voyage et dont il lui annonça d'avance le prompt retour, serait arrivé et qu'il aurait pu s'entendre avec lui.

Le jeune homme, dès que Colombin fut revenu, se hâta de remplir les commissions du bienheureux. La ville de Sienne était alors divisée par des factions tellement acharnées l'une contre l'autre que la discorde séparait les amis, les parents, brisait tous les liens, et que les divers partis, dans leur haine aveugle, appelaient également à leur secours l'ennemi extérieur. De là une fermentation continuelle, des émeutes sanglantes, des mouvements tumultueux, des changements quotidiens dans les magistratures et les emplois, d'odieuses trahisons et des haines réciproques. C'était aux chefs de ces factions que Joachim devait d'abord s'adresser; car Pierre avait, dans ses visions, vu un grand nombre de ceux qui avaient pendant leur vie causé et fomenté ces maux payer chèrement leurs fautes. La mission du disciple ne fut pas sans résultat. Plusieurs, effrayés de ses paroles, se convertirent et se réconcilièrent avec leurs ennemis; d'autres, abjurant leur orgueil et leur présomption, consentirent à faire des ouvertures de paix. Mais la mission de Joachim ne se bornait pas à ces hommes; elle s'étendait encore à d'autres qui menaient une vie criminelle et scandaleuse. Il gagna les uns par des paroles bienveillantes, effraya les autres par ses menaces. Ceux qui suivirent ses conseils s'en trouvèrent bien; mais bien mal en prit à ceux qui se montrèrent rebelles. J. André, surnommé le Taureau, recteur de l'hôpital de Sainte-Marie des Degrés, fut un de ceux-ci. Tous les avis ayant été inutiles, la mort l'enleva à l'époque qui lui avait été annoncée d'avance. L'abbesse du couvent de Sainte-Marie s'était montrée docile au commencement ; mais plus tard, persuadée par de mauvais propos, elle méprisa les avertissements qui lui furent donnés. Une maladie dont Joachim l'avait menacée châtia sa résistance.

La magie et les évocations étaient alors en vogue à Sienne, et beaucoup avaient plus de confiance dans ces tromperies de l'enfer que dans les moyens salutaires prescrits par l'Église. Joachim fut envoyé aussi à ceux qui étaient adonnés à ce crime, et ses efforts ne furent pas sans résultat. Pendant tout ce temps, le saint homme ne restait pas oisif dans sa cellule ; il avait vu les dangers que courait le salut de plusieurs moines de son couvent ; et, enflammé de zèle pour le bien de leur âme, il commença à les attaquer d'une manière indirecte. Comme il n'atteignait pas son but, il leur parla franchement, et leur découvrit les périls de leur conscience. Sa conduite, dans les commencements, fut bien diversement jugée. Les uns l'accusaient d'outre-passer ses pouvoirs ; les autres disaient qu'il était fou, d'autres qu'il était possédé, d'autres enfin que c'était un bon esprit qui parlait par lui ; mais tous, dès qu'ils s'étaient donné la peine de réfléchir et de rentrer en eux-mêmes, venaient se jeter à ses pieds, vaincus par sa bonté, lui demander sa bénédiction, et lui promettre de se convertir sérieusement.

Pierre, dans ses visions, avait vu ployer sous le faix de grandes douleurs un de ses amis encore vivant, et il avait adressé à son sujet d'ardentes prières au Seigneur ; mais il avait reçu pour réponse qu'il était arrêté dans les desseins de Dieu que la justice divine devait être satisfaite, et que cet homme devait expier ses péchés par de grandes souffrances. Pierre, ayant fait part à Joachim de sa vision, celui-ci touché de compassion pour le pauvre pécheur, supplia le saint de prier continuellement pour lui. Pierre lui répondit : « Le Seigneur veut que l'on endure, à cause de ce malheureux et pour sauver son âme, pendant soixante heures, toutes les souffrances de ce monde ; veux-tu, mon fils, prendre sur toi ce martyre ? Il se convertira aussitôt à Dieu, et recevra de grandes lumières ; et toi tu auras fait une œuvre plus grande que si tu l'avais ressuscité d'entre les morts. » Le jeune homme frémit d'épouvante à cette seule proposition. « Eh bien, lui dit Pierre, sache que j'ai pris sur moi ce martyre. A partir du moment que je vais te désigner, tu pourras voir facilement tout ce qu'il me faudra souffrir. » Lorsque le jour indiqué fut arrivé, c'était le sixième avant sa mort, Pierre se prépara par la prière à l'œuvre terrible qu'il devait accomplir. Puis il fut jeté à terre avec une grande violence, et y resta étendu comme un cadavre. Il tomba à l'instant même en défaillance et perdit toutes ses forces ; son corps devint livide, son visage creux et amaigri ; ses yeux s'enfoncèrent dans leur orbite, ses tempes s'affaissèrent et sa poitrine desséchée semblait tenir à peine à la colonne vertébrale, qui ressortait au dehors. Ses mains et ses pieds furent comme brisés, de sorte qu'il ne pouvait ni remuer les pieds, ni lever les mains vers le ciel. Au milieu des supplices dont il était accablé, sa misère était si grande que personne ne pouvait lui toucher même les ongles des pieds sans que tout son corps en frémît et qu'il grinçât des dents comme si elles allaient se briser. Il ne lui était resté que la voix ; encore ne pouvait-il faire entendre que quelques sons plaintifs et mourants.

« C'était pour nous, dit son biographe, un spectacle lamentable de voir ce saint homme en cet état, mort avant de mourir, et comme enseveli avant d'être mis en terre. » Ses frères étaient là consternés, ne connaissant point la cause de ce martyre ; aussi croyaient-ils que c'était le démon qui le tourmentait ainsi. Joachim, Colombin et Nicolas gardaient le silence ; et ce qui les désolait, c'était de ne pouvoir soulager leur père commun ; mais du moins ils ne le quittèrent point jusqu'à ce que son martyre fût terminé. Ce vaillant guerrier combattit ainsi sans relâche pendant soixante heures ; puis il revint à lui, commença à respirer un peu, leva avec sérénité vers le ciel ses yeux, où la vie s'épanouissait de nouveau, étendit les bras, éleva les mains, et sa langue se déliant peu à peu se mit à louer le Seigneur. Après quoi il recouvra ses forces, et se trouva inondé de telles délices qu'il lui semblait qu'il était au milieu des chœurs des anges; et il s'écriait dans sa jubilation : « Attirez-moi après vous, je suis la trace de vos parfums. »

Son désir fut exaucé; car au bout de deux jours à peu près il tomba mortellement malade, comme il l'avait prédit. La nuit de sa mort, ses amis, Colombin, Nicolas et l'ermite Sanctus étaient réunis près de sa couche, et s'entretenaient avec lui de choses divines. Vers la seconde heure de la nuit, il fut tout à coup glorifié : son visage resplendit comme le soleil, et tout son corps fut inondé de lumière et de délices; de sorte que ses amis s'embrassèrent dans les transports d'une sainte allégresse. Il resta trois heures en cet état. Puis, revenu à lui, il tint les yeux fermés. Aucune parole ne sortit plus de sa bouche, et il mourut vers la sixième heure de la nuit. A peine était-il mort que celui pour qui il avait souffert fut saisi d'une telle douleur, et ressentit une telle contrition de ses péchés que, maudissant la vie criminelle qu'il avait menée, et saintement irrité contre soi-même, il fut pendant trois jours presque sans vie, tant était grande la désolation et l'amertume de son âme. A la vue de l'état où était sa conscience, il se sentit si doucement attiré vers Dieu qu'il ne trouvait aucune parole pour l'exprimer ; et il confessait que ce qu'il éprouvait dans son intérieur était inexplicable, et qu'il n'avait jamais rien ressenti de pareil. Bientôt il acquit une merveilleuse connaissance de Dieu et des choses les plus secrètes; c'était l'effet de la grâce que Pierre lui avait méritée par ses souffrances.

Joachim continua de remplir les commissions que le défunt lui avait données. L'une était adressée à la reine Jeanne de Naples, l'autre au pape d'Avignon, une troisième à Jean de Valois et Édouard d'Angleterre, engagés l'un contre l'autre dans une guerre désastreuse. Il avait aussi un message pour Jean Boccace et Fr. Pétrarque. Le premier était alors à la fleur de son âge et dans tout l'éclat de sa renommée. Son *Décameron* avait paru, et avait bientôt été traduit dans toutes les langues. Dans ce temps où les passions étaient si vives et les esprits si impressionnables, sa légèreté avait fait d'autant plus de mal que son beau langage lui avait gagné partout une foule innombrable d'auditeurs ou de lecteurs. Joachim alla le trouver à Florence, et lui déclara qu'il venait vers lui, non de son propre mouvement, mais sur l'ordre de l'homme de Dieu de Sienne, qu'il n'avait jamais vu, il est vrai, pendant sa vie, mais qui, dans ses visions, avait connu l'état de sa conscience; qu'alarmé des dangers que courait son âme, il l'avait envoyé pour le conjurer d'amender sa vie. Il lui dit que, par l'abus du beau talent que Dieu lui avait donné pour sa gloire, il avait déjà fait beaucoup de mal, et qu'il avait été pour les autres, non-seulement par ses paroles et ses écrits, mais encore par l'exemple de sa vie criminelle, un objet de scandale et un modèle de légèreté et de libertinage; que le mal semé par lui se propagerait bien davantage encore s'il ne se corrigeait, et s'il ne renonçait à écrire des livres pernicieux. Que s'il se montrait rebelle aux avertissements de l'homme de Dieu, il était chargé de lui dire que le temps n'était pas éloigné où il serait puni de son endurcissement, et que Dieu saurait mettre, bien plus promptement qu'il ne le croyait, un terme à sa vie et à ses études.

Boccace fut fortement ébranlé par ces paroles, d'autant plus que Joachim, pour accréditer sa mission, lui avait dévoilé les replis les plus cachés de son cœur. Il écrivit donc à Pétrarque, qu'il honorait comme son maître et son ami, pour lui faire part de ce qui venait de lui arriver, et lui demander conseil. La réponse du poëte, lequel était alors à Padoue, nous a été heureusement conservée; elle est très-judicieuse et très-prudente. Il lui témoigne d'abord l'étonnement et la peine que lui a causés sa lettre. Il ajoute ensuite qu'il a triomphé de ces deux sentiments, et qu'il espère lui inspirer les mêmes dispositions. Puis, entrant dans le détail des choses, il le fortifie dans le dessein qu'il a d'amender sa vie, et s'efforce de toute manière de combattre en lui la crainte de la mort par des exemples du paganisme et des passages de la sainte Écriture. Pour ce qui concerne le message qu'il a reçu, il lui dit qu'il faut considérer attentivement l'âge, l'air, le regard, le maintien, les mouvements, les discours, la voix, les mœurs, etc., de celui qui le lui a apporté, et juger d'après cela de la foi qu'on doit lui accorder; que ce n'est pas la première fois que le mensonge s'est caché sous le voile de la religion. (*Epistolarum senilium* lib. I, epist. 5.) Boccace vécut encore quinze ans après cet événement, et mourut en 1376, un an après Pétrarque, son maître. (*A. S.*, 29 mai.)

Christine de Stumbèle.

Ce qui s'est accompli en peu de temps dans cette substitution grandiose de Pétrone s'est prolongé pendant de longues années chez Christine de Stumbèle. En effet, les luttes qu'elle supporta avec tant de constance et de générosité n'avaient pas seulement pour but d'exercer sa vertu, mais encore de racheter du purgatoire l'âme de telle ou telle personne. Ainsi, l'âme de son père lui coûta huit nuits de cruelles souffrances; mais elle gagna en même temps l'âme d'un jeune homme. Elle combattit pendant plusieurs semaines pour racheter trois âmes qu'elle aimait, et mille autres furent le prix de la victoire qu'elle avait remportée. Elle obtint une autre fois de cette manière la conversion de sept meurtriers qu'elle avait vus dans une forêt éloignée, sur les frontières de l'Allemagne. Les luttes incessantes de cette vierge héroïque contre les puissances de l'enfer sauvèrent une foule de pauvres âmes, tandis qu'elles procuraient un accroissement de souffrances aux démons qui les tourmentaient. En supposant même qu'il y ait eu en tout cela beaucoup d'illusions, Dieu a certainement dû lui tenir compte de son courage, de sa constance et de sa bonne volonté.

Il en fut de même de Christine l'Admirable à Saint-Trond, et l'on aurait peine à croire ce que nous raconte en ce genre Cantimpré, son biographe, s'il n'invoquait comme garantie de la vérité des faits qu'il rapporte le témoignage de ceux qui les avaient vus et qui vivaient encore. Dès qu'elle fut ressuscitée dans l'église, pendant que l'on chantait pour elle l'office des morts, comme nous l'avons vu plus haut, elle commença aussitôt les pénitences pour lesquelles elle croyait que Dieu l'avait fait revenir en ce monde. Ces pénitences étaient d'une nature vraiment singulière. Ainsi elle entrait dans des fours embrasés sans être endommagée par les flammes, quoiqu'elle en ressentît les ardeurs comme tous les autres; de sorte que la douleur lui arrachait des cris horribles. Elle tenait ses bras et ses jambes dans le feu si longtemps que sans un miracle elle aurait dû être réduite en cendres. Quelquefois elle sautait dans une chaudière pleine d'eau bouillante, qui lui allait jusqu'à la poitrine ou à moitié du corps, et encore avait-elle soin d'en jeter sur les parties qui étaient libres. Elle criait alors comme une femme dans les douleurs de l'enfantement; mais lorsqu'elle était sortie on n'apercevait sur son corps aucune trace de brûlure. En hiver, quand la Meuse était gelée, elle passait quelquefois six jours, et davantage encore, sous l'eau. Lorsqu'elle y restait trop longtemps, le prêtre qui la dirigeait venait, et du rivage la conjurait au nom du Seigneur. Contrainte alors par cette évocation, elle sortait de la rivière. D'autres fois encore, pendant l'hiver, elle se tenait debout sous la roue d'un moulin; de sorte que l'eau glacée lui tombait sur la tête; ou bien encore, se laissant entraîner par le courant, elle se précipitait avec lui par-dessus les roues, sans en être blessée. Elle enlaçait ses mains et ses jambes autour des roues sans que ses membres en fussent disloqués. Elle montait parfois à la potence, se pendait entre les brigands,

Christine l'Admirable

et restait ainsi deux ou trois jours. Souvent elle visitait les tombeaux des morts pour y pleurer les péchés des hommes. Quelquefois, au milieu de la nuit, elle excitait tous les chiens de Saint-Trond, se sauvait devant eux comme une bête qui s'enfuit, se laissait traîner à travers les forêts et les haies d'épines; de sorte qu'il n'y avait aucune partie de son corps qui n'eût quelque blessure; mais dès qu'elle en avait lavé le sang il n'en restait plus aucune trace. Elle se jetait au milieu des ronces et des épines, de sorte que son corps tout entier était ensanglanté; et ceux qui en étaient témoins ne savaient où elle prenait le sang qu'elle avait perdu, car, outre ces pertes fréquentes, elle en perdait encore beaucoup par les veines.

Le comte Louis de Loen avait pour elle une affection sincère, et ne l'appelait jamais que sa mère. Étant tombé mortellement malade, il la fit venir et la pria de rester près de lui jusqu'à son trépas. Elle y consentit. Or, comme elle était assise près de lui, il fit sortir tous ceux qui étaient présents; puis, recueillant le peu de forces qui lui restait encore, il se lève, se jette à ses pieds, lui confesse tous les péchés qu'il a commis depuis l'âge de onze ans, non pour en obtenir l'absolution, puisqu'elle ne pouvait la lui donner, mais afin de l'engager à prier pour lui avec plus de ferveur. Après cela, il fait rentrer les siens dans sa chambre, exécute ce qu'elle lui conseillait de faire, et meurt. Elle prit sur elle la moitié de la peine qu'il avait méritée, parcourut tous les lieux du château où il avait péché, pleura amèrement les fautes qu'il avait commises, et on la vit souvent, pendant la nuit, passer alternativement des ardeurs les plus dévorantes au froid le plus aigu. Ce qu'elle avait été en Belgique, Angeline Tholemei, morte en 1300, le fut à Sienne pour l'Italie. Ressuscitée par son frère saint Jean-Baptiste Tholomei, elle mena, comme Christine l'Admirable, une vie extrêmement rigoureuse, et devint une des plus grandes pénitentes qu'ait eues l'Église. Sa vie tout entière se passa dans les larmes. Souvent elle se jeta dans le feu, d'où elle sortait toute noire et brûlée. D'autres fois, par le froid le plus intense, elle se jetait dans la neige, de sorte que tous ses membres étaient roides. Elle demeurait dans des cavernes obscures ou des caves profondes, dormait sur la terre nue, et, de plus, elle fut affligée par les maladies les plus étranges. Après avoir mené ainsi une vie presque fabuleuse, elle mourut enfin pour la seconde fois. (Steill, *Ephem.*, 26 juin).

Tels sont les faits les plus merveilleux et les plus instructifs que les Actes des saints nous aient conservés en ce genre. Mais, dira-t-on en lisant ces chapitres, ce sont là de dures paroles, auxquelles il est impossible de croire sans braver les lois du bon sens. On aurait raison de parler ainsi s'il s'agissait de choses renfermées dans le cercle du sens commun et de l'expérience, qui a fourni au premier les lois sur lesquelles il s'appuie. Mais les phénomènes que nous venons d'exposer dépassent ces limites. Le simple bon sens se trouvant donc trop étroit pour les comprendre, il ne peut exiger que les choses se raccourcissent en quelque sorte pour se mettre à sa portée. Il doit s'étendre au contraire, et se proportionner à eux, en complétant par l'expérience les lois qu'il s'est faites, et en se mettant ainsi en état de saisir ce qui lui échappait auparavant. Car nier simplement les faits, c'est, ici comme ailleurs, une chose impraticable. Nous avons marché jusqu'ici pas à pas, ne posant jamais un pied en avant avant d'avoir bien affermi l'autre. Nous avons prouvé chaque fait par des témoignages irrécusables; il serait donc puéril et peu philosophique de rejeter comme incroyable l'ensemble de ces faits dans leurs dernières conséquences après avoir été réduits à l'impossibilité de nier chacun d'eux en particulier. Si l'on rejette ces témoins, si l'on nie les faits que confirment leurs témoignages, et qui, attestés par eux, se soutiennent ensuite réciproquement, c'en est fait de toute vérité historique; c'en est fait même de toute vérité naturelle et par conséquent de toute vérité philosophique. Nous ne pouvons plus croire à notre propre témoignage. Une fois que la critique s'est emparée de ces faits, et a fait son office à leur égard, il faut se résigner à les accepter tels qu'ils se présentent, et il ne s'agit plus dès lors que de savoir comment la raison doit les prendre. L'esprit moderne, disposé comme il l'est à rejeter toute influence supérieure, ne verra dans ces faits extraordinaires que l'effet de quelque désordre physique et organique, et tous ces phénomènes ne seront pour lui que les délires d'un cerveau malade. Mais il en est de l'explication des faits comme de leur acceptation. Protester d'une manière absolue contre eux, c'est nier l'expérience ; les accepter aveuglément, malgré les contradictions de la raison, sans essayer d'expliquer celles-ci d'après une loi supérieure, c'est nier également la raison elle-même. Ainsi, vouloir expliquer ces faits d'une manière purement objective, sans tenir compte d'aucune coopération subjective, soit dans le domaine spéculatif, soit dans le domaine pratique, c'est anéantir la liberté humaine. Mais essayer au contraire de rejeter complétement ce qu'il y a d'objectif dans ces faits, et les regarder seulement comme le jeu de l'esprit ou de l'imagination, c'est sacrifier également le monde objectif et ses lois. En effet, si des perceptions aussi claires, unies par les liens d'une conséquence rigoureuse à des actions précises et déterminées, ne sont que des rêves, rien n'empêche de regarder comme un songe la vie tout entière.

Au reste, les difficultés que soulève une telle explication la rendent complétement insoutenable. Prenons d'abord le domaine spéculatif, et dans ce domaine prenons pour exemple ce qui est arrivé à Dominique de Jésus-Marie lorsqu'il s'est vu en face de lui-même, au lit de ce curé malade. On pourrait jusqu'à un certain point attribuer ce fait à une espèce de vertige délirant de la conscience, à un déplacement de l'axe de la personnalité, comme lorsqu'on voit deux images dans l'œil. Mais comment se fait-il que ce délire se soit communiqué aussi au curé, de telle sorte qu'il ait vu d'un côté le vrai Dominique et de l'autre le faux ? Il faudrait donc qu'il eût été non-seulement fou, mais encore clairvoyant. Cette explication, en voulant échapper à la réalité du phénomène, l'idéalise et en fait un fantôme. Mais pour que cette hypothèse se soutienne, il faut que ce fantôme lui-même se réalise dans un autre. On ne fait donc que doubler la difficulté au lieu de l'écarter, sans compter que cette hypothèse est complétement réfutée par la manière judicieuse et conséquente avec laquelle ces deux hommes agissent en toute circonstance. Que si de la spéculation nous passons à la pratique et aux déterminations de la volonté faisant ceci, omettant cela, passant du mouvement au repos et du repos au mouvement, il y a des choses en effet que l'on pourra regarder comme le résultat d'un désordre dans le système nerveux ou musculaire. Ainsi, par exemple, lorsque ce même Dominique ou Christine de Stumbèle ont les mains et les pieds liés, puis déliés, on peut attribuer ce phénomène à des crampes violentes; mais lorsque nous les voyons enlevés, emportés dans l'air, il serait difficile de ne voir là que l'effet d'une cause purement subjective.

Jeanne Rodriguez de Burgos, lorsqu'elle allait le matin à la messe dans l'église des Déchaussés, était obligée de passer devant un puits qui ressortait de l'arc de pierre d'un vieux mur, où était fixée une grille de fer avec des tiges de fer pointues. Or très-souvent, lorsqu'elle passait, elle était entraînée vers cette grille, et on la trouvait alors les pieds enfoncés dans les pointes; très-souvent même son corps et son visage étaient tout ensanglantés. Que pouvait-il donc y avoir en elle qui la détournât ainsi du but qu'elle voulait sérieusement atteindre, à savoir l'église où elle allait, pour la traîner ainsi sur ces pointes de fer? C'était, dira-t-on peut-être, l'attrait magnétique du fer. Mais comment expliquer le fait suivant? Un jour, comme elle priait dans sa chambre, elle fut traînée également sur le sol, et sa tête fut introduite entre les barreaux d'une chaise, dans un espace si étroit que son cou était serré et qu'elle fut sur le point

Jeanne Rodriguez.

d'étouffer. Les servantes, inquiètes de sa longue absence, l'ayant cherchée, la trouvèrent en cet état, semblable à une mourante. A leurs cris accoururent son mari et un ecclésiastique de ses amis. Tous s'efforcèrent de lui ôter la tête d'entre les barreaux où elle était prise, mais sans pouvoir y réussir. L'archevêque de Burgos avait chargé précisément cet ecclésiastique de l'avertir de tout ce qui pourrait arriver d'extraordinaire. Celui-ci le fit donc prévenir sur-le-champ. Le prélat accourut, et son cœur se brisa quand il vit Jeanne en cet état si pitoyable. Il ordonna de scier avec précaution les barreaux de la chaise qui la tenaient serrée, et elle échappa ainsi à la mort. Qu'on dise donc ce qui avait pu introduire la tête de cette femme dans un espace qui était déjà trop étroit pour son cou. Bien plus, qu'on nous dise ce qui, dans cette circonstance, a fait concorder d'une manière si merveilleuse les perceptions fausses et délirantes de cette femme et de toutes les personnes présentes avec leur volonté et leurs actions; de sorte que les unes sont toujours en harmonie avec les autres. Le délire, s'il avait existé, n'aurait-il pas dû au contraire rompre tout lien, tout accord entre les perceptions de l'esprit et les actes de la volonté d'un côté, et de l'autre entre les divers acteurs de cette scène? Or cette confusion, ce désordre n'existe jamais. Bien plus, nous voyons dans le fait de Pierre Pétrone une autre personne prendre part à cet accord, et la démence du pénitent produire une conversion subite en celui pour qui il fait pénitence.

Personne, il est vrai, ne regardera comme réelle cette suite de supplices qui ont martyrisé Christine de Stumbèle pendant tant d'années; personne ne croira qu'elle ait été réellement déchirée, déchiquetée, mise en morceaux. Tout cela s'est passé dans son intérieur et d'une manière psychique; de sorte qu'elle n'en a eu que le sentiment sans en avoir l'effet. La racine du mal était incontestablement dans le tempérament mélancolique qui s'était annoncé chez cette femme dès sa première jeunesse. C'est lui qui avait déterminé ces phénomènes extraordinaires, et donné à sa vie ce caractère sombre et ténébreux qui ne la quitta plus jusqu'à ce qu'une seconde crise eût plus tard produit une réaction salutaire par ces pertes de sang si considérables qui la délivrèrent pour toujours de ces fantômes horribles. C'est l'homme inférieur et nocturne en elle qui tourmentait ainsi l'homme supérieur; et cette lutte se reproduit surtout d'une manière frappante dans l'apparition de ce scélérat qui veut lui arracher l'honneur. L'homme supérieur se révolte en elle, s'oppose de toutes ses forces aux suggestions de ce monstre, et blesse dangereusement l'homme inférieur pour sauver sa vertu. Mais dans ce combat et dans tous les autres combats de cette sorte l'homme inférieur a-t-il lutté seul et sans aucun rapport avec les puissances de l'abîme? Et d'ailleurs, l'épée qui fit cette blessure était-elle aussi purement imaginaire? Ces autres blessures, que tant de témoins ont vues naître pour ainsi dire sous leurs yeux, n'étaient-elles aussi que l'effet de l'imagination? Était-ce simplement des convulsions qui la lançaient en l'air comme une balle, ou des crampes qui la liaient à un arbre? Est-ce elle toute seule qui a pu s'attacher les pieds avec des branches de saule, et se fixer ainsi à un arbre? Et toutes ces réalités que nous avons constatées chez d'autres : cette épée qui voyage dans une chambre et qui se bat contre la lance du père; ces pierres, cette boue, ces voix, etc., était-ce aussi de pures imaginations? A toutes ces difficultés, il n'y a qu'une réponse, et c'est celle-ci : de même que dans le monde matériel la vie est soumise à l'influence de certaines forces naturelles, dont les unes sont salutaires et les autres funestes, ainsi il y a dans les régions invisibles des puissances bonnes et mauvaises, qui en certaines circonstances, s'attachant à ce qu'elles trouvent de conforme à leur nature dans les dispositions, le tempérament et l'état moral de l'homme, pénètrent plus ou moins profondément dans sa vie; et c'est à l'action de ces dernières puissances que se rattachent tous les phénomènes que nous venons d'exposer. Tel est le résultat des études auxquelles nous nous sommes livrés dans cette partie du cinquième livre de la mystique, et que nous allons continuer dans les livres suivants.

TABLE DES MATIÈRES

CONTENUES DANS LE TROISIÈME VOLUME.

LIVRE CINQUIÈME.

DU FONDEMENT HISTORIQUE, LÉGENDAIRE, PHYSIQUE ET PSYCHIQUE DE LA MYSTIQUE INFERNALE.

CHAPITRE PREMIER.

De l'origine du mal. Satan et son royaume. Le déluge. Le peuple juif et le paganisme. La venue du Sauveur. Puissance de l'Eglise............ 1

CHAPITRE II.

Développement du mauvais principe dans les hérésies anciennes et modernes. Des trois formes du panthéisme naturaliste dans le monde païen. Des trois formes du judaïsme dans son développement. Le paganisme et le judaïsme, plus tard le mahométisme armés contre la doctrine du Christ. Hérésie des Gnostiques et des Judaïsants. Elles se confondent à la fin avec le Manichéisme, et, partant de l'Orient, inondent l'Occident tout entier. L'émancipation de la chair. L'orgueil enfante le sensualisme d'un côté, et le rigorisme de l'autre. Les faux prophètes et les clairvoyants opposés aux voyants et aux prophètes véritables...... 17

CHAPITRE III.

Développement de la mystique diabolique. L'Eglise commence déjà à la combattre dans la personne de saint Pierre luttant contre Simon le magicien. Le célèbre canon *Coput episcopi*. Les Géludes au huitième siècle. Au neuvième siècle les magiciens qui changent le temps à leur gré. Aux dixième, onzième et douzième, décrets de l'Eglise contre la magie. Les enchantements et la vaudoisie. Les sorcières commencent à paraître au commencement du quatorzième siècle. Procès du Carme Adeline devant l'Inquisition d'Evreux. Le *fortalitium fidei*. La bulle d'Innocent VIII. Législation des anciens empereurs et des anciens peuples germains contre la magie. Procès de magie à la cour des Mérovingiens. Des ordonnances faites plus tard par les empereurs et les rois au moyen âge. Manière de voir des Indiens de Malabar 40

CHAPITRE IV.

De la légende diabolique. Comment elle est fondée sur la nature. Comment l'opposition de la lumière et des ténèbres ressort dans le poëme de l'Edda. La grotte des sibylles. Le pays des ombres situé sous la terre et habité par les nains. Le royaume des morts à Goltschée. Les Ases voyageant dans les airs. La fée Holda sur le mont Hœrsil; la fée Abundia. Hugon chez les Francs, et Hera ou Hertha. La double marche des Ases et des Asines dans les douze nuits qui précèdent la naissance de la nouvelle année. La dame blanche et la danse des sorcières. La légende du curé de Bonneval. Vodan et l'armée des Ases. Les volcans de la Sicile... 65

CHAPITRE V.

Visions du ciel, du purgatoire et de l'enfer rapportées par la légende. La grotte de Saint-Patrice, en Irlande, forme le point de départ de ces légendes. La légende d'Oënus, celle de Tundal, celle de saint Fursée d'Irlande. La *Divine Comédie* du Dante........................... 87

CHAPITRE VI.

De la légende magique. La tentation dans le désert. Simon le magicien. Saint Léon et le magicien Héliodore. Virgile et le fondateur de Naples. Sa légende donne naissance à celle d'Elingsor, puis à celle de la Table Ronde, puis enfin au combat de la Wartburg. L'enchanteur Merlin et Malagys chez les Gals. La légende magique s'attache aux objets de la nature et de l'art, et passe à la magie noire. Le docteur Faust....... 99

CHAPITRE VII.

Comment l'univers a été créé. De la formation successive du feu et de la terre, de l'air et de l'eau, du monde végétal et animal, de l'homme. L'homme centre de la création; formation dans l'homme et développement de la nature végétale et animale, du poisson, de l'oiseau, de l'animal terrestre, de l'homme enfin. Des quatre tempéraments : lymphatique et sanguin, cholérique et mélancolique. L'homme est dans un rapport réciproque avec l'univers entier. Ce rapport a été altéré par le péché. Il existe cependant encore d'une manière exceptionnelle en certains hommes. Possession de l'homme par la nature.................. 121

CHAPITRE VIII.

Rapports mystiques de la vie avec le ciel et les astres. Influence des corps célestes sur les éléments par la pesanteur dans le flux et le reflux. Action du feu sur la production de la chaleur du jour et de l'année. Le magnétisme dans son mouvement quotidien, mensuel, annuel et séculaire. Comment la nature physique tout entière est dans un mouvement continuel ; et comment la terre se trouve ainsi en rapport tantôt avec la lune, tantôt avec le soleil. Action de ces mouvements sur le règne végétal, sur le règne animal et sur l'homme. Influence des astres sur les fièvres. Comment les astres peuvent agir aussi sur la vie par un mouvement interne et un rapport spirituel, et donner ainsi naissance à la magie et aux visions.. 146

CHAPITRE IX.

Rapports mystiques avec le monde terrestre élémentaire. De la faculté de voir et de sentir les substances terrestres. De l'œil pénétrant des Zahuris. Comment la faculté de sentir réside dans le sens général de la vie intérieure. Peunet, Papponi, Acquaroni, Calamini, Beutler, etc........ 168

CHAPITRE X.

Action des substances physiques en contact immédiat avec l'organisme. Essais de Kerner avec la voyante de Prevorst. Opposition électrique et magnétique... 173

CHAPITRE XI.

La rhabdomantie. Essais remarquables de Schaeffer à Ratisbonne. Essais de rhabdomantie faits en France dans le Dauphiné, à la fin du siècle précédent, sur Aimar. Explication de ces phénomènes par le magnétisme vital. Autres expériences sur l'action de ce magnétisme. La femme Bembata. Blaise de Valfracuria. Les deux enfants dont parle Albert le Grand. Une partie de ces influences se reflète dans les instincts des animaux... 177

CHAPITRE XII.

Rapports mystiques de l'homme avec le monde végétal. L'arbre par excellence on l'arbre du monde dans la légende de tous les peuples. Il s'épanouit dans le froment et le vin. C'est à lui que se rattache la botanique mystique des temps anciens, dont il nous est resté encore quelques débris. Opposition entre les plantes qui excitent et celles qui calment. L'arbre de la connaissance du bien et du mal se retrouve partout. Les essais de Kerner, faits sur la voyante de Prevorst avec les substances végétales, donnent les mêmes résultats que ceux faits avec les minéraux. L'ancien culte des plantes et des végétaux.................. 200

CHAPITRE XIII.

Rapports magiques avec le règne animal. Comment l'origine des peuples agriculteurs, pasteurs et chasseurs se rattache à la jouissance du fruit défendu. De la puissance magique de l'homme sur certains animaux, sur les serpents, par exemple. Explication de ce symptôme par le traitement magnétique des animaux. Comment l'homme est dominé à son tour par ceux-ci. Phénomènes extraordinaires résultant de la morsure de la tarentule. Comment l'homme prend quelquefois la nature des animaux. Des loups-garous. Origine du culte rendu aux animaux dans l'antiquité... 218

CHAPITRE XIV.

Rapports des hommes entre eux. Rapports magiques des forces de la vie inférieure dans le royaume des morts. Des vampires. Résultat des informations juridiques sur ce point. Base des faits de cette sorte....... 239

CHAPITRE XV.

Le bon œil et le mauvais œil. Faculté de donner la mort ou la santé avec le regard. Elle se trouve particulièrement en Espagne. On la trouve encore dans certaines populations entières.......................... 252

CHAPITRE XVI.

Le cauchemar. L'incube et le succube des anciens. Ils apparaissent encore aujourd'hui sous la même forme. Explication de ce phénomène...... 260

CHAPITRE XVII.

Des rapports magnétiques. Du lien magique qui existe entre le somnambule et ceux qui sont en rapport avec lui. Marie Goffe de Rochester. De la faculté de se dédoubler. Le jeune homme de Londres cité par Morton. Comment le corps est enlevé à certaines distances. Élisabeth Wedering à Halberstadt... 264

CHAPITRE XVIII.

Rapports magiques de l'homme à l'égard de soi-même, ou du somnambulisme spontané.. 278

CHAPITRE XIX.

Bases physiques de la mystique diabolique. De la seconde vue et de la vue à distance. Disposition à la seconde vue chez certains insulaires du Nord, en Islande. Les lumières dans le pays de Wales. Cette faculté se retrouve chez les Gaulois, les Germains, les Slaves et les Finnois...... 290

CHAPITRE XX.

Des esprits frappeurs. Ces esprits apparaissent dès les temps les plus anciens. Des esprits qui apparaissaient à Hasparius Enbedi, dans le diocèse de saint Augustin, et chez le médecin Elpide au temps de Théodoric, roi des Ostrogoths. Les faits de ce genre ne sont admis qu'après un examen attentif. Ce qui s'est passé à Salamanque, à Munchhof près de Gratz.. 309

CHAPITRE XXI.

L'esprit frappeur de Tedworth.. 325

CHAPITRE XXII.

L'esprit frappeur de Wesley; celui du château de Budemühlen, de Drepano, celui de Stratford-Bow, celui d'André Welz à Döttingen, celui de Callo à Melita, celui de York, celui de la cure de Groben, etc..... 338

CHAPITRE XXIII.

Transition des phénomènes naturels aux opérations des mauvais esprits. Le démon de Sigebert à Camouz, près de Bingen. Ce qui s'est passé en

1533 à Schildach dans le Wurtemberg; à Riga en 1583; dans l'imprimerie de Labhart à Constance; à Woodstock dans l'ancien palais du roi. Ces phénomènes se rattachent quelquefois à la mort d'une personne, comme à Radwell, près de Halle. Ce qui s'est passé dans la mission d'Itatina dans l'Inde. Quelquefois tout l'effort des esprits tend à empêcher le progrès dans le bien. Ce qui s'est passé sous ce rapport à Pirsa au Pérou. Parallèle dans l'Irlande protestante.................. 343

CHAPITRE XXIV.

L'action du démon paraît d'une manière certaine et positive. Des expériences faites à ce sujet par les directeurs de séminaires et les maîtres des novices dans les couvents. Les expériences d'Olivier Manareus, recteur à Lorette. Ce qui s'est passé à Madel en Thuringe et dans la maison du tisserand Gilbert Campbel en Ecosse, en 1654.......... 378

CHAPITRE XXV.

Comment Dieu permet que les démons tentent les saints pour les exercer et les purifier. Les tentations des Pères du désert, et en particulier de saint Antoine. La même chose se reproduit dans les temps plus récents. Tentations de Jean de Castillo et de Madeleine de Pazzi............ 389

CHAPITRE XXVI.

Christine de Stumbèle. Dominique de Jésus-Marie................ 403

CHAPITRE XXVII.

Les démons tourmentent le Carme Franc sous la forme de lutins. Ils attaquent d'une manière sensible et palpable saint Pierre d'Alcantara et Sébastien del Campo. Les combats de sainte Françoise Romaine. Sainte Crescence de Kauffbeyern. La même chose arrive de nos jours à Marie de Moerl... 418

CHAPITRE XXVIII.

Comment les saints réagissent sur les esprits. Les visions de l'autre monde accompagnent toujours cette réaction. Les visions de saint Cyrille, patriarche de Jérusalem. Celles de sainte Madeleine de Pazzi et de sainte Catherine de Gênes. Ces visions produisent des rapports entre ceux qui les ont et ceux qui en sont l'objet. Françoise du Saint-Sacrement. Comment les saints prennent quelquefois sur eux les châtiments réservés aux pécheurs. Osanna de Mantoue. Lidwine. Le Chartreux Pierre Pétrone. Christine de Stumbèle. Christine l'Admirable. Justification de tous ces phénomènes................................ 437

FIN DE LA TABLE DU TROISIÈME VOLUME.